江苏省社会科学基金后期资助项目"网络知识产权法的制度体系研究"（批准号：14HQ009）结项成果
南京理工大学研究生教育创新计划项目"网络知识产权法"结项成果
中央高校基本科研业务费专项基金"知识产权强国建设的基本问题研究"（30950121O2）支持

网络知识产权法：
制度体系与原理规范

梅术文◎著

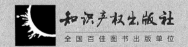

知识产权出版社

全国百佳图书出版单位

图书在版编目（CIP）数据

网络知识产权法：制度体系与原理规范 / 梅术文著.
—北京：知识产权出版社，2016.12（2021.8 重印）
ISBN 978 - 7 - 5130 - 4572 - 8

Ⅰ.①网… Ⅱ.①梅… Ⅲ.①计算机网络—知识产权
法—研究—中国 Ⅳ.①D923.404

中国版本图书馆 CIP 数据核字（2016）第 262361 号

责任编辑：邓　莹　刘　睿　　　　　责任校对：谷　洋
封面设计：SUN工作室　　　　　　　责任出版：刘译文

网络知识产权法：制度体系与原理规范
Wangluo Zhishichanquanfa：Zhidu Tixi yu Yuanli Guifan

梅术文　著

出版发行：**知识产权出版社**有限责任公司	网　　址：http://www.ipph.cn
社　　址：北京市海淀区西外太平庄55号	邮　　编：100081
责编电话：010-82000860 转 8113	责编邮箱：dengying@cnipr.com
发行电话：010-82000860 转 8101/8102	发行传真：010-82005070/82000893
印　　刷：北京九州迅驰传媒文化有限公司	经　　销：各大网上书店、新华书店及相关专业书店
开　　本：720mm×960mm　1/16	印　　张：28
版　　次：2016年12月第1版	印　　次：2021年8月第2次印刷
字　　数：405 千字	定　　价：68.00 元

ISBN 978 - 7 - 5130 - 4572 - 8

前　　言

　　随着现代信息技术革命的持续推进，网络环境下的知识产权问题不断增多，法律关系更显复杂，已经改变而且必将持续影响未来的知识产权制度设计。在这种背景下，有必要系统探索网络技术带来的各类知识产权问题，回应传统互联网、移动互联网、云计算、3D打印等新兴网络技术和科学技术所带来的制度影响，全面分析已有的网络知识产权理论、立法和司法成果，推动网络知识产权制度体系和法律规范的完善。国内目前系统探讨网络知识产权法的专著并不多见。本著作与国内已有的作品相比，具备以下特色。

　　1. 全面梳理，重点突出。聚焦网络环境中的著作权、商标权、专利权、技术措施、权利管理电子信息、域名、软件、数据库、集成电路布图设计的权利保护和不正当竞争等问题。长期以来，网络知识产权被等同于网络著作权。事实上，网络著作权是网络知识产权法律体系的重点，这自不待言。可是，网络商标、网络不正当竞争甚至网络专利等问题也大量存在。例如：随着3D打印技术的发展，制定"数字专利法"的议题开始被讨论；随着电子商务活动的日益频繁，网络服务提供者侵犯商标权和专利权的现象逐渐增多；随着网络空间竞争的更加激烈，网络不正当竞争进而影响到互联网产业良性发展的情形更为突出。因此，有必要在介绍网络著作权的同时，全面梳理各类网络知识产权问题。

　　2. 设定总论，细化分论。初步建构起网络知识产权法的总论框架，就现代信息技术发展、网络对知识产权的影响、网络知识产权立法和制度体系、网络知识产权侵权救济、网络服务提供者的侵权责任、网络反不正当竞争对知识产权的兜底保护等内容进行总体分析。同时，建立起较为全面的知识产权分论内容，针对现代信息技术所带来的知识产权问题，系统探讨网络著作权、网络专利权、网络商标权、网络环境下新型知识产权保护等分论部分，而且尽量细化讨论相应的制度规范。

3．围绕原理，注重实例。本书依据网络环境中知识产权保护的原理，解读网络环境知识产权保护的规则，同时注重将理论探索与司法判例、热点实例综合起来，使得原理、规范和实例紧密结合，具有实证性和针对性。

4．紧跟时代，关注前沿。网络技术日新月异，各类互联网政策不断调整，网络媒介和互联网产业的管理方式更新迅速，网络知识产权法的内容制度因之而不断出新。本书紧跟网络技术的发展，及时进行知识更新，反映最新的立法动态和司法理念，具有前瞻性和时代感。

目　　录

第一章 总 论

现代信息技术革命直接推动了网络知识产权法的产生。伴随着计算机技术和通信技术的交会融通，网络知识产权的种类不断增多，法律保护的重要性日益增强。就此而言，网络知识产权法是调整现代信息技术所带来的知识产权问题的法律规范总和，主要包括网络著作权、网络专利权、网络商标权、技术措施和权利管理信息保护、网络域名、计算机软件、数据库、集成电路布图设计等新兴客体的知识产权保护，以及网络服务提供商侵犯知识产权的责任、网络不正当竞争与知识产权等内容。网络知识共享与网络知识产权的理念之争由来已久，反对和捍卫网络知识产权的两种力量如影随形。自20世纪90年代以来，网络知识产权领域的国际条约和国内立法日趋活跃，因此必须结合现代数字技术尤其是网络技术的特征，建构网络知识产权的法律制度体系。

第一节 网络技术与知识产权

一、现代信息技术革命与网络技术

一般认为，凡是能扩展人的信息功能的技术，都是信息技术，当一种新的信息技术出现，对扩展人的信息功能产生了划时代的作用，便可称为"信息革命"。语言的产生是人类自开天辟地以来经历的第一次大的信息革命；此后，文字的产生为第二次信息革命；造纸和印刷术的发明是第三次信息革命；电报、电话和广播的使用为第四次信息革命；现代信息技术的出现为第五次信息革命。现代信息技术主要是由与通信相结合的计算机技术和互联网技术所组成，同时还包括专家系统、成像技术、自动化技术、机器人技术、传感技术和机械电子技术等。❶毫无疑问，每一次信息技术革命都对人类生产生活、经济政治、法律文化产生巨大影响。第五次信息技术革命即现代信息技术革命，是一场正在进行的前所未有的大变革。

现代信息技术的源头是计算机技术。现代意义上的计算机始于1945年。美国莫奇来（J. W. Mauchly）教授及其学生爱克特（J. P. Eckert）发明了世界上第一台电子计算机：电子数值积分计算机（ENIAC, Electronic Numeric Integrator and Computer）。❷随后，计算机发展历经电子管、集成电路和智能电脑等不同技术时期。20世纪60年代末期，计算机技术进一步发展，从科研、军事逐渐向民用转化。1981年，国际商用机器公司（IBM, International Business Machines Corporation）正式发布历史上第一台个人电脑，计算机技术进入寻常百姓的生活。计算机由硬件（Hardware）与软件（Software）共同构成，软件主导硬件发展，硬件支撑软件进步。

计算机技术与现代通信技术相互结合，形成网络技术。可以说，网络技术是现代信息技术革命的产物和代表。1969年，美国国防部高级研究计划署（ARPA, the Advanced Research Projects Agency）利用新的通信技术将加州大学和斯坦福研究院的4台电脑主机连接起来，形成了一个"网络"（Network）。这一网络被命名为"阿帕网"（ARPANET），是最早的电脑网络。1986年，美国国家科学基金会（NSF, National Science Foundation）建立了国家科学基金网（NSFNET）并成为互联网的主干网。1991年，英国软件工程师蒂姆·伯纳兹·李（Tim Berners-Lee）开发

---

❶ 肖峰编：《现代科技与社会》，经济管理出版社2003年版，第201页；金吾伦："信息高速公路与文化发展"，载《中国社会科学》1997年第1期。

❷ 吴国盛：《科学的历程》，北京大学出版社2002年版，第536~539页。

了万维网（WWW，World Wide Web)，互联网的应用进入一个全新的境界：无数个以超文本标记语言（HTML，Hyper Text Mark-up Language）写就、根据超文本传输协议（HTTP，Hyper Text Transfer Protocol）传输、可通过浏览器（browser）在个人电脑屏幕上随意浏览的网页如潮水般涌现，一个丰富多彩的网络世界（Cyberspace）终于诞生。此后，互联网技术不断完善，互联网功能不断增强，新一代互联网技术不断推进，网络规模不断扩大，计算机网络正在朝着开放、集成、高性能和智能化的方向快速发展。总体来看，网络技术具有以下的特征。

1. 虚拟性。网络空间由连接网络的终端及服务器等设施通过网络协议、计算机软件等技术联系在一起，网络中存储、传输的信息、内容等都以数字化形式存在，电子数据看不见、摸不着。网络空间不是真实存在的世界，却可以运用虚拟的技术实现现实世界中无法实现的各种图景和愿望，出现网络上虚拟的财产和身份。因此，虚拟性是网络的首要特征。

2. 匿名性。互联网允许用户匿名登录获取信息并与他人进行交流沟通。因为无法面对面检验用户身份，网络上的每个人都可能有多重不同的身份。1993年7月5日，《纽约人》上发表的那幅著名的漫画，画面上的一条坐在计算机前上网的狗对蹲在旁边的另一条狗说："在互联网上，没有人知道你是一条狗。"这幅有趣的漫画揭示出网络匿名性带来的巨大不确定性和自由性。

3. 即时性。网络传播快速及时。面对突发事件，网络比电视编辑的时间更短暂，更迅速，公众在网络上可以即时看到事件的每分钟的发展情况，而网络后台的编辑们还可以迅速调出与事件相关的背景图文资料，让社会公众更全面更客观地了解事件真相、新闻后面的故事或细节。网络这种即时性的特点，缩短了信息传播的周期，拉近了受众与信息传播者或某一事件的"距离"。

4. 交互性。网络传播的互动性强，信息发布者和信息接受者之间可以进行良好的、实时的、畅通的交流。网络中，信息不再是依赖于某一方发出，而是在双方的交流过程中形成。

5．共享性。万维网的创始人伯纳兹·李就是要将万维网作为一种沟通和共享图像、数字、信息的工具。与传统的技术独占性相悖，共享程度越高，拥有的用户群体越大，网络的价值就越能得到大的体现，而闭关自守，不愿将信息和技术与他人共享往往没有出路。

6．个人化。网络技术让受众从容地利用各种检索工具在各类数据库中"各取所需"；受众还可以自由地选择信息接收的时间、地点，以及媒介的表现形式。个人化特点意味着受众"可以自由地选时收看"（时间上的开放性）、"可以自由地选择世界各地、古往今来的内容"（空间上的开放性）、"可以自由地选择接收模式"（技术上的开放性）。❶网络技术的个人化特质彰显了互联网自由、平等和共享的基本精神。

7．全球化。互联网使人类"地球村"的梦想变成了现实，网络的普及为世界各个角落的机构和个人获取信息、输出信息提供了前所未有的便利。成熟的计算机技术、网络技术和低廉的网络运行成本为网络传播的全球性提供了软硬件保障。

二、网络技术与知识产权的特征

知识产权是权利人对于创造性智力成果与经营性标志享有的民事权利。知识产权是私权，具有专有性、时间性和地域性等特征。随着人类社会进入网络时代，互联网技术的发展不仅带来了技术革命和生产力的解放，而且产生了生产关系领域的重大变革，网络环境下的知识产权特征也在发生深刻改变。

1．知识产权的无体财产性更加明显。虚拟的网络世界与真实的现实世界之间的确存在巨大差异，网络空间的虚拟性特质让知识产品的生产者、传播者和消费者之间产生了一种心理距离，"这种心理距离似乎减轻了人们对于自己做这种事情应该有的责任感或犯错意识。没有物质损害，

---

❶ 陈思洁："网络传播现状探讨"，载《信息科学》2008年第2期。

甚至没有留下任何蛛丝马迹，更没有人受到身体上的伤害"。❶由此可见，网络环境下的知识产权更具有无体财产性。网络环境智力成果信息的"非物质化"特征，给知识产权的确认、有偿使用、侵权监测及法律保护等都带来困难。

2．知识产权的专有性面临挑战。网络技术体现的基本精神是共享，这与知识产权的专有属性之间存在一定的矛盾。与传统的专有性激励模式不同，网络环境下出现了归属、自尊、自我实现等全新的伦理激励，一部分新锐的创作者会通过努力创作作品并与网络成员分享自己的个人成就。例如软件怪才布拉姆·科恩就坦言，自己创作并传播BitTorrent不是为了助长盗版或挣钱，它旨在解决资源共享的问题。❷"技术不断增长的复杂性意味着合作正在发展成为有价值思想所必须的因素。这意味着我们需要一个新的模式来分享知识产权。"❸因此，网络环境下的知识产权必将更为体现共享性与专有性的共存。

3．知识产权的时间性受到影响。在网络环境中，信息传播交流的范围更广，速度更快，智力成果的生产周期明显减少，收益时间大为缩短，无形损耗大为加剧。如果仍然采用传统的知识产权保护期限，就可能出现某一技术已经过时淘汰，权利人不可能获得太大的经济价值，但是法律却仍强行要予以保护，且不允许社会大众自由使用，这既对权利人无益，也会造成社会资源的浪费。

4．知识产权的地域性受到冲击。地域性与网络信息国际流通性的矛盾日趋激烈，网络空间跨国知识产权侵权认定与实施保护都存在理论上和实践上的困难。在知识产品的网络传播过程中，知识产品的拥有者、技术措施的行为者、规避技术措施的行动者、网络服务提供者和BT技术的下

---

❶ ［美］德·乔治著：《信息技术与企业伦理》，李布译，北京大学出版社2005年版，第9页。
❷ ［美］达伦·方达："下载好莱坞"，载《参考消息》2005年5月6日。
❸ ［美］罗斯·道森著：《网络中生存》，金马工作室译，清华大学出版社2003年版，第3~4页。

载者，这些不同的法律主体可能出现在不同的法域，惩处网络知识产权侵权和违法行为的难度增强。更有甚者，利用网络技术的全球化特征，故意规避知识产权的地域性特征，增加了知识产权保护的难度。

三、网络技术带来的知识产权法律问题

在数字化网络环境下，知识产权所赖以存在的物质基础发生了重大变革。知识产权客体类型不断增多，新的知识产品使用方式不断涌现，知识产品的创造方式和保护模式都发生了前所未有的变化。正是由于网络技术的即时性、互动性、个性化、全球化的特点，知识产品在数字时代得到了前所未有的广泛传播，使得社会公众更加便捷、更加充分、更加主动地获得信息。但是，"互联网技术是一把双刃剑"，基于网络传播即时性的特点，知识产品可以被快速传播，侵权会迅速发生；基于网络虚拟性和互动性的特点，侵权主体隐蔽性较强，而且可能出现多个主体，侵权主体复杂；基于网络技术全球化的特点，侵权行为在空间上分布很广，难以全面调查，造成调查取证困难。

1. 网络环境与知识产权法的正当性。网络技术的特性在某种程度上给知识产权法的正当性提出了挑战。麻省理工学院的一项调查显示，自20世纪80年代新的版权保护措施完善以来，软件行业的研究和开发实际上已经放慢了。报告人指出，以信息为基础的特定行业更能从信息的分享和公开竞争中获益。[1]以至于学者惊呼："版权在严格地保护权利人利益的同时，成为创新的障碍，无法实现其激励功能。"[2]事实上，上述说法还是有失偏颇。网络知识产权法仍是促进网络上作品创新的基本制度保障，没有法律保障，就没有大量作品的创造，也就没有互联网上信息的共享。网

---

[1] 转引自李扬等：《知识产权基础理论和前沿问题》，法律出版社2004年版，第260~261页。

[2] Mikael pawlo, Efficiency, innovation and Transparency, www.itkommissionen. se/.../4.3%20%20ICT%20in%20Commerce%20and%20Work%20-Mikael%20Pawlo.pdf. 2007年5月30日访问。

络知识产权法经过不断调整，仍可以维护权利人、传播者、社会公众之间的利益平衡。假如没有网络知识产权法，网络的特点决定知识产品在其间难以控制，网络全球性还会导致权利人在模拟空间的智力创造回报锐减，进而影响创作冲动和投资热情，社会公众可供消费的作品也相应减少。所以，网络环境下不是不要知识产权，而是应该研究如何改进和完善知识产权制度规则。

2．知识产权法律问题与技术问题相互结合。技术问题与法律问题相互交叉，侵权判定困难，权利人的损失不易计算，侵权证据不易获取和保存，这些要素都增加了网络知识产权公力救济的难度。与此同时，网络环境下的自力救济途径在技术保障下得到强化，权利人可以通过技术措施和权利管理信息保护知识产权。相应的，技术措施和权利管理信息又可以得到法律的保护。由此产生了技术自救、技术自救的法律保护等相互融合的综合保障机制。在网络服务提供者参与知识产品的传播过程中，技术的各种参与也必不可少。网络服务提供者可以采取诸如设置反复制技术、黑名单等手段减少侵权，增加权利人的保护力度。权利人也可以通过通知机制，要求网络服务提供者采取删除、改变、防范等技术措施，最大限度维护自己的利益。

3．网络服务提供者在保护知识产权中的重要性日渐凸显。网络服务提供者是贯通现实世界和虚拟世界的基本桥梁，也是网络传播得以丰富展开的媒介创新者和技术支撑者，更是在互联网上保障合法传播知识信息的重要屏障。为推进网络技术的不断创新，必须坚守"技术中立"的原则，不能施加网络服务提供者以过重的知识产权注意义务，并且应该建立"避风港"机制维护相关网络服务提供者的利益。但是，随着网络技术的发展，不同网络服务提供者侵犯知识产权的法律责任在构成要件、责任形式、注意义务的程度上又必须区分开来，因此，构建网络服务提供者侵犯知识产权责任的体系，成为网络知识产权法必须面对的最为复杂、最为重要的内容。

4．知识产权法律保护手段的综合性不断增强。著作权法、专利法、商标法、商业秘密法等知识产权法，以及与知识产权有关的反不正当竞争机制，分别从不同角度为网络环境下的知识产品提供保护，并发挥了重要作用。对于有些知识产品，例如计算机软件，还必须综合利用著作权法、专利法、商标法、商业秘密法、反不正当竞争法等，综合配套，相互协调，以做到全面的保护。法律保护手段的综合性还表现为民事保护、行政保护和刑事保护三位一体的强化，尤其是网络环境下知识产权刑事保护的门槛越来越低，民事赔偿的数额进一步增多，法律保护的强度更大。

四、新兴网络技术与知识产权法的发展

进入21世纪以来，网络技术与移动通信技术、现代制造技术结合在一起，获得了新的进步和发展。云计算、移动互联网和3D打印技术的出现，是网络技术在新时期的重要进展。这些新兴技术与传统互联网所产生的各类知识产权问题交融在一起，推动着知识产权法在新世纪继续拓展其现代化进程。

（一）云计算技术与知识产权法

云计算是一种基于互联网的计算方式，通过这种方式，共享的软硬件资源和信息可以按需求提供给计算机和其他设备。网络服务提供者可以在数秒内处理数以万计甚至亿计的信息，通过互联网提供动态易扩展的虚拟化资源，网络用户只需通过计算机及其他终端，就可以获取网络服务提供者提供的网络服务。云计算技术对知识产权法的影响具体表现在以下方面。

1. 云计算与知识产品的生产和传播。在云计算环境下，知识产品的产生是由各个模块拼接而成的，可以按照不同的功能或内容分成不同的部分。模块化不仅可以将复杂的知识产品过程简化，还可以促进大规模生产的标准统一化，让产品的大规模生产成为现实。与此同时，在云计算环境下，知识产品的传播也呈现出集中性、去产权化的特征。云计算是经过搜集、控制、配置分布在云端的信息，并以固定的方式一起提供给向云端发送指令的用户。用户可以按照自身需求，使用这些服务。更为吊诡的是，

云计算环境下，人们需要的是知识产品的功能，与是否拥有它无关，就像家里集中供电后，靠自家单台发电机发电的就越来越少甚至没有了一样，只要有电用，谁会在乎电厂是谁家的？这样一来，是否拥有知识产品就没有实际意义，知识产品的归属权也失去意义。❶这种独有的技术特质显然会改变知识产品的保护和限制方式，进而深刻影响到知识产权的作用和功能。

2．云计算与知识产权的权利控制模式。在云计算环境下，数据的计算和处理均可在"云端"中进行，使用者可以在任意地点、任意时间，根据自己的需要向云计算终端发布指令调取需要的资源，云计算终端则根据接收到的用户指令，立刻安排和传输相应资源给用户。由此可见，整个的知识产品利用过程，并不需要借助于具体的网络服务提供者，使用者也没有对相应的知识信息进行复制和传播，而是直接让"云端"的信息为我所用。以软件即服务模式为例，用户不必购买软件即可使用软件，用户只需要按照自己的需求随时向"云端"发布指令，"云端"将接收指令并根据指令内容调取云中的数据信息，用户也无需将"云端"资源复制到本地就可以实现对软件的使用，而且这种使用还是多租户使用，也就是多个租户可以共享、运行在同一云端之上的某个软件。由于"云端"储存着海量信息，这些信息可以由用户上传和共享，权利人根本无法控制这些信息，也难以借助传统方法追究"云服务提供商"的法律责任。同时，因为使用者并不实际复制和传播作品等信息，用户个人之间点对点的即时交互式传播成为传播主流，所以复制权、传播权也难以适用。为此，应该确立新的权利控制方式，不断完善侵犯知识产权的间接侵权责任规则。

3．云计算与知识产权管理。云计算技术催生了云计算产业和大数据产业，加快了各类互联网产业的升级改造。通过将云端的各种数据进行整理、编辑和开发，可以有效改善人类对信息的集约化认知，可以利用这些

---

❶　王鑫："云计算的知识产权侵权风险与应对"，载《科技管理研究》2014年第9期。

信息从事更为有效的生产判断，改善消费者的生活质量。但是，以云计算为纽带的各类产业发展都必须建立有效的知识产权管理。云计算中知识产品的利用速度成指数式增长，一旦受知识产品保护的信息被仿冒并上传"云端"，就会瞬间被广泛传播开来，知识产权人的利益会受到极大损害。在云计算背景下，云服务商渐渐取代分散的用户成为作品的主要传播者，因为信息都集中在云端，而用户没有必要再将其存储在本地设备中。近年来，随着国内各大互联网公司纷纷抢占云计算市场，百度云、微软云、360云盘等云计算服务也陆续出现。云计算产业的经营者除了将吸引并增加用户量作为营利模式的主攻方向外，还应该培养知识产权意识，通过云服务中的用户注册系统，建立更为完备的数字权利管理系统，树立良好的行业知识产权形象。

（二）移动互联网与知识产权法

移动互联网是移动通信和互联网结合的产物。2010年被称为中国移动互联网元年；2011~2013年，移动互联网逐渐普及，智能手机网民数量迅猛增长，移动电子商务快速成长；2014年至今，移动互联网进入稳步发展时期，已经深刻地改变信息时代的社会生活。移动互联网具有高便携性、隐私性、应用轻便等特征，拥有铃图下载、手机游戏、视频应用、手机支付等丰富多彩的应用功能。随着4G网络越来越普及，用户利用手机上网搜索各类资讯变得更为快捷，手机看新闻、玩游戏也更流畅清晰。移动互联网对知识产权制度带来深远的影响。

1. 移动互联网与知识产权的权利内容和限制。由于移动互联终端的有效运行更多依赖于相应的应用软件，因此为各类软件、游戏和客户端提供有效的权利规范，成为法律规制的重点。移动互联网的接入终端呈现智能化、多样化、普及化、个人化的发展趋势与特征，它一方面可以实现大部分传统桌面互联网业务的延伸，另一方面具有更加个人化的属性，出现一系列的新服务与应用。❶在移动互联网中，个人借助APP软件、微信客户端等平台，可以实现更为多样化的个人传播和复制。为了保护终端用户的合法文化消费，需要不断改进著作权的限制机制。

2．移动互联网与知识产权管理。移动互联网正在带动一个庞大的产业兴起。移动互联网产业中的利益关系人不仅涵盖创作者、传播者和社会公众，还包括应用软件开发商和销售商、电信运营商、移动终端的生产商和销售商等。移动互联网的产业平台上流动着各种内容信息，不同产业主体需要更为便捷的授权许可和利用途径，建立适应大众创业和全民传播的移动互联网产业，更应该搭建综合性的知识产权交易和运营平台。移动互联网的飞速发展改变了消费者的阅读习惯，传统媒体的滞后性、局限性导致它跟不上消费者随时随地接收新鲜信息的需求，传统媒体和手机媒体的融合发展需要改善知识产权的利用模式。由于移动电子商务具有更强的便携优势，通过移动网络开展电子商务活动得到更大规模的普及，加强移动电子商务产业的知识产权管理已经刻不容缓。

3．移动互联网与知识产权的保护。互联网环境下的知识产权侵权已经从PC端向移动端蔓延，聚合类APP已经成为知识产权侵权行为的高发地。移动互联网具有终端集合性，导致知识产权侵权行为更为复杂，侵权主体更多样化，应用商店、电信经营商、手机制造商、软件开发商、各种移动终端开发商、各类移动媒体以及形形色色的终端用户，都可能成为侵权主体。在侵权方式上，既会发生侵犯信息网络传播权、软件著作权的直接侵权行为，也由于普通链接、深度链接纵横交错，出现大量间接侵权，并且这些侵权行为可能更为隐蔽，权利人在监控、调查、取证、投诉、起诉等方面遇到很大挑战。此外，移动互联网中还出现了一些新型的知识产权侵权行为，例如利用"微信公众号"传播他人作品，由于公众号的传播对象针对不特定的公众，满足信息网络传播权的构成要件，也应该认定侵权。

---

❶ 高同庆："移动互联网发展趋势与产业发展思考"，载《江苏通信》2010年第10期。

（三）3D打印技术与知识产权法

3D打印技术以数字模型为基础，运用粉末状金属、塑料或聚合物等可粘合材料，通过逐层打印的方式来构造物体。现代3D打印技术本质上是数字技术、网络技术和现代工业制造技术相互结合的产物。3D打印给知识产权制度带来系列新变化。一旦物品能用数字文件来描述，它们就会变得很容易复制和传播；当一个新玩具的草图或一双鞋的设计方案在网上流传时，相应的网络知识产权问题应运而生。2010年，美国发生了首例要求存储空间服务提供商删除3D设计文件（CAD）的通知，备受争议的瑞典文件共享网站"海盗湾"在2013年宣布着手共享3D印刷设计。[1]CAD会不会像音乐、视频文件一样成为下一轮网络共享的中心，已经引发权利人的担忧。具体言之，3D打印对知识产权法的影响集中表现在以下方面。

1. 3D打印技术与CAD模型的知识产权保护模式。数字模型是3D打印的根本（也就是通常所讲的"建模"），有3种途径生成3D打印的三维数字模型：一是直接通过扫描仪扫描生成的三维数字模型；二是将二维平面图形或图案通过软件转化成三维数字模型；三是通过相关建模软件自己设置数字参数建成三维数字模型。[2]在这一过程中，CAD文件可以成为原有作品的数字化形态，也可以是作品的传播过程，甚至涉及该种文件制作过程能否被授予专利权的问题。所以，CAD模型的制作者可以对该智力成果享有著作权、邻接权甚至是专利权，如何确认和选择相应的权利内容，是当今知识产权法面临的重要挑战。

2. 3D打印技术与专利权制度的数字化进程。从制度内容上看，网络技术对专利制度的影响往往可以在传统的框架下得以有效解决。截至目前，网络技术还没有催生出新的专利权内容和限制，也没有产生全新的保护模式。虽然网络环境下可专利客体不断扩张，网络技术也被应用在专利

---

[1] Brian Rideout, *Printing the Impossible Triangle: the Copyright Implication of Three-Dimension Printing, 5 J.* Bus. Entrepreneurship & L.161（2011）.

[2] 王文肖："3D打印技术引发的著作权问题研究"，载《魅力中国》2014年第22期。

申请和审查之中，但是网络技术下的专利权保护新规则较少，以至于网络知识产权法主要被解读为网络版权法。然而，3D打印技术的出现有可能改变这一状况，它让专利制度必须进行更为实质化的应对。首先，在CAD文件的保护模式选择上，专利权也是必须考虑的选项之一。其次，如果CAD文件本身没有获得专利权保护，但是CAD文件中的参数是辅助侵犯专利权的主要依据，或者借助CAD文件打印形成的物品主要的目的就在于侵犯专利权，则打印受到专利权保护的物体以及在互联网上销售专利产品CAD文件，也会构成间接侵犯专利权的行为。

3．3D打印技术与侵犯知识产权行为的判定。利用3D打印技术制造产品的过程，就是根据CAD文件、模型及相关参数，借助打印机制作产品的过程。它实质上是一种生产制造过程而非打印。❶是否给予生产过程以异体复制的法律地位，或者明确该行为属于专利产品的制造过程，需要进行法律上的审视。如果立法最终规定该种行为构成复制，则意味着"生产"和"复制"的界限被弥合，这会再一次扩展复制权的保护范围，使得复制权可以控制从虚拟图形到立体三维实物的生产过程。如果CAD文件及其技术参数申请并授予专利，则专利人还可以控制这一制造过程，在某种意义上产生了重叠保护的效应，并且在一定程度上改变了著作权法与专利法的分界线。

4．3D打印技术有可能改变知识产权的限制和豁免范围。客观地讲，网络技术对个人使用作品和个人使用专利产品的规则冲击力度不一样。专利权人只是控制营利性地制造和使用专利技术。传统专利法不保护私人制造行为，就在于制造专利产品的成本较高，而3D打印技术显然已经改变了这种成本效益的比较。❷如果允许使用者免费进行专利产品的制造和使用，但却禁止私人的复制，在法律体系上也欠公允。❸因此，3D打印技术

---

❶ 马忠法："3D打印中的知识产权问题"，载《电子知识产权》2014年第5期。

❷ 吴广海："3D打印中的专利权保护问题"，载《知识产权》2014年第7期。

❸ 刘强："3D打印技术专利侵权问题研究"，载《武陵学刊》2014年第1期。

可能会推动专利权在私人使用上的变革。此外，网络服务提供者侵犯知识产权的"避风港"规则，不仅可以适用于侵犯著作权的场合，而且可以发生在侵犯专利权的领域。换言之，3D打印技术会进一步扩大"通知——删除"程序、"避风港"制度的适用范围。

（四）三网融合技术与网络知识产权法

"三网融合"又称"三网合一"，是指电信网、广播电视网、互联网在向宽带通信网、数字电视网、下一代互联网演进过程中，三大网络通过技术改造，其技术功能趋于一致，业务范围趋于相同，网络互联互通、资源共享，能为用户提供语音、数据和广播电视等多种服务。三网融合技术带来的知识产权问题主要包括以下两点。

1. "三网融合"与广播权、信息网络传播权的内容和限制。通过网络定时播放作品，或者用户借助IPTV固定装置在自己选定的时间回放节目，都会涉及由何种著作权控制的问题。在权利限制上，广播权的法定许可渐渐失去基础，但是各种形式的"转播""附随性传播"适用法定许可的可能性却增加。广播电视组织的性质发生了很大改变，传统的公益性定位不完全符合其实际运营情况。数字电视的收费不仅已经相当普遍，而且在价格上远远高于卫星有线电视。同时，数字技术的发展也为广播电视组织的营利提供了可能。作为公共价值观普及和社会舆论导向的工具，广播电视组织的公共属性依然不能否认，但是其性质的变化却毋庸置疑。从利益分配上看，广播电视组织即便实现数字化，依然享有广播权的法定许可优惠，在使用作品时无需获得权利人的明示授权，而对于网络广播组织或者IPTV而言，所有的信息网络传播权行使都要遵循授权许可的原则，这会让三种性质相似的市场主体适用不同的市场规则。

2. "三网融合"与各种新型商业模式侵犯知识产权的法律责任。"三网合一"还改变了传统的网络，不少网站开始直播、转播广播电视节目，网络广播电视应时而生。目前，传播学学者所倡导的Web3.0技术，则更是试图让交互式传播和网络广播共存于同一媒介，进而实现综合传播平台的打造，用以自如便捷地浏览信息、观看电视和收听广播。IPTV是利用计算机或机顶盒+电视完成接收视频点播节目、视频广播及网上冲浪等功能。IPTV是利用宽带有线电视网的基础设施，以家用电视机作为主要终端电器，通过互联网络协议来提供包括电视节目在内的多种数字媒体服务。用户在家中可以有三种方式享受IPTV服务：计算机、网络机顶盒+普通电视机、移动终端。国内目前典型的IPTV业务模式是由电信、网通等网络运营商负责网络运营、宽带接入，与拥有IPTV运营牌照的试听节目服务商合作，共同开拓市场、收入分成。如果具有播控平台资质的IPTV内容商侵犯知识产权，也会让负责网络运营、宽带接入的电信服务商卷入侵权诉讼，此外，提供机顶盒的生产商、向内容商提供内容的上传方等都可能裹挟进入侵权诉讼，进而涉及各种直接侵权、间接侵权和合作共同侵权等多重法律问题。

（五）电子商务技术与网络知识产权法

电子商务通常是指在全球各地广泛的商业贸易活动中，在因特网开放的网络环境下，基于浏览器/服务器应用方式，买卖双方不谋面地进行各种商贸活动，实现消费者的网上购物、商户之间的网上交易和在线电子支付以及各种商务活动、交易活动、金融活动和相关的综合服务活动的一种新型的商业运营模式。电子商务中最为突出的知识产权问题，就是网络交易平台侵犯知识产权的情况越来越严重。网络交易平台的出现是电子商务发展到一定程度的结果。电子商务技术对网络知识产权法的影响在于：首先，电子商务技术拓展了网络知识产权的制度范畴。网络服务提供者侵犯知识产权的情形，将全面超越信息领域而进入到交易层面。这样一来，网络环境下保护商标权和专利权的必要性得以更为充分的展现。其次，电子商务技术丰富了网络服务提供者的责任规则。网络交易平台提供者不同于网络内容提供商，它的运营模式是提供网络交易平台，卖家在网上发布商品信息，买家通过浏览网站平台信息，直接与卖家联系交易事项，应属于一种新型的中介服务提供商。有鉴于此，第三方交易平台在承担法律责任时也应该有不同的法定义务，承担更为全面的针对网店经营者的知识产权治理责任。

当然，还有一些新兴的网络技术，例如物联网技术、大数据技术等，学者们揣测它们也会对知识产权法产生影响。国家社科基金曾经连续三年将物联网技术与知识产权法作为重点推荐选题，但是三年来没有项目获得立项，这至少说明物联网技术对知识产权法的影响还不明显，无法进行前瞻性的研究。至于大数据技术对知识产权法的影响，更多的学者认为现在最需要解决的是网络安全问题，知识产权的挑战也并不明显，传统的法律框架还可以有效应对。总之，随着新一轮信息技术的不断变化，网络知识产权法必然会为之调整和改变。离开现代信息技术，网络知识产权法无法独立存在；也只有因应现代信息技术而不断变革，网络知识产权法才能够不断保持生命活力。

第二节　网络知识产权立法与制度体系

早期的时候，互联网的技术中立性、场域特殊性被放大，没有太多人希望在这个领域强化立法，所以不论美国、澳大利亚还是加拿大，都有很强烈的声音希望网络上的法律管制越少越好。进入20世纪90年代中后期，为网络提供立法保护的声音更为强烈，并成为主流。网络上的法律问题形态各异，规制不一。这其中既有传统法律问题在互联网领域的延伸，例如利用网络诈骗、互联网信息安全、网络中虚拟财产的保护等，也有基于互联网特殊性而产生的法律问题，例如网络域名的保护、信息网络传播权的构建等。网络知识产权的立法进程，与之大体同步。

一、网络知识产权立法概况

一直以来，国际组织在网络知识产权领域的立法活动非常活跃，在引领和构建网络知识产权法律规则方面发挥了不可替代的作用。世界知识产权组织（WIPO）一直致力于协调网络技术发展所带来的各国知识产权差异。起初由WIPO各机构起草建议、指导原则和示范条款，就如何迎接新技术的挑战为各国政府提供帮助。但到了20世纪80年代末，国际上逐渐承认单靠指导已不足以对新技术的发展作出适当反应，有约束力的新的国际准则变得不可或缺了。❶网络技术对著作权的冲击最为直接，也最为广泛。国际社会在网络知识产权领域的立法成熟和定型于著作权领域。1996年12月2~20日在日内瓦召开WIPO关于版权和邻接权若干问题的外交会议，外交会议通过了两个条约：《WIPO版权条约》（简称《版权条约》，英文缩写WCT）和《WIPO表演和录音制品条约》（简称《表演和录音制品条约》，英文缩写WPPT）。前者的主要内容是对《伯尔尼公约》1971年巴黎文本某些实质性条款进行修改，而后者则在1961年《保护表演者、录音制作者和广播电视组织的罗马公约》的基础上又为表演者和录音制品制作者制定了专门的国际条约。以上两个条约由于主要涉及互联网下版权与邻接权保护，所以也被称为"互联网条约"。WCT与WPPT两个条约已分别于2002年3月6日和5月20日生效。

　　WCT由25条组成，未分章节。第1~14条系实体条款，第15~25条系行政管理条款。此外还附有"议定声明"9条。它的主要内容包括：（1）复制权。"议定声明"第1条规定，《伯尔尼公约》第9条所规定的复制权及其所允许的例外，完全适用于数字环境，尤其是以数字形式使用作品的情况。不言而喻，在电子媒体中以数字形式存储受保护的作品，构成《伯尔尼公约》第9条的复制。（2）发行权与出租权。WCT第6条规定，文学和艺术作品的作者应享有授权通过销售或其他所有权转让形式向公众提供其作品原件和复制件的专有权。同时第7条规定出租权。（3）向公众传播的权利（又译公开传播权）。WCT第8条规定，在不损害《伯尔尼公约》有关规定的情况下，文学和艺术作品的作者应享有专有权，以授权将其作品以有线或者无线方式向公众传播，包括将作品向公众提供，使公众中的

---

　　❶　［匈］米哈依·菲彻尔："21世纪到来之际的版权和有关权"（上），载《著作权》1999年第1期。

成员在某个选定的地点和时间可以接触这些作品。（4）著作权限制与例外。WCT第10条规定，缔约各方在某些不与作品的正常利用相抵触，也不无理损害作者合法权益的特殊情况下，可在其国内立法中对依本条约授予文学和艺术作品作者的权利规定限制或例外。在"议定声明"第9条明示，这些限制与例外继续适用并适当地延伸到数字环境中。同样，这些规定被理解为允许缔约方制定对数字网络环境适宜的新的例外与限制。（5）技术措施保护和权利管理信息保护的义务。WCT第11条规定，缔约方应规定适当的法律保护和有效的法律补救办法，制止规避由作者为行使本条约所规定的权利而使用的、对就其作品进行未经该有关作者许可或未由法律准许的行为加以约束的有效技术措施。WCT第12条针对权利管理信息作出界定，并禁止未经许可去除或改变任何权利管理信息，以及未经许可发行、为发行目的进口、广播，或向公众传播明知已被未经许可去除或改变权利管理电子信息的作品或作品复制品。（6）其他规定。涉及版权保护的范围、计算机程序、数据汇编（数据库）、摄影作品的保护期限等。

WPPT由33条组成，共分五章。第一章：总则；第二章：表演者的权利；第三章：录音制品制作者的权利；第四章：共同条款；第五章：行政条款和最后条款。WPPT从总体上遵循着与WCT相同的解决思路和体系化努力，规定表演者和录音制品制作者享有的复制权、发行权、出租权、获得报酬权，同时规定对权利的限制和例外，以及关于技术措施和权利管理信息的义务。二者的不同之处在于：（1）WPPT沿用"罗马公约"的结构，在第2条中包含一系列的定义，而WCT则与"伯尔尼公约"保持一致，并没有相关定义的界定；（2）WPPT详细规定表演者的精神权利，WCT没有精神权利方面的规定；（3）WPPT没有采用"公开传播权"这一语词涵盖交互性网络传输，而是在第10条规定"提供已录制表演的权利"，第14条规定"提供录音制品的权利"，但其实质含义与公开传播权中的交互式传播权并无不同；（4）WPPT因为需要把其内容划分为表演者权利和录音制品制作者的权利而产生结构上分章的需要，WCT没有划分章节。

世界知识产权组织也一直致力于探索网络知识产权领域的其他立法。早期的努力可以追溯到1978年的《计算机软件保护标准条款》，以及1989年在华盛顿最终通过的《关于集成电路布图设计的知识产权条约》。1996年12月，世界知识产权组织讨论制定《世界知识产权组织数据库条约草案》，但始终未能就该条约的有关内容达成一致。1999年，通过题为《互联网络名称及地址的管理：知识产权问题的报告》，对域名注册规范程序、统一争端解决程序和域名排他程序等进行规定。2001年，《关于在因特网上保护商标权以及各种标志的其他工业产权中的规定的联合建议》详细规定了网络商标侵权的管辖、认定和各成员国商标权冲突的协调等问题。2006年通过的《新加坡商标法条约》，针对网络环境的新变化，规定可采用电子申请方式，拓宽了商标注册标记的范围。

美国是现代信息技术革命的起源地，也是当下计算机技术和网络技术最为发达的国家。美国在网络知识产权领域的立法一直走在世界的前列。美国在20世纪60年代计算机技术逐渐成型的时候，就已经开始探索计算机软件的保护模式，并最终在1976年《美国版权法》中确立软件版权保护为主、专利保护为辅的基本模式。1984年颁布的《美国半导体芯片保护法》，为集成电路布图设计提供专门的立法保护。1993年，美国前总统克林顿任命成立信息基础设施工作机构（IITF），以推动信息技术在美国的发展和应用。该工作机构负责知识产权的工作组于1994年提交了草拟的报告，通称"绿皮书"。在广泛征询各方意见之后，于1995年9月公布信息基础设施工作机构知识产权工作组的报告——"知识产权和国家信息基础设施"——通称的"白皮书"。1998年10月出台《美国数字千年版权法》（DMCA），该法案是对1976年美国版权法的一次重大修正，它的基本内容已被纳入美国版权法。2002年6月25日，众议院通过《美国规范对等网络法案》，旨在保护对等传输中享有版权的作品，同时对传输者的责任进行限制。2005年4月27日，总统布什签署《美国家庭娱乐与版权法案》，明确规定以刑事处罚应对擅自在网络上传播预览影片。

与美国的探索几乎同步，欧盟也一直致力于探索从立法上确认一种在信息时代保护知识产权的合理途径。1991年通过《计算机程序保护指令》，详细规定软件保护模式、反向工程等规则。1996年颁布《数据库法律保护指令》，这是世界上第一次以特殊权利形式保护数据库的法令。2000年通过《关于共同体内部市场的信息社会服务尤其是电子商务的若干法律方面指令》（以下简称《欧盟电子商务指令》），该指令虽然是规范电子商务的法律，但是许多内容涉及在线服务，尤其是对网络服务提供者进行了规范和协调。2001年通过《关于协调信息社会的版权和有关权若干方面的指令》（以下简称《欧盟信息社会版权指令》），对网络环境下的著作权内容、限制、技术措施和权利管理电子信息的保护等进行了详细的规范。与此同时，欧盟国家根据上述指令的要求，结合本国的实际情况，均建立起相应的网络知识产权法律规则。例如，英国于2003年按照《欧盟信息社会版权指令》和《欧盟电子商务指令》的要求修改本国法，规定公开传播权、相应的通知和反通知程序，规范网络服务提供商的法律责任；2014年通过新的《英国版权法》，完善了网络环境下的著作权限制机制、孤儿作品利用规则等。2003年通过的《德国规范信息社会著作权法》，对数字时代的复制、网络传播权、技术保护措施、网络服务商的责任等问题作出规定；2007年通过的《德国规范信息社会著作权的第二部法律》，确立数字复制设备的补偿金规则；2013年实施新的《德国著作权法》法案，允许纸媒出版商享有"相关权"，可向Google等聚合商收费。2006年通过的《法国信息社会版权法案》，对电子信息产品的版权保护进行规范，在注重保护版权、打击盗版的同时，对电子信息产品的"通用兼容性"作出了明确规定；2007年制定《法国推动网络作品传播和保护法》（"HADOPI"法案），专设"网络作品传播与权利保护高级公署"负责网络盗版侵权行为的监督、裁决与执行任务，并于2009年艰难通过。有意思的是，法国参议院仅在国民议会通过后的第二天就戏剧性地批准了该法案。然而在6月10日，宪法委员会宣布该法案因违反宪法而无效，违反的内容主要包括宪法赋予公民作为基本人权的"传播、表达自由以及无罪推定"原则。2009年10月22日，宪法委员会公布了修改后的"HADOPI"法案，该法案于2010年1月正式生效。●2015年1月实施的《西班牙知识产权法》的一项主要内容是建立了所谓的"谷歌税"制度，也就是说谷歌在其搜索结果中显示的新闻内容相关链接所属的媒体机构，有权向谷歌收取名为"新闻内容制造权"的费用，该法律允许对未经授权传播信息的网站处以罚款。

我国的网络知识产权立法与不同时期计算机技术、网络技术的发展联系在一起。在实行改革开放基本国策以后，基本上做到了与世界先进水平的同步推进。目前，在网络知识产权领域的主要法律渊源包括：（1）法律。2009年全国人大常委会通过的《侵权责任法》第36条，共有3款规范网络侵权责任。此外，在《著作权法》《专利法》《商标法》《反不正当竞争法》等法律中，也对网络环境下知识产品的保护、网络知识产权的内容、限制、电子申请等问题进行了规定。（2）法规。主要包括2006年通过并于2013年修改的《信息网络传播权保护条例》，2001年通过并于2013年修改的《计算机软件保护条例》，2001年通过的《集成电路布图设计保护条例》等。（3）行政规章。例如，1997年，国务院信息化工作领导小组办公室制定《中国互联网络域名注册实施细则》和《中国互联网络域名注册暂行管理办法》，成为我国域名管理的重要的法律规范。2004年，信息产业部通过《中国互联网络域名管理办法》。（4）司法解释。典型的司法解释包括2012年11月26日通过的《最高人民法院关于审理侵害信息网络传播权民事纠纷案件适用法律若干问题的规定》，2001年6月26日通过的《最高人民法院关于审理涉及计算机网络域名民事纠纷案件适用法律若干问题的解释》等。

计算机技术和互联网技术是不断发展的高新科学技术，在其演进中具有明显的不确定性，立法的滞后性体现无遗。在这种背景下，社会与行

● 李杨：《著作权法个人使用问题研究》，社会科学文献出版社2014年版，第188~189页。

业组织的规范往往具有很好的补充作用：可以在立法难以预见、难以及时调整的情形下，发挥行业标准和行为规范的功能。同时，一些网络要素如域名的管理，一般就是由社会组织直接管理的，这些社会组织制定的相应规则，必须得到遵守。例如，在域名分配、争议解决等规则制定过程中，因特网域名管理机构制定的规则发挥了重要作用。美国因特网名称及编码分配公司（ICANN，Internet Corporation for Assigned Names and Numbers）1998年推出《统一域名争端解决政策》。中国互联网络信息中心（CNNIC）也是事业单位法人，自2000年起，先后颁布了《中文域名争议解决办法》《中文域名注册暂行管理办法》《中国互联网络信息中心域名争议解决办法》等规范性文件。中国电子商务协会2005年5月发布的《网络交易平台服务规范》中的有关条款，对于理解网络交易平台侵犯知识产权的责任具有行业指引和参考意义。

二、网络知识产权法的概念和制度体系

网络知识产权的立法虽然时间不短，但是网络知识产权法的概念和体系的出现，却是肇始于20世纪末期。直至现在，也并没有关于网络知识产权法最为权威的界定。从语义上看，网络知识产权法是与网络技术有关的知识产权法律制度之统称。但是从客观的历史脉络和具体的制度构成上看，网络知识产权法并非限定于网络技术。实际上，网络的源头是现代计算机技术和通信技术，而这也正是现代信息技术革命的起源。因此，完整地讲，网络知识产权法是现代信息技术革命推动下，调整与现代信息技术相关知识产品的社会关系形成的法律规范总和。

长期以来，对于网络知识产权法的归属和定位存在诸多分歧。网络知识产权法可被归入科技法、网络法、计算机法和电子商务法之中，成为其重要组成部分。从网络知识产权法与科学技术、网络技术、计算机技术和电子商务技术的外部关联上看，这样的划定自然并无不妥。然而从制度体系内在的逻辑关联性上分析，网络知识产权法是知识产权法的现代发展，已经日渐形成为相对独立的课程，有必要审视网络知识产权中的不同制度

规则，建构网络知识产权法的制度体系。

网络知识产权法是调整现代信息技术所带来知识产权问题的法律规范总和，在制度体系上涵盖以下内容：（1）总论。梳理现代信息技术发展的脉络，考察网络技术给知识产权和知识产权法带来的影响，探讨网络知识产权法的主要问题和立法的最新进展，思考网络知识产权利益相关者，讨论网络知识产权的理念。（2）网络著作权。包括数字环境的复制权、发行权和信息网络传播权，网络环境下复制权限制，信息网络传播权的合理使用、法定许可，扶助贫困的默示许可，网络环境下的著作权许可和集体管理，技术措施和权利管理信息的保护等内容。（3）网络商标权。包括网络环境下商标使用，网络商标权的取得、商标权的限制，以及网络商标侵权行为等内容。（4）网络专利权。包括网络技术对专利权的影响、计算机软件和商业方法专利保护以及电子专利申请等内容。（5）计算机软件的知识产权保护。包括计算机软件的著作权保护、专利权保护和商业秘密保护等内容。（6）数据库的知识产权保护。包括数据库的保护模式、数据库的著作权保护，以及欧盟出现的数据库特殊权利保护模式等内容。（7）网络域名的法律规制。包括域名的基本知识、域名的法律规制模式，以及域名与商标权、其他标志的冲突和协调。（8）集成电路布图设计权。包括集成电路布图设计保护模式，集成电路布图设计权的取得、限制和保护等内容。（9）网络知识产权侵权与法律救济总论。包括网络知识产权侵权行为的特征，网络知识产权的民事救济、行政救济和刑事救济，以及网络知识产权侵权救济的程序保障等内容。（10）网络服务提供者侵犯知识产权的责任。包括网络服务提供者的性质、类型和义务，网络服务提供者侵犯知识产权的直接责任和间接责任，不同类型网络服务提供者侵犯知识产权的"避风港"和责任限制等内容。（11）网络知识产权保护与不正当竞争。包括反不正当竞争法对网络知识产权的兜底保护、传统不正当竞争行为的互联网延伸，以及网络新型不正当竞争行为等内容。

三、网络知识产权法的基本理念

面对现代信息技术尤其是网络技术给知识产权法所带来的革新和变化，网络知识产权法律制度和体系也在不断完善和优化之中。网络知识产权法的理念是对传统知识产权法的发展，但是更需照应到网络技术本身的诸多特征以及由此带来的多元利益诉求。网络知识产权的任何立法都会受到两个反方向的压力，权利人希望维持其对知识产权的控制，而消费者则希望保持他们相对不受限制地使用知识产品的习惯。因此，网络知识产权法需要将网络技术带来的知识产品创造、保护、管理和运用问题纳入规制范围，也要照应网络技术的特征，适当增加新的权利限制和例外，保证全体社会成员分享信息社会的文明成果。

1. 正视网络技术给知识产权法带来的各种变化。根据网络技术共享性、互动性、虚拟性、全球性等特征，适时设计相应的法律制度。例如，网络环境下禁止权的行使应符合利益最大化原则，可以根据网络的特征建立知识产权的默示许可制度。结合网络上的各种利益相关者，包括知识产品的创造者、信息资源的提供者、知识产品的投资者、传播者、使用者，构建一种让所有参与网络信息创造和传播之自然人、法人或者其他组织的利益实现分享的法律机制。

2. 加大网络环境下的知识产权保护。由于网络技术的飞速发展，计算机软件、集成电路布图设计、域名、数据库等新型的知识产品不断涌现。网络复制便捷，网络传播通畅，网络让每一个自然人、组织都可以低成本地成为独立媒体人和网络供应商。互联网在给人类带来各种知识和精神福利的同时，也必须服从知识产权保护和管理的要求。"计算机和信息技术超伦理神话和技术要求弱化了从业于信息产业中的人的法律责任和一定程度的伦理责任。但情况本不应该这样。权利的设计应该改变这样的现状。"❶所以必须在网络环境下以更大的力度和更合理的规则设计，发出保护知识产权的声音，保障权利人的利益，激励知识产品的创造。

3．保障使用者、消费者和其他利益相关者的权益。网络环境下的知识产权利益主体呈现出多元化发展的格局。为知识产品提供什么样的保护、多大程度的保护，都应该考察这种保护会给其他利益主体带来的影响。例如，当立法禁止规避技术措施时，就应该同时考虑到技术措施的生产制造者、文化产品合法消费者以及普通公众的利益，为这些主体的生产和消费行为提供权利限制的制度安排。在数据库、域名等新客体保护模式的选择上，也要细致梳理不同模式与本国科技文化发展水平的契合度，考察由此给同领域竞争者、消费者所带来的影响，从而作出合乎国情和行业实际情况的制度选择。

4．积极探索网络环境下知识产权的利用机制，促进网络知识产权获利能力的提升。通过建构网络环境下权利行使的自主原则，用以表彰权利的行使。例如，网络环境下的版权人应该将允许利用其著作物的条件预先揭示给用户，从而在一定程度上解决因著作物被大量复制、传播而引起的版权问题。❷更大限度发挥市场作用，允许权利人和其他利益相关者对自己的利益作出判断，发挥授权许可协议的作用，通过市场机制实现各方利益的协调。实际上，只有权利人、网络服务提供者有了更多的通过网络获取市场利益的途径，网络技术的发展才会更快，网络也才会更为繁荣，消费者才可以持续地从网络技术和文化创新中获得更多的福祉。

四、网络知识产权法中的利益相关者

现代信息技术直接改变了人们的生存方式，网络化生存下的人们产

---

❶ 〔美〕德·乔治著：《信息技术与企业伦理》，李布译，北京大学出版社2005年版，第189页。

❷ 〔日〕北川善太郎："网上信息、著作权与契约"，载《外国法译评》1998年第3期。

生了新的更为复杂的利益格局。美国信息伦理学家斯皮内罗（R.A.Spine-llo）借用管理学的概念将相关利益群体称为利益相关者（stakeholder），并将其作为一种伦理学分析框架。❶借助该框架，网络知识产权法中的利益相关者包括以下几个方面。

1. 网络用户。网络用户是互联网上的文化消费者，他们利用网络进行娱乐、发电子邮件、在线购物、上网学习。相较于控制现代信息技术发展和应用的知识精英而言，网络用户处于弱势群体，他们的利益需要得到保护，并且要避免信息安全、隐私受到威胁和色情内容泛滥等的不良影响。然而与此同时，网络用户又是互联网内容的创造者，在互动式的网络参与中，网络用户还完全可以转化成为传播者，甚至成为侵权者。事实上，网络用户的实际影响力也不相同，既包括普通的用户，也涵盖一些网络大V和意见领袖，还有一些关注网络发展社会影响的社会群体。他们主要关注网络发展对伦理和法律的影响，其观点多基于各异的伦理和政治立场。因此，网络知识产权法必须既保护网络用户的合法权益，又打击网络用户的违法侵权行为，营造人人尊重知识产权的绿色网络环境。

2. 网络服务商。网络技术是各种网络服务不断创新和延伸的技术。随着互联网技术的发展，各种网络服务商竞相出现。传统的网络服务商包括网络内容提供商、网络信息设备制造商、存储空间服务提供商和定位服务提供商等。随着移动互联网技术、云计算技术、3D打印技术、"三网融合"技术的不断发展，网络信息软件服务商、移动服务提供商、网络电视提供商等涌现出来。网络服务商提供因特网基础和设施、网络连接和与之相关的服务，是现代信息权力结构技术螺旋的核心部分。伴随着不断增加的网络信息传播需求，网络服务商总是处于升级换代之中，在利益实现上需要普通的网络用户的支持，与对手处在竞争状态；同时会遏制网络用户的共享需求，并寻找最大限度的利润空间。

---

❶ Richard A. Spinello, *Cyberethics Morality and Law in Cyberspace*. Jones and Bartlett Publishers. 2000, pp.31–35.

3．利用网络建立业务流程的企业。它们的业务建立在网络基础上，被认为是现代信息时代市场螺旋的推动者，也是正在兴起的网络经济的主体部分。随着电子商务活动的广泛开展，以及由"互联网+"战略所带来的辐射和影响，利用网络建立业务流程的企业不断增多。即便是传统产业，也需要在互联网时代搭建网络平台，进而受到网络知识产权法的调整。

4．网络上的非营利性社会事业机构。这些社会机构具有非营利性的特质，但是可以在网络上从事相关的教育、学习以及其他的共享性活动，包括公益性的网络图书馆、网络档案馆、网络文化馆、网络博物馆、网络纪念馆、网络教育机构、网络医疗机构等。虽然他们不靠网络牟利，但网络的使用可以降低其运营成本、提高效率，为公众提供更为便捷的服务。应该看到的是，网络服务商也可以利用网络开展学习、教育等活动，由于其具有商业性的目的和需求，因此并不能作为非营利性的社会事业机构而受到法律的优待和特殊调整。

5．网络媒体。网络媒体是一种特殊的网络服务商，其基本的功能是提供内容。之所以成为独立的利益相关者，是因为一些传统媒体在转型发展中，也正在积极构建各类网络平台。在我国，传统媒体具有特殊的性质，广播电台和国家机关报纸担负着宣传社会主义事业建设成就的特殊使命，即便在媒体融合中出现了相应的网络平台，也不应该作为普通的网络服务商看待。总体来看，目前的网络媒体主要包括两种：一种是新兴的网络媒体正在快速发展，其特点是以速度取胜；另一种是传统媒体正在将其优势移植入网络中。

6．网络技术与硬件产品的生产者、销售者。互联网的发展依赖于各种通信技术、网络技术和数字技术的持续变革，网络上的信息传递也离不开各种数字产品和设备。生产和销售各类数字技术及产品，也会涉及知识产权的保护问题。有的时候，技术和产品的提供者，同时就是网络服务提供者；有的时候，技术和产品的服务提供者与各种网络服务相互独立，但是存在紧密的联系。随着现代信息技术的发展，特别是"互联网+"和"物联网"技术的出现，手机、电视机等各类产品均面临着数字化的需求，一大批生产商和销售商被裹挟进数字化的浪潮，成为网络知识产权的利益相关者。

7. 网络行业组织和管理机构。网络空间的治理模式包括自治和政府监管两种。网络具有追求自由、共享和更新换代迅速等特点，这些都决定必须发挥网络行业组织和其他社会机构的作用，通过这些自治性的组织维护群体利益，推行行业自治，监督网络法规的执行。同时，国家和各级政府也必须发挥网络管理和服务的职能。国家和各级政府是网络基本设施的主要投资者，其出发点是经济发展和国家安全。由于各国在信息技术发展水平上的差异，在国际交往中，不同的国家会有着不同的利益需求。

第二章　网络著作权概述

现代信息技术影响最深远的知识产权制度，当推著作权法。数字和网络技术的发展，直接挑战传统著作权制度的合理性。网络让作品的创作成为互动、双向、动态的进程。网络上不少作品的形成是各方合作的结果。如果著作权法还固守传统环境下的理念和规则，就有可能遏制文化创新。在新的技术环境下，必须重塑网络著作权法的理念，不断改进网络环境下的复制权、发行权、信息网络传播权、广播权等权利的内容和限制机制，在为技术措施和权利管理电子信息提供保护的同时，设定相应的限制规则，推动网络环境下权利许可和集体管理等利用制度的完善，构建起真正意义上的"数字版权法"体系。本章将就此展开探讨。

第一节　著作权与网络著作权

一、著作权与著作权法

从狭义上看，著作权是指著作权人对文学、艺术、科学作品依法享有的财产权利和人身权利。从广义上看，著作权还包括邻接权，亦即表演者、录音录像制作者、广播电视组织者等作品的传播者在作品传播过程中就表演、录音录像制品和广播电视节目信号等依法享有的权利。统括而言，著作权是权利人对作品和作品传播中的智力成果依法享有的专有权利。

著作权制度是指在特定社会范围内调整因文学、艺术和科学作品而产生社会关系的一系列习惯、道德、法律等行为规范的总和，它由社会认可的非正式约束、国家规定的正式约束和实施机制三个部分构成。其中，著作权法构成著作权制度中最为核心和基础的部分。著作权法就是调整著作权产生、归属、客体、运用、保护、管理等一系列社会关系的法律规范，它是国家确认的具有强制约束力的正式规则，也就是著作权法律制度。

著作权法有狭义和广义之分。狭义的著作权法仅指由国家权力机关制定并系统、集中调整著作权关系的法典，例如我国的《著作权法》。这也是形式意义上的著作权法。广义的著作权法则包括调整著作权关系的所有法律法规。易言之，只要是具有国家强制力予以保障的正式规范，就都可以构成著作权法。在我国，主要的著作权法渊源有：（1）《著作权法》，1990年9月7日通过，1991年6月1日实施，2001年和2010年两次修改。（2）《著作权法实施条例》，2002年9月15日施行，2013年1月16日修改。（3）《著作权集体管理条例》，2005年3月1日施行。（4）《信息网络传播权保护条例》，2006年7月1日施行，2013年1月16日修改。（5）《计算机软件保护条例》，2002年1月1日施行，2013年1月16日修改。（6）《最高人民法院关于审理著作权民事纠纷案件适用法律若干问题的解释》，2002年10月15日施行。（7）《最高人民法院关于审理侵害信息网络传播权民事纠纷案件适用法律若干问题的规定》，2012年11月26日通过，2013年1月1日施行；同时，2006年通过的《最高人民法院关于审理涉及计算机网络著作权纠纷案件适用法律若干问题的解释》被废止。

二、网络著作权和网络著作权法

著作权制度的发展史就是不断应对信息技术革命带来新变化的历史。因循印刷术、广播电视技术和数字网络技术这三次信息技术革命产生的线索，著作权制度可大致划分为印刷著作权、电子著作权和网络著作权三个不同的时期。从18世纪初叶《安娜女王法令》产生到19世纪末，是著作权制度史上的"印刷版权"时期，其著作权权项主要是复制翻印权。❶以照相技术、电影、自动卷轴钢琴、留声机、广播、电视等技术的发明为标志，作品的传播进入了"电子著作权时代"。"电子著作权时代"作品的表现形式是作品的电子化，通过模拟电子技术的应用，将电子化了的作品固定在有形载体之上；作品的传播途径多元化，传播更加迅速、便捷；著作权法保护对象的范围大为扩大，涵盖摄影作品、电影作品、电视作品、广播作品等电子作品；权利形态也日益多元化，涵盖改编权、表演权、放映权、摄制权、广播权等内容。计算机技术与通信技术的结合，是网络著作权形成的基础。在数字网络环境下，著作权所赖以存在的物质基础发生了重大变革，作品的类型日益增多，新型使用方式不断涌现。网络空间中作品易于复制、广泛传播的特点，导致侵权门槛降低，增大了侵权风险，对传统著作权法律制度构成挑战。在"数字著作权时代"，著作权保护延伸到互联网环境，信息网络传播权成为重要的著作权类型，技术措施和权利管理信息在著作权法中得到保护，网络服务提供者侵犯版权的责任制度和"避风港"规则得到特别的规范。

从具体内容上看，网络著作权法中的制度基础、权利客体、作品利用方式和权利保护体系等方面都出现了"数字化"的转向。

（一）网络著作权的制度基础

制度基础是与人的观念和社会形态紧密相连的范畴，当网络技术影响着人的一般认知和社会的基本结构时，也冲击着人们的一般著作权观念。自由软件运动、"盗版党"的兴起以及知识共享协议等实践，均挑战着传统著作权的合理性。著作权制度面对着理论基础的现代化调适需求。通过强化著作权利益平衡理念，实现利益分享，促成著作权实现公正自由的文化生态和民主目标，将成为各国著作制度发展的全新价值追求。

---

❶　吴汉东："从电子版权到网络版权"，见《私法研究》（创刊号），中国政法大学出版社2002年版。

（二）网络著作权的客体

随着网络技术的发展，产生了一些新的受保护客体，著作权制度逐渐将它们纳入受保护的范围之中。网络环境下的新作品类型众多，主要包括多媒体作品、计算机软件作品、网络游戏作品、数据库等。多媒体作品是利用计算机技术，将文字、音乐、图形、图像、动漫等多种信息进行有规律、有目的的创作，组合或编排的作品。计算机软件是指计算机程序及其有关文档。网络游戏作品则是具有娱乐性和观赏性的综合图像类作品。受著作权保护的数据库是汇编若干作品、作品的片段、不构成作品的数据或者其他材料，在选择编排上具有独创性的集合体。

（三）网络著作权的内容

著作权包括人身权和财产权。网络技术对著作人身权的冲击很大。互联网上，同一篇文章却有不同作者（署名）的现象屡见不鲜，网络上传播的作品更容易被下载、使用和处理，对于已有作品的任意改动和破坏较之以前更为方便快捷，侵犯作者署名权、保护作品完整权的现象相当普遍。在著作权财产权方面，网络技术促成了一些新的作品利用方式，著作权法逐渐将这些新的利用方式纳入权能范围。这突出表现在三个方面：其一，复制权所控制的复制行为，可以涵盖一切复制技术所提供的复制方式。有的国家法律甚至规定这些复制行为指向现在和将来复制技术所产生的一切永久或者暂时的复制行为。其二，传播权所能控制的传播行为，随着网络传播技术的发展而不断扩展。交互式数字网络传播、网络定时播放等行为均被纳入传播权控制行为的范围。其三，网络环境下的邻接权内容也处于不断扩张之中。在我国，表演者和录音录像制作者均享有向公众提供权（信息网络传播权）。

（四）网络著作权的限制

对著作权的加以限制是实现创作者、传播者和使用者利益平衡的基本调节器。在网络著作权发展进程中，也必然面对着权利限制方式的不断跟进和完善。不仅对于权利限制的一般标准要重新进行评判，而且对于其具体的情形还要进行筛选。当技术措施和数字版权管理系统进入著作权保护视野后，权利限制制度将受到技术措施和合同约定的严重冲击，如何在数字时代实现权利限制方式的现代化，成为著作权制度规则完善的重要任务。

（五）网络著作权的保护

网络著作权保护具有三个基本特征：首先，技术措施和权利管理信息被纳入著作权的保护范围。由于作品更容易被复制和传播，技术措施和权利管理信息等自力救济方式也在著作权法中受到保护。故意规避技术措施和权利管理信息，将在著作权法上承担相应的责任。其次，网络时代的著作权保护呈现综合保护的格局。民事保护、行政保护和刑事保护均发挥着重要作用，著作权的刑事保护手段受到特别的重视。最后，网络服务提供者侵犯著作权的责任和豁免规则的出现和完善。在网络环境下，网络服务提供者成为著作权保护的重要"瓶颈"。各国立法由此专门设立网络服务提供者侵犯著作权的责任与豁免条款，以强化网络时代著作权的保护，促进网络信息服务产业的成长。

第二节 我国网络著作权的法律保护

一、我国网络著作权法律保护的产生

在我国，制定网络时代的著作权保护规则的需求最早来自司法领域，其后的司法解释和法规规章多有反映。2001年《著作权法》的修改，一方面使得立法的基本范畴得以澄清，另一方面也将出台相应的法规推上日程。

（一）规制网络传播作品行为的司法判例和司法解释

1999年，法院就在审判案件过程中受理了因为网络传播而引发的著作权纠纷。"王蒙等六位作家诉世纪互联通讯技术有限公司案"❶即为其代表。该案中，原告创作的文学作品发表在纸介质媒体上，被告未得到原告许可，将作品存储在计算机系统内，通过网络服务器在国际互联网上进行传播，联网主机用户只要通过拨号上网方式进入被告的网址，点击具体作者作品的名称，即可浏览或下载作品的内容。原告认为被告的行为侵害了其著作权。被告则认为，现行法并没有规定在互联网上传播他人已发表的作品应当取得著作权人的同意，因此，其行为并不构成对原告著作权的侵害。此案历经二审，法院最终认定被告未经许可将原告的作品在国际互联网上传播，侵害了原告对其作品享有的使用权和获得报酬权。

本案发生在2001年著作权法修改之前，应该适用1990年《著作权法》的规定。法院的判决利用了当时的《著作权法》在规定著作财产权时措辞的模糊性特点，在判决中回避了被告究竟侵犯了原告什么类型的财产权，并且在一定程度上对法律作了扩张解释。1990年《著作权法》第10条第（5）项规定："使用权和获得报酬权，即以复制、表演、播放、展览、发行、摄制电影、录像或者改编、翻译、注释、编辑等方式使用作品的权利；以及许可他人以上述方式使用作品，并由此获得报酬的权利。"第45条第（5）项规定侵犯上述权利的民事责任。第45条第（8）项规定："其他侵犯著作权以及与著作权有关的权益的行为。"北京市第一中级人民法院就是依据上述条款进行终审判决的，上述条款中"使用权""获得报酬权""等方式""其他"这些语汇都很有弹性力，法院也正是对此进行扩张解释得出结论的。虽然法官能否在司法中创造性地适用法律引发了争论，但该案的实践意义不容否认，它引起了国内知识产权界对网络著作权保护的广泛关注，成为推动司法解释和理论研究的重要力量。

为了解决审判中的问题，2000年12月，发布《最高人民法院关于审理涉及计算机网络著作权纠纷案件适用法律若干问题的解释》。该司法解释在2003年和2006年进行若干修正，2012年被废止。当时，该司法解释对司

---

❶ 北京市海淀区人民法院民事判决书〔1999〕海知初字第57号。

法过程中的热点和难点问题进行深入的总结，提出了不少具有开拓性、创新性的网络著作权保护规则。具体表现在：（1）明确网络著作权侵权纠纷案件的管辖权确定原则，解决了类似案件的起诉和审判问题；（2）明示著作权各项权利的规定适用于对数字化作品的保护，特别是该解释第2条第2款规定，"将作品通过网络向公众传播，属于著作权法规定的使用作品的方式，著作权人享有以该种方式使用或者许可他人使用作品，并由此获得报酬的权利"，暗示了信息网络传播权的存在；（3）确立网络上作品转载、摘编的法定许可规则；（4）对网络服务提供者的责任、义务进行明确划定，首次区分提供内容服务的网络经营者和提供其他服务的网络经营者。可见，该解释以最高司法机关的名义确立了网络环境下著作权保护的一般规则，其重要意义不容否认。但由于司法解释本身的权域范围和法官造法引起的理论置疑，减弱了司法解释在法律未作明文规定或授权的情形下创制相应规则的正当性。

（二）网络传播行政法规和规章的制定

从20世纪90年代中叶开始，针对网络信息服务业进行网络管理的法律规范的制定工作，一直就未曾中止过。这既包括《互联网信息服务管理办法》《互联网上网服务营业场所管理办法》《计算机信息网络国际互联网管理暂行规定》等行政法规，也包括《互联网电子公告服务管理规定》《互联网站从事登载新闻业务管理暂行规定》《中国公众多媒体通信管理办法》《计算机信息网络国际互联网络管理暂行规定实施办法》等行政规章。2005年4月30日，国家版权局、信息产业部通过《互联网著作权行政保护办法》，该行政规章旨在加强互联网信息服务活动中信息网络传播权的行政保护，规范行政执法行为。它特别详尽地设计了互联网信息服务提供者的"通知和反通知"程序，为我国信息网络服务产业的发展提供了有力的制度保障，并为制定《信息网络传播权保护条例》提供了铺垫。

（三）《著作权法》的修改

2001年《著作权法》修正案正式确认了网络著作权的基本规则。该法

第10条规定，著作权人享有信息网络传播权，即以有线或无线方式向公众提供作品，使公众可以在其个人选定的时间和地点获得作品的权利。第37条规定，表演者对其表演享有许可他人通过信息网络向公众传播其表演，并获得报酬的权利。第41条规定，录音录像制作者对其制作的录音录像制品，享有许可他人通过信息网络向公众传播并获得报酬的权利。第47条规定，侵犯信息网络传播权、规避技术措施和破坏权利管理信息的法律责任。第58条规定，计算机软件、信息网络传播权的保护办法由国务院另行规定。从而为在我国围绕信息网络传播权这个核心范畴构建网络著作权法律规则提供了规则依据。

（四）加入"互联网条约"

1996年通过的WCT和WPPT，成为各国建构本国网络著作权立法的基础性范本，同样也对我国网络著作权立法产生重大影响。2001年，中国加入世界贸易组织，知识产权问题成为我国对外经贸关系的重点磋商内容，参与国际知识产权规则的拟订和执行，涉及对"互联网条约"的遵循。2004年第15届中美商贸联委会上，中国政府表示将尽快完成国内立法，创造条件，早日加入"互联网条约"。2006年6月，国务院向全国人大常委会提出中国加入"互联网条约"的议程。2006年12月29日，全国人大正式批准加入《世界知识产权组织版权条约》和《世界知识产权组织表演和录音制品条约》。2007年6月9日，"互联网条约"正式在中国生效。

二、《信息网络传播权保护条例》的制定

我国《信息网络传播权保护条例》的出台是著作权法制因应现代网络技术发展变化，适时进行制度调整的集中表现。

（一）立法过程

2004年11月，国家版权局牵头成立《信息网络传播权保护条例》起草工作领导小组，专门委托中国社会科学院、北京大学、中南财经政法大学

三个专家组分别起草专家建议稿（以下分别简称为社科院稿、北大稿和中南稿），于2005年5月底前完成。

社科院稿共6章33条，包括总则、版权的限制与例外、技术措施和权利管理信息的保护及其例外、网络服务商的责任、罚则和附则，具有以下内容和特征：（1）总体框架上坚持以总则统领分则，分则部分又坚持权利保护和权利限制的二元对应模式；（2）对信息网络传播权、复制权、技术措施、权利管理信息、网络服务提供商等信息网络传播权基本问题和关联问题进行规则设计；（3）在权利限制与例外中，明确规定"三步测试法"，同时列举了对复制权和信息网络传播权的具体限制情形；（4）将技术措施和权利管理信息整合到一章中予以规定，区分网络服务提供商的类型确定责任构成及其豁免；（5）为网络著作权行政执法设计专门条款。

北大稿共5章29条，包括总则、信息网络传播权及其权利限制、技术措施、权利管理信息和法律责任，具有以下内容和特征：（1）总体框架上坚持总则与分则的结合，分则部分亦按照权利保护和权利限制对应设计规则；（2）总则部分主要规范基本原则以及信息网络传播权侵权纠纷管辖；（3）对信息网络传播权、临时复制、技术措施、权利管理信息、网络服务提供者等基本问题进行缕析；（4）参考最高人民法院的司法解释规定了网络转载、摘编的法定许可，同时针对技术措施对著作权人、公众利益的特殊影响，设计了有针对性的限制规则，进行了若干制度创新。

中南稿共7章37条，包括总则、数字化复制、网络经营者、技术保护措施、权利管理信息、法律责任和附则，具有以下内容和特征：（1）在立法架构上坚持总则、分则和附则的完整体例，分则部分包括权利保护、权利限制和法律责任等内容；（2）对与本条例有关的专业术语和法律概念进行集中界定；（3）参考最高人民法院的司法解释和有关行政法规，对网络转载、摘编的法定许可予以规制，对网络服务提供商的法律责任及其豁免进行制度设计，同时参考英国、美国、欧盟、澳大利亚、日本、加拿大、我国台湾地区、世界知识产权组织的有关规则，对我国目前还未涉及的对等网络、数字化复制、错告赔偿等进行规定；（4）在坚持已有经验的基础上，进行了若干制度创新，包括网络经营者的义务、默示许可、图书馆数字化利用、远程教育中的版权限制等。

国家版权局在充分吸收上述专家建议稿的基础上形成《信息网络传播权保护条例》（征求意见稿），并于2005年10月通过互联网公开向社会征求意见。国家版权局征求意见稿没有分章，共计21条，其主要内容和特征包括：（1）没有明确的总则条款，但第1条的立法目的、第2条的术语界定、第3条对信息网络传播权性质的说明，都属于总则性规范；（2）吸纳了"互联网条约"、代表性立法例和专家建议稿中较为成熟的内容，同时也对专家建议稿中某些创新性制度设计给予了肯定，包括网络远程教育法定许可、公共图书馆的法定许可、网络转载、摘编的法定许可、攻击型技术措施的禁止和错告赔偿等，同时还针对网络版权时代行政执法的实际，增加了网络版权执法的有关规则。

2006年2月，国务院法制办形成《信息网络传播权保护条例》（征求意见稿）。国务院法制办征求意见稿由国务院法制办会同国家版权局及有关部门形成。此后，国务院法制办向11个中央单位、若干企事业单位、12名专家学者及5名国外专家学者征求意见。该稿总体上与国家版权局的征求意见稿的体例、内容接近，同时又根据征求意见的结果，增加了一些限制信息网络传播权的条款，剔除了不少有分歧的、带有中国特色的创新性制度设计。

2006年5月10日，国务院常务会议审议并原则通过《信息网络传播权保护条例》（草案），该草案经过进一步修改后于2006年5月29日全文发布，并于同年7月1日开始实施。

（二）《著作权法》与《信息网络传播权保护条例》的关系

著作权制度现已历经了几百年的演进。在此过程中，其权利性质与内容、保护范围、方式和手段等都发生了深刻的变化。现代信息技术尤其是网络技术的发展已经成为推动当前著作权制度变革与发展的最重要力量之一。制定《信息网络传播权保护条例》，顺应著作权制度现代化、国际化和战略化的趋势和要求。

从总体上看，我国现有的著作权立法框架有3个基本特征：其一，单行立法模式。我国目前还没有统一的知识产权法典，《著作权法》属于单行法，与《专利法》《商标法》等处于分离状态，而且没有统一的"总则"性规定。其二，法律与各种行政法规、规章相依存。由于我国著作权立法起步较晚，在理论研究上相对滞后，经济、社会转型等因素都决定了《著作权法》较为简略，所以需要授权国务院有关部门制定更为细化的行政法规和规章。其三，与国际条约相链接。我国已加入《伯尔尼公约》和《世界版权公约》，签署了《成立世界知识产权组织公约》，2001年加入世界贸易组织，《与贸易有关的知识产权协定》理论上在中国已有了法律效力。截至目前，我国已经加入了主要的著作权国际公约。由于《民法通则》明确规定了各种国际条约在中国国内的优先地位，所以我国的《著作权法》已基本实现与各种国际条约的有效链接。

按照《著作权法》的要求，结合上述著作权法立法框架的特征，制定符合我国国情和世界潮流的《信息网络传播权保护条例》成为时代的必然。具体来说，制定该条例，必须处理好它与《著作权法》、各种其他行政法规、规章和国际条约的关系。

1. 《著作权法》是《信息网络传播权保护条例》的直接立法依据。我国《著作权法》2001年修正时，在著作权的权利范畴中增加了"信息网络传播权"这一崭新的概念，该法第10条、第37条、第41条、第47条具体规定信息网络传播权的保护规则，第58条授权国务院另行制定信息网络传播权保护办法，从而为在我国围绕信息网络传播权这个核心范畴构建法律规则提供了制度依据。《信息网络传播权保护条例》属于行政法规，其法律效力仅次于全国人大及其常委会制定的法律，是行政机关执法及法院审判侵犯信息网络传播权案件的依据，是基于著作权法的基本原则制定，是针对互联网环境下的著作权保护的法规。❶正因为如此，2006年11月20日，被第二次修改的《最高人民法院关于审理涉及计算机网络著作权纠纷案件适用法律若干问题的解释》，删改了若干不符合《信息网络传播权条例》规定的内容。

2. 《信息网络传播权保护条例》应与其他各种网络知识产权规则相互配套。实际上，网络时代著作权法律保护的核心和基石是信息网络传播权，除此之外，还应有相关的规定与之配套。这包括《侵权责任法》，以及依照《著作权法》授权业已公布施行的《著作权集体管理条例》《计算机软件保护条例》等，还包括其他的行政法规。随着信息技术的不断向前发展，还可能存在调整网络服务提供者责任的各种规定。由此可见，《信息网络传播权保护条例》并不是网络时代的著作权保护规则的汇集，它所规范的内容只是与"信息网络传播权"有关联。至于网络时代复制权的变化、非网络传播中的技术措施保护、网络环境下的广播权等问题，则并不在其调整范围之内。

3. 《信息网络传播权保护条例》可以对《著作权法》中未规定的内容进行具体化。它在不违背著作权法原则和精神的前提下，可以对于《著作权法》中没有直接反映出来的问题进行评估，并依据我国技术发展水平和现实法制资源的特点选择一些新的制度规则。作为授权立法，根据《立法法》第10条的规定，被授权机关应当按照授权的目的和范围行使授权立法权力。但是，在授权的目的和范围内，被授权机关享有与授权机关同样的立法权。国务院在制定《信息网络传播权保护条例》的时候可以根据实际情况，对信息网络传播权的保护、权利限制以及网络服务提供者的免责等进一步作了规定。❷

---

❶ 邹忭、孙彦主编：《案说信息网络传播权保护条例》，知识产权出版社2008年版，第7页。

❷ 张建华主编：《信息网络传播权保护条例释义》，中国法制出版社2006年版，第5页。

（三）基本内容

1．立法宗旨。《信息网络传播权保护条例》第1条规定了立法宗旨，那就是维护权利人合法利益和促进网络作品的创作、传播。这两项基本宗旨与《著作权法》的基本精神保持一致。

首先，维护权利人的合法利益。它旨在构建权利人通过信息网络传播作品并获得利益的"法网"。在内容上，以信息网络传播权法律关系为调整对象，赋予权利人信息网络传播权这一基本权能的同时，为权利管理信息和技术措施提供保护规则，实现了权利人控制力向网络传播平台的拓展。设定网络服务提供者的法律责任，建立全面而又切实可行的侵权责任追究体系，侵犯信息网络传播权不仅可被追究民事责任、行政责任和刑事责任，而且可以通过网络服务提供者这一媒介，更好地实现对侵权者的责任追究。一旦网络服务提供者构成共同侵权，就将被追究法律责任。

其次，促进网络作品的创作和传播。从传统的著作权经济激励理论出发，授予创造者以权利将有助于激发他们的创作热情，同时也能够让权利人在传播中收回成本，既实现个人利益最大化，也促进作品的创作和传播。从促进作品创作和传播的角度出发，限制权利人的基本权利，包括制定信息网络传播权、技术措施保护、权利管理电子信息保护以及网络服务提供者责任的限制条款，确保后续创作人、普通消费者和网络服务提供者能够接触和合理传播作品等信息，避免陷入动辄侵权的境地，从而在制度上保证网络媒介等利益相关者能够有足够的积极性从事作品等信息的创作和传播。

2．基本原则。原则性条款在大陆法系得到了一贯的重视。在法官的自由裁量权限受到严格限制的情形下，运用原则性条款至少具有三个方面的意义：（1）成为整部法典的基本指针，体现法律的指导思想，贯穿法律的始终，使得法律形成完整的体系。（2）增加法律的前瞻性。在法律落后于社会现实的法制反应模式中，原则性条款可以表达立法者的基本观念和认识，为法律的今后发展指明方向。（3）为解决实际问题提供依据。法律原则有效地构筑起"建设性模糊"（constructive ambiguous），为实践中法官找法失败后适用"一般规则"提供了便利。在我国《知识产权法典》尚付之阙如的背景下，在法律中规定信息网络传播权保护的一般原则相当必要。特别是该权利由于与科学技术密切相关，变化更为繁杂，所以更需要一般原则性条款的支持。

《信息网络传播权保护条例》第2条规定，权利人享有的信息网络传播权受著作权法和该条例保护。除法律、行政法规另有规定的外，任何组织或者个人将他人的作品、表演、录音录像制品通过信息网络向公众提供，应当取得权利人许可，并支付报酬。第3条规定，依法禁止提供的作品、表演、录音录像制品，不受该条例保护。权利人行使信息网络传播权，不得违反宪法和法律、行政法规，不得损害公共利益。

由此可见，信息网络传播权的立法原则包括：（1）权利依法保护原则。任何享有著作权的权利人都可以依法享有信息网络传播权。信息网络传播权是一项积极的权能，它允许权利人将受著作权法保护的信息通过网络提供给公众，从而享有在互联网上提供作品的支配性利益。信息网络传播权还是一项消极性的权能，它赋予权利人以禁止权，即禁止任何组织将未经授权的作品上传网络进行交互式传播。（2）授权许可原则。信息网络传播权的行使可以自我行使，也可以授权行使。著作权人可以按照自己意愿行使信息网络传播权，这是依法保护原则的要求。但是在此之外，权利人很有可能并不自己行使权利，而是希望由第三方行使权利，同时向自己支付对价。所以，在不符合信息网络传播权限制要件的情形下，第三人要行使他人的信息网络传播权，就必须经过转让或许可，并且按照意思自治的要求，向权利人支付报酬或其他对价。那些没有经过协商程序就自行为之的第三人，将承担相应的民事责任和行政责任，情节严重的，还将承担刑事责任。（3）非法信息不受保护原则。这一原则也是著作权法的基本要求。在著作权保护对象的排除性条款中，有些客体例如智力规则等就不适用著作权法保护，而有些客体，例如依法禁止提供的作品和其他信息，就不受法律保护。随着2010年《著作权法》修正案区分了非法信息的行政法监管和民事法保护，对于违禁作品将接受行政法上的监管，而不再是不提供著作权保护。（4）权利不得滥用原则。为了实现信息网络传播权保护的基本宗旨，在权利人利益和社会公共利益之间实现平衡，法律为权利人行使权利设置了基本的要求，也就是不得违反宪法和法律，不得损害公共利益。

3．主要规则。（1）信息网络传播权的范畴界定。自网络传播作品带来法律纠纷以降，适用何种"权利"涵盖网络中的传播行为，一直以来就是理论上和立法上争论的基本问题。❶信息网络传播权是颇具中国特色的表达，在其他国家和国际组织的条约上并没有对应的概念，但是对于网络传播权的含义、法律关系、权利内容和限制等问题，各国之间还是达成不少共识。《信息网络传播权保护条例》对信息网络传播权基本范畴进行了梳理，在《著作权法》基础上重新界定了该范畴基本含义，将表演者、录音录像制作者享有的"向公众提供权"整合进信息网络传播权范畴中，在第26条明确规定其含义，即以有线或者无线方式向公众提供作品、表演或者录音录像制品，使公众可以在其个人选定的时间和地点获得作品、表演或者录音录像制品的权利。基于此，信息网络传播权的主体包括著作权人、表演者和录音录像制作者，其内容还包括许可权和获得报酬权。

（2）信息网络传播权的权利限制。根据《著作权法》第22条著作权合理使用的规定，将其适用网络环境，并作出若干修正，形成信息网络传播权的合理使用条款。基本特征是：第一，没有规定为个人学习、研究或者欣赏，免费表演、对设置或者陈列的室外作品等情形适用信息网络传播权的合理使用；第二，将盲文出版使用修改为"不以营利为目的，以盲人能够感知的独特方式向盲人提供已经发表的文字作品"；第三，对图书馆

---

❶　关于我国学者的争论，可以参见郑成思：《知识产权法——新世纪的若干研究重点》，法律出版社2004年版，第229页及注释②；鲍永正：《电子商务知识产权法律制度研究》，知识产权出版社2003年版，第19~20页；阿拉木斯："关于'信息网络传播权'及其他"，载《电子知识产权》2002年第1期；乔生："我国信息网络传播权与传统著作权之比较"，载《政法论坛》2004年第2期；黄勤南主编：《新编知识产权法教程》，法律出版社2003年版，第72页。

等使用作品进行特殊规定，即"图书馆、档案馆、纪念馆、博物馆、美术馆等可以不经著作权人许可，通过信息网络向本馆馆舍内服务对象提供本馆收藏的合法出版的数字作品和依法为陈列或者保存版本的需要以数字化形式复制的作品，不向其支付报酬，但不得直接或者间接获得经济利益。当事人另有约定的除外"。

规定了基于义务教育的信息网络传播权法定许可。为通过信息网络实施九年制义务教育或者国家教育规划，可以不经著作权人许可，使用其已经发表作品的片断或者短小的文字作品、音乐作品或者单幅的美术作品、摄影作品制作课件，由制作课件或者依法取得课件的远程教育机构通过信息网络向注册学生提供，但应当向著作权人支付报酬。

（3）规定技术措施和权利管理电子信息的保护和限制。任何组织或者个人不得故意避开或者破坏技术措施，不得故意制造、进口或者向公众提供主要用于避开或者破坏技术措施的装置或者部件，不得故意为他人避开或者破坏技术措施提供技术服务。故意删除或者改变通过信息网络向公众提供的作品、表演、录音录像制品的权利管理电子信息，或者通过信息网络向公众提供明知或者应知未经权利人许可被删除或者改变权利管理电子信息的作品、表演、录音录像制品，均构成侵权。关于规避技术措施的例外情形，主要包含：为学校课堂教学或者科学研究，通过信息网络向少数教学、科研人员提供已经发表的作品、表演、录音录像制品，而该作品、表演、录音录像制品只能通过信息网络获取；不以营利为目的，通过信息网络以盲人能够感知的独特方式向盲人提供已经发表的文字作品，而该作品只能通过信息网络获取；国家机关依照行政、司法程序执行公务；在信息网络上对计算机及其系统或者网络的安全性能进行测试。

（4）创造性地规定了扶助贫困许可。为扶助贫困，通过信息网络向农村地区的公众免费提供中国公民、法人或者其他组织已经发表的种植养殖、防病治病、防灾减灾等与扶助贫困有关的作品和适应基本文化需求的作品，网络服务提供者应当在提供前公告拟提供的作品及其作者、拟支付报酬的标准。自公告之日起30日内，著作权人不同意提供的，网络服务提供者不得提供其作品；自公告之日起满30日，著作权人没有异议的，网络服务提供者可以提供其作品，并按照公告的标准向著作权人支付报酬。网络服务提供者提供著作权人的作品后，著作权人不同意提供的，网络服务提供者应当立即删除著作权人的作品，并按照公告的标准向著作权人支付提供作品期间的报酬。进行信息网络传播权默示许可时，不得直接或者间接获得经济利益。

（5）规定侵犯信息网络传播权的法律责任。在《著作权法》的基础上，对侵犯信息网络传播权的民事责任、行政责任和刑事责任进行规定。同时还就著作权行政管理部门查处网络传播行为的职责进行规定。

（6）详细规范网络服务提供者的责任"避风港"。规定网络服务提供者的协助义务，即著作权行政管理部门为了查处侵犯信息网络传播权的行为，可以要求网络服务提供者提供涉嫌侵权的服务对象的姓名（名称）、联系方式、网络地址等资料。同时，网络服务提供者无正当理由拒绝提供或者拖延提供涉嫌侵权的服务对象的姓名（名称）、联系方式、网络地址等资料的，由著作权行政管理部门予以警告；情节严重的，没收主要用于提供网络服务的计算机等设备。详细地描述了该"通知—删除"的程序，以及通知和反通知时应该提供的材料和相应责任的分担。同时规定提供网络自动接入服务、提供自动传输服务、提供自动存储服务、提供信息存储空间、提供搜索或者链接服务时网络服务提供者的免责条件。

三、我国网络著作权立法的完善

总体上看，我国网络著作权的法律规制已经起步，但仍有进一步完善的空间，许多问题还需要在法律上进行清晰界定。事实上，《信息网络传播权保护条例》毕竟只是针对信息网络传播权进行的制度设计，很难指向网络著作权保护原则、复制权、权利限制等更为宽泛的领域，法律的伸缩空间较小。未来的立法还是应该着眼于网络著作权的整体，建构中国特色、体系化的网络著作权制度框架。具体来说，在网络著作权法中需要进一步研究和完善的规则主要包括以下内容。

1．网络著作权基本原则的完善。为应对网络技术的不断变化，需要建立促进网络技术发展、实现各种利益相关者权益平衡的指导原则。这些原则主要包括：（1）"权利不得滥用原则"，即禁止滥用著作权。因权利人滥用权利给他人造成损害的，应承担赔偿责任。（2）"维护公共利益原则"，权利人行使著作权，不得损害公共利益。（3）"消费者权益保护原则"，本法依法保障消费者在现实空间和网络空间获得信息的各种权益。（4）"创新原则"，著作权的设立和行使，不得阻碍技术创新。（5）"权利保护与权利限制原则"，对于权利人依法享有的著作权，非基于社会公共利益目的并根据法律、法规的明确规定，不得予以限制。

2．网络著作权内容的完善。针对网络技术的特征，设计更为合理的著作权内容，尤其是完善网络环境下的复制权规则。复制权是指以印刷、复印、拓印、录音、录像、翻录、翻拍或其他方法直接、间接、永久或暂时制作等方式生成一份或多份的权利。数字技术的发展增加了理解复制权的难度。信息网络传播权的重要前提是数字化复制，其综合性特征还决定了在信息网络传播中会大量存在数字化复制。将"永久的"和"暂时的"复制均纳入复制权的范围，虽然会扩展权利人控制权的范围，但是只要辅之以必要的限制，就可以实现权利人利益和社会公众利益的平衡。数字化复制，是指网络用户对作品等客体进行的临时性复制和永久性复制。未经权利人的许可，网络用户不得将明知未经许可的数字化复制品进行出借、出租、出售、陈列、展览、再上载或者以其他形式提供给他人进行使用，法律另有规定的除外。此外，更为清晰地划定广播权和信息网络传播权的界限，有效调整网络广播行为。在"云计算"环境下，充分发挥出租权的作用，保护著作权人的合法权益。

3．网络著作权限制的完善。包括著作权限制的一般条款和具体条款，都存在进一步完善的空间。例如，可以考虑规定"三步测试法"。所谓"三步测试法"，也就是对著作权权利的限制，只适用特定情形，不能与受保护作品的正常使用相冲突，并不能不合理地损害权利人的合法利益。"三步测试法"是对权利限制的限制，也是限制权利限制的一般条款。网络环境下存在扩张著作权权利限制的理念基础和实践冲动，但是这种权利限制必须只适用于特定情形，不能与作品、表演者或录音制品的正常使用相冲突，不能不合理地损害作品、表演或录音制品权利人的合法利益。"三步测试法"是"衡量在网络环境下设定的权利限制是否适当的一个总的标准"，❶因此，在我国的立法中应该有其一席之地。

在具体的限制条款上，可以考虑完善数字图书馆的权利限制条款。具体包括：（1）公共图书馆通过本馆的网络阅览系统供馆内读者阅览本馆收藏的已经发表的作品，可以不经权利人同意，并不需支付报酬，但该阅读系统不得提供复制功能，并能有效防止提供网络阅览的作品通过信息网络进一步传播；（2）除著作权人事先声明不许使用的外，公共图书馆符合下列条件的，可以不经其许可，通过本馆的网络阅览系统供馆外注册读者阅览本馆收藏的已经出版的图书，但应当指明作者姓名、作品名称和出处，按照规定支付报酬，并且不得侵犯著作权人依法享有的其他权利：提供网络阅览的图书已经合法出版3年以上；阅览系统不提供复制功能；阅览系统能够准确记录作品的阅览次数，并且能够有效防止提供网络阅览的作品通过信息网络进一步传播。

我国《著作权法》规定"个人使用""免费表演"和"适当引用、评论"情形构成合理使用，这是网络文化消费者在著作权法上实现其使用者利益的基本规则依据。相较于其他国家的著作权法，我国著作权立法上的"个人使用"范围广泛，对于保护消费者利益非常有利。也就是说，只要符合"三步测试法"，为个人学习、研究和欣赏目的的使用，都属于合理使用。2012年国家版权局公布的《著作权法（修正草案）》（第2稿）将为"欣赏目的"的个人使用从合理使用规则中删除，由于其限制了消费者利益，并非妥当。笔者认为，为个人欣赏目的进行的消费性使用，只要不与作品的正常使用相冲突，且未在实质上损害权利人利益的，应该继续被认定为合理使用。此外，新的技术环境下日益增多的滑稽模仿和在网络消

---

❶　薛虹：《网络时代的知识产权法》，法律出版社2000年版，第155页。

费空间进行的传播行为无一例外受到著作权人的控制，不利于激励消费者创造性的学习行为，也无助于文化的批评、传播与传承。因此，立法需要在这方面适度弱化著作权的控制力度，设定新的著作权限制规范，为网络中的"滑稽模仿"设定合理使用规则。

4. 网络著作权运用制度的完善。针对网络技术的特点，探索建立更多形式的网络著作权默示许可规则。包括：（1）侵犯信息网络传播权之后，权利人仅要求侵害人按照规定支付许可费用的，在侵害人支付合理费用后，应推定权利人许可其继续在网络传播该信息。（2）版权人通过BBS平台、博客传播作品，在权利人未作出明确予以反对的申明时，推定其默视许可具有一定资金实力和信用保障的网络服务提供者通过网络传播其作品，传播者不必向权利人支付报酬。（3）版权人一旦许可报社、杂志社传播其作品，在权利人未作出明确予以反对的申明时，就意味着同时许可中国期刊网等具有一定资金实力和信用保障的网络服务提供者通过网络传播其作品，但使用者必须向权利人支付报酬。此外，还可以根据实践发展，建立网络环境下的延伸集体管理制度，发挥网络服务提供者在著作权运用中的作用和功能。

5. 技术措施和权利管理信息规则的完善。增加技术措施保护的限制条款。具体来说，技术措施保护受到下列条件限制：（1）不得设置攻击性技术措施；（2）不得超出制止侵权行为所必须的限度；（3）不得违反法律和社会公共利益。为技术措施保护设置一般限制条款，具有两个方面的重要意义：其一，宣示功能，表明利益的分享；其二，实际裁判功能，因为禁止攻击性技术措施等均是裁判规范，有助于法官正确理解和适用法律。

增加权利管理电子信息保护的限制条款。规定在符合下列条件的情形下，行为人可以删除或者改变权利管理信息：（1）国家机关、国家机关工作人员和经合法授权的其他组织为调查、保护、情报收集或者为识别和指明政府部门计算机、计算机系统、计算机网络的弱点所进行的活动；（2）进行模拟信号传输的广播电台、电视台在播放作品时，为防止违反本条例采取的措施没有技术上的可行性，或者会造成节目提供者承受不合理的经济负担；（3）其他可以删除或者改变权利管理信息的情形。

6．网络著作权保护规则的完善。数字技术带来文化消费方式的变化，这要求网络著作权法适应新的消费模式，因应技术发展进行相应的制度创新。具体来说，《著作权法》可以考虑建立以下四项规则：（1）网络终端用户在满足一定条件下的责任豁免。立法可以规定，网络用户不知道或不应该知道网络上的作品、表演和录音制品未经合法授权，进行私人复制和消费性的传播的，不承担损害赔偿责任。（2）禁止通过"三振出局"的方式一揽子终止普通公众依靠网络进行文化消费。网络终端用户经证明侵犯著作权的，著作权人不得联合网络服务提供者终止该用户的网络服务。（3）限定网络服务提供者信息披露义务的程序和条件。网络服务提供者只有在诉讼程序或者执法过程中，应权利人要求，经过法定程序并在执法人员的见证下，方可披露用户的个人信息。（4）完善网络服务提供者的"避风港"规则。"避风港"规则不仅关系到网络服务产业的发展，也间接保障了网络服务中的文化消费。建议在《著作权法》中为所有类型的网络服务提供者设定进入"避风港"的一般依据。这包括：网络服务提供者为网络用户提供存储、搜索或者链接等单纯网络技术服务时，不承担与著作权有关的一般审查义务。他人利用网络服务实施侵犯著作权行为的，权利人可以书面通知网络服务提供者，要求采取删除、屏蔽、断开等必要措施。网络服务提供者接到通知后及时采取必要措施的，不承担赔偿责任；未采取必要措施的，与该侵权人承担连带责任。网络服务提供者不知道或者没有合理理由知道他人利用其网络服务侵害著作权，并且采取必要措施防止侵权行为发生的，不承担损害赔偿的法律责任。不同类型网络服务提供者的具体免责条件由法律、法规另行规定。

第三章　网络著作权的内容

根据我国著作权法的规定，著作权包括发表权、署名权、修改权、保护作品完整权等4项人身权，以及复制权、发行权、出租权、展览权、表演权、放映权、广播权、信息网络传播权、摄制权、改编权、翻译权、汇编权等12项具体的财产权。权利乃控制相应的作品利用行为并获得物质或精神利益。网络技术拓宽了作品的财产利用方式，改变了复制、传播和演绎作品的手段与方式。鉴于网络技术只是强化了精神权利的保护难度，实质上却引发了著作财产权的内容变迁，所以本章并不讨论著作人身权，而是对著作财产权中受到网络技术影响较大的权利类型展开分析。

第一节　数字化复制的法律规制

一、复制权控制的行为

在传统著作权法中，复制权、传播权和演绎权被认为是著作权人的基本权利，而复制权又是其他两种权利的基础。依照我国著作权法的规定，复制权是以印刷、复印、拓印、录音、录像、翻录、翻拍等方式将作品制作一份或多份的权利。构成著作权法上的复制行为，应当满足两个要件：❶（1）该行为应当在有形物质载体之上再现作品；（2）该行为应当使作品被相对稳定和持久地"固定"在有形载体之上，形成作品的有形复

---

❶　王迁：《网络版权法》，中国人民大学出版社2008年版，第2页。

制件。

我国《著作权法》非封闭式列举了复制行为的基本途径：印刷、复印、拓印、录音、录像、翻录、翻拍等方式；分类而言，它包括三种类型：第一种是以手抄、拓印、雕刻等方式完成的手工复制；第二种是以印刷、录制、照相、复印等方式完成的机械复制；第三种是数字环境下的复制行为，也就是数字化复制，包括将作品以各种形式固定在芯片、光盘、硬盘等媒介，下载到计算机，上传到网络服务器等。

二、数字化永久复制的法律问题

数字化永久复制，是指用户将作品、表演和录音制品等通过数字化手段复制到存储设备或者以有形物质载体将其固定的行为。这里的存储设备，是指可用于存储电子数据信息的任何设备，包括固定硬盘、移动硬盘、软盘、优盘、网络服务器或者其他具有电子数据信息存储功能的设备等。

数字化永久复制行为主要包括：（1）将作品以各种技术手段固定在芯片、光盘、硬盘、软件磁盘之上。如将歌曲"固化"在家用DVD机中的芯片中，将作品刻录成光盘，将软件安装或以其他方式拷贝到计算机硬盘中，以及用扫描仪将作品扫描成数字化格式保存在计算机中。（2）将作品上传至网络服务器。利用FTP等软件上传作品，或者在BBS、博客空间等张贴作品都将导致作品以数字化格式在网络服务器硬盘中形成永久复制件，是典型的复制行为。（3）将作品从网络服务器或其他计算机下载到本地计算机中。通过下载，该文件永久存储于计算机硬盘中。（4）通过网络向其他计算机用户发送作品。[1]例如，将数字化作品作为电子邮件的"附件"发送给其他用户，就会导致在用户邮件服务器的硬盘上形成作品的永久性复制件。

通过数字设备进行永久复制，这是对数字化信息进行固定、传播和利

---

[1] 王迁：《网络版权法》，中国人民大学出版社2008年版，第3页。

用的主要途径。该类永久性复制具有两个要点：一是信息要有存储载体，这种载体一般可以离开计算机或者是网络独立存在；二是信息在载体中是以一种稳定的状态存在，其所存储的信息不会自动消失。数字环境下的永久性复制和传统上的复制行为除了在载体和信息的存在方式等方面不同外，其他方面并没有什么区别，因而理应是复制的一种形式。

将已有作品制成数字化制品，不论已有作品以何种形式表现和固定，都属于复制行为。国家版权局1999年《关于制作数字化制品的著作权规定》指出，数字化制品，是指将受著作权法保护的作品以数字代码形式固定的有形载体，包括激光唱盘（CD）、激光视盘（LD）、数码激光视盘（VCD）、高密度光盘（DVD）、软磁盘（FD）、只读光盘（CD-ROM）、交互式光盘（CD-I）、照片光盘（Photo-CD）、高密度只读光盘（DVD-ROM）、集成电路卡（ICCard）等。国家版权局《关于以IC和CD—ROM等方式使用音乐作品制作电脑卡拉OK付酬问题的通知》指出，以IC和CD-ROM或其他类似方式使用音乐作品制作电脑卡拉OK，是指将音乐作品用技术手段存储进这些载体，然后通过电脑等技术设备合成再现音乐作品。这种新的使用方式是对音乐作品的一种录音。

在中国音乐著作权协会诉深圳康佳通信科技有限公司案❶中，原告中国音乐著作权协会诉称：2003年6月，原告发现被告生产并在全国范围内销售的康佳7688型移动电话机内置铃音之一为原告管理的音乐作品《渴望》。被告未经过原告或著作权人的授权，也未向原告或著作权人支付著作权使用费。原告作为依法成立的音乐著作权集体管理机构，有权对会员享有著作权的音乐作品的公开表演权、广播权和录音制作权进行管理、处分，并且有权对侵犯原告会员音乐作品著作权的行为以原告自己的名义起诉。原告就此向康佳公司发出律师函，要求其按照相关法律规定及原告的收费标准支付著作权使用费，但被告一直拒绝支付。被告以录音的方式将他人享有著作权的音乐作品制成多份，并以出售的方式向公众提供复制

---

❶ 北京市第二中级人民法院〔2004〕二中民初字第11835号民事判决书。

件，侵犯了著作权人享有的复制权和发行权，应承担相应的法律责任。

被告康佳公司辩称：（1）《渴望》曲作者雷某仅将其音乐作品的公开表演权、广播权、录音制作权授权原告管理。康佳7688型移动电话机中内置与《渴望》片段相似的音乐铃声作为来电提示音的行为，同录制发行行为存在本质的区别，不属于原告管理的范围，原告不具备起诉的主体资格。（2）即使原告有权起诉，原告诉称康佳公司内置铃声构成对著作权人录制发行权的侵犯，也缺乏事实和法律依据。原告要求康佳公司支付20万元的侵权赔偿金于法无据；原告管理的《渴望》是整体的，康佳公司只使用了片段，不构成对整体的使用。（3）原告不合理地要求移动电话机制造厂商因内置音乐铃声支付巨额的费用，会给国产移动电话机厂商的健康成长带来沉重负担，与国家发展信息产业的政策不符，于文化作品的正常传播也不利。应该正视目前我国移动电话机产业所面临的巨大经营压力、利润空间日益减少的事实，给予通信产业以相应的支持，促进我国通信产业的健康发展。

法院经过审理认为，雷某是音乐作品《渴望》的曲作者，依法享有著作权。原告根据与雷某合同的约定，以信托的方式管理《渴望》曲作品的公开表演权、广播权和录制发行权，有权以自己的名义向侵权者提起诉讼。被告通过固化在IC卡上的形式将《渴望》曲内置为康佳7688型移动电话机的来电提示的铃音，且时间长达50秒，虽然不是完整地表现出该作品的全部内容，但用户完全可以识别出这段铃音就是《渴望》的片段。因此，应认定此行为是对《渴望》曲作品片段的录制行为。根据我国《著作权法》的有关规定，录音制作者使用他人已经合法录制为录音制品的音乐作品制成录音制品，可以不经著作权人许可，但应当按照规定支付报酬。康佳公司未按照规定支付报酬，侵犯了《渴望》曲的著作权，应当依法承担相应的法律责任。鉴于被告只是侵犯了原告的获酬权，未侵犯其许可权，因此，原告停止侵权行为的诉讼请求，法院不予支持。原告主张侵权赔偿金20万元，并无充分的依据，法院将根据涉案作品的性质和影响，侵权行为的性质、手段、后果，以及康佳7688型移动电话机的合理销售数量等因素，酌情确定侵权赔偿金的具体数额。因此法院最终判决原告赔偿被告经济损失6 000元，合理支出6 650元，驳回原告的其他诉讼请求。

三、临时数字化复制的法律性质

临时数字化复制，是指通过计算机及其他数字化产品进行阅读、浏览、倾听和使用作品的过程中在数字终端内存自动出现复制件的现象。一旦关闭所运行或者使用的作品，或者关闭计算机，这种复制件就不复存在。与传统复制行为不同的是，数字化作品在网络传输中的复制采取的是"包交换"的形式。传输中的信息被分散为单位信息（信息包），然后分别通过不同的路径和时间在网络上发送。每一"路由"计算机在信息包经过时对其进行暂时复制，再将信息包向下一路由传送，直至到达终点。在这一过程中，"临时复制"呈现出以下特点：（1）传输节点计算机的"随机存储器"（Random Access Memory，RAM）在特定时间内对某些信息包进行复制，这种复制不是完整而系统的复制，是"零散"的。（2）此种复制是暂时的、动态的。存储于计算机中的信息处于不断更新的过程中，一旦计算机关机，这种暂时复制的信息就不复存在。（3）此种复制是由计算机自动完成的，主要出于技术上的需要，而非"人为"地通过各种指令进行主动复制。通常，在作品上网传输时，网络上的节点计算机就会在其内存（或暂时性硬盘存储区域）中自动生成复制件，传输的发送或接收端的调制解调器也会对传输信息进行自动的缓存。

早期的临时复制出现在电脑维修时对计算机软件的暂时复制。这种暂时复制与网络浏览中的临时复制有所不同，它是维修者为发现电脑中存在的问题而暂时复制作品的现象。在MAI System Corp vs Peak Computer Inc案❶中，原告MAI公司是计算机制造商，制造自己品牌的计算机，也开发作业系统软件及诊断计算机状况的计算机程序，并且对所贩卖该公司品牌的计算机提供维修服务。被告Peak公司是一家维修计算机的公司，维修

---

❶ DMCA Section 104 Report, U.S. Copyright Office August 2001, pp.26–27.

MAI品牌的计算机也是其提供的服务范围之一。1992年，MAI公司向加州地方法院控告Peak公司侵害其计算机程序著作权。原告诉称：被告为客户维修MAI的计算机时，须先启动计算机并载入MAI公司的计算机程序，才能知道系统发生错误的原因，这时的计算机随机存储器RAM自动复制了该软件。被告认为。这种诊断式的复制由软件载体的所有权人同意，出现在短暂的时间内，并非著作权法上的复制。一审及二审法院均认为，被告在帮客户维修计算机时，计算机的电源会持续打开相当一段时间，在此开机的时间中，客户计算机的RAM所暂时储存的计算机程序，符合足够永久或稳定地让他人得以感知、复制或传播的要求，属于著作权法中的复制。二审法院更认为，法院不需要去界定该作品在RAM中存在的时间，从维修计算机必须进行软件复制的实际情况来看，即可认定这是一种复制行为。

该案涉及将软件调入计算机中的行为是否构成"复制"，或者是否形成"合理使用"。对此，前述案件的被告Peak公司认为，如果复制权成立的话，那么将根本改变由第三方提供计算机保养和维修服务这个行业的性质，并将从根本上形成有利于计算机生产商的行业垄断，使这些生产商仅凭其拥有的计算机软件的版权就可以占据计算机维修服务的整个市场。随着该项法院判决的实行，生产商就会毫无障碍地将通常属于买方所有的诸如照相机、汽车或计算机等产品的软件许可证发放控制在自己的手中。网络服务国际组织（ISNI）向法院提出支持被告申诉的意见，认为法院的判决将极大地摧毁为高科技设备提供独立服务的产业，迫使计算机系统或其他配置了操作系统的高科技设备的用户或所有人，只能去接受生产商提供的服务，而无论该服务是多么的昂贵和低效。

事实上，随着数字技术的产生、普及和发展，比暂时性复制更为普遍的临时性复制引起越来越多的关注，它是否构成《伯尔尼公约》所称的复制行为，一直是广泛争论的话题。欧盟和美国认为应当将临时性复制纳入《伯尔尼公约》所称的复制范围，即复制权能够控制临时复制。美国1995年"白皮书"中这样论述数字化复制，它指出："如果计算机用户访问储存在另一个计算机中的文件，在现有技术条件下，只有该文件被'复制'进用户的计算机内存时，用户才能在计算机屏幕上看到这一文件。这种复制无一例外地属于著作权人复制权的范围之内，因为根据《美国版权法》，材料只要进入了计算机内存就是以借助机器或装置被观看、复制或传播。另外，计算机系统产生的复制、在用户计算机与BBS系统或其他服务器之间的作品上载或下载以及文件在计算机网络用户之间的传输都属于著作权法意义上的复制。"❶从DMCA对合理使用制度的规定来看，DMCA承认暂时复制属于版权人的专有复制权范围，并在此基础上，对版权人的专有权进行限制，规定了合理使用的除外责任。❷

1997年《欧盟版权指令》建议稿起初反对将暂时或临时复制等复制行为纳入复制权保护范围，但是在2002年正式公布的《欧盟版权指令》第2条规定："成员国应当赋予下列人员授权或禁止他人直接或间接地、暂时地或永久地以任何方法和任何形式进行全部或部分的复制行为的专有权。"根据欧盟的规定，在随机存储器RAM中的暂时存储构成数字化复制。❸例如，《荷兰版权法》规定，复制是以任何方法或形式对作品直接的或间接的、临时的或永久的、完整的或部分的复制。除此之外，还有一些国家或地区的立法认可了临时复制属于复制权控制之列。例如，我国台湾地区"著作权法"第3条规定，重制是指以印刷、复印、录音、录像、摄影、笔录或其他方法直接、间接、永久或暂时之重复制作。当然，在国际社会，还是有许多发展中国家并不赞成欧美的做法，没有规定临时复制行为受到复制权控制。关于临时复制是否应该由复制权控制，我国学者也有三种代表性的观点。

赞成论认为，临时复制是一种复制权控制的行为。《伯尔尼公约》关于复制的规定相当宽泛，根据第9条第1款的规定，不管复制是整体的还是

---

❶ Information Infrastructure Task Force, The Report of the Working Group on Intellectual Property and the National Information Infrastructure, Sept.1995.

❷❸ 王贵国主编：《国际IT法律问题研究》，中国方正出版社2003年版，第4~5页。

部分的、直接的还是间接的、暂时的还是永久的，都应在版权人的控制范围之内。网络环境下，复制权仍然是权利人行使权利的基础，在现有技术条件下，被认为是纯技术性而没有独立经济价值的复制行为，将来也许会成为作品的主要利用方式，而权利人能否对此种复制行为加以控制将极大地影响其利益的实现与维护。❶如果法律规定过窄的复制权范围，随着网络环境的发展变化，权利人获得的保护水平可能会实质地降低。相反，如果法律规定较为广泛的复制权范围，再通过权利限制来调整这一范围，则可以根据情况的变化取消某些不再合理的限制，或者根据情势变迁而设计某些新的限制。

　　反对的学者认为，临时复制不属于复制权控制，这既是政策考虑的结果，也具有学理原因。❷具体说来：（1）临时复制仅是一种技术现象，具有暂时性、附带性。它不是行为主体有意识地自觉地实施的行为，它是行为主体从事复制目的以外的行为附带产生，不是行为主体的追求目的。（2）临时复制件没有独立的经济价值。不能说内存中的"复制件"没有经济价值，内存中的复制件的经济价值在于它们是构成一个完整技术过程的不可缺少的部分。但它们不具有作为作品复制件的经济价值，或者说它们不具有独立的经济价值。人们可以直接阅读一本书，或借助录音机播放音乐磁带，也可以将书或磁带转让给他人，但一般用户却无法阅读和欣赏内存中的作品"复制件"，也不能向他人提供这种复制件。

　　还有一些学者认为，临时复制纳入复制权的调整范围反映了著作权法发展的趋势，但要真正将其纳入法律保护的范围尚需要一个过程。❸将临时复制确立为复制行为，有赖于人们主观法律意识的提高；法律意识的提高在客观上又依赖于经济发展水平的提高。因此，将临时复制纳入著作权法的调整范围，在发展中国家还有很长的路要走。即使对于发达国家，

---

❶　王贵国主编：《国际IT法律问题研究》，中国方正出版社2003年版，第4~5页。

❷　王迁：《网络版权法》，中国人民大学出版社2008年版，第15~20页。

❸　郭禾："网络技术对著作权制度的影响"，见刘春田主编：《中国知识产权评论（第1卷）》，商务印书馆2002年版。

要全面地将临时复制以复制权加以保护，也是不可能的。由于这一问题涉及作品的最终使用人，因此这一政策的推行绝非仅仅考虑著作权法就可以决定。至少，这里还可能涉及有关信息传播自由、言论自由等一般人权的问题。

我国《信息网络传播权保护条例》没有临时复制的条款，主要理由在于：（1）禁止临时复制的症结是制止终端用户在线使用作品，而禁止终端用户非营利性使用作品不具有可行性；❶（2）国际上对禁止临时复制有很大争议，在"互联网条约"制定过程中，包括我国在内的发展中国家明确反对禁止临时复制，由于各方争议不下，"互联网条约"没有禁止临时复制；❷（3）在著作权法未对临时复制作出规定的情况下，条例也不宜规定禁止临时复制。其实，最为主要的理由也许在于，《信息网络传播权保护条例》是专门规范信息网络传播权的行政法规，不适宜规定复制权问题。因此，在修改《著作权法》时，这依然是值得探讨的重要问题。

笔者认为，临时复制的确表现出对作品的再现。在发生临时复制的很多场合，传输节点计算机的RAM在特定时间内对某些信息包进行复制，或者为了维修计算机而短暂复制作品，这种复制虽然是"零散"而非完

---

❶ 张建华主编：《信息网络传播权保护条例释义》，中国法制出版社2006年版，第5页。

❷ 1996年通过的"互联网条约"秉持灵活态度，并没有直接要求所有国家的著作权法都应该调整临时复制行为，它实际上仍然为各国的自主选择留下了相应的空间。WCT第1条第4款的议定声明规定：《伯尔尼公约》第9条所规定的复制权及其所允许的例外，完全适用于数字环境，尤其是以数字形式使用作品的情况。WPPT第7条、第11条规定："表演者应享有授权以任何方式或形式对其以录音制品录制的表演直接或间接地进行复制的专有权。""录音制品制作者应享有授权以任何方式或形式对其录音制品直接或间接地进行复制的专有权。"在议定声明中明确规定，第7条和第11条所规定的复制权及其中通过第16条允许的例外，完全适用于数字环境，尤其是以数字形式使用表演和录音制品的情况，在电子媒体中以数字形式存储受保护的表演或录音制品，构成这些条款意义下的复制。可见，"互联网条约"只是宣示了数字环境下的复制行为与模拟环境下的复制行为具有同质属性，但至于是否明确临时性的数字复制受到复制权控制，则完全取决于各国立法的选择。

整，也可能并非是故意为之，或者在短暂存储后即刻消失，但是毋庸置疑的是，再现作品的过程和事实是客观存在的。按照著作权控制行为之本质的理论，只要是再现作品的行为，即应进入著作权人控制行为范畴，而不问其再现的时间和主观目的。不过也应该看到，即便临时复制进入复制权控制的范围之内，也不是说所有的临时复制行为都必须得到著作权人的同意并支付报酬，因为在保护文化消费的所有环节中，还有著作权的限制机制。质言之，考虑到暂时复制或者缓存具有暂时、动态、非主观、技术附随性等特征，可以规定在一定条件下出现这种临时复制的现象，构成合理使用，进而保护消费者的基本权益。

第二节　网络环境与发行权

一、发行权的概念和特征

根据我国著作权法的规定，发行权是以出售或赠与方式向公众提供作品的原件或者复制件的权利。发行权具有以下特征。

1. 发行权控制以出售或者赠与等方式发行作品的行为，该行为应当以转移作品有形物质载体所有权的方式提供作品的原件或复制件。出售和赠与都是以转移作品载体所有权的方式实现对作品的利用，出售者和赠与者均永久地转移作品载体所有权。由于出售和赠与都会与作品的载体发生联系，所以作品的发行是与作品载体的转移结合在一起。对于载体受让人来说，转让人享有发行权（或者发行权已经穷竭），是合法取得所有权的必要条件。2001年《著作权法》修正案中明确规定了出租权，所以，在我国发行行为中不再包括出租。同时，我国也没有规定出借权，所以发行并不包括出借。

2. 发行权控制的行为具有公开性。著作权法意义上的发行是"公开发行"，它是面向不特定的公众提供作品原件或者复制件的行为。如果是非公开地提供作品原件或复制件，则不构成发行行为。例如，在校园里散发作品复制件的行为，属于公开发行，但是将作品复制件赠送给同寝室好友的行为，因不具有公开性而不属于发行权控制。

3．发行权的内容较为丰富。权利人可以对发行对象、发行范围和发行方式等内容进行控制。当然，权利人可以自己行使发行权，也可以授权他人行使。根据发行权权利穷竭的原理，发行权在首次行使后即告耗尽，在这种情形下，权利人所享有的发行权只能行使一次。

4．发行权与复制权的关系密切。在有些国家，复制权本身可以涵盖发行权。在有的国家，将复制后进行发行的行为统称为出版，甚至规定了出版权。在我国虽然并不存在独立的出版权，但是在实务上也会将复制和发行的行为统合起来称之为出版。

二、网络环境下的发行权

网络环境下作品的传播，类似于通过互联网进行的发行。在有的国家，就是通过扩张发行权的范围，使之涵盖网络传播行为。采取此种立法例的代表，当推美国。依1976年《美国版权法》，[1]发行权是指版权人以出售或转让所有权之方法，或以出租、租赁或出借方法，向公众发行版权作品的复制品或录音制品的专有权。这一权利受到"权利穷竭原则"的限制，即版权作品复制件合法所有人的发行不构成侵权。具体到网络环境，美国有学者认为，网络交互式传播也是一种"发行"。因为"在高速的通讯体系中，有可能将作品的复制品从一个地点传送到另一个地点。例如，将计算机程序从一个计算机传送给十台计算机，就是这种情况。当这种传输完成时，原始复制件一般存留在发送计算机中，而其他的每一台计算机中都会有一份复制件存在于内存或有关的储存设置中。传输的结果是该作

---

[1] 1976年《美国版权法》的中文译本，主要参考孙新强、于改之译：《美国版权法》，中国人民大学出版社2002年版。

品的十件复制品的发行"。●但同时该学者又意识到"权利穷竭原则"在网络环境不宜适用，于是学究式地作出解释，"发行权权利穷竭原则"并不适合网络环境，因为"在网络传输过程中发行与复制同时存在，传输是发行，发行的是被传输的复制，因此限制发行权就等于限制了复制权，然而根据美国法律的规定，权利穷竭原则仅指发行权的用尽，复制权根本没有'穷竭'的时候"。❷需要指出的是，美国的这一解读虽然并不违反国际公约的规定，但在实质上存在理论上的局限。因为发行权控制有形载体的转移行为，不同于"无形再现"作品方式。网络传播中虽会出现临时复制件，但这如同在表演中，"大脑"里也要出现临时复制件一样。也就是说，网络传播并不以复制件载体的转移为实现要件，本质上还是无形利用作品的行为。这一区别也可从与权利穷竭原则的抵牾上观察得到。从这个意义上讲，扩大发行权的范围，使之涵盖网络传播的做法，容易造成理论和实践的混乱，不应为效仿的对象。

在我国，通过网络向公众提供作品，公众可以个人选择时间和地点获得该作品的行为，不是发行行为，而是受到信息网络传播权控制的行为。在这个意义上看，网络发行或网络出版的说法是不准确的。因为传统意义上的发行和出版是向公众提供作品复制件的行为，发生了作品载体的转移，而在网络传输中，仅有信息的传递，并无载体的实际转移，该信息仍存在于输出计算机的内存或相联的存储设备之中。

在华夏电影发行公司诉北京华网汇通公司案❸中，原告华夏电影发行公司通过与中国电影集团公司电影进出口分公司签订合同，取得电影《终结者3》在中国地区的独家发行权。2003年8月，被告北京华网汇通公司未经许可，通过其开办的网站有偿许可他人下载电影《终结者3》。后又查明，被告的合作伙伴湖南在线网络传播公司亦上载了该影片。原告由此起

● Information Infrastructure Task Force ,The Report of the Working Group on Intellectual Property and the National Information Infrastructure, 1995, pp.214~215.

❷ 同上注，第92~94页。

❸ 北京市朝阳区人民法院（2004）朝民初字第1151号民事判决书。

诉被告侵犯独家发行权，要求停止上载及在网上播放影片《终结者3》，赔偿相关经济损失。被告辩称，原告未举证证明其合法取得了影片《终结者3》的发行权，且网络传播与商业影院发行不同，因此其不具有提起诉讼的权利。同时，被告只是对载有该影片的网页进行了链接，且当知晓原告提起诉讼后即停止了链接行为，因此并未侵权。法院审理认为，根据我国著作权法的相关规定，著作权人可以采用多种方式行使其对作品享有的著作权，也可以将其中的某种权利授权他人行使。但是著作权人未明确授予的权利，他人不得行使，否则将侵犯著作权人的合法权利。原告对影片《终结者3》仅享有影院独家发行权，故其仅能就侵犯该权利的行为提出主张。但本案中，原告所主张的是被告未经许可，通过网络擅自上载并传播该影片的行为，并未落入其对该影片所享有的影院独家发行权范畴。因此，被告以独家发行权被侵犯为由提出的诉讼请求，法院均不予支持。

三、侵犯著作权罪中的"发行"

（一）网络传播作品可否追究刑事责任

《刑法》第217条规定，以营利为目的，有下列侵犯著作权情形之一，违法所得数额较大或者有其他严重情节的，处3年以下有期徒刑或者拘役，并处或者单处罚金；违法所得数额巨大或者有其他特别严重情节的，处3年以上7年以下有期徒刑，并处罚金：（1）未经著作权人许可，复制发行其文字作品、音乐、电影、电视、录像作品、计算机软件及其他作品的；（2）出版他人享有专有出版权的图书的；（3）未经录音录像制作者许可，复制发行其制作的录音录像的；（4）制作、出售假冒他人署名的美术作品的。

根据上述规定，通过网络传播作品的行为，由于并不是著作权法意义上的复制和发行，因此也就不是《刑法》中应该追究刑事责任的犯罪行为。然而实际情况却是，越来越多的侵犯著作权行为借助网络平台进行，网络传播作品给著作权人带来的损害实际上比复制发行还要严重，不追究侵犯信息网络传播权行为的刑事责任不具有公平性和合理性。有鉴于此，《信息网络传播权保护条例》和《著作权法》将侵犯著作权犯罪行为范围加以扩大，侵犯信息网络传播权、规避技术措施和权利管理电子信息情节严重的，都可以依法追究刑事责任。但是，考虑到我国司法实践中遵循着严格"罪刑法定原则"，在《刑法》的相关条文没有修改时，法院一般并不依照其他法律判决嫌疑人的行为构成犯罪，因此，未经著作权人或邻接权人许可，通过信息网络向公众传播作品、表演、录音录像制品的行为，在实践中仍难以被追究刑事责任。

　　有鉴于此，《知识产权刑事司法解释》❶第11条第3款规定，通过信息网络向公众传播他人文字作品、音乐、电影、电视、录像作品、计算机软件及其他作品的行为，应当视为《刑法》第217条规定的"复制发行"。可见，司法解释为应对实践需要，对于《刑法》第217条的发行作出了目的性扩张的解释，认为通过信息网络向公众传播他人文字作品、音乐、电影、电视、录像作品、计算机软件及其他作品的行为，应当视为《刑法》第217条规定的"复制发行"。这一解释是在《刑法》未作出修改时的权宜之计和应急之需。因为发行权和信息网络传播权本质上是两个截然不同的著作权权能；所以，侵犯信息网络传播权的行为按照司法解释的规定固然可以追究刑事责任，但是还需要在《刑法》中加以完善和体现。鉴于此，我国《刑法》在修改时应明确规定，未经著作权人许可，通过信息网络传播其文字作品、音乐、电影、电视、录像作品、计算机软件及其他作品、表演和录音录像制品的行为，可以构成侵犯著作权罪。

　　（二）《刑法》第217条和第218条的关系

　　《刑法》第217条所规定的"复制发行"的含义，长期以来存在争

----

❶　2004年11月，最高人民法院、最高人民检察院联合通过《关于办理侵犯知识产权刑事案件具体应用法律若干问题的解释》，简称《知识产权刑事司法解释》。

议。《知识产权刑事司法解释（二）》❶第2条规定，侵犯著作权罪中的"复制发行"，包括复制、发行或者既复制又发行的行为。侵权产品的持有人通过广告、征订等方式推销侵权产品的，属于"发行"。有学者认为，如果按照前述发行权的理解，发行包括销售行为，而根据司法解释，单独的发行行为都构成侵犯著作权罪，那么我国《刑法》第218条❷规定的销售侵权复制品罪就没有存在的必要。质言之，由于销售侵权复制品本身就是"发行"行为，所以已经被涵盖至侵犯著作权罪之中。

笔者认为，这样的理解并不准确。实际上，《刑法》第217条规定的复制发行，应该是指严重侵犯著作权的行为，包括复制作品的严重盗版行为，以及将该种复制品进行第一次销售的行为，而不包括普通盗版销售者。在实践中，将普通销售盗版的小商小贩也按照极低的门槛追究侵犯著作权罪的刑事责任，不符合立法本意。因此，按照体系化解释的要求，《刑法》第217条规定的"复制发行"应该指向复制行为或者第一次发行行为或者复制后第一次发行的行为，而所谓的第218条销售行为，应该指向的是将已经非法复制并发行的盗版物进行销售的行为。

第三节　信息网络传播权

信息网络传播权这一范畴出现在我国2001年修订后的《著作权法》中，并且在2006年国务院制定的《信息网络传播权保护条例》中得到进一步的强化，已经成为权利人主张权利时频繁采用并为公众耳熟能详的名词术语。信息网络传播权是指将作品以有线或无线的方式提供给公众，并且

---

❶　2007年4月，最高人民法院、最高人民检察院通过《关于办理侵犯知识产权刑事案件具体应用法律若干问题的解释（二）》，简称《知识产权刑事司法解释（二）》。

❷　该条规定，以营利为目的，销售明知是侵犯他人著作权、专有出版权的文字作品、音乐、电影、电视、录像、计算机软件、图书及其他作品以及假冒他人署名的美术作品，违法所得数额巨大的行为，构成销售侵权复制品罪。构成销售侵权复制品罪的，处3年以下有期徒刑或者拘役，并处或者单处罚金。

让个人能够在自己选定的时间和地点接触到作品的权利。信息网络传播权是网络环境中最为重要的著作权权能，需要重点理解和掌握。

一、网络传播行为的著作权法规制

《伯尔尼公约》（1971年巴黎文本）第11条和第14条所规定的传播权主要有：（1）公开表演权；（2）广播权；（3）公开朗诵权；（4）电影作品的有线传播权等。从20世纪90年代初期开始，对于控制交互式网络传播行为之权能的性质，学术上和立法中存在诸多不同的认识。

1. 独立权能类型说。这一学说认为，信息网络传播具有精神权利、复制权和传播权的综合性，因此应建立一项独立的财产权以控制网络传播行为。在1996年《世界知识产权组织版权公约》外交会议上，澳大利亚建议应当将"提供权"规定为独立于传播权的一项单独的权利，这一建议遭到其他代表团的普遍有效的反对，因为其他代表团认为"提供权"属于传播权的范围。[1]总体上看，"独立权能类型说"完全脱离业已存在的复制权、传播权和演绎权的理论划分，显然是对网络传播行为特征的过激反应。虽然网络传播同时兼有复制和传播的综合性，并且打破原有的"点对面"传播方式的局限，但是在本质上仍然是一种传播行为，亦即以无形方式在不转移作品载体的情形下实现作品利益。在这个意义上讲，大多数国家认为澳大利亚代表团观点不足取的意见，是非常正确的。

2. 发行权说。这一观点为美国所主张。依1976年《美国版权法》，[2]发行权是指版权人以出售或转让所有权之方法，或以出租、租赁或出借方法，向公众发行版权作品的复制品或录音制品的专有权。诚如前述，美国学者认为，文字作品在网络上传播，就是一种网络发行的行为，受到发行

---

❶　[德]约格·莱因伯特、西尔克·冯·莱温斯基著：《WIPO因特网条约评注》，万勇、相靖译，中国人民大学出版社2008年版，第137页。

❷　美国1976年版权法的中文译本，主要参考孙新强、于改之译：《美国版权法》，中国人民大学出版社2002年版。

权的控制。

3．机械表演权说。按照该学说，作品在网络上传输，即通过一定的机械设备向公众传播或者广播，也可以称为是机械表演权的一种。❶这种观点为法国和美国的立法所采纳。按照《法国知识产权法典》，表演权可以涵盖所有的表演形式。由于网络媒介（电子计算机）也是远程传送的一种方式，所以完全可以被理解为属于表演。至于在美国，尽管文字作品的网络传播行为被解释为由发行权控制，然而对于音乐作品、戏剧作品等通过网络的连续互动播放，以及美术作品、摄影作品等借助网络的非连续性互动播放，却被解释为由表演权和展示权进行控制。应该看到，将网络传播行为交由表演权调整，具有理论上的合理性。因为通过计算机等媒介进行的互动式播放，在本质上也可以看做是由该类媒介进行的机械表演。不过，传统的机械表演是"同时同地"无形再现作品，而网络传播是"异地异时"无形再现作品。正因为如此，只有进一步扩张表演权后才可实现这样的有机整合。

4．广播权说。按照该学说，网络传播是广播的一种，只不过它不是普通的电信传播而已。从定义上看，广播的本质是以能传送符号、声音、图像的工具向公众传播作品。按照这一理解，网络传播应当包括其中，因为网络传播设施也是能够传送符号、声音、图像的工具，它与传统广播形式的区别仅在于：广播一般有严格的时间安排，一旦错过节目播放时间，公众可能就无法再接收到该时间段的作品，而网络传播能使公众在选定的时间和选定的地点获得作品。这种差异，实际上仅仅是技术含量的差异。❷正是秉承这样的认识，比利时的国内立法即以广播权涵摄互联网上的交互式传播。然而，由于历史上广播权奉"同时异地"无形再现作品为圭臬，所以也只有在重新调整其概念范围之后，才可以将网络广播囊括

---

❶ 张晓秦、杨帆：《著作权法》，苏州大学出版社2008年版，第143页。

❷ 蒋志培主编：《著作权新型疑难案件审判实务》，法律出版社2007年版，第52页。

其中。

5．新增权利说。按照该学说，应该为权利人增设一种新的传播权类型，例如信息网络传播权或向公众提供权等，以控制网络传播行为。具体来说：（1）由于出现了新的交互式网络传播方式，传统的权利又不能有效涵盖，所以有必要设置一种新的权能，用以控制这种"异地异时"无形再现作品的行为；（2）在数字传播中出现了一些新的利益相关者，产生了新的利益平衡需求。所以有必要新增权能，以设定必要的限制，重建网络空间的利益均衡。有鉴于此，英国、德国、中国等国家都新增设立了控制"异地异时"网络传播的权利。

2003年修改后的《英国版权法》第6条对传播作了非常广泛的界定，它包括被动接受信息的广播和主动接收信息的网络传输。但是在第20条规定"向公众传播作品的权利"时，认为"向公众传播作品"是指"以电子形式向公众传播作品"。包括以下要素：（1）作品以有线或无线方式传播；（2）按需传输，即公众可以在个人选择的时间和地点访问电子形式传输的作品。182CA和182D条分别赋予表演者和音像制品制作者向公众传播作品的权利。1997年《德国多媒体法》在第1条第2款中指出，该法适用于为满足个人使用图像、声音等基于电子传输基础上的复合数据的需要，而产生的各种电子信息和传播的服务，其中包括因特网和其他网络，但不适用于广播。《德国著作权与邻接权法》第19a条规定了公开传播权："公开传播权是指将作品以有线或无线的方式提供给观众接触，并且让个人能够在自己选定的时间或地点接触到作品的权利。"这表明，英国和德国尽管也使用了公开传播权的概念，它们却并未将按需传播和普通的广播整合起来，而是将公开传播权作为一种新类型权利予以规范。

在WPPT中，由于表演者和录音制品制作者并未有一般意义上的"公开传播权"，所以该条约只规定了向公众提供权。按照规定，表演人和录音制作者享有授权以有线或无线方式，对公众提供其固着于录音物之表演和录音制品，使公众得以此方式在其个人选定的地点及时间接触该表演之专有权利。那么，这一权利也是新增设立的邻接权人享有的传播权，但是它是否就是信息网络传播权呢？理论上，对于"向公众提供权"的控制行为究竟是否应该包括"交互式传播"有两种不同的观点：❶赞成说的理由是：（1）使用"May Access和From a place and at a time individually chosen"表达，已经直接涵盖交互式所有情况；（2）WIPO二条约草案文件说明没有区分"向公众提供"与"提供后之传输"。反对派认为：（1）making available是指"得接触"，没有传输；（2）这是"公众提供权"和"公开传播权"的区别之一。

笔者认为，"赞成说"更为有力。实际上，有关立法例也认可了这一观点。例如，2003年修改后的《英国版权法》第20条规定"向公众提供作品的权利"时，认为"向公众提供作品"是指"以电子形式向公众传播作品"。包括以下要素：（1）作品以有线或无线方式传播；（2）按需传输，即公众可以在个人选择的时间和地点访问电子形式传输的作品。182CA和182D条分别赋予表演者和音像制品制作者"向公众提供作品的权利"。我国《著作权法》2001年修改时，在著作权人享有的权利表述中使用的是信息网络传播权，在表演者和录音录像制作者采用了向公众提供权。但是在2006年通过的《信息网络传播权保护条例》中将二者等同起来，认为信息网络传播权是指以有线或者无线方式向公众提供作品、表演或者录音录像制品，使公众可以在其个人选定的时间和地点获得作品、表演或者录音录像制品的权利，从而也采取了"赞成说"的立场。基于此，向公众提供权就是信息网络传播权。

6. 整合后的公开传播权说。在信息网络传播引发的权利之争中，有一种观点认为，可以整合广播权和信息网络传播权以涵盖有线或无线广播，形成公开传播权，而不论该种播放行为的技术特性。❷这一思路得到了《世界知识产权组织版权条约》（WCT）的认可。该条约第8条规定，

---

❶ 吴上晃："评两岸著作权法公开传播权之修正"，见《法学前沿》，法律出版社2004年版。

❷ ［匈］米哈依·菲彻尔："21世纪到来之际的版权和有关权"（上），载《著作权》1999年第1期。

文学和艺术作品的作者应享有专有权，授权将其作品以有线或无线方式向公众传播，包括将其作品向公众提供，使公众中的成员在其个人选定的地点和时间可获得这些作品。它包括两个层次的意思：（1）以技术中立的形式肯认了公开传播权（a right of communication to the public）的法律地位；（2）将交互传播权（a right of making available）纳入公开传播权的范畴之内。可见，WCT以公开传播权统领有线传播和无线传播，实现了数字环境下传播权的小范围整合。目前，荷兰、澳大利亚、日本等国家按照条约的直接要求，建立了具有更宽泛意义上的公开传播权范畴。欧盟《版权指令》中规定的公开传播权是指权利人享有的以有线或无线的方式（包括广播）向公众传播其作品的原件或复制件的专有权，也包括让公众中的成员以个人选择的时间和地点访问作品的方式获得作品的权利。《荷兰版权法》第15条规定了版权人的公开传播权包括："（1）向公众传播作品及其复制件的全部或部分；（2）传播作品及其复制件的全部或部分，只要该作品尚未以印刷品的形式出现；（3）除建筑作品和实用艺术作品外，将作品的全部或部分予以出租或出借，或将经过权利持有人同意而进入流通领域的作品的复制件予以出租或出借；（4）公开朗诵、表演或再现作品及其复制件的全部或部分；（5）对作品的广播包括以无线电、卫星电视节目、闭路系统或其他传送方式的传播。"澳大利亚2001年颁布的"数字议程法"赋予著作权人一种新的技术上中立的、覆盖范围广泛的"公开传播权"，以取代以前的广播权和发送权。具体来说，公开传播权具有以下特征。

首先，公开传播权的客体包括所有文学、艺术和科学作品。虽然公开传播权的设立是不以损害《伯尔尼公约》的基础权利为基础，但在本质上仍然是"《伯尔尼公约》递增"条款。这一性质定位集中表现在对客体的无差别对待上。虽然《伯尔尼公约》第11条和第14条已经明确规定了各种类型的传播权，并且在1925年之后也被称为公开传播权，但是，这一体例所划定的传播权却是针对音乐作品、戏剧作品、文字作品、电影作品等而区分设定不同的权利类别。以WCT为代表的公开传播权体例打破了这一做法，对于所有的文学、艺术和科学作品提供一视同仁的传播权保护，体现了数字技术下传播方式壁垒已被清除的时代特性。

其次，公开传播权所涵盖的传播行为包括有线方式与无线方式两种。公开传播权在内涵上包括所有以有线或无线方式提供作品的情形。所谓有线方式，是指有线电视、图文电视、网络光缆等；无线方式则包括无线广播、卫星直播等。因此，通过广播、有线电缆、互联网络等提供作品的行为均在权利人控制范围之内。按照这一理解，公开传播权是被立法进行整合后的传播权类型，它既调整传统的传播权，例如广播权和有线传播权，又调整交互式的信息网络传播权，又可以调整网络广播等行为。

最后，公开传播权的内容不包括表演权、朗诵权等。在1996年5月召开的WIPO专家委员会第7次会议上，欧共体委员会代表团提交了欧共体及其成员国的提案，该提案主张给予作者广泛的传播权，将《伯尔尼公约》规定的传播权从传统领域扩展到所有类型的作品，而且特别指出，以前讨论过的"数字传输"属于这一权利的一部分。但基础提案并没有打算包括最广泛意义上的直接"传播"，即个人或通过技术手段（例如录音制品）所进行的公开表演。❶也就是说，通过现场进行的朗诵、表演和放映等行为，由于是直接传播，因此不能纳入公开传播权的范畴。就此而言，公开传播权依然是对传播权小范围的整合，并非理论上能够涵盖所有无形传播行为的新型权利。❷

公开传播权立法体现了数字时代传播权整合的初步尝试，具有重大的理论和实践价值。这种模式不仅将某些界限并不分明的传播权类型，例如广播权和信息网络传播权整合在一起，而且有助于解决数字环境下某些新的传播问题，例如网络广播等。但是，该权利设计同样存在一些缺陷：公

---

❶　[德]约格·莱因伯特、西尔克·冯·莱温斯基著：《WIPO因特网条约评注》，万勇、相靖译，中国人民大学出版社2008年版，第135~136页。

❷　我国学术界所采用的"传播权"范畴不同于此处的"公开传播权"。学术界普遍使用的传播权与复制权、演绎权相对应，包括表演权、广播权和向公众提供权（信息网络传播权）等无形再现作品的权利。

开传播权需要整合广播、有线广播和信息网络传播等行为，涉及利益主体过多，会滞延立法修改的步伐。在传播权的制度调整中，各国一般总是倾向于解决最为棘手的问题，以化解当前技术所引发的危机，而不去考虑对整个传播权制度进行重新规划。对于长期采取"分散式"立法的国家和地区而言，建构公开传播权会让更多利益主体受到影响，打破传统框架的固有平衡，因此对于急需立法调整的时代而言，不具有迅速变革的可行性。

总之，上述六种模式各有特色，也各有利弊。为避免出现过多的争议影响网络版权国际立法进程，世界知识产权组织"互联网条约"提出了所谓"总解决方法"。按照权威的解释，"总解决方法"是一种妥协的解决方法，俗称"伞形架构"，即数字传输行为应以不带任何色彩的方式来描述，而不受具体的法律特征化的影响（例如，通过有线或无线方式将作品提供给公众访问）；这种描述不应具有技术性，同时又应在这种意义上表现出数字传输的交互性；它应阐明当公众成员在不同地点不同时间访问作品时，该作品也被视为"向公众"提供；而在该专有权的法律特征化方面（在实际选择将适用的权利方面），应留给国内法充分的自由；最后，《伯尔尼公约》在有关权利（向公众传播权和发行权）控制范围方面的空白应加以填补。[1]因此，虽然在"互联网条约"中最后采纳的是"公开传播权"和"向公众提供权"，但各国采取何种手段应对数字技术带来的挑战，并不强行要求所有的国家都对此予以照搬，各主权国家仍可以制定板块法，其中可供选择的权利有：公开传播权（the right of communication to the public）、公众可获得权（available to the public）、其他新权利或旧的权利类型以及不同类型权利的综合。[2]

---

　　[1]　[匈]米哈依·菲彻尔："21世纪到来之际的版权和有关权"（上），载《著作权》，1999年第1期。

　　[2]　Andrew F. Christie & Eloise Dias, "The New Right of Communication In Australian", available at www.ipria.org，2006年10月19日访问。[美]保罗·爱德华·盖勒："从板块模式到网络模式：应对国际知识产权变迁的对策"，见郑成思主编：《知识产权文丛（第1卷）》，中国政法大学出版社1999年版，第304~305页。

二、信息网络传播权的范畴

我国的《信息网络传播权保护条例》第26条规定，信息网络传播权是以有线或者无线方式向公众提供作品、表演或者录音录像制品，使公众可以在其个人选定的时间和地点获得作品、表演或者录音录像的权利。可见，在我国立法上采取的是"新增权利说"。信息网络传播权具有以下特征。

（一）有线、无线及其他信息网络传播

信息网络传播权得以存在的空间是虚拟的网络空间，网络技术的发展程度直接制约了它的存在形态、权利内容和保护方法，而网络技术的特点也直接决定权利主体控制、行使该种权利的难度。当然，从另一个角度来看，信息网络传播权的技术性也为我们整合网络传输中的版权问题创造了条件，因为如果没有网络技术，就不会有网络传播权，同样，如果存在网络空间，在网络空间上所发生的与著作权有关的行为，就往往与信息网络传播权有关联。

信息网络是一个宽泛的概念，它包括但绝不限于计算机互联网络，还应包括电信网、广电网、有线电视网、卫星或其他城域网等，而且随着技术的发展进步可能将来还会出现其他的新网络。具言之，就目前的技术环境而言，信息网络至少应该包括以下几种：（1）因特网；（2）机关、企事业单位内部所建立的与因特网相连接的局域网；（3）机关、企事业单位内部所建立的未与因特网相连接但规模较大的局域网；（4）电话信息网络；（5）视频点播系统；（6）广播电视数字网络；（7）移动互联网。例如，在局域网中播放，虽然从表象看似乎不具备"选定地点获取作品"的特征，但究其实质，此处的"地点"应该指向的是不同的终端。也就是说，如果可以获得作品的终端不止一个，则"选择地点"的要求就可

以被满足，而不论局域网、广域网或其他内部网络。❶《最高人民法院关于审理侵害信息网络传播权民事纠纷案件适用法律若干问题的规定》第2条规定，信息网络包括以计算机、电视机、固定电话机、移动电话机等电子设备为终端的计算机互联网、广播电视网、固定通信网、移动通信网等信息网络，以及向公众开放的局域网络。

移动互联网技术的出现，让手机网络及各种移动网络平台，成为作品传播的重要通道。例如，在中山商房网科技公司诉中山暴风科技公司❷案中，原告是"中山商房网"微信公众账号的所有人，而被告则是"最潮中山"的运营方。2014年1~3月，"中山商房网"先后向微信用户推送了《中山谁最高？利和高度将被刷新解密中山高楼全档案》《初八后大幅度降温阴雨天气》《莫笑老饼为您推介中山四大名饼》3篇文章。文章均载明"本文为商房微信搜集资料和撰写的文章，欢迎读者分享或转发到朋友圈。任何公众号未经许可不得私自转载或抄袭"。被告"最潮中山"则在2015年的2~3月推送了多篇与上述文章基本相同的内容。原告认为，其对上述3篇原创作品享有著作权，而被告未经同意擅自转载、变相抄袭的行为已严重侵犯其著作权，要求被告道歉声明，并赔偿经济损失1元。法院认为，虽然原告未提供其实际损失及被告侵权获利的相关证据，但原告已为此支出了相应维权费用，故其1元索赔合理有据。最终，广东中山法院判决被告侵犯信息网络传播权，赔偿1元。被告不服判决，提起上诉。二审法院驳回上诉，维持原判。可见，通过"微信公众号"在移动互联网中传播作品，也属于信息网络传播权控制的行为。

（二）交互式传播

"交互性"是指通过信息网络独立接触作品不受时间的限制，公众可

---

❶　［德］约格·莱因伯特、西尔克·冯·莱温斯基著：《WIPO因特网条约评注》，万勇、相靖译，中国人民大学出版社2008年版，第147~148页。

❷　陈泳蓓："中山首例微信公众号著作权侵权案审结 侵权者赔偿1元公开致歉"，载http://www.zsnews.cn/news/2015/01/26/2729871.shtml，2015年12月25日访问。

在任何时间、地点主动地根据需要而获得作品，这一特征也可以从不同角度被称为是"异地异时"获得作品或"按需传播"。"交互性"应被理解为是信息网络传播权的最根本的法律特征。正是因为使用者可以在其个人选定的时间和地点获得作品，所以它得以与传统的广播权、展览权和放映权等传播权区别开来。

最为典型的信息网络传播行为有三种情况：（1）网站经营者直接将数字化作品置于开放的网络服务器上供用户在线欣赏或下载；（2）用户将数字化作品上传到开放的网络服务器上供用户在线欣赏或下载，如用户将MP3音乐上传到FTP服务器上，将文字作品上传到BBS上或"个人空间""博客空间"等；（3）将作品置于P2P软件划定的"共享目录"之中，使其他网络用户能够搜索并下载被"共享"的文件。❶

实践中还存在一些特殊情形，也可认定为交互式传播行为：（1）用户可以在其个人选定的地点，在特定时间获得作品等信息。例如，某网站只在每晚7点至10点开放服务器，用户只有在这一时间段登录该网站获得该作品。（2）用户可在个人选定的时间，在特定地点的网络终端上获得作品等信息。例如，某图书馆将"电子书"上传图书馆的计算机终端，供进入馆舍的读者阅读。（3）用户可在个人选定的时间和地点浏览作品，但是不能下载或者复制该作品。任何在线阅读、收听、观看文艺作品和在线安装、运行软件等，在这种情况下也属于access the work，由交互式传播行为控制。❷（4）通过技术手段控制用户登录的数量，但是用户可以在个人选定的时间和地点获准登录可获取作品。例如数字图书馆将作品以数字化方式上传后，采取了技术措施限制，一次只能3名用户同时阅读。

世界知识产权组织还曾主张信息网络传播权涵盖"类似互动"（near to interactive）的网络传播方式，即订阅式网络服务或采取"推技术"而进行的网络传播，例如群发邮件等。在《WPPT草案说明》中，世界知识

---

❶ 王迁：《网络版权法》，中国人民大学出版社2008年版，第69页。
❷ 王迁：《著作权法学》，北京大学出版社2007年版，第134页。

产权组织特别指出，订阅式网络传播虽然与互动式网络传播存在一定的差别，但这种差别在大多数情况下只是获得信息的时间不同，如果信息网络传播者按照订阅者的要求提供信息所拖延的时间越短，两者的结果就越为接近；这种"类互动"的信息传播方式会与已录制表演的正常利用相冲突，损害表演者的利益，因此应当将其置于表演者向公众提供权项下。❶不过，这一立场并未得到有关方面的普遍认同。由于"类互动"传播并不能在真正意义上实现个人"异时异地"按需获取信息，因此不应被认为是信息网络传播权控制的行为。

不具备交互性的"网播"行为，也不属于信息网络传播权控制的行为，而应由其他权利调整。例如，在特定的时间，将事先准备好的节目提供给公众，通过传统的方式或者通过数字网络（包括网播、同时播放、实时播放、互联网收音机）等进行无线电广播或者传播电视节目，付费电视或者付费广播，付费收看服务，多通道服务以及准按需式服务（对某些作品进行重复广播，以固定的时间间隔，比如每20分钟，广播每周音乐排行榜上的歌曲）等。❷这些都不是"交互式传播"，自然也不能纳入信息网络传播权控制。

（三）公开传播

与其他传播权一样，信息网络传播权也只能控制公开传播行为。著作权法上的传播权必须是针对公众的传播，亦即具有公开性，因此不包括自身传播、家庭传播和普通的人际传播，这成为大部分国家立法的共识。但是什么是"公开性"却很难界定。法国法律仅把"纯在家庭范围内进行的各种私下和免费的表演"排除在著作权保护的范围之外。而德国法律则规定："向多人传播某部作品即为公开传播，除非这些人的范围受到严格限制，除非这些人之间或这些人与传播行为人之间私人关系密切。"我国台

---

❶　孙雷：《邻接权制度研究》，中国民主法制出版社2009年版，第83~84页。

❷　［德］约格·莱因伯特、西尔克·冯·莱温斯基著：《WIPO因特网条约评注》，万勇、相靖译，中国人民大学出版社2008年版，第146页。

湾地区"立法"通过界定公众来限定公开性，而所谓公众，"是指不特定人或特定之多数人。但家庭及其正常社交之多数人，不在此限"。可见，"公开"传播包括两种主要情形：（1）向不特定的多数人进行传播，例如在向公众开放的网络平台上传播作品；（2）向特定的多数人的传播，只要这些多数人之间不构成家庭成员或者正常社交成员关系。由于网络互联互通的特性，因此个人将作品上传到互联网上，即便是出于个人学习、欣赏或者与其他人交流的目的，也可以达到公开传播的效果。

三、信息网络传播权与网络广播

在互联网技术下，不仅可以实现通常意义上的交互式传播，而且可将广播电视信号转化为数字信号，并通过互联网进行定时播放，形成网络广播（网播）。在数字时代初期，虽然也会出现广播电视组织将作品和节目上网的情况，但更多是作为网络服务商提供"交互式"服务。与此同时，消费者也主要追求网络传播的互动功能，而不会或较少舍弃传统的广播电视装置转而通过网络收看电视或收听广播。但是，宽频技术、视频软件技术、"三网合一"技术的组合与"联姻"，推动了网络广播的飞速发展。现在，不仅有广播电视组织在互联网上设置网络广播站，而且不少网站开始直播、转播广播电视节目。目前，传播学学者所倡导的Web3.0技术，则更是要让交互式传播和网络广播共存于同一媒介，实现综合传播平台打造，用以自如便捷地浏览信息、观看电视和收听广播。按照这样的技术构想，网络广播也将是互联网时代的主流传播方式。我国《著作权法》对"广播权"的规定中，❶"以有线传播或转播的方式向公众传播广播的作品"没有包括直接以有线方式传播作品。这种来自《伯尔尼公约》的传统界定不能涵盖网络广播、网络同步转播等新兴出现的广播行为。这导致运用何种权利调控网络广播行为存在疑问，引发司法适用的困惑。

在"成功多媒体通信有限公司诉北京时越网络技术有限公司信息网

---

❶ 我国《著作权法》第10条第（11）项。

络传播权纠纷案"❶中，被告在互联网上定时播放原告享有信息网络传播权独家许可权的电视连续剧《奋斗》。一审、二审法院均认定构成侵犯信息网络传播权。该案的基本案情是：2007年3月，北京市广播电视局颁发发行许可证，载明32集电视剧《奋斗》的制作单位为鑫宝源公司。2007年6月29日，鑫宝源公司出具《独家信息网络传播权授权书》，将《奋斗》在中国大陆地区的"独家信息网络传播权（包括转授权及打击网络盗版的权利）"授予原告，授权期限为2007年6月22日~2010年6月21日。原告诉称，被告未经许可，在其经营的悠视网提供《奋斗》的在线播放服务，侵犯了该公司的信息网络传播权、复制权等著作权，诉请法院判令被告停止在线播放《奋斗》并公开赔礼道歉，赔偿该公司经济损失30万元。被告时越公司辩称，公司网站对《奋斗》进行网络电视播放是按照网站指定的时间逐集顺序播放的，在某一个时间点，网络用户只能观看到正在播放的《奋斗》的某一集。网络用户并不能在其选定的时间观看到未播放的其他集的内容。原告并不享有《奋斗》的网络电视播放权，因此无权提起本案诉讼，不同意原告的诉讼请求。一审法院认为，被告未经权利人许可，通过互联网在线播放的方式使用《奋斗》，使网络用户可以在其个人选定的时间和地点获得《奋斗》的内容，侵犯了原告从鑫宝源公司获得的大陆地区独家信息网络传播权，应依法承担停止侵权、赔偿损失等法律责任。二审法院认为，互联网用户通过悠视网能够观看该电视剧的内容，即使悠视网的播放方式系定时定集播放，悠视网未经许可的在线播放行为亦侵犯了宁波成功公司享有的信息网络传播权。

在"安乐影片有限公司诉北京时越、北京悠视网侵犯著作权纠纷案"中，法院认为被告在其经营的网站向公众提供涉案影片《霍元甲》的定时在线播放服务和定时录制服务，侵犯了原告对该影片"通过有线和无线方式按照事先安排之时间表向公众传播、提供作品的定时在线播放、下载、

---

❶　北京市海淀区人民法院〔2008〕海民初字第4015号民事判决书；北京市第一中级人民法院〔2008〕一中民终字第5314号民事判决书。

传播的权利"，侵犯了原告依照著作权法享有的"其他权"。❶该案的基本案情是：原告享有影片《霍元甲》的著作权，被告通过"悠视网"（域名为：uusee.com）和"UUSee网络电视"软件向公众提供该影片的定时在线播放服务。法院认为，被告时越网络公司作为涉案网站"悠视网"的经营者，在该网站上向公众提供涉案影片《霍元甲》的定时在线播放服务和定时录制服务，使网络用户可以在该网站确定的时间和用户选定的计算机终端上观看和下载涉案影片《霍元甲》，侵犯了原告对该影片享有的著作权中的通过有线和无线方式按照事先安排之时间表向公众传播、提供作品的定时在线播放、下载、传播的权利，依法应当承担停止侵害、赔偿损失的民事责任。鉴于"悠视网"提供影片的定时在线播放服务和定时录制服务必须通过被告悠视互动公司的"UUSee网络电视"软件实现，以及"悠视网"与"UUSee网络电视"软件之间具有的密切关联关系，法院认定被告悠视互动公司与被告时越网络公司存在合作关系，属于共同向公众提供涉案影片《霍元甲》的定时在线播放服务和定时录制服务，因此，被告悠视互动公司应与被告时越网络公司就共同侵权行为共同承担停止侵害、赔偿损失的民事责任。

在前述第一起案件中，由于信息网络传播权所能控制的行为应具有交互性，所以法院的判决是错误的。在第二起案件中，法院以"其他权利"控制网络广播的思路虽可解燃眉之急，却导致"法官造法"，并不具有法治价值。那么，网络广播属于何种传播权控制呢？就目前的代表性立法而言，新增设立的思路没有再次占据优势，更多的立法是将网络广播整合到广播权中。例如，英国版权法在修订过程中将网络广播行为纳入广播权的控制范围。具体来说，该法规定在以下三种情形下，互联网传播属于广播权控制：（1）互联网和广播电台同时进行的传播；（2）现场通过互联网进行的传播；（3）网络服务者按时间表定时提供电影画面或声像。❷美

---

❶ 北京市第二中级人民法院〔2008〕二中民初字第10396号民事判决书。

❷ 《英国版权、外观设计和专利法》2003年修正案。

国、韩国、日本、匈牙利、澳大利亚等国家采取了与其相同的做法。

具体到我国，现行法规定的广播权不能涵盖网络广播，这是立法的缺陷造成的。可行的做法也是借鉴当前大多数国家的经验，修改《著作权法》中关于广播权的界定，用以控制网络广播行为。具体规定为：广播权是以有线、无线或其他各种手段公开传播作品，使公众可以根据其播放获得作品的权利。理由在于，网络广播虽然借助于网络电缆，但不是信息网络传播权控制的行为，因为它并未采用"交互式"手段。网络广播像普通无线广播一样，用户在登录后只能在线收听或收看到网络广播电台按照预定节目表在这一时刻正在播出的节目，而无法自行选择节目。❶从技术属性看，网络广播依然是通过"异地同时"方式，以"点到面"的方法，让听众获得定时播放的信息，所以应该属于广播权控制。

四、信息网络传播权的主体

主体是法律关系的参加者，是享有权利、承担义务的自然人、法人和其他组织。在现代信息技术条件下，"由于在作品的创作过程中，高度发达的通信基础设施可能使得利用信息的人不能完全分清信息的来龙去脉，于是，'什么是创作行为、谁是作者'颇为复杂"。❷总体上看，信息网络传播权的主体包括著作权人和邻接权人。

（一）著作权人

著作权人享有信息网络传播权，一般情况下并无疑义。《美国数字千年版权法》、《欧盟信息社会版权指令》、世界知识产权组织的WCT均规定著作权人享有通过信息网络传播作品的权利。我国《著作权法》和《信息网络传播权保护条例》均明确规定，著作权人是享有信息网络传

---

❶　王迁、王凌红：《知识产权间接侵权研究》，中国人民大学出版社2008年版，第28页。

❷　[日]中山信弘著：《多媒体与著作权》，张玉瑞译，专利文献出版社1996年版，第94页。

播权的主体。确定信息网络传播权的主体，也是司法裁判和行政执法的前提。

在网络传播电视连续剧《亮剑》引发的纠纷❶中，原告广东中凯公司称自己享有影视作品《亮剑》的信息网络传播权，被告网通某分公司的"网通影视在线"网站未经授权，可在线观看电视剧《亮剑》。原告请求判令被告立即停止侵权行为，并赔偿损失25万元。被告却认为原告不享有电视剧《亮剑》的信息网络传播权，请求法庭驳回其诉讼请求。在此种情况下，证明原告是信息网络传播权的合法主体，就显得尤其重要。法庭经过调查发现，《亮剑》影视作品的发行许可证上审核的制片人是海润影视公司和沈阳军区电视艺术中心，根据著作权法，该两家公司作为制片人应为原始著作权人。同时，作为合作作者的沈阳军区电视艺术中心明确声明，该片的著作权人为海润影视公司，因此，法院确定《亮剑》影视作品的原始著作权人为海润影视公司。海润影视公司于2006年1月1日将该作品的信息网络传播权独家授权给海润网络公司，明确被授权人有权将该权利转授权给第三方。海润网络公司取得授权后，将该权利转授权给原告中凯公司，并与中凯公司签订了《版权许可使用合同》。通过系列查证可知，原告是从合法渠道获得著作权人的明确分许可授权。基于此，法庭认为被告在其主办的网站上向互联网用户提供该剧在线播放服务，且没有证据证明其播放该片的行为已经获得著作权人的许可，故其行为侵犯了原告对该作品依法享有的信息网络传播权，应当承担民事责任。法院据此判决被告停止侵权，同时赔偿原告经济损失10万元。

（二）邻接权人

邻接权人因为传播作品而享有信息网络传播权，它包括表演者、录音

---

❶　"未经授权网上传播《亮剑》，一公司被诉'网络传播侵权'"，载http://whfy.chinacourt.org/public/detail.php?id=3892，2008年3月27日访问。

录像制作者、广播电台、电视台，在有的国家还包括数据库制作者。❶一般的立法例均认同表演者、录音制作者享有信息网络传播权。我国《信息网络传播权保护条例》第1条也明确规定，信息网络传播权的权利人包括著作权人、表演者和录音录像制作者。可见，在我国，表演者和录音录像制作者作为邻接权人，可以享有信息网络传播权。

需要说明的是，大部分国家和国际组织的条约都只提到录音制品制作者享有向公众传播权，而没有提到录像制品制作者享有此种权利，而我国的《著作权法》和《信息网络传播权保护条例》则赋予录像制品制作者享有该权利，原因何在？首先，在没有邻接权制度的国家，对录音录像制品是提供版权保护的，表演者将其表演固定下来产生的作品及其复制件被视为录像作品或制品，所以对表演者此种权利的保护很大程度上延及对录像作品或制品的保护。其次，在有邻接权制度的国家，由于技术的发展，电影作品、录像作品和录像制品往往很难区分，录像制品往往被等同于视听作品或者电影作品，直接受到著作权法的保护。

至于其他的邻接权人是否能够享有信息网络传播权，国际社会的做法并不一致。《欧盟信息社会版权指令》第3条规定，广播组织就其广播节目的固定享有向公众提供权。在《荷兰版权法》修订时，还将信息网络传播权的主体延伸到数据库制作者。我国《信息网络传播权保护条例》没有规定广播组织的信息网络传播权。但实践中却发生过广播电视组织主张该权利的案例。

在"多普达案件"❷中，原告央视公众公司诉称，其与中央电视台总编室签订了《中央电视台电视节目在电信领域中的专有使用权合同》，中央电视台将其所属各频道、各栏目的电视节目在电信领域的排他性专有使

---

❶　关于数据库的权利保护模式，笔者认为应单独制定"数据库保护条例"。有关论述可参见：Mark J. Davison, *The Legal Protection of Database*, Cambridge University Press, 2003。

❷　北京市海淀区人民法院民事判决书〔2004〕海民初字第15905号。该案二审以调解结案。

用权独家授予原告，并承诺不再将该专有使用权授予任何第三方。2004年，被告多普达公司在其生产的"多普达535"型手机中设置链接，将中央电视台CCTV-新闻、CCTV-4、CCTV-9三个频道的节目在手机中播放，同时该公司在其网站（www.dopod.com）上使用中央电视台"新闻联播"栏目的画面、声音等进行产品功能演示，并利用报纸、网络等多种媒体擅自使用"新闻联播"的品牌和标识对该款手机进行宣传。被告认为，在手机中内置浏览器，可由用户输入网址接入网络，在网站上链接了中央电视台的网页，用户的手机可以通过该链接收看中央电视台的节目，只是提供了链接服务，未从中收取费用，而且节目内容均来自中视网站而不是原告网站，不能认为是对原告权利的侵害。法院查明，多普达535手机由多普达公司研制生产，具有实时收看中央电视台节目的功能。该款手机的桌面提供了网络电视功能的入口，桌面名称为dopod默认方案，在dopod方案首页选择网络电视功能后，进行相应设置，就可以观看网络电视。法院认为，被告未经许可，以营利为目的，在其生产的多普达dopod 535手机中，并在其网站上为销售此款手机转播中央电视台节目，侵犯了央视公众公司在电信领域对中央电视台节目的专有使用权，应承担停止侵权、赔偿损失、赔礼道歉等责任。

上述案件中，一审法院虽未认可原告享有信息网络传播权，但认为被告侵犯了央视公众在电信领域对中央电视台节目的"专有使用权"。事实上，央视对其节目可以享有著作权，但是对其节目信号享有的却是邻接权。当被告使用的是电视节目作品时，侵犯著作权人的信息网络传播权自无疑问；当被告同步转播节目信号时，是否侵犯邻接权人的信息网络传播权，却存在很大争议。按照我国现行法律，广播电台并不享有信息网络传播权，因此对节目信号的交互式利用，不构成对广播组织权利的侵害。由于数字技术的发展已经打破了传播的电信网、广播电视网和互联网之间的界限，广播电视组织享有权利的广播信号可以自由地在互联网和电信网中以"交互方式"传播，同时数字电视台的转型也使得广播组织本身就可以借助传统网络实现"交互式"传播，所以仅仅赋予广播组织禁止未经授权将其播放的广播、电视转播的权利，还不足以规制广播电视节目信号的网络传播形式，也不公平地阻止了广播电视组织的网络营利活动。鉴于此，赋予广播电视组织以信息网络传播权，应为更佳的选择。

五、信息网络传播权的客体

客体是权利和义务共同指向的对象。著作权法的客体特征是该项权利与有形财产所有权的最根本的区别所在。[1]我国《著作权法》将信息网络传播权的客体界定为作品，将向公众提供权的客体界定为表演和录音录像制品。《信息网络传播权保护条例》则更为明确地指明，信息网络传播权的客体包括作品、表演和录音录像制品。

但是，网络传播的作品毕竟不同于传统环境。由于所有的作品都以"0"和"1"这种二进制数码来记述，所以在表现形态上，没有文字作品与音乐作品、软件作品等泾渭分明的界限。有学者建议使用网络作品或数字化作品的概念，认为网络作品或数字化作品是在电子计算机信息互联网络上出现的作品，它是对传统著作权法所保护作品数字化以后的简明称呼。[2]不过，这也容易引起误解，以为网络作品是一种新类型的作品形态，或者仅仅是在网络上创作的作品。实际上，网络作品或者数字化作品只是作品存在形式不同于现实空间的作品，不能把它作为一种新的作品种类特殊对待。

当然，信息网络传播权保护的客体中，还有一些特殊的样态，主要包括：（1）计算机软件。计算机软件是指计算机程序及其有关文档，它是信息网络传播权主要客体之一。（2）多媒体作品。多媒体作品是指利用数字技术将文字、静态画面、动态画面、音色等多种表现形式综合起来形成的作品，它可以借助相互作用的传递媒介进行统一展示。（3）数据

---

[1]　吴汉东主编：《知识产权法学》，北京大学出版社1998年版，第3页。

[2]　蒋志培：《入世后我国知识产权法律保护研究》，中国人民大学出版社2002年版，第177页。

库。数据库是指经系统或者有序安排，并可通过电子或者其他手段单独加以访问的独立的作品、数据或者其他材料的集合。作为信息网络传播权保护客体的数据库，是以电子形态存在的数据库。（4）网页。网页是网站中的一"页"，通常是HTML格式体现，借助网页浏览器进行阅读。当网页的设计在整体上具有独创性时，也应该成为信息网络传播权保护的对象，未经许可的复制或者链接，都可能构成侵权。

《信息网络传播权保护条例》第3条规定，依法禁止提供的作品、表演、录音录像制品，不受保护。学者认为，网络和数字技术的发展，使得作品的传播更加便捷和便利，作品通过网络传播造成的影响极大，有必要强调禁止违法通过信息网络传播作品。❶但是，由于我国《著作权法》第4条在2010年已经修改，明确删除了违法作品不受保护的规定，所以，《信息网络传播权保护条例》也应按照《著作权法》的精神，删除违法作品不享有信息网络传播权的内容。当然，这并不意味着可以传播违法作品，事实上，依法禁止提供的作品、表演、录音录像制品，应该通过相应的出版和传播行政管理制度予以查处。

---

❶ 张建华主编：《信息网络传播权保护条例释义》，中国法制出版社2006年版，第11页。

第四章　网络著作权的限制

　　著作权的限制通常是指对权利人的专有权利的限制，其功能在于通过对权利的适当限制，平衡权利人与社会公众之间的利益，确保社会公众能接触和利用知识产品，以促进整个社会精神文明和物质文明的发展。[1]我国《著作权法》规定了合理使用和法定许可两种著作权限制方式。网络环境下，著作权权利内容扩张的同时，也给著作权限制制度带来新的挑战。《信息网络传播权保护条例》第6条规定信息网络传播权的合理使用，第7条规定图书馆、档案馆、纪念馆、博物馆、美术馆等机构（以下简称图书馆等）的信息网络传播权合理使用，第8条规定基于义务教育或者国家教育规划的信息网络传播权法定许可。本章将结合上述条文讨论网络著作权的限制制度。

第一节　网络著作权限制概述

一、著作权限制的含义

　　什么是著作权限制，学者们有不同的解读。概括起来，主要有三种观点：（1）著作权限制是"专有权所控制的行为之例外"，亦即法律规定著作权人在享有充分权利的同时，其专有权利所控制行为中有部分例外，进而不能由权利人主张独占利益或者许可利益。（2）著作权限制是"使

---

　　[1]　吴汉东、胡开忠：《无形财产权制度研究》，法律出版社2001年版，第115页。

用者之抗辩"。也就是说，著作权人的专有权利控制的范围是完整的，但是当出现法定情形时，使用者可以据此免除承担相应的责任。学者认为，合理使用与侵权法中的豁免相似，而且也像侵权法中的豁免一样由广泛的政策概念所确立和调整。合理使用实质上是对侵权指控的一种抗辩，因此它成为豁免权的同类。❶（3）著作权限制是"使用者的权利"。该种学说认为，在民事权利体系中，著作权人固然享有权利，但是作为其相对方，使用者也可以享有诸如阅读权、言论权、接触权等权利，著作权限制就是要保障使用者权利的实现。

上述各种学说中，第一种观点具有更为广泛的影响力，它回应了著作权限制制度的本旨，就是对专有权控制范围的适当限制，进而平衡权利人与社会公众之间的利益。第二种观点与第一种观点虽然也可以在结果上产生同样的效果，但是"使用者的抗辩"并非仅仅权利限制一种，也不是著作权固有。加之，它以使用者已然侵权作为条件的预设，违背了著作权人和使用者利益同等保护的精神。第三种观点在著作权法治长河中偶有体现，进入数字时代以来更受关注。特别是在技术措施保护、"三振出局"措施等渐次出现的背景下，为使用者设定一项基本权利，有利于从真正意义上形成权利人和消费者对等博弈的格局，进而保障社会公众能够合理接触和使用知识产品。但是，权利限制所推演出来的并不是使用者的"主观权利"，它是通过对著作权人专有权设定例外而形成的反射利益，是一种难以提起民事诉讼的"客观权利"。或者说，它更像是一种"宪法上的权利"。所以，建构具有说服力的民事上的"使用者权利"，仍然要解决该类权利"主观化"的问题。

因此，著作权限制是著作权人控制行为的例外规定。例如，公开表演行为受到著作权人的表演权控制，但是免费表演行为不受著作权人控制，高校学生进行的免费表演、"文艺下乡"中志愿者组成的歌舞乐团在农村

---

❶　[美]阿瑟·米勒、麦克尔·戴维斯著：《知识产权法概要》，周林等译，中国社会科学出版社1998年版，第231页。

公开表演音乐作品，不受著作权人控制。例如出现法定许可情形时，著作权限制意味着著作权人控制行为能力的减弱，使用者无需权利人同意，但是应支付报酬。例如，在电视中广播音乐作品属于"广播权"控制的行为，但是广播电台将唱片中的歌曲播放出去构成法定许可，在未经权利人同意时也可进行广播，但是必须支付报酬。

二、网络技术对著作权限制的影响

著作权限制制度旨在促成社会公共利益的实现。英国1710年为鼓励学习和知识传播而制定《安娜法令》，美国1790年根据联邦宪法"为促进科学与实用艺术的进步，国会有权制定法律以确保作者与发明者在一定期间内对其作品与发明享有独占权利"的授权制定版权法，我国1990年"为保护文学、艺术和科学作品作者的著作权，以及与著作权有关的权益，鼓励有益于社会主义精神文明、物质文明建设的作品的创作和传播，促进社会主义文化和科学事业的发展与繁荣"而制定的《著作权法》，都体现出对社会公共利益的保护。

在网络环境下，社会公众的利益因互联网技术、数字技术的广泛应用而得到很大程度的实现，这表现为以下方面：首先，公众获取信息更为便捷。互联网上数量众多的信息、快捷互动的资讯，再加上便捷的获取方式，使社会公众只需轻点鼠标，足不出户便可尽知天下大事。其次，公众获取信息更为直接。对于网络使用者而言，"网络的美丽就在于，读者再也无须经过出版商和编辑而直接获得所有信息"，[1]网络平台打破了信息传递中的媒介垄断，人人皆可以传播信息，人人也可以直接借助网络获取信息。最后，公众表达更为自由。网络提供了一个社会公众可以自由言论的平台，公众可以就其感兴趣的任何事情发表意见，表达观点，主张需求，实现利益。

---

[1]　吴汉东：《著作权合理使用制度研究》，中国政法大学出版社2005年版，第249页。

与此同时也应该看到，社会公众的利益还会因网络著作权的扩张而受到损害：（1）社会公众的表达自由受到著作权的审查。针对网络空间中作品易复制、易传播的特点，著作权法授予作者信息网络传播权等多种权利用以加强对作品的保护。如此一来，社会公众在网络上进行自由表达时，不得不小心翼翼，因为"作为表现自由所涉及的信息，包括消息、知识、资料、数据、观念、意见等，在著作权法中往往变现为享有独占权利的作品"。❶（2）受到网络版权扩张的影响，社会公众所享有的"公有领域"面临私有化的危险。文学、艺术、科学中的"公有领域"是社会公众学习知识、交流文化的重要基础，是实现社会公众利益的重要保障，但这块原本巨大的"公有领域"目前正被不断扩张的著作权分割为一块块孤岛，漂浮在著作权人利益的海洋之上。

基于上述背景，网络环境下著作权限制制度具有以下三个方面的特征：（1）著作权限制的界限模糊，非合理使用的情形增多却得不到有效的处置。网络已经改变了人们的消费习惯，也滋生出各种各样的免费网络服务。在网络环境下，公众获取信息免费化趋势明显，而各种网络媒介却在谋取不当市场利益驱动下，以"合理使用"为借口，未经授权却面向公众提供作品传播和复制的服务。互联网中侵犯著作权成为一件非常普遍的现象，侵权者往往是以"非营利性""服务消费者"等看似合理的理由进行。从事法制史研究的范忠信教授在其新浪微博上发文，称他过去撰写的近百篇文章中，在网络转载时，共有16篇文章都遭到不同形式、不同程度的侵权。他希望开展维权行动，吁请网友们支持。据范教授统计，涉嫌侵权的网站有三十多家。❷由此可见，网络在为公众提供自由获取信息空间的同时，也为各种侵权行为提供了便利，明确网络著作权限制的边界和适

---

❶　吴汉东：《著作权合理使用制度研究》，中国政法大学出版社2005年版，第258页。

❷　"不要纵容网络侵权养成民族习惯 ——范忠信教授维权纪实"，载http://weibo. com/fzx59, http://fzzgh.hznu.edu.cn/bluecms/fzzgh/zxhd/20120305/53126.html，2012年3月5日访问。

用范围，恰恰是缓解网络著作权人和社会公众紧张关系的有效措施。

（2）著作权限制的范围缩小，对个人使用的影响甚大。网络环境下，日益增多的免费使用在损害著作权人利益的同时，也促成了日渐强化的著作权保护。因循"强保护"政策理念，著作权限制的范围呈现缩小的趋势。这集中表现为个人使用不再成为合理使用的当然情形，普通文化消费者的利益受到严重影响。例如，2007年，美国大学生乔尔·泰拉贝尔从文件分享网站上下载了31首歌曲，美国4大唱片公司以侵犯版权为由将其起诉，法庭对该名大学生处以67.5万美元罚款。❶事实上，借助机器设备尤其是数字技术设备，普通消费者可以进行全真式的摄制、录制和复制，借助P2P技术以及微博、博客等服务，普通文化消费者可以轻松上传作品等信息。在前数字时代，这些行为都可归于合理使用。但是在数字时代，这些行为已经对权利人的潜在市场利益造成影响，因而不能完全归入合理使用的范畴。

（3）著作权限制的方式需要创新。突出表现为三个方面：第一，补偿金制度的广泛运用具有必要性。为技术设备收取版税的补偿金制度，突破了传统著作权控制具体的使用行为范式，是著作权限制制度的重要创新。第二，在技术措施版权保护和软件著作权保护中，设立使用者权。允许使用者基于法定理由和原因破解技术措施，获取规避技术措施的工具和服务，允许消费者享有对计算机软件的备份权、修改权等。该使用者权是对传统合理使用性质的突破。第三，在著作权利用制度中，出现带有对著作权进行限制的利用模式。典型的包括著作权的默示许可和开放存取许可等。

---

❶　《环球时报》2012年8月24日报道。

三、网络著作权限制的一般条款

（一）合理使用因素主义立法中的一般条款

合理使用的立法体例，存在因素主义、规则主义和因素主义与规则主义二者相结合的模式。因素主义是指法律对是否构成著作权合理使用只作原则性的规定，把合理使用的构成概括为若干要素，如使用的目的、性质等，符合了要素规定的条件就构成合理使用。❶因素主义立法以美国为代表，它旨在克服"规则主义"僵化之弊，具有开放性。

1976年《美国版权法》第107节规定的合理使用要素包括：（1）使用的目的和性质。包括营利性使用还是非营利性使用，后者构成合理使用的可能性较大。（2）作品的性质。指该作品是否发表、是事实性描述还是创造性创作。一般来说，对已经发表的事实性描述作品的利用构成合理使用的可能性较大。（3）所使用的部分占整个作品的比例和内容的实质性。一般来说，占整个作品的比例较小、不涉及实质性内容的使用构成合理使用的可能性较大。（4）使用行为对作品市场或价值的影响。对作品的潜在市场影响较小的使用构成合理使用的可能性较大。

网络环境下，作品使用方式发生很大改变，作品性质的不确定性和作品潜在市场价值具有不可预测性，传统四要素测试法在操作层面的随意性增强，法官的自由裁量权得到扩张。有学者提出将合理使用的合理性判断标准缩小为两点：即使用行为是否造成权利人直接的实质损害、行为人有无过错即是否恶意或故意，符合其中任何一项就不构成对于著作权作品的合理使用。❷上述两条标准从本质上区别了网络环境中合理使用与侵权的不同行为，明确了合理使用合理性、正当性的核心要素，有效地应对了网络时代合理使用制度的挑战。不过，在美国的司法实践中，判定网络著作

---

❶ 于玉：《著作权合理使用制度研究》，知识产权出版社2012年版，第78页。

❷ 吴汉东：《著作权合理使用制度研究》，中国政法大学出版社2005年版，第252页。

权限制的四个要素依然发挥着重要的作用，法院运用这四个要素进行了系列创造性的司法工作，产生了深远的影响。

（二）著作权限制的限制与"三步测试法"

"三步测试法"肇始于1967年《伯尔尼公约》斯德哥尔摩修订会议。研究小组认为，所有具有或者可能具有重大经济及特别重要价值的作品利用方式，都应该保留给作者。❶但第一主要委员会认为，如果复制发生在特殊情况而又不与作品的正常利用相抵触，且不无理损害作者的合法利益，可以采用强制许可及合理使用。❷后来，这一记录被用来解释《伯尔尼公约》第9条第2款，并命名为"三步测试法"。由于该测试法主要是针对"复制权"而言，因此在其建立伊始并不能够涵盖著作权人的表演权。但是情况总是在悄然变化。1996年缔结的《世界知识产权组织版权条约》（WCT）第10条以"限制与例外"为标题，规定缔约各方在适用《伯尔尼公约》时，应将对该公约所规定权利的任何限制或例外限于某些不与作品的正常利用相抵触也不无理地损害作者合法利益的特殊情况。此时，"三步测试法"不再局限在复制权范围，而是扩展到所有著作权权能领域。

所谓"三步测试法"，是指对著作权的限制只存在于特定的情形，不能与作品、表演或录音制品的正常使用相冲突，也不能不合理地损害作品、表演或录音制品权利人的合法利益。

1．只适用于特定情形。就质的方面讲，限制和例外的具体情形应该在法律上被明确，在量上看，相应的限制范围应该受到限制。这一情况并不以营利性或者非营利性作为划分界限。当运用著作权控制某些行为会妨碍言论自由和公共利益，或者过于琐细，权利人不宜进行控制的场合，可以对著作权进行适当的限制。

---

❶　1967年斯德哥尔摩外交会议记录，第112页。

❷　1967年斯德哥尔摩外交会议记录，第1145页。

2．不能与作品、表演或录音制品的正常使用相冲突。作品的使用为权利人带来物质利益。当使用者的行为反过来制约了权利人通过权利行使获得物质利益，或者与权利人、合法被许可人产生竞争，或者导致权利人无法正常进行作品的使用，那么就不能够对著作权进行限制。"市场替代式"经济进路的解释是，如果一种使用方式与作者通常利用作品获得利益的方式形成竞争，那么该使用方式就与正常利用相冲突。作品的使用方式包括实际的或有现实可能性的利用方式。

3．不能不合理地损害作品、表演或录音制品权利人的合法利益。限制著作权肯定会损害著作权人的利益，但这一损害必须控制在合理的限度内。例如在对表演者权进行限制时，如果表演者知名度高，表演场所面积大，观众人数多，营利额度高的表演行为，往往就不能进行限制，因为这时已经无理损害了著作权人的合法利益。WIPO专家组认为，虽然不正当利益不限于经济价值，但是一个虽不完整还有点保守的衡量合理利益的方法就是版权权利人所享有的专有权的经济价值。损害包括合理的损害与不合理的损害，只有不合理的损害才能被禁止；损害还包括实际造成的损害和潜在的损害，二者均应包括进来。❶

从国际条约对"三步测试法"规定的字面意思来看，"三步测试法"应是判断一国著作权立法对著作权的限制是否合理的标准，而非判断一种行为是否构成合理使用的标准。许多国家直接在立法中规定了"三步测试法"，实际上是将其转化为认定一种行为是否构成合理使用的标准。❷然而，著作权限制的一般条款应该与著作权限制的限制一般条款相互区分。如果"三步测试法"具有限制权利限制和建构权利限制范围的双重能力，就很难避免出现循环测试。例如，"微博转发"可被测试为构成"合理使用"，但是也必须被再次测试为是否违背"三步测试法"，以避免逾越合

---

❶　朱理："后TRIPS时代版权限制和例外的国际标准"，载《云南大学学报法学版》，2006年第1期。

❷　王迁：《网络版权法》，中国人民大学出版社2008年版，第285页。

理使用的范围，用以保护权利人的利益。果真如此，则所有的合理使用情形都是不确定的。实际上，作为一项法律规则，要承担保护两个反方向利益主体的目的，是根本不可能实现的。

我国《著作权法》中并无明确的条款规定"三步测试法"。但是，《著作权法实施条例》出现了类似的规定。该条例第21条规定："依照著作权法有关规定，使用可以不经著作权人许可的已经发表的作品，不得影响该作品的正常使用，也不得不合理地损害著作权人的合法利益。"这一规定也是对著作权限制条件进行的限制，由于它没有强调"特殊情形"，所以也被形象地称为"两步测试法"。

网络环境下的"三步测试法"也有很宽泛的适用空间。网络环境下采取严格的著作权保护政策，立法对于著作权的限制采取谨慎的立场。为防止现代信息技术的不断发展产生难以预料的作品复制和传播情形，通过"三步测试法"控制著作权限制规则产生难以控制的市场危害，成为著作权人的优先选择。据介绍，在我国《信息网络传播权保护条例》制定过程中，也曾经考虑把《著作权法实施条例》第21条的规定在该条例中进行重述，也就是要求对信息网络传播权的合理使用不得损害作者的人身权利，只能针对已经发表的作品，不得影响该作品的正常使用，也不得不合理地损害著作权人的合法利益。但是，后来立法者考虑到上述"三步测试法"实际上是设定合理使用和法定许可时应当考虑的基本原则，而不是合理使用和法定许可的具体制度内容，[1]所以，最终的条文没有重复《著作权法实施条例》的有关规定。

四、网络著作权限制的具体情形

在著作权限制的具体类型上，各国做法所选择的重点不同。从传统法律规定看，著作权限制无非合理使用、法定许可和强制许可等三种情形。

---

[1] 张建华主编：《信息网络传播权保护条例释义》，中国法制出版社2006年版，第43页。

网络环境下，有针对性地梳理和规范著作权限制规则，也可以从这三种具体情形入手进行分析。其中，强制许可是《伯尔尼公约》赋予给发展中国家针对复制权和翻译权的特殊措施，对数字技术的反应不敏感，此处不论。至于合理使用和法定许可的具体情形，则随着数字网络技术的发展，出现了一些新的特点。

从立法例上看，代表性的国家主要有两种做法：（1）针对新近出现的网络技术，专门描述著作权合理使用和法定许可的特殊类型和具体要求。《欧盟信息社会版权指令》针对网络环境下著作权的限制作出了列举式的规范，就复制权和向公众传播权列举了详尽的例外和限制。其中，某些例外和限制适用于复制权，某些例外和限制适用于复制权以及公开传播权。特别是在第5条列举了适用于公开传播权的13种情形和适用于数字复制权的18种情形。❶我国《信息网络传播权保护条例》也专门规定了信息网络传播权的合理使用和法定许可情形。（2）对传统著作权合理使用和法定许可进行修改，使之可以拓展适用于数字环境。例如，美国版权法中的不少条款被修订，使之适用于数字环境。例如，通过2002年的《美国技术、教育和版权法案》（The Teach Act），修改《美国版权法》110（2），使之适用于远程教育和网络传播行为。

第二节　网络环境中的复制权限制

一、临时复制的著作权限制

临时复制是在计算机存储器中暂时出现作品的复制件，一旦计算机关机，该复制件就会自动消失。由于临时复制形成的复制件并不是使用者主

---

❶　Directive 2001/29/EC of the Europe Parliament and of the Council of 22 May 2001 On the Harmonization Of Certain Aspects of Copyright And Related Rights in the Information Society , Official Journal of European Communities, 167/10, June 22, 2001.

动追求的结果，不是使用者主观意志的体现，相反，它是使用者浏览作品的自动结果，是通过数字技术接触作品的前提。所以在很多学者看来，临时复制不是复制权控制的行为。但是，欧盟和美国等仍然在新的技术条件下扩展了复制权的范围，将所有的临时复制和永久复制均纳入复制权控制范围之列。不过，为了维护使用者在网络环境下接触作品的利益，维护普通社会公众"浏览"作品的权益，这些国家和地区的法律也会对于使用者的临时复制行为设定著作权限制条款。

（一）美　　国

美国是较早提出运用复制权控制临时复制的国家。但是，并非所有的临时复制行为均构成侵权行为。[1]美国立法的基本思路是：使用者在浏览网页时，在其计算机上看到的内容实际上是存在于其计算机的RAM，而非存在于远端计算机的主机，既然RAM里面的资料只是暂时存在的信息，故无必要将一切的网络使用行为先认定为违法，再用合理使用排除侵权之原理予以合法化。但是，当网络使用者进入含有侵权作品的网页时，单纯的浏览行为即已构成侵权，因此有必要规范临时复制的法律性质。为此，DMCA修正《美国版权法》第117条，规定计算机的所有人或承租人、借用人，基于维修目的，可在一定条件下复制或授权他人复制计算机程序。同时增加第512条，规定网络服务提供者在一定条件下，无须就管道传输、系统缓存、存储服务或定位服务等四种服务行为负侵害著作权之责。这在一定范围允许临时复制行为，并将其置于合理使用的范围之内。2002年11月生效的《美国科技、教育与版权协调法案》中规定，信息网络传输过程中因为科技特性所必然伴随的临时复制，亦即"为信息网络传输所必须的自动机械性的临时复制"属于免责条款。也就是说，为了传输技术所必要的临时复制（technologically necessary to transmit the performance or display）构成合理使用。

---

[1] 徐小波主持：《暂时性重制》，台湾"智慧财产局"2004年5月研究报告。

（二）欧　　盟

欧盟对于临时复制的立场更为明确。在《欧盟信息社会版权指令》中，临时性复制属于复制权控制的行为，但是存在合理使用的法定情形。该指令第5条规定，临时复制行为如果是暂时的或偶然的，并且是某一技术过程必要的不可分割的组成部分，其目的是使作品在网络中通过中间服务商在第三方之间传输成为可能，或者使作品的合法使用成为可能，只要该行为没有独立的经济意义，临时复制行为就可以免受复制权的控制。

（三）日　　本

《日本著作权法》规定了两种情况下的临时复制合理使用：（1）维护修理时的临时复制合理使用。当维护或修理计算机时复制作品，只要这种复制在认定的必要限度内，可以认定为构成合理使用。（2）网络传播中的临时复制合理使用。《日本著作权法》第47条之五规定，缓存服务器基于备份需要进行的信息存储属于合理使用；第47条之八规定，将流媒体上的视听数据在电子计算机内部进行临时性地保存，属于使用电子计算机时技术上不可避免的复制行为，不构成侵权。

可见，国际条约及主要国家的立法均认为，缓存和浏览行为中的临时复制应当被排除在著作权人复制权的保护范围之外，构成使用人的合理使用行为。某些情况下为了维护和修理机器而进行的临时复制，也属于合理使用。❶这表明，如果临时复制的作品得到合法授权，又是为信息网络传输所必须的自动机械性的临时复制，可以认定为构成合理使用。例如，当网络用户在互联网上浏览作品时，这种使用本质上得到著作权人的默示许可，既不具有商业性或营利性，也是传播信息中必不可少的技术环节，可以认定为合理使用。

存有疑问的是，临时复制未经授权、许可的作品，此时如何认定该行为的性质？一般来讲，如果用户在阅读、浏览时明知观看的作品未经授

---

❶　于玉：《著作权合理使用制度研究》，知识产权出版社2012年版，第157~158页。

权，计算机上又出现了临时复制件，只要有充足的证据证明行为人的主观过错，就不能认定为合理使用。但是从实践来看，著作权人很难去证明这种侵权行为，因为网络上的作品可能是著作权人自行置放或者是遭他人非法利用置放，外观上并无从判断。因此，对于临时复制行为究竟最终是否构成合理使用，还是取决于网络著作权保护的政策。从促进网络自由的视角，网络用户不应承担过重的自我证明责任。质言之，只有在著作权人提出相应证据证明，使用者应知或者明知该作品为未经许可传播的作品而仍进行观看、浏览时，方不可获得合理使用的豁免。

二、私人数字化复制的著作权限制

私人复制也就是个人复制行为，它是消费性使用的主要形式。按照我国《著作权法》的规定，私人复制属于合理使用的情形之一，包括为学习研究目的的个人复制和为娱乐目的的个人复制。网络环境下，私人进行数字化复制更为便捷，数字复制品也更为逼真，为此会影响到著作权人利益的实现，私人数字化复制的著作权限制制度面临着严峻的考验。

（一）私人数字化复制的合理使用

互联网环境下，私人数字化复制的主要形式有：（1）个人通过互联网页面直接进行下载。通过进入互联网和相关网站，在没有遭逢技术措施的情形下，个人可以自由下载所需要的文字作品、音乐作品甚至电影作品。即使存在技术措施，一些使用者也有能力规避技术措施，实现对各类作品的下载。（2）个人上网时通过数字化设备或者软件进行私人复制。在数字时代，不少的技术设备具有齐全的复制功能，可以为消费者提供下载、摄影、录音、录像等服务。利用这些技术设备，使用者可以自由复制各类作品，并且通过数字化连接拷贝到电脑中。（3）个人在接受文化服务中进行数字化复制。在有偿文化服务中，消费者虽然支付了相应的对价取得欣赏作品的机会，但是也可以在接受服务中进行数字化拍摄、录制或者其他复制。例如，在观看电影时进行的手机拍摄，在参观画展时的照相等。在公共文化服务中，消费者也可以从事类似的行为。例如，文化下乡时演出戏剧，消费者可以利用数字化设备进行自由拍摄。（4）个人利用商业机构向公众陈设的数字化复制设备进行私人复制。例如在文印店或者各种网吧提供的数字复制设备进行的复制，使用人为此向这类商业机构支付相应的报酬。

针对私人进行的数字化复制，国际公约和主要国家的立法规定具有以下特征：（1）为私人的数字化复制留下自由的空间。WCT第1条第4款的议定声明指出："《伯尔尼公约》第九条所规定的复制权及其所允许的例外，完全适用于数字环境，尤其是以数字形式使用作品的情况。"可见，国际公约的最低标准中并不禁止为私人的数字化复制预留空间。实践中，各国在立法模式上，往往将数字环境中的私人复制与模拟环境下的私人复制不加以区分，置放在一起进行规定。（2）区分不同的私人数字化复制行为进行立法调整。基于学术研究目的的私人复制，一般被认定构成合理使用；在家庭范围的其他目的私人复制，也有国家认为是合理使用。《日本著作权法》第30条规定，为了供个人或家庭以及与此同类的有限范围内使用时，使用者可自己进行复制。但不包括供公众使用而专门设置的自动复制机器（指具有复制功能并且与此有关的全部或主要部分设备已自动化了的机器）进行的复制。（3）并非所有的私人数字化复制都可以构成合理使用。例如，美国不仅通过"四要素"检验合理使用的适用，而且将文化服务中的数字化复制，尤其是电影院的数字化复制排除出合理使用的范围；针对侵权作品，也不存在合理使用适用的余地。1997年底生效的《美国网络反盗版法案》中明确规定，从网络上下载、拷贝未经版权人授权的文字、音乐和软件等数字文件的行为为非法，即使该行为是非营利性的。2005年《美国家庭娱乐与版权法》第102条规定，任何人未经版权人许可，故意使用或试图使用视听录制设备，在电影播放场所录制或传送所播放的电影或其他受版权保护的视听作品，应处以3年以下监禁、罚款或二者并处。如果是再犯，则可处以6年以下监禁。同时对录下的电影或视听作品应予以没收和销毁，对相关的录制设备应予以没收。在日本，则将私人利用商业店面进行的私人数字化复制排除在合理使用之外。

　　我国《著作权法》第22条规定，"为个人学习、研究或者欣赏，使用他人已经发表的作品"构成合理使用。具体而言，我国关于私人数字化复制适用合理使用的法律规定，具有下列特征：（1）立法模式上，没有区分私人的数字化复制和其他复制。这种做法与WCT的要求一致，也与世界上主要国家的立法选择相契合。（2）使用的主体是个人，使用的方式未作出明确规定。按照该条规定，个人使用行为包括对作品的复制、演绎和传播等。实际上，个人在私人活动领域或家庭范围内对该作品的发行、表演、放映或者其他传播行为，不构成公开发行或传播，自然不能由著作权人控制。在公众场合进行的发行或表演，往往又会超出个人学习、研究或欣赏的范围。例如，在《信息网络传播权保护条例》第6条中，就没有规定为个人学习、研究或欣赏在网络上向公众提供作品构成合理使用。（3）使用的目的是个人目的且具有非营利性。例如，学生在图书馆复印论文供个人学习之用，不需要权利人同意，也不用支付报酬。科研人员进行科学研究而使用他人的作品，尽管可能带有间接商业目的，但大部分国家仍然允许适用合理使用规则。（4）没有使用数量上的要求。我国《著作权法》未规定具体的数量上要求。但是，有些国家却规定得更为具体。就复制行为而言，捷克、巴西、埃及、墨西哥等国的著作权法均规定1份复制件为合理，不允许复制多份。冰岛认为，个人为学习、研究目的而制作3份复制也是合理的。（5）需要接受"三步测试法"的检验。虽然立法没有明确规定，是否所有的私人数字化复制都构成合理使用，但是，从学理和实践观察，我们不能认为只要是"为个人学习、研究或者欣赏"而进行的复制，而不问复制作品的来源、复制的方式和数量等，都可以一概认定为"合理使用"。事实上，"三步测试法"仍然是最终的判断标准。例如，为了个人欣赏而复制整部书籍，大量翻录整盘音乐磁带或光盘，以及大量从网上下载盗版音乐或电影，在大多数国家都因其对权利人经济利益造成不合理的损害而构成侵权行为。❶在我国，也应该将大量复制且违背"三步测试法"的行为认定为非合理使用。

上述规定基本上符合国际社会关于私人复制合理使用的要求，但是在具体的做法上，还是引起了一些批评，主要包括：（1）基于个人学习研究目的的复制应该构成合理使用自无疑问，但是基于娱乐欣赏目的的私人复制不应再被认定为属于合理使用。（2）应该为某些特定的私人复制行为设定否定性的条款，直接将这些行为排除出合理使用。例如，利用诸如打印店、复印店等商业机构提供的数字化设备进行的复制，在商业性文化服务中进行的复制，以及私人复制侵犯著作权的作品等。（3）私人复制的数量应该受到明确的限定。我国著作权法为个人学习、研究、欣赏而使用他人作品的规定上关于使用方式和使用数量应当作出限制，防止给著作权人造成过多的损害。❷考虑到我国的实际情况，建议可以规定私人复制的数量为3份以内。

在《著作权法》修改过程中，3份草案均将为"欣赏目的"的个人使用从合理使用规则中删除。但笔者认为，上述修改限制了消费者利益，并非妥当。为个人欣赏目的进行的消费性使用，只要不与作品的正常使用相冲突，且未在实质上损害权利人利益的，应该继续被认定为合理使用。事实上，在数字网络环境下，消费者也会在娱乐欣赏过程中对作品进行"时空转移"，这样的做法并不会损害著作权人的利益。例如，为了随时方便聆听音乐，将CD上的音乐作品数字化后拷贝到MP3中，或者将电视机上播放的节目通过数字化设备录制后观看，这些应该也属于合理使用。

在这方面，Napster案❸留下了深刻的启示。Napster软件的发明人肖恩·范宁（Shawn Fanning）在1999年创作出Napster软件，其初衷是能创造出一个结合档案搜索、交换、即时传输等功能的软件，方便网上音乐，

---

❶ 王迁：《著作权法学》，北京大学出版社2007年版，第204页。

❷ 于玉：《著作权合理使用制度研究》，知识产权出版社2012年版，第83页。

❸ A&M RECORDS, Inc. v. NAPSTER, INC., 239 F.3d 1004（9th Cir. 2001）.

尤其是MP3音乐的查找和交流。他花3个月的时间完成了第一版程序，并以他上中学时的绰号Napster（指他总是湿头发）命名。1999年5月，Napster软件发表，同时Napster网站建立。Napster公司提供给用户的服务是文件传输协议（file transport protocool，FTP）服务和目录服务的组合，用户通过Napster软件把自己电脑硬盘中所拥有的并且愿意与他人共享的MP3音乐的信息上传到中心目录数据库，只要该用户的电脑接入互联网并且登录自己预先注册的Napster账号，他所共享的MP3音乐就可以被别的Napster用户复制到他们的硬盘上。他自己也可以复制别人共享的音乐。Napster网站服务器上没有任何一首MP3音乐，用户交换音乐也并不经过Napster的服务器，完全是两个用户点对点的交换（也就是P2P交换）。2001年5月，Napster网站用户突破5 000万。在位于加州的总部，一共有100部的主机作为网上资料服务器，每部主机最多可服务万名以上的使用者，总数多达200多万的MP3文件在传输。

由于Napster用户们大量交换MP3音乐。唱片公司们认为这侵犯了自己的权利。1999年，A&M等唱片公司向Napster公司提起诉讼。2001年2月12日，美国联邦第九巡回法院作出裁决：Napster明知其服务将鼓励与协助使用者侵害原告著作权的行为违法，但地方法院的临时禁止令内容牵连范围过广，应该有范围更明确的规范，故裁定临时禁令发回原地方法院重审。2001年3月5日，美国地方法院依上诉法院的裁决发布了新的临时禁令，下令禁止Napster从事或方便他人复制、下载、上传、传输或发布有版权的音乐作品。此外，美国唱片业协会（RIAA）应提出被侵权的艺人名称及其歌曲清单，让Napster从网上将相关的作品过滤，以防止被下载。由于上诉法院发布的仅是关于临时禁令的裁定，真正的侵权审判还未展开，因此Napster始终不放弃和解的努力。Napster于2001年2月22日曾提出过为期5年，金额高达10亿美元的和解计划，但是被RIAA所拒绝。2001年7月，法庭宣布由于未能有效地通过技术手段阻止其在网络上传播拥有版权的音乐，Napster的服务器将被永久关闭。次年，其资产被德国媒体集团贝塔斯曼收购，但改革后的公司迅速破产。

本案涉及两个基本的法律问题：（1）用户上传、下载、复制音乐文件供私人进行娱乐欣赏的行为，是否构成合理使用；（2）Napster公司通过网站提供点对点交换软件和FTP服务的行为是否构成间接侵权。从案件的处理过程来看，美国法院没有支持网络用户的私人复制、传播行为构成合理使用，也没有认可点对点网络服务的合法性。由此可见，当网络环境下的个人复制行为与传播结合在一起时，一般都会对权利人的利益造成实质损害，也很难被认定为合理使用。

（二）网络环境中的补偿金制度及其争论

著作权补偿金制度是指复制设备和复制媒介在出售时，按照售价的一定比例支付给著作权人，作为对随后可能进行的私人复制行为的补偿费。德国联邦最高法院在1964年认定录音机制造商应该向音乐版权人支付一定数额的补偿金，以弥补因消费者的私人录制而对版权人造成的损失。次年制定的《德国著作权法》据此首次引入了对录音录像设备收取补偿金的制度。1985年，德国又将补偿金的征收范围扩大到空白录音录像带和复印设备。据统计，迄今已经有包括加拿大、法国、西班牙、意大利、丹麦等在内的42个国家实行私人复制补偿金制度。[1]1992年《美国家庭录音法》要求数字音乐录制设备及媒介的制造和销售商以及进口和销售商申报销售数量，并按照销售价格的一定比例缴纳版税，以补偿版权人因家庭录音而遭受的损失，从而在美国建立了补偿金制度。

总体来看，著作权补偿金制度具有以下特征：（1）它是针对私人复制行为而收取的补偿款项。补偿金制度是有关行业妥协的结果，虽然其不适用于一般复制行为，只限于数字录音、录像设备用于私人使用目的的复制，但是这一制度从理论上讲，不仅限于解决数字录音、录像问题，其涉及的是目的为私人使用的复制这个一般性问题。[2]就目前来看，权利人并

---

[1] 王迁：《著作权法学》，北京大学出版社2007年版，第230页。

[2] ［日］中山信弘著：《多媒体与著作权》，张玉瑞译，专利文献出版社1997年版，第52页。

不能就传播行为收取补偿金。至于为什么要对私人复制收取补偿金，是因为这些国家的著作权法认为私人复制行为并不当然构成合理使用。但是，通过授权许可或者事后的侵权救济，都需要耗费高额成本，而且让使用行为处于一种不确定状态。为此，立法以补偿金制度事先从可能用于私人复制的设备和媒介的售价中提前提取一定比例，以补偿著作权人，并将随后以之为媒介的所有私人复制行为置于合法状态。（2）需要提取补偿金的设备和媒介是特定的，一般由法律明确规定。包括收取设备（复印机、录音机、录像机）、复印的材料（可以进行复制的录音带和录像带等）的使用费。如果出现下列情形可以免征补偿金：设备用于出口；使用者是录音带或录像带的制作公司；录音制品或录像制作品商业复制公司或是视听传播企业；设备或载体供视觉或听觉残疾者使用。❶（3）能够获得补偿金的权利人包括因私人复制而受到损害的著作权人和邻接权人。包括因为复印印制作品的方法、在家中复制录音制品和视听作品受到损害的作者、表演者和制作者。（4）补偿金由复制设备和载体的制造商、进口者以及复印设备的经营者代为支付。但各国在补偿金的征收方面，对复制机器和记录媒体等进行无区别征收，没有正确地建立起与利用相对应的征收制度，很难在权利人之间进行合理的利益分配。❷这项制度的实际的效果并不如期待的那样明显。

数字时代，数字设备和媒介能否适用补偿金制度，存在不同的实践和理论观点。德国已经对扫描仪、刻录机、带有内存的MP3播放机、空白CD和DVD光盘等收取补偿金，并正在讨论是否将个人电脑纳入补偿金的征收范围。但是也有不同意见。理由在于：（1）数字时代，个人电脑和刻录机、可刻录光盘等具有多种用途，大多数消费者并不一定就是利用这些设备进行私人复制活动，对这些设备一概收取补偿金不公平。（2）技

---

❶　[西]德利娅·利普希克著：《著作权与邻接权》，联合国译，中国对外翻译出版公司、联合国教科文组织2000年版，第184~189页。

❷　[日]中山信弘著：《多媒体与著作权》，张玉瑞译，专利文献出版社1997年版，第52页。

术措施足以对私人复制进行控制，收取补偿金不仅是多余的，而且会造成权利人获得多次补偿或收费的机会。[1]（3）有些数字媒介和设备不仅仅是私人复制的工具，而且也是进行公开传播的工具。如果就这些媒体和设备都一概收取补偿金，实际上已经超出了对复制权进行限制的范围。由于传播权和复制权的限制途径和法理并不完全相同，这无疑会扩大补偿金的范围。（4）数字化产品已经实现了网络链接，并不需要直接进行数字化复制。进入移动互联网时代后，消费者进行的直接复制更是大为减少。（5）数字化产品出现软件化、无实体化的特征，不可能征收补偿金。

费舍尔教授针对音乐产业和电影产业固有商业模式的危害，意图通过法律改革和体制创新，重新构建音乐产业及电影产业。他提出行政补偿体系模式，其运作机制为：音视频作品版权人欲许可他人使用作品获得补偿，则应向版权局申请作品登记。版权局给登记作品分配独一无二的文件名，以便后续检索作品传播、使用和修改信息。为补偿版权人，政府可授权必要的税费。[2]按照这一模式，消费者免除每年因使用作品而支出的费用，同时获取娱乐产品的边际成本近乎为零，能够随心所欲地欣赏尽可能多的歌曲和电影，价格歧视行为也将被杜绝，消费者还可以对所获得的数字娱乐产品进行任意加工。

（三）私人数字化复制的技术控制与合理使用

著作权人寻求对复制进行控制的另外一种思路，就是加强数字环境下各种反复制技术措施的运用。运用一种技术反对另一种技术，是权利人进行自力救济的体现。通过法律形式要求相应的数字设备加装复制控制技术，则体现了法律对著作权人采用技术手段保护自身利益的公力干预。

1990年，美国国会在数字录音机中加装SCMS举行的听证会时，遭到歌曲创作者与音乐出版商的反对。经过慎重考虑，数字录音机制造商与录

---

[1] 王迁：《著作权法学》，北京大学出版社2007年版，第231页。

[2] ［美］威廉·W. 费舍尔著：《说话算数：技术、法律以及娱乐的未来》，李旭译，上海三联书店2008年版。

音制品业者还是决定与音乐版权人谈判。经过马拉松式的协商，利益各方终于达成协议。1992年通过的《美国家庭录音法》要求在美国制造、销售和进口至美国的数字录音设备都必须具有复制控制技术措施，原版唱片被复制后，复制件无法被再次复制。1998年的《美国数字千年版权法》专设一条规定"特定模拟设备和特定技术措施"，要求家用录像机、摄像机等6种模拟摄录设备在制造、进口和销售时必须与"自动复制控制技术"或"彩条复制控制技术"相兼容。这两种技术可以使版权人在电视台播出节目时加入禁止录制的控制信号，与这两种技术相兼容的录制设备在探测到该信号后会拒绝录制，或在播放录像时产生干扰条纹，导致无法观看。❶2003年，美国联邦通讯委员会先后颁布了两个行政规章，分别规定数字电视节目接受装置的技术标准。❷允许在不插播广告的"付费点播节目"（Video-on-Demand）和"单独付费节目"（Pay-Per-View）中加入禁止数字录像机录制的控制信号，在其他收费电视节目中加入禁止被录制的节目被再转录的控制信号，所有数字电视接受装置都必须与"广播标记"（broadcast flag）技术相兼容。

通过技术手段控制复制行为本身，不违反法律的禁止性规定，而且有利于保护版权。但是，这种保护方式肯定会同私人数字化复制的合理使用规定发生冲突。具体表现在：（1）消费者为个人学习、研究等目的进行私人复制时会面对各种技术壁垒。一般情形下，消费者并没有能力破解禁止复制的技术措施，这也会妨碍普通消费者合理利用作品，妨碍社会公众所应享有的受教育权和文化权益。（2）作为某些技术产品或者娱乐产品的消费者，普通公众"时空转换"能力受到限制，也会制约技术创新。消费者没有办法充分利用所购买产品提供的技术能力，作为普通消费者的基本权益受到损害。例如，数字电视具有自动录制并且保存一段时间的回看

❶　17 U.S.C. § 1201（k）（1）.

❷　第一个行政规章的标题为《有线电视系统与消费者电器设备之间的兼容性》（Compatibility Between CableSystems and Consumer Electronics Equipment）；第二个行政规章的标题为《数字广播内容保护》（Digital Broadcast Content Protection）。

功能，这本来是技术创新的结果，也极大地方便了消费者，是文化技术领域和文化消费中的重大变革。但是，如果著作权人通过技术措施阻止数字电视的复制回看功能，两种技术之间会形成互相对抗，技术压制浪费了社会资源，也不利于良性文化生态的培育。

有鉴于此，DMCA只允许版权人使用技术措施防止付费电视节目被录制，以及版权人制作的视听作品的录像被复制，而不得在电视台免费播出的节目中使用该技术。❶美国国会参众两院的报告指出，这一规定是为了保障消费者"用模拟技术录制电视节目的惯常能力"。美国联邦通讯委员会通过的上述技术标准中，也明确禁止在免费公共电视节目中加入限制消费者使用数字录像机进行录制的控制信号。这表明，使用录像机录制免费节目，改变观看时间的做法构成合理使用。换言之，为了保障私人复制的合理使用，对于阻止复制技术采取的限定性条件是，这些反向禁止复制的技术只能在收费节目或者版权人制作的视听作品中进行。

三、图书馆等公益性机构数字化复制的著作权限制

我国《著作权法》第22条规定，图书馆、档案馆、纪念馆、博物馆、美术馆等（以下简称图书馆等）为陈列或者保存版本的需要，复制本馆收藏的作品属于合理使用。《信息网络传播权保护条例》第7条也规定，图书馆可以依法为陈列或保存版本需要以数字化形式复制作品。所谓为陈列或者保存版本需要以数字化形式复制的作品，应当是已经损毁或者濒临损毁、丢失或者失窃，或者其存储格式已经过时，并且在市场上无法购买或者只能以明显高于标定的价格购买的作品。

在境外，图书馆等公益性机构也享有复制权的例外特权。《日本著作权法》第31条规定，向公众以提供使用为目的的图书馆和政令规定的其他设施（以下在本条中称为"图书馆等"），在下列场合，作为非营利性事业可从图书馆等的图书、记录或其他资料（以下在本条中称为"图书馆资

---

❶ 1 7 U.S.C.§1201(k)(2)(A).

料"）复制著作物。（1）应图书馆等的使用者的请求，为供其调查研究用，可提供已发表著作物的部分（发行后经过相当时间，在定期刊物上登载的每篇著作物，则为全部）复制品，并限于一人一份；（2）为保存图书馆资料的需要；（3）应其他图书馆等的请求，提供因绝版或与此同类理由，而一般难于到手的图书馆资料的复制品。英国版权法明确规定，在图书馆为个人学习、研究使用代为复印时，复制限于杂志中的一篇文章，或出版物的一部分。

　　有关图书馆等机构数字化复制的合理使用，美国有详细的规范。美国1995年发布的《知识产权和国家信息基础设施白皮书》允许图书馆对作品制作三个数字化形式的复制品。❶该建议得到了1998年《美国数字千年版权法案》的认可。应该指出的是，美国的立法在数字化复制方面着力很多，内容规定得非常详细。❷关于图书馆等机构在网络中下载、复制作品行为的性质，1997年底生效的《美国网络反盗版法案》中规定，从网络上下载、拷贝未经版权人授权的文字、音乐和软件等数字文件的行为为非法。因此图书馆未经版权人许可，不得擅自对有关作品破解后进行下载和拷贝。但是，《美国数字千年版权法案》第1203条和第1204条规定，非营利性的图书馆、档案馆、教育或公共广播机构在符合一定的条件下可以就其侵权行为免责，条件是：（1）图书馆等机构的侵权行为须具有非营利性；（2）经法院认定图书馆等机构是"无知违法"，即图书馆要证明自己未意识到其侵权行为构成违法，且没有理由认为自己的行为构成违法。这一规定为图书馆利用网络上的作品向读者提供检索服务提供了便利，也为图书馆职员借助内部网络交换作品提供了豁免，有助于图书馆利用存在于网络空间的资讯为读者提供服务，减少了图书馆数字化复制或传播的风险，应该是可以借鉴的立法规定。

---

　　❶　Information Infrastructure Task Force, the Report of the Working Group on Intellectual Property and the National Information Infrastructure, Sept, 1995.

　　❷　可参考《美国版权法》第108条，共计规定了九方面的内容。

在数字网络环境下，图书馆的数字化复制能力得到大幅度的提升，可以将所有类型的作品转化为数字化格式，节约了图书储存的空间资源，也便于图书的收藏和保管。其存在的缺陷，如果不通过适当的途径规制图书馆的数字化复制行为，将可能出现图书的数字化替代市场，严重损害权利人的利益。从这个意义上讲，现行法律对于图书馆进行数字化复制的调整仍是不全面的，需要探讨的内容依然很多。一般来说，图书馆进行数字化复制与著作权合理使用的关系，可以从以下方面进行分析。

1. 应读者的请求进行数字化复制。如果图书馆应读者的要求，借助数字复印设备复制纸质的文本，只是收取必要的成本费用，这种情形应该属于合理使用。考虑到这种合理使用应该与私人复制相互协调，所以也应该有数量上的限定。如果图书馆应读者请求，提供的是数字化格式的作品，此时则应该区分不同情况来进行处理。当图书馆提供的是未曾出现数字化格式的作品，例如将馆藏作品数字化扫描后出借，应该不被允许。但是如果是已经合法出版且本馆收藏的数字作品，则可以应读者的请求对该数字作品进行数字化复制，但是复制的数量受到限制，且复制的客体不能是视听作品、计算机软件等作品。需要说明的是，如果图书馆在应读者请求进行数字化复制后除收取必要成本外获取了报酬，则显然会与图书的著作权人形成市场竞争关系，损害了权利人的利益，不应允许。

2. 应其他图书馆的要求，为其进行数字化复制。通常情况下，这种数字化复制不应被认定为合理使用，因为这会成为其他图书馆绕开权利人的合法市场获取作品的有效途径，损害权利人的利益。但是，如果绝版或者濒临毁损的作品，在馆藏图书馆愿意的情形下进行的数字化复制，并且无偿提供给请求方的行为，应该属于合理使用。

3. 为陈列或者保存版本需要，数字化复制本馆收藏的作品。对此，我国法律已经有明确规定，只能是为陈列或者保存版本需要，数字化复制已经毁损或者濒临毁损、丢失或者失窃，或者其存储格式已经过时并且在市场上无法购买或者只能以明显高于标定价格购买的作品。

4. 非营利性图书馆等机构利用网络上已经传播的、可自由下载的作品提供豁免条件。非营利性图书馆等机构在网络上下载、复制未经版权人授权的文字、音乐和软件等数字化作品时，如果并非直接故意导致侵权行为的发生，则不应承担赔偿损失的责任。该规定的要件包括：（1）必须是非营利性图书馆等机构的下载和复制行为，因为对于非营利性图书馆而言，其下载和复制的主要目的在于保存相应文档并提供检索服务，非营利性决定这种下载复制行为类似于"基于教学研究目的的复制"；（2）该种豁免只适用于网络上已经传播并且可以自由下载的数字化作品，它排除了图书馆等机构直接将馆藏的作品数字化的行为；（3）图书馆等机构必须是非直接故意，如果有意将下载后的作品在其他网络提供或者将复制品有偿提供其他用户，则构成侵权；（4）如果权利人发现图书馆等机构的下载、复制行为后认为这会损害自己的利益，可以要求图书馆等机构停止下载、复制行为，但不得要求赔偿损失。

四、教育机构的数字化复制与著作权限制

当前主要国家的法律并未对教育机构的数字化复制合理使用进行单独规定，而是当然适用模拟环境下的相应规则。也就是说，为学校课堂教学或者科学研究，对已经发表的作品少量进行数字化复制，供教学或者科学研究人员使用，只要不出版发行，构成合理使用。我国《著作权法》第22条规定，为学校课堂教学或者科学研究，翻译或者少量复制已经发表的作品，供教学或者科学研究人员使用，只要不出版发行，就属于合理使用。《日本著作权法》第35条规定，在学校或其他教育机关（以营利为目的而设立的教育机关除外）中担任教育工作的人，为教学目的的使用时，可在认定的许可范围内复制已发表的著作物。但是，按照该著作物的种类、用途以及复制的数量和状况，对著作权人的利益有不当损害时，则不在此限。《日本著作权法》第36条规定：（1）为了入学考试或审定考核他人的学识、技能，在认定的限度内，可作为考核或考试的题目复制已发表的著作物；（2）以营利为目的按前款规定进行复制的人，必须向著作权人支付相当于通常使用费数额的补偿金。《英国著作权法》规定，教学活动中的

影印复制的篇幅每季度不得超过该作品的1/10。1976年《美国非营利性教育组织复制书籍和期刊的准则》中规定，教师、学生或研究者为了学术或课堂中教育用途，可以依据合理使用的原则复制书籍中一个章节、期刊中一篇文章、短文、故事、诗、图表、图形等，如果须复制多份著作物，则会有较严格的规定。

实践中，教育机构数字化复制已经发表的作品，主要出现在远程教育中。远程教育一般是指利用数字技术，通过互联网开展的教学活动，它是一种学生在时间和空间上与教师分离的教学模式。远程教学的形式多样，目前，远程教学一般采用电子邮件、新闻组、聊天室、电子布告板系统、可下载的录音、录像文件、课程管理结构程序、网站之间的超文本链接以及交互式CD-ROM和DVD-ROM等方式进行。远程教育随着网络技术的出现迅速发展，其中必然伴随着大量的数字化复制行为。远程教育机构的数字化复制行为在满足下列条件时，可以认定为合理使用：远程教育机构必须出于非营利性目的；远程教育机构对通过信息网络传播的作品等客体所制作的复制品不得出版发行；远程教育机构必须采取有效的技术措施防止复制件向非注册学员传播；采取措施保证作品的使用不会不合理地损害版权人的合法利益。

五、其他的数字化复制与著作权限制

网络环境下存在很多不同情形的数字化复制，当数字化复制构成著作权合理使用的基础条件时，法律当然允许对相应的数字化复制进行限制，以保证合理使用的切实可行。结合著作权法的规定，在下列情形下，为保证合理使用的顺利展开，有必要对数字化复制行为进行限制：（1）为介绍、评论某一作品或者说明某一问题，在作品中适当地数字化复制已经发表的作品；（2）媒体报道中不可避免数字化复制已经发表的作品；（3）媒体数字化复制其他媒体已经发表的时事性文章，但作者声明不许复制的除外；（4）数字化复制公众集会上的讲话，但作者声明不许复制的除外；（5）国家机关为执行公务而在合理范围内数字化复制已

经发表的作品；（6）对设置或者陈列在室外公共场所的艺术作品进行数字化复制；（7）将中国公民、法人或者其他组织已经发表的以汉语言文字作品翻译成少数民族语言文字作品在国内数字化出版；（8）将已经发表的作品改成盲文数字化出版。

此外，网络技术下也会出现一些特殊的数字化复制，这些新型数字化复制并不必然就纳入著作权控制之列。经过"四要素"检验，美国法院认同不少新型数字化复制构成权利限制。例如在Kelly v. Arriba Soft Corporation❶案中，美国法院运用"三步测试法"对新兴网络复制行为能否构成合理使用进行分析。本案中，原告是一名摄影师，将其拍摄照片刊登在自己网站或其授权的其他网站上。被告Arriba Soft公司提供缩略图索引，用户通过点击缩略图，可以转到原告授权网页中观看同一图片的放大版本。原告发现自己的图片被被告缩小，形成极小版，于2001年9月10日在加州中区地方法院提起诉讼。本案一审中，法院作出了有利于被告的认定。在二审中，美国联邦第九巡回上诉法院根据四要素，作出以下认定：第一个因素，使用的目的和性质。尽管被告对原告的图片进行了精确的复制，然而与原始图片相比，这些被缩至极小且分辨率极低的小图片功能不同，具有很大的转换性。与转换性相比，营利性目的并不是最为重要的。即使被告的使用是商业性的，它也不同于传统类型的商业使用，而是具有附带性和较低的利用性。被告既没有直接利用原告的图片来推销其网页，更没有企图通过销售原告的图片来获利。该使用的商业性质甚为轻微，该因素有利于被告。第二个因素，版权作品的性质。原告的作品具有创造性且已经发表。这一要素仅仅略微有利于原告。第三个因素，同整个有版权作品相比所使用的部分的数量和内容的实质性。被告复制了所有图片以供用户识别并决定是否寻找关于图片的信息或者寻找原始网页，虽然复制的是图片的全部，但是这对被告来说是必须的，也是预期用途的一部分。因此，这一要素不倾向于任何人。第四个因素，这种使用对有版权作品潜在

---

❶ 336 F.3d 811; 2003 U.S. App.

市场或价值所产生的影响。被告的极小版图片没有危害原告图片的市场或价值。因为被告在提供极小版图片的同时会引导用户前往原告的网页。被告也没有危害原告销售或者许可使用其全尺寸原始图片的能力。这个因素对原告有利。法院综观以上四个因素，其中两个是有利于被告的，一个是中立的，另一个是略微倾向于原告的，据此认定被告在其搜索引擎中对原告图片进行"缩小至极小版"的使用属于合理使用。

第三节　信息网络传播权的合理使用

一、信息网络传播权合理使用概述

信息网络传播权合理使用是在某些特定情形下，使用者通过网络提供受著作权保护的作品、表演、录音录像制品，不需要征得权利人同意，也不需要支付报酬，也就是对信息网络传播权进行限制的法律制度。它具有以下基本特征。

1. 信息网络传播权合理使用是针对特定著作权权能而专门设定的合理使用。世界上各国对合理使用基本都有规定，但是立法例上对于合理使用所指涉的著作权权能选择存有差异。有的立法例笼统地针对所有的著作权权能规范合理使用的情形，有的立法例则会在特定的情形下针对某个或某类著作权权能设置合理使用条款。我国《著作权法》第22条没有明确区分合理使用所针对的著作权权能。《欧盟信息社会版权指令》对复制权以及公开传播权等权利的例外与限制作了穷尽的列举，然后规定复制权使用例外的做法也适用于发行权。❶这是一种针对某个或某类著作权权能单独规范合理使用的例证。《信息网络传播权保护条例条例》第6条特别为

---

❶ Directive 2001/29/EC of the Europe Parliament and of the Council of 22 May 2001 On the Harmonization Of Certain Aspects of Copyright And Related Rights in the Information Society , Official Journal of European Communities, 167/10, June 22, 2001.

信息网络传播权规定合理使用，借鉴了欧盟的做法，但同时也没有违背我国固有的版权保护框架。实际上，我国的《计算机软件保护条例》中也已有了可资借鉴的先例。❶同时，这种立法模式为信息网络传播权设置新的合理使用情形预留了空间，符合该权利正当性机理，因此应为合适之立法选择。

2．信息网络传播权合理使用是在网络版权环境下出现的合理使用，具有自身的特性。数字传输技术在扩充版权人权利的同时也必将带来相应的合理使用情形，这是规范信息网络传播权的必然。法律在促进人们增加"蛋糕"总量的同时，要着力实现"蛋糕"分享的公正性。同时，由于信息网络传播权涉及图书馆、少数民族、落后地区、网络服务提供者以及网络用户等多种利益群体，因此，信息网络传播权的合理使用在某种意义上突破了简单寻求权利人和使用人利益平衡的二元结构，而是更多地从利益分享政策角度维护多元利益主体参与网络作品的创作、传播和利用，以促成均衡利益格局的实现。就此而言，《信息网络传播权保护条例》第6~7条涉及公众、学校、国家机关、盲人、少数民族、图书馆等利益主体，反映了立法者旨在维护网络传播中使用者利益的努力。

3．信息网络传播权合理使用的具体情形处于变化之中。由于权利限制是作为利益分享的砝码而存在，利益主体又据有各自的立场，所以，权利限制条款的选择总是处在矛盾和斗争之中。详细梳理信息网络传播权合理使用的具体情形并不是一件简单的事情。从一般法理上看，"例外与限制"或出于实际需要或经济上理由，或出于总体利益或基本权利和自由的要求。胡根霍尔茨教授的三种区别法很有代表性，他界定了可以说明对版权独占性予以限制的三种类型解释：（1）有些例外通过版权来表达对保证某些自由（例如言论自由）的关切；（2）有些例外是出于公共利益（例如图书馆和公共教育）的需要；（3）有些例外被引入版权的立法

---

❶　例如，《计算机软件保护条例》中专门针对计算机软件的使用规定了反向工程等合理使用规则等。

中，以补偿对作者的市场损失，即补偿作者不能有效地控制市场和阻止某些使用。❶第一种限制是最基本的限制，无论在模拟社会还是在数字社会都应该保留这些限制。对于第二种限制在数字环境下的命运，按照M.比伊当和S.迪索利耶的观点，"尽管在新的数字环境下只能继续维持已有的例外，但同样可以肯定的是，不能忽视这种维持对图书馆和网上教育的影响和作用，也不能忽视这种维持给作者和作品的使用可能造成的损害"。❷可见，合理评估这种"双刃剑"功能并作出立法决断是摆在网络版权立法领域的关键问题。关于第三种例外，实际上它是对无力实施版权的一种让步。今后，技术的发展将使这种无能为力的状况不复存在，作者能够通过技术机制阻止他人进行数字复制。因此，例外的一大部分将消失。另外，这些例外既不能满足基本自由，又不能满足公众利益的关切。因此，它们的存在直接受到威胁。❸有鉴于此，信息网络传播权合理使用法律规制的重心，应该置放在第二种例外情形，亦即以调整图书馆、档案馆、纪念馆、博物馆、美术馆（以下没有特别指明时，简称为图书馆等机构）、一般使用者、教育机构等特定利益相关者的合理使用为重点。至于第一种情形，通过适用概括性条款比照模拟环境执行即可，第三种情形，则应留待技术本身解决，同时辅之以技术措施的保护和限制机制。

4. 信息网络传播权合理使用旨在消解数字化鸿沟带来的信息不均衡状态。亦即通过制度建设促进公共网络文化传播事业的发展，实现对弱者权益的特殊保护。数字鸿沟（digital divide)是指基于掌握和运用网络信息技术的差别而催生的、横亘于信息富有者和信息贫困者之间的客观差距。数字鸿沟是人类由传统工业社会向现代网络社会转型过程中出现的特有现

---

❶ ［荷］胡根霍尔茨：《数字环境下版权的未来》，克吕韦国际法律出版社，1996年版，第94页。

❷ ［荷］M.比伊当、S.迪索利耶："数字环境下的版权例外，危险的发展"，载《通信与电子商务》2001年9月，第10~16页。

❸ ［荷］M.比伊当、塞弗里纳·迪索利耶等："数字环境下的版权和信息的获取"，载《版权公报》2000年第4期。

象，并且随着网络的急速扩张不断被拉大。人们曾经希望计算机网络的发展能带来更合理的资源分配，更公平的获取信息的途径。但实际上，人们在接触和掌握信息技术从而获取信息方面已经造成了很大的机会不平等。❶"网络大多服务于富人，却不可能为穷人和没有受过教育的人所接触到，因此增加了富人和穷人之间的隔阂与不平等。网络还在这一伤口上撒了盐，它威胁要把人类降低到多细胞生物的地位，根本不在乎我们的需要和欲望。作为网络赖以生存的及其方案的创造者，我们有能力理解网络，也有责任让网络服务于社会公正和人类自由的利益。"❷信息网络传播权合理使用的主体是普通消费者、盲人等弱势群体以及医院、图书馆、教育机构等公益文化机构，其实质乃在于缩小网络"数字鸿沟"，其出发点旨在保护网络上的弱者和最终目标消费者，实现版权的文化繁荣功能。特别是图书馆、档案馆、文化馆、教育机构等在我国社会主义公共文化建设事业中具有举足轻重的地位，直接关系到国家文化"软实力"的提升和核心价值观的普及。

二、信息网络传播权合理使用的具体情形

我国《信息网络传播权保护条例》第6~7条将模拟环境下的若干合理使用具体情形运用至网络传播环境，这是《著作权法》第22条第1款在网络环境中的发展，是在尽可能与《著作权法》保持一致的前提下，删除不能适用于信息网络传播权的某些合理使用情形，进而将模拟环境下的合理使用拓展到网络环境。

1. 适当引用后提供。《欧盟信息社会版权指令》第5条（3）（d）规定以批评或评论为目的而引用，但是引用的来源作品或其它客体必须已经向公众合法公开，同时，引用必须注明来源（包括作者的姓名），且对它

---

❶ 肖峰编著：《现代科技与社会》，经济管理出版社2003年版，第229页。

❷ ［美］弗里曼·戴森著：《太阳、基因组与互联网》，覃方明译，三联书店2000年版，第6~7页。

们的使用应遵循公平的惯例，且以特定目的所需的程度为限。《英国版权法》第30条规定，对某一已发表作品或作品的表演进行批评或评论，在附加充分说明的条件下可在使用者自己的作品中引用该作品。《法国知识产权法典》第L122-5条第3款规定，在评论、论述、教学和情报作品中进行分析和简短引用，即创作自己的作品可以摘用他人作品的部分段落，但要指出作者姓名、材料来源。可见，将他人作品中的部分内容转化为自己作品的一个组成部分，且是为介绍、评论或者说明某一问题的，构成"适当引用"，可以将该新作品在互联网上提供。《信息网络传播权保护条例》第6条规定，为介绍、评论某一作品或者说明某一问题，在向公众提供的作品中适当引用已经发表的作品，构成合理使用。

"适当引用"的首要特征是引用的适当性，用以强化作品使用的转换性特点。如果是以与原作品不同的方式或是为了与原作品不同的目的，形成具有创造性的新作品后，才可以"适当引用"为由享受合理使用的利益。通常而言，文学艺术作品的整体复制引用会受到禁止。适当引用的反向度就是引用过量。过量引用包括两种标准：（1）数量标准。一般来说，引用他人作品超出介绍、评论的实际需要，就可能构成过量；（2）实质标准。也就是不得将他人作品的实质部分作为自己作品的实质部分，进而与原作品形成事实上的竞争关系。两个标准必须结合起来。例如，引用他人已经发表的小诗撰写诗评，虽然在数量上是全文引用，但只要形成的评论性文字与原诗作之间没有事实上的竞争关系，也可以构成适当引用。相反，某网站为了介绍某位流行歌曲艺人，就将其演唱的若干首歌曲在网络上提供，供阅读者欣赏，这显然不属于"适当引用"。可见，适当引用后必须产生新作，且新作与原作之间应存在以下区分特点：新作必须区别于原作；新作必须独立于原作；原作的引用必须适宜于新作。如果仅仅是利用原作产生的美学价值和功能为新作进行宣传，也会构成不适当引用。

"适当引用"的次要特征是对引用目的正当性的限定。所谓目的适当，是指引用者应出于介绍、评论、说明的目的。"介绍"是为了让其他读者对该作品的部分内容或者主旨思想有所了解，进而激发起阅读、欣赏该作品的兴趣；"评论"是为了表达使用者对该作品的主观认识，从而唤起其他读者的共鸣或者引发讨论；"说明"是将被引用作品作为写作的素材或者论据，用以印证自己的观点或想法。如果偏离了上述目的，就可能是不适当引用。例如，将他人的绘画作品作为书籍的封面，这种增加自己作品吸引力但又没有介绍、评论或说明功能的使用，就应该得到权利人许可。

新近出现的问题是，"微博"对作品的转发，同时又发表少许评论，是否构成"适当引用"呢？"微博转发"的一项基本功能是其评论功能。以"新浪微博"为例，不论是PC端还是移动端，每条微博的右下方显示"转发"的字样，点击之后弹出对话框，该对话框包括两部分，上面是要转发的内容，下面是前人的评论，可以删除或添加自己的评论。正是因为这一特征，"微博转发"者会发表不超过140字的评论，但是同时通过"一次点击"就可以完成转发，这是微博平台技术的要求，也是基本的评论习惯。

在张某诉于某案[1]中，张某系国内多家司法考试学校签约主讲教师，2011年8月，张某在一次培训课上发表了惊人的言论，称"凡是中国大陆的女孩子到法国留学的，回来之后都是烂的一塌糊涂，都是超级潘金莲"。这次培训课的视频后来被网友"巴黎观察"发布到微博上，引起了广泛争议。该微博经著名学者于某转发后，传播速度迅速加快，评论多是批评该言论不当。2011年年底，张某以侵犯著作权为由，将于某起诉到北京市第二中级人民法院。张某在起诉中称，其在司法考试培训的教室内向百余名学生授课，该授课内容构成口述作品。授课是在特定范围内、针对特定对象进行的，该口述作品并未发表。于某的微博转发行为构成了对授课内容发表权和信息网络传播权的侵害。要求法院判令于某立即删除涉案视频，向其公开道歉以消除影响，并赔偿经济损失1万元和精神损失10

---

[1]　北京市第二中级人民法院〔2012〕二中民初字第611号民事判决书；北京市高级人民法院〔2012〕高民终字第3452号民事判决书。

万元。于某则辩称，涉案视频的内容是司法考试培训课程，是相关培训机构的收费课程，一般应属于职务作品。张某的现有证据不足以证明其拥有涉案作品的著作权，所以张某不是本案适格的原告。涉案口述作品的授课行为实质上属于一种向特定公众发表演讲的行为，作品形成之时即已经发表，故不存在侵犯其发表权的情形。另外，于某还认为，涉案视频是网友上传到他的微博上，他只是转发了该微博，并无侵权故意。

北京二中院经审理认为，涉案口述作品已经发表，著作权属于张某。但该作品为司法考试的授课内容，其使用于课堂教学等，在正常情况下学习该内容者不会去于某的博客中寻找涉案口述作品，而网民访问于某涉案博文的正常目的在于关注各方的观点，而非涉案口述作品中与各方观点无涉的司法考试内容，因此，于某的转发行为没有损害张某的合法权益。于某的转发行为构成合理使用，并未侵犯张某对涉案口述作品享有的信息网络传播权。一审宣判后，张某不服判决结果，于2012年8月向北京市高级人民法院提起上诉。

北京高院经审理认为，于某转发微博行为的目的是评论网友"巴黎观察"的微博及张某的观点，为使评论更具针对性，于某在评论他人微博的同时对他人包含涉案作品的微博进行了转发，该行为符合微博这一社交方式的惯例。而且，正是基于转发微博的上述特点，网民更关注于各方的观点而非涉案作品中与各方观点无关的司法考试的内容。因此，于某的转发微博行为不会与张某对其涉案作品所行使的权利展开经济竞争，并未影响该作品的正常使用，也不会不合理地损害张某的合法权益。因此，北京高院终审维持了一审判决，即驳回张某的全部诉讼请求。

上述案件中，于某"微博转发"的行为不构成"适当引用"的合理使用。理由在于：（1）"微博转发"是用户通过点击鼠标，将整个作品从别人的微博空间完全拷贝到个人的微博空间，较为便捷和随意。如果非要考察转发者的动机，很多时候并不真的是为了评论，有时甚至是为了分享或者出于对被转发者的支持。（2）"微博转发"中的音频和视频往往是独创性很强的作品，与之形成鲜明对比的是，所评论的内容主要表现为文字形式，而且表达字数还受到了明确限制。按照传统的引用方式，文字作品中的评论应该对于被评论对象进行文字性的描述，但是网络空间给予评论者以更大的自由，即不需要任何转换型的描述即可将被评论对象全文转发，这种评论模式显然违背了"适当引用"的要求。（3）一般来说，越是转换性的使用，越有可能构成适当引用，进而归于合理使用的范畴。所谓转换性使用，是指对原作的使用并非为了单纯地再现原作本身的文学艺术价值或实现其内在功能，而是通过增加新的美学内容、新的视角、新的理念或通过其他方式，使原作在被使用过程中有了新的价值、功能或性质。可是在"微博转发"中没有任何转换性的因素，相反，它完全是一种"保真"的复制，因此也很难认定构成适当引用。

2．新闻报道中不可避免提供。《信息网络传播权保护条例》第6条规定，为报道时事新闻，在向公众提供的作品中不可避免地再现或者引用已经发表的作品，构成合理使用。

对于这一合理使用情形，法律明确限定三个条件：（1）必须是出于报道时事新闻的目的。如果是拍摄电影，或者是将自拍的视频上传到网络，而在该电影或视频中出现已经发表的作品，则不能按照本款规定获得豁免。时事新闻强调适时性、时事性和新闻性。只有网络上那些报道当前时事消息的作品中出现已经发表的作品，才有可能属于合理使用。由于法律没有强调创作这类作品的主体必须是新闻媒介，所以在网络环境下，人人皆可报道新闻，因此人人皆可成为该类合理使用的使用者。（2）必须是不可避免的使用或再现。该种不可避免性表明被使用的作品是制作时事新闻时所不可或缺的要素。（3）必须是已经发表的作品。

3．课堂教学或科研中提供。《欧盟信息社会版权指令》第5条（3）（a）规定，仅仅为教学举例目的或科研目的而使用某一作品或其他客体的行为，只要在使用时注明了来源（包括作者的姓名），但是如果结果表明不可能注明来源，且仅在拟实现的非营利性目的所需的程度为限的情况除外。《美国版权法》第110（2）针对教学活动中的表演设定限制条款，它为通过闭路电视播放非戏剧文学作品或音乐作品提供豁免。政府实体或非营利性教育机构在教学活动中，直接播放教学内容或与之实质相关材料，被教室或类似用作教学活动场所的学员、政府雇员或者那些无法进入教室的残障人士所接收，可以享受表演权的豁免。2002年《美国技术、教育和版权法案》（The Teach Act）拓展了可传播作品类型及传播方式，尤其是延伸到网络数字环境，就远程教学中通过网络和数字媒体向公众提供行为规定了限定性的要求。教学机构新的义务主要包括：（1）所提供的不能是那些只在通过数字环境教学活动予以生产和销售的作品；（2）必须采取技术措施以合理方式阻止受众将版权材料保存到教学时间之外，或者合理阻止未经授权将其传播到学员之外的公众；（3）必须未采取规避版权人技术措施的行为。毫无疑问，2002年法案为网络远程教育和数字媒体播放主体增加了一个艰巨的任务，就是要求他们必须在教学计划中同时采取合理的技术措施以阻止对版权材料的复制或更广泛的传播。但这并没有证据显示，美国国会打算强加每一个教学机构以相同的技术要求，并且保证权利人在任何地方都实现控制复制和传播的目的。❶事实上，"合理性"是指有效性，它不意味着教学机构有义务监控受众的各种行为，只是要求他们采取有效措施防止学员之外的公众储存或进一步传播教学活动中使用的作品。《信息网络传播权保护条例》第6条规定，为学校课堂教学或者科学研究，向少数教学、科研人员提供少量已经发表的作品，构成合理使用。

实践中，义务教育学校的官方网站转载他人享有著作权的文章，由于提供的对象并不是仅限于少量教学和研究人员，因此并不能构成合理使用。在作家毕某诉某高级中学案❷中，实验高级中学网站刊载毕某的畅销小说《红处方》，作家毕某认为其作品著作权受到侵害，遂将该校告上了法庭，要求学校停止侵权，向其赔礼道歉并赔偿经济损失。2008年11月18日，淮北市中级人民法院对此案作出了一审判决，法院依据《信息网络

---

❶ H. R. Rep. No. 107-687, 107th Cong., 2d Sess. 13（Sept. 25,2002）.
❷ 安徽省高级人民法院民事判决书〔2009〕皖民三终字第0014号。

传播权保护条例》，"如果为学校课堂教学或者科学研究，向少数教学、科研人员通过信息网络提供他人少量已经发表的作品，可以不经著作权人许可，不向其支付报酬"，驳回了原告毕某的全部诉讼请求，认为像学校这样的非营利性机构使用，不构成侵权。毕某不服一审判决，向安徽省高级人民法院提出上诉。2009年9月，二审法院在终审判决中认定，学校将《红处方》登载在网络上，不构成用于课堂教学的合理使用行为，不属于法定许可的合理范畴。学校未经毕某许可，在网络上登载她的涉案作品，而且未署名，并通过网络向不确定的网络用户提供涉案作品的浏览或下载服务，其行为已构成侵犯署名权和信息网络传播权，应承担赔礼道歉的民事责任，并应赔偿2.6万元。

上述案件中，由于学校在提供毕某的小说时，普通公众均可以通过网络浏览到该作品，所以已经超出了"教学科研人员"的范围，因此不能看做是合理使用。但是，如果学校采取了措施，只有本校的师生员工可以上网浏览，是否属于合理使用？或者说，学校的局域网、内部网是否可以向教学、科研人员提供受著作权法保护的作品？按照我国现行法律的规定，关键在于"少数"和"少量"的认定。由于"少数""少量"的表述缺乏准确的标准，因此，应结合"三步测试法"进行综合判断。如果这种使用导致著作权人的利益遭受到不合理损害的，应该不予认定为合理使用。此外，即便是通过内部网络提供作品，也应该采取技术措施确保只有教研人员才可以利用作品。

从目前的情况看，教学人员通过互联网向学生提供作品、教研机构通过互联网向教研人员提供作品，主要发生于网络远程教育之中。但是，我国《信息网络传播权保护条例》只规定在远程教育中制作课件时向注册学员提供该课件构成法定许可。这就表明，基于课堂教学的合理使用只发生于学校本部，并不指向远程教育机构，这种立法保护的标准比美国的还要高。

4．执行公务时提供。《欧盟版权指令》第5条（3）（e）规定，为公共安全目的或者为了确保行政、立法或司法程序的适当履行而使用。《信

121

息网络传播权保护条例》第6条规定，国家机关为执行公务，在合理范围内向公众提供已经发表的作品，构成合理使用。

需要注意的是，这并不意味着国家机关可以在自己的网站上随意提供作品而不受到法律的追究。也就是说，只有是执行公务的活动，才可以在网络上提供作品；非执行公务的活动，不应该认定为合理使用。此外，必须是在合理范围内向公众提供。一般情形下，执行公务的国家机关应该采取措施限定获取作品的公众范围，或者只应在内部网络中向特定公众提供，避免对权利人的利益造成不合理损害。

在北京三面向版权代理有限公司（以下简称三面向公司）诉河北省农业信息中心、迁安市农业局❶案中，作者张某通过网络发表一篇题为《发展农村经济促进城乡统筹》的文章，后将文章版权归三面向公司所有。2005年1月，三面向公司发现该篇文章在沧州农业信息网上刊载之后，起诉网站的主办方、沧州市农业局及河北省农业信息中心，认为被告在网站上使用并传播该作品，未在法定期间内向权利人支付相应的报酬，侵犯自己的著作权，请求法院判令被告沧州市农业局及河北省农业信息中心停止侵权并赔偿各项损失。沧州市中级法院一审判决认为，被告在其网站上登载该文属公益性行为，具有执行公务性质，且该登载行为也未给该作品的著作权人造成任何不良影响。依据著作权法有关规定，属合理使用范围，无需向著作权人支付报酬，驳回原告诉讼请求。三面向公司不服提起上诉，河北省高级人民法院经审理作出终审判决认为，原告与作者张某所签版权转让合同系当事人真实意思表示，合法有效；原告基于此合同取得该文自发表之日起除署名权以外的著作权，应受法律保护。沧州农业信息网虽属服务性公益网站，但被告运营该网站对外行使的是一种服务职能而非管理职能，不属执行公务性质，理应尊重他人著作权。被告应承担原告的经济损失和为制止侵权行为所支出的合理开支的法律责任。原审判决对被告在网站登载文章的行为定性错误，适用法律不当，应予纠正；三面向公

---

❶ 河北省高级人民法院民事判决书〔2008〕冀民三终字第00023号。

司请求赔偿损失的上诉理由部分成立，应予支持。据此作出终审判决，撤销一审法院判决，判令沧州市农业局、河北省农业信息中心自判决生效之日起赔偿北京三面向版权代理有限公司1500元，驳回三面向公司的其他诉讼请求。

5. 汉语言文字作品转化为少数民族语言文字后提供。《信息网络传播权保护条例》第6条规定，将中国公民、法人或者其他组织已经发表的、以汉语言文字创作的作品翻译成的少数民族语言文字作品，向中国境内少数民族提供，构成合理使用。

在我国，该项合理使用的适用条件是：（1）被提供作品的主体是中国人。该种合理使用情形是针对我国特定的民族政策而作出的具有中国特色的规范，为了不与国际上公认的著作权保护最低标准相冲突，该规定并不限制外国人创作的作品著作权。（2）被合理使用的对象是中国人的汉语言文字作品。也就是说，如果是中国人创作的外文作品和少数民族语言文字作品，不能适用该制度。（3）只能是将汉族语言文字翻译成少数民族语言文字作品在网络上提供。法律允许将已发表的汉族文字作品翻译成少数民族文字作品在国内出版发行作为合理使用，这有利于在少数民族地区推广先进的文化和科学技术知识，促进少数民族地区经济发展和繁荣。如果反过来，将少数民族语言文字翻译成汉语言文字，就需要征得权利人同意。（4）翻译的作品仅限于在中国境内提供。也就是说，提供者要采取措施避免中国境外的少数民族和中国境内的汉族群众获得该作品。

6. 向盲人提供。《欧盟版权指令》第5条（3）（b）规定，为残障人士的利益而进行的与该残障直接相关的非营利性使用，可以认定为合理使用，但是应以特定残障所需的程度为限。《信息网络传播权保护条例》第6条规定，不以营利为目的，以盲人能够感知的独特方式向盲人提供已经发表的文字作品，构成合理使用。

在我国，该项合理使用的适用条件是：（1）只要是已经发表的作品均可适用。此处并不限定创作作品的主体，也不论该作品以何种语言文字形式表现，只要是已经发表，都可以翻译成盲文后在盲人可以感知的网站上提供。（2）必须是非营利目的。网站在向盲人提供作品时，不得获取任何利益。（3）以确保特定残障人士所需的程度为限。只能是以盲人感知的独特方式提供。盲人是身体残疾者，作为一类弱势群体理应受到法律的关怀。

7．提供时事性文章。《欧盟版权指令》第5条（3）（c）规定，向公众传播或使公众获得关于当前经济、政治或宗教主题的已出版的文章或广播作品或具有同一性质的其他客体的行为，只要此种使用行为未被明示保留，并且在使用时注明了来源（包括作者的姓名）；或者对与时事报道有关的作品和其他客体的使用行为，只要在使用时注明了来源（包括作者的姓名），且以新闻报道所需的程度为限，可以认定为合理使用。《信息网络传播权保护条例》第6条规定，向公众提供在信息网络上已经发表的关于政治、经济问题的时事性文章构成合理使用，作者事先声明不许提供的作品除外。与《著作权法》第22条相比，该条没有提及"宗教问题"的时事性文章。根据立法部门的解释，主要是考虑到宗教的敏感性，而有关部门也希望不要单独提及宗教，所以只保留了政治、经济问题的时事性文章。❶

在我国，该项合理使用的适用条件是：（1）使用的主体是网站等新兴媒体。从使用主体上看，该限制也有助于实现新闻自由和公民知情权。（2）作者无保留权利声明。也就是说，作者没有在发表时事性文章时明确禁止不许刊登播放。否则，权利人的权利保留声明将会产生制止合理使用发生的效力。（3）被使用的时事性文章必须是已经发表的，同时媒体还应当指明被引用作品的出处。（4）使用的对象是时事性文章。关于何谓时事性文章的界定，可以参考下述案例中二审法院❷的分析。

2004年11月1日，唐某、钟某共同创作《国产手机乱象》一文，首发

---

❶ 张建华主编：《信息网络传播权保护条例释义》，中国法制出版社2006年版，第29页。

❷ 安徽高院〔2007〕皖民三终字第0029号。

于"中国营销传播网"。3天后，邦略公司在其"邦略·中国"网站上刊载了该文，不仅标注了作者姓名，还注有"来源：中国营销传播网"的字样。2005年3月1日，北京三面向公司与此文的作者之一钟某签订了合同，另一作者唐某不久对该合同追加认可。该合同约定：三面向公司委托钟某汇编一本书，汇编包括《国产手机乱象》在内的作品，自发表之日起至本合同期满，版权归三面向公司所有。三面向公司于是向合肥市中级人民法院起诉，要求邦略公司赔偿其作品使用费500元，以及制止侵权的合理费用3225元。合肥中院审理认为，《国产手机乱象》一文评述的是当时我国经济领域中，较受关注的国产手机企业所面临的严峻市场环境及经营窘境的现实经济时事问题，具有明显的时效性，当属我国现行《著作权法》和《信息网络传播权保护条例》规定的合理使用制度所列举的关于政治、经济乃至宗教的"时事性文章"。合肥邦略公司的行为属于合理使用，不构成对著作权人权利的侵犯。北京三面向公司不服一审判决，向安徽省高级法院提起上诉。安徽高院认为，时事是最近期间的国内外大事，具备两个显著特征，即时效性和重大性。"时事性文章"也应具备上述两特征，缺一不可。《国产手机乱象》营销策略部分则占到3/4篇幅左右，主要体现为在进行时事报道的同时夹叙夹议地对"时事"进行描述、评论，其语言较为严谨、理性、客观。融入了许多主观色彩。从立法动因上来说，对"时事性文章"的解释既不能失之于宽，也不能失之于严。原审判决将"时事性文章"界定为"当前受到公众关注的涉及政治、经济或宗教问题的文章"显然失之于宽，其过于关注时效性，而忽略了重大性，不利于对著作权人的保护。北京三面向公司将"时事性文章"理解为"党政机关为某一特定事件而发表的文章，类似于官方文件"显然失之于严，其过于关注主体特定性和重大性，而忽略了时效性，不利于公众信息权的保障。由于"国产手机乱象"并不能归结为"国内外大事"，缺乏重大性特征，《国产手机乱象》一文虽可以认定为关于经济问题的文章，但不能当然地认定为经济问题的"时事性文章"。有鉴于此，合肥邦略公司未经著作权人许可转载该文，在北京三面向公司受让取得《国产手机乱象》一文的相关权利后，仍未支付相应费用，构成了对北京三面向公司的侵权。安徽高院作出终审判决：撤销原判；合肥邦略科技发展有限公司赔偿北京三面向版权代理有限公司1 500元。

8．提供公众集会上的讲话。《欧盟版权指令》第5条（3）（f）对政治演讲以及公众场合的演讲的摘要或者类似的作品或客体的使用，只要指明来源（包括作者的姓名），且以新闻报道所需的程度为限，但是如果结果表明注明来源是不可能的，则可以不注明来源。《信息网络传播权保护条例》第6条规定，向公众提供在公众集会上发表的讲话，构成合理使用，作者事先声明不许提供的作品除外。

在我国，该项合理使用的适用条件是：（1）使用的主体是网站等新兴媒体。从使用主体上看，这种合理使用有助于实现新闻自由和公民对政治、经济和文化生活的参与权、知情权。（2）限于公众集会上发表的讲话。公众集会，指的是群众性的政治集会、庆祝活动或纪念性的集会。作者在公众集会上发表的讲话具有公开宣传的性质，刊登或播放这些讲话的目的正是为了迅速传播，借此扩大宣传范围和影响。或者说，鉴于著作权人在公众集会上发表演讲的目的和功能，法律推定相应媒体的传播不会违背权利人的主观意志，从而以合理使用的方式推动该讲话的迅速传递。不过，根据多数国家的著作权法，只有刊登或播放在公众集会上发表的有关时事性的演说或辩论才可构成"合理使用"。与时事无关的内容，如学术讲座、诗歌朗诵、科学报告等都被排除在外。基于这种合理使用的立法原意，应当对我国《著作权法》此条规定进行缩小解释，将其范围限定在关于政治、经济和宗教方面时事性讲话的范围内。❶（3）限于无保留权利的声明。著作权人可以在发表讲话时作出权利保留的声明。这种声明或许出于作者认为自己的讲话有可能不完善或有缺陷的考虑，也或许是因为并不希望讲话传播的范围不受控制，但不管何种动因，媒体都应尊重著作权人的意思表示。（4）被使用的讲话必须是已经发表的，同时媒体在报道中

---

❶ 王迁：《著作权法学》，北京大学出版社2007年版，第216~217页。

还应当指明被引用作品的出处。

此外，一些国家和地区还规定了其他信息网络传播权合理使用的情形，例如《欧盟信息社会版权指令》第5条（3）规定的公开传播权限制情形还包括：（1）在宗教仪式或由政府当局组织的官方庆典中的使用；（2）为在公共场所建设诸如建筑和雕塑之类的作品而使用；（3）其他材料中附带包含作品或其他客体；（4）为对公共展览进行广告宣传或为了销售艺术作品而使用，以该推广所需的程度为限，但不包括任何其他的商业性使用行为；（5）为制作讽刺漫画、滑稽作品、模仿作品而使用；（6）与设备的操作示范或维修相关的使用；（7）为重建建筑物，而使用以建筑物、图画或建筑物的设计图的形式表现的艺术作品；（8）如国内法中已作出有关例外与限制的某些其他不重要的使用。但是这种使用仅仅限于模拟状态，且不得影响货物与服务在共同体内的自由流动，也无损于本条所包含的其他例外和限制。

需要讨论的是，为个人学习、研究或者欣赏，向公众提供已经发表作品的行为，在《信息网络传播权保护条例》中没有被规定为属于合理使用。这表明，个人将作品上传博客、BBS空间、微博等与网友、粉丝分享的行为，一般不再被认定属于合理使用。但是，这种立法模式忽略了基于个人传播构成合理使用的可能性和特殊性。例如，前述"微博转发"案件中，实际上是一种典型的个人传播和使用。该种传播行为发生于特定的网络社交空间，评论者也是出于个人消费目的在粉丝之间进行转发，所以也应该被认定为构成合理使用。从未来的发展看，消费性的网络传播途径会越来越多，在所谓的特定社交空间进行传播受著作权法保护的作品，也已经构成了向公众传播，如果按照现行法律的规定，一般也不应构成合理使用。但是，网络消费空间的作品使用并没有改变其"非营利性"和"非竞争性"的实质，在大多数情形下也没有与权利人展开市场竞争。因此，在"三步测试法"可以作为对权利限制进行限制方法的前提下，明确个人消费性的传播作品构成合理使用，应该是更为可取的立法选择。也就是说，个人以复制、表演、网络传播、演绎等方式非营利性、非竞争性地使用已发表作品或片段，构成合理使用。同时，应明确规定"三步测试法"，即著作权的限制必须是在特定情形下，不与作品的正常使用相冲突，也不得不合理损害著作权人的利益。这样一来，个人使用也必须接受"三步测试法"的检验。个人在网络空间上传他人作品，如果影响到作品的正常使用，不合理地损害了权利人的利益，当然就不能认定为构成合理使用。

三、图书馆等机构的信息网络传播权合理使用

（一）我国现行法的规定

众所周知，图书馆、档案馆、纪念馆、博物馆、美术馆等在国家文化发展中发挥着重要的作用，它是广大社会公众廉价获取知识的最佳途径。现代信息技术的发展为图书馆的发展开辟了广阔的发展空间，但是我国经济、文化发展的不平衡导致各地的图书馆建设良莠不齐，并且受制于网络作品保护的制度环境。图书馆等机构能否以及在何种条件下适用信息网络传播权的合理使用，在《信息网络传播权保护条例》制定前就存在广泛争议。一种观点认为，图书馆等是以公益事业为目的的单位，将图书上传到网络上向公众传输也是非营利的，因此其传播行为应属于合理使用作品的范畴。另一种观点认为，图书馆等机构一旦将作品上载到网络上，就会有很多人浏览该作品，这对作品的销售会产生影响，会影响著作权人的合法权利。❶一部作品一经出版，图书馆马上通过信息网络向馆外读者提供，无疑会打击出版社出版新书的积极性。此后，立法机关曾经考虑在新书出版一定时间后图书馆可以通过信息网络向馆外读者提供，但这样对出版社出版畅销书不利；又考虑规定图书馆通过信息网络可以向馆外读者提供脱销作品，但实践中证明图书脱销比取得权利人许可还困难，因此也不足采。最后，《信息网络传播权保护条例》参考国外的有关规定，同时考虑到现在出版界开始实行类似"复本量"的当事人约定信息网络传播权事项的实践，规定了一定条件下，图书馆等机构向馆舍内读者通过信息网络提

---

❶ 屈茂辉、凌立志：《网络侵权行为法》，湖南大学出版社2002年版，第152页。

供作品可以不经权利人许可也不向其支付报酬的合理使用制度。❶具体来说，该条例第7条规定："图书馆、档案馆、纪念馆、博物馆、美术馆等可以不经著作权人许可，通过信息网络向本馆馆舍内服务对象提供本馆收藏的合法出版的数字作品和依法为陈列或者保存版本的需要以数字化形式复制的作品，不向其支付报酬，但不得直接或者间接获得经济利益。当事人另有约定的除外。"

由此可见，我国法律规定图书馆等机构在网络空间传播作品适用合理使用的条件是：（1）仅限于向本馆馆舍内服务对象提供作品。为了表明自己是向本馆馆舍服务对象提供，图书馆等机构应采取合理的技术措施和防范措施保证非本馆馆舍服务对象获得该作品，并防止服务对象的复制行为对著作权人利益造成实质性损害。（2）限于提供本馆收藏的合法出版的数字作品和依法为陈列或者保存版本的需要以数字化形式复制的作品。根据解释，所谓为陈列或者保存版本需要以数字化形式复制的作品，应当是已经损毁或者濒临损毁、丢失或者失窃，或者其存储格式已经过时，并且在市场上无法购买或者只能以明显高于标定的价格购买的作品。可见，本条款也在某种程度上限制了为保存版本需要进行的数字化复制和网络传播。而之所以会限定于此，主要是考虑到"我国图书馆、档案馆等机构已购置了一批数字作品，对一些损毁、丢失或者存储格式已经过时的作品进行了合法数字化"，❷权利限制机制有助于网络环境发挥这些数字作品的作用。至于"本馆收藏的合法出版的数字作品"，则是指图书馆等通过购买、接收赠予等方式合法获得的用于馆藏的电子图书资料等。（3）图书馆不得直接或者间接获得经济利益。这表明营利性图书馆、博物馆、文化馆等往往被排除在外。（4）权利人可以通过约定形式排除合理使用的适用。

---

❶　张建华主编：《信息网络传播权保护条例释义》，中国法制出版社2006年版，第33~34页。

❷　金武卫："《信息网络传播权保护条例》评述"，见吴汉东主编：《中国知识产权蓝皮书》，北京大学出版社2007年版，第353页。

（二）数字图书馆等机构通过网络提供作品的法律问题

现代信息技术为图书馆等机构的发展开辟了广阔空间，但是我国经济、文化发展的不平衡导致各地的图书馆建设水平良莠不齐，并且受制于网络作品保护的制度环境。除了传统图书馆从事数字化传播外，各种形态的数字图书馆建设业已提上日程。图书馆等在数字环境下的技术潜力有别于传统情势，为实现图书馆等的"借阅""传播"和"展览"等功能提供了便利。据报道，上海市图书馆讲座实现了网上"你点我播"，可以在线点播的讲座约250个。❶图书馆数字化建设中还可采用设置口令、客户认证等加密措施，它们的实施使读者不再可能出于学习、研究目的而进行作品的复制，传统的合理使用制度所确立的创作者、传播者与使用者之间的利益平衡机制因互联网上的付费观看系统而被打破了。❷但是，由于图书馆里的图书是虚拟的，"图书内容一旦在互联网上传播，它将摆脱任何束缚，任何人都可以很容易的获得"，❸所以，在图书馆等机构的数字化建设中，又必须承担更多的义务保护著作权。因此，图书馆、档案馆、纪念馆、博物馆、美术馆等在国家文化发展中起着非常重要的作用，它是广大社会公众廉价获取知识的最佳途径，其应该成为当前信息网络传播权合理使用立法的重点。

笔者认为，对于图书馆等机构的信息网络传播权合理使用，应该着重从图书馆等机构的特殊性和类型多元化角度来为其设计制度规则，促进图书馆等机构在网络环境下分享作品利益，实现公共利益的增长。来自国家文物局的消息说，在"十一五"期间全国将力争新建重点博物馆300座以上，使地级以上中心城市都拥有一座功能齐全的博物馆，每个少数民族拥有一座以上的民族、民俗博物馆。❹不仅如此，我国已于20世纪90年代启

---

❶ "神州涌动八大文化热潮"，载《半月谈》2007年第22期。
❷ 胡开忠："入世后中国版权国际化的战略调整"，载《法商研究》2004年第4期。
❸ 宋慧献："超星：执着与求索"，载《中国版权》2004年第4期。
❹ "神州涌动八大文化热潮"，载《半月谈》2007年第22期。

动图书馆数字化建设工程。数字图书馆较之传统图书馆具有资源丰富、资料更新及时、传输速度快、储存方便、建设成本低等诸多优势，已经成为城乡公众接受最新文化观念和改善知识结构的最重要途径。显然，相对宽松的制度环境，包括尽量为其提供合理使用作品的渠道，不仅能够在某种意义上减轻图书馆等的经营压力，而且本身也有助于形成全社会重视文化建设、注重文化底蕴的时代精神。

具体说来，数字环境下的图书馆等机构包括两种：（1）传统的图书馆等机构，在继续经营、传播传统作品样态的同时，以内部网络或在线系统的形式在一定范围传播数字化作品。在模拟环境下，我国的图书馆等机构基本上是通过政府的财政支持而建立起来的，公益色彩浓厚，性质上更多的是公益事业单位而不是营利机构。特别是政府公共财政扶持力度的增加和公共文化服务体系构建的要求，不少传统的图书馆、博物馆等免费开放已经成为趋势。非营利性的图书馆等机构如果承担了较大的责任风险和经济压力，显然不利于图书馆等的发展，会损害广大读者的利益，也不利于新兴的网络服务产业的发展。（2）专门在网络上经营数字图书馆、文化馆或博物馆，或者将模拟状态的作品通过数字化形式转化为数字作品并向用户有偿提供。这种类型的图书馆、博物馆等已经开始进入市场运行中，成为营利性的机构。营利性的数字图书馆等虽然在文化建设中也发挥着不可替代的作用，而且有些营利性的图书馆本身并不直接或间接获得经济利益，它们的营利来自于社会的捐赠或其他事业，但是毕竟要通过市场竞争来促成自身的强大和进步，所以，运用市场机制解决其发展中的困难更为可行，相应的，合理使用的范围就不可与非营利性的图书馆等相提并论。鉴于此，传统著作权法"一锅端"的立法模型难以使用信息时代图书馆等机构的发展与变革，区分营利性和非营利性是规制图书馆等的必由之路。❶

---

❶　为区分营利性或非营利性，可以在文化管理规定中明确图书馆非营利性的具体条件和备案程序。

在陈某诉中国数字图书馆有限责任公司案❶中，原告陈某创作的《当代中国刑法新视界》《刑法适用总论》《正当防卫论》等作品在被告的网站上传播，读者只有付费后才可以成为被告的会员，阅读并下载网上作品。原告认为这一行为构成侵犯信息网络传播权，诉至法院，请求判令被告立即停止侵权并赔偿经济损失40万元以及为制止侵权行为而支出的合理费用8 000元。被告辩称，建立数字图书馆的目的是适应信息时代广大公众的需求，属于公益型事业，故请求法院依据中国数字图书馆的实际情况，结合我国国情，作出裁判。北京市海淀区人民法院认为，图书馆是搜集、整理、收藏图书资料供人阅览参考的机构，其功能在于保存作品并向社会公众提供接触作品的机会。图书馆向社会公众提供作品，对传播知识和促进社会文明进步，具有非常重要的意义。只有特定的社会公众（有阅览资格的读者），在特定的时间以特定的方式（借阅），才能接触到图书馆向社会公众提供的作品。因此，这种接触对作者行使著作权的影响是有限的，不构成侵权。被告数字图书馆作为企业法人，将原告的作品上载到国际互联网上。对作品使用的这种方式，扩大了作品传播的时间和空间，扩大了接触作品的人数，超出了作者允许社会公众接触其作品的范围。数字图书馆未经许可在网上使用陈某的作品，并且没有采取有效的手段保证权利人获得合理的报酬，这种行为妨碍了陈某依法对自己的作品行使著作权，是侵权行为。数字图书馆否认侵权的辩解理由，不能成立。据此判决被告停止侵权，赔偿原告经济损失8万元及因诉讼支出的合理费用4 800元。宣判后，双方当事人均未上诉。

在上述案件中，被告一直辩称该公司基本上属于公益性事业，建立数字图书馆的目的是为满足信息时代广大公众的借阅要求。但实际上，以公益性图书馆名义进行的数字图书馆建设，实质上并不具有公益性。该案的启示正在于：规制图书馆等机构对信息网络传播权的合理使用，必须区分

---

❶　"陈某诉数字图书馆著作权侵权纠纷案"，载《中华人民共和国最高人民法院公报》2003年第2期。

它们的实际性质，而图书馆等机构性质判定的关键，在于其是否为真正意义上的非营利性机构。对于那些徒有其名的"数字图书馆"，应适用授权许可的规则；只有那些以"公益性"与"非营利性"为取向的图书馆等机构，才可以适用合理使用豁免。而即便是适用合理使用免责，也不是没有限度的。换言之，所谓的非营利性图书馆等机构不仅不应从数字化传播中获取利润，而且也必须采取相应的措施保证接触作品的时间、空间和人数被控制在一定的范围，并且不得提供作品的下载和复制功能。

这就是说，图书馆等机构在数字环境下的技术潜力有别于传统情势，它既为实现图书馆等机构的"借阅""传播"和"展览"等功能提供了便利，也为合理使用的有效控制提供了技术条件。图书馆数字化建设中可采用设置口令、客户认证等加密措施，它们的实施使读者不再可能出于学习、研究目的而进行作品的复制。❶数字化技术完全可以做到将阅读者的范围控制在特定的时间和空间，并保障著作权人的其他权益不受到实质性的损害。但是，由于图书馆等机构的信息内容"一旦在互联网上传播，它将摆脱任何束缚，任何人都可以很容易的获得"，❷所以，在图书馆等机构的数字化建设中，必须以相应的技术措施保证它们的服务不溢出公益范围。

（三）代表性立法及其启示

各国关于图书馆等机构在网络传播中能否适用合理使用的规定，有两类立法例：第一类立法例是从维护权利人利益的角度出发，对合理使用进行严格的限制，仅仅规定图书馆等机构为保存版本的需要制作数字复制本的合理使用，基本没有规定网络传播的合理使用。如美国、日本。第二类立法例既规定了图书馆等机构为了保存版本的需要制作数字复制本的合理使用，又规定了一定情形下网络传播的合理使用，如欧盟、澳大

---

❶　胡开忠："入世后中国版权国际化的战略调整"，载《法商研究》2004年第4期。

❷　宋慧献："超星：执着与求索"，载《中国版权》2004年第4期。

利亚和加拿大。《欧盟信息社会版权指令》第5条（3）规定，为了研究和个人学习目的，通过图书馆、教育机构、博物馆或档案馆等营业场所中的专用终端，向公众中的个体成员传播或使其获得不受包含于其收藏（collections）中的购买或许可使用条款的限制的作品或其他客体而进行的使用，构成合理使用。

在我国台湾地区的"著作权法"中，还允许图书馆复制硕博士论文摘要、期刊学术论文摘要、研讨会论文或研究报告摘要，以供图书馆制作书目、摘要检索系统。该制度的施用对于优化学术研究环境产生非常正面的影响。有学者建议将其拓展到网络传播过程，认为这"对于利用人而言，增加搜寻文献的便利性与完整性。对于著作权人而言，则增加著作被利用的机会。"❶因此其是图书馆、利用人和著作权人三方都获益的制度设计。这样的建议具有启发意义。当下，我国一些非营利性图书馆尤其是大学的图书馆通过网络随意提供硕博士论文全文，一些营利性图书馆在网络上提供论文摘要的同时，以付费系统收取利用者使用费后未经授权即提供论文全文。它们以公告形式要求著作权人与其联系订立授权合同，并错误地将权利人的无异议行为认定为默示许可，严重侵害了著作权人的权益。以上种种违法行为需要法律规制。

（四）完善图书馆等机构合理使用立法的具体建议

基于以上分析，我国立法对图书馆等机构的信息网络传播权合理使用的规定，依然存在四个主要问题：其一，仅仅限于规范本馆收藏的数字化作品，将营利性和非营利性图书馆等机构在互联网上提供其他数字作品一律认定为需要借助授权许可，而这可能影响公益性图书馆等机构的公共文化服务功能的实现。其二，没有规定非营利性图书馆等机构通过本馆的网络阅览系统供馆外注册读者阅览本馆收藏的数字作品的合理使用，而这恰恰是未来利用网络发展公共文化建设、缩小城乡"数字鸿沟"的制度依

---

❶ 赖文智：《图书馆与著作权法》，益思科技法律事务所2002年版，第198页。

据。2005年国家版权局公布的《信息网络传播权保护条例条例》（草案）第6条规定，除著作权人事先声明不许使用的外，公共图书馆符合下列条件时可以适用法定许可：（1）提供网络阅览的图书已经合法出版3年以上；（2）阅览系统不提供复制功能；（3）阅览系统能够准确记录作品的阅览次数，并且能够有效防止提供网络阅览的作品通过信息网络进一步传播。这一妥协性的法定许可而不是合理使用的限制虽然还是由于著作权人和出版业界的反对没有最终确定下来，但是其关注图书馆向馆外读者提供作品的初衷值得肯定。事实上，只要为该种馆外传播的形式和内容增加适当的限制条件，并辅之以制度的创新和政策的平衡，著作权人和出版者的利益均可得到保障。其三，没有区分公益图书馆等机构与当前日益增多的私人图书馆等机构，从而在立法上一视同仁，并进而将某些本应强调的合理使用情况忽略掉，制约了公益文化事业的发展。其四，没有规定图书馆等机构传播特定类型作品，例如学位论文、学术论文摘要等的合理使用情形，既导致当前日益增多的侵权行为没有据以制裁的法律依据，也影响图书馆等机构适度传播特定类型作品的积极性。为了更好地发挥数字技术在图书馆建设中的功能，保障广大读者进行文化学习和接受教育的权利，建议修改《信息网络传播权保护条例》第7条，在图书馆等机构的合理使用规则方面做出以下的法律应对。

1. 图书馆等机构一概适用的信息网络传播权合理使用情形。图书馆等机构通过本馆的网络阅览系统供馆内读者阅览本馆收藏的合法出版的数字作品和依法为陈列或者保存版本的需要以数字化形式复制的作品，满足以下条件的，可以不经权利人同意，也无须支付报酬：其一，主体要件。该图书馆不管是私人经营还是公共性质，只要它不以直接获取经济利益为目的即可；其二，技术要求。图书馆采取了相应的技术措施，例如阅读系统不得提供复制功能，并能有效防止该作品通过信息网络进一步传播等。其三，作品要件。即本馆收藏的合法出版的数字作品和依法为陈列或者保存版本的需要以数字化形式复制的作品；其四，利益分享限度。即不得实质性地损害著作权人权益，必须是出于公共文化事业目的。

2．非营利性图书馆等机构向馆外读者提供数字化作品的合理使用。除著作权人事先声明不许使用的外，非营利性图书馆等机构在符合条件的情况下，可以不经其许可，通过本馆的网络阅览系统供馆外注册读者，提供本馆收藏的合法出版的数字作品和依法为陈列或者保存版本的需要以数字化形式复制的作品。该规则的基本要求是：其一，提供网络阅览的数字化作品已经合法出版3年以上；其二，阅览系统不提供复制功能；其三，阅览系统能够准确记录作品的阅览次数，并且能够有效防止该作品通过信息网络进一步传播，同时防止终端用户的下载或复制。其四，向馆外读者提供的数字化作品在类型上受到限制，一般不适用于音乐作品、图形作品和电影类作品。

3．图书馆向读者提供学位论文摘要、期刊学术论文摘要、研讨会论文或研究报告摘要，以供图书馆制作书目、摘要检索系统，可以不经权利人许可，不向其支付报酬。该规则的基本要求是：其一，主体方面，公益性或营利性图书馆均可通过信息网络提供特定类型作品的摘要，用以建置全文检索资料库。其二，客体方面，仅限于学位论文摘要、期刊学术论文摘要、研讨会论文或研究报告摘要。其三，合理使用的限度方面，只能是提供论文摘要，而且应该采取措施避免利用者接触到论文全文。质言之，任何图书馆要想在网络上提供学术论文的全文，都必须通过集体管理组织或者是主动与著作权人联系，取得合法授权。那种以公告形式单方面要求著作权人与其联系订立授权契约的经营模式，将被认定为非法。

第四节　信息网络传播权的法定许可

一、著作权法定许可的含义和情形

法定许可是我国《著作权法》规定的一项重要的权利限制措施，它是指依照著作权法的规定，行为人使用他人已发表的作品，可不必征得权利人的同意，但应向其支付报酬并尊重其权利的一种法律制度。法定许可的作用在于避免可能发生的著作权人不予授权而阻碍作品传播及使用的情况，简化了作品使用手续，便利了公众对作品的利用，促进了科学文化的发展，但其缺陷在于使用人向著作权人支付法定报酬的多少、报酬的分配不可能仅仅通过单纯的法律规定就能得到准确的反映。❶法定许可不同于合理使用，它需要向权利人支付报酬；法定许可也不同于强制许可，它不需要依据程序向国家著作权管理部门提出申请，不需要国家有关部门颁布许可证。

我国《著作权法》规定的法定许可主要表现在：（1）作品刊登后，除著作权人声明不得转载、摘编的以外，其他报刊可以转载，或者作为文摘、资料刊登，但应当按照规定向著作权人支付报酬。（2）录音制作者使用他人已经合法录制为录音制品的音乐作品制作录音制品。（3）广播电台、电视台播放已经发表的作品和已经出版的录音制品。（4）为实施九年制义务教育和国家教育规划而编写出版教科书。《信息网络传播权保护条例》仅仅规定数字环境下基于义务教育适用的法定许可，并且变相否定了网络环境下转载、摘编适用法定许可的可能性。

二、教育机构的信息网络传播权法定许可

根据《信息网络传播权保护条例》第8条规定，为通过信息网络实施九年制义务教育或者国家教育规划，可以不经著作权人许可，使用其已经发表作品的片断或者短小的文字作品、音乐作品或者单幅的美术作品、摄影作品制作课件，由制作课件或者依法取得课件的远程教育机构通过信息网络向注册学生提供，但应当向著作权人支付报酬。质言之，教育机构通过信息网络实施九年制义务教育或者国家教育规划，制作课件时使用少量作品向注册学生提供作品是法定许可。除上述情形之外，在线教育机构的其他任何利用方式，均应按照授权许可的要求，征得权利人的授权并且支

---

❶　胡开忠："著作权的限制与反限制研究"，见梁慧星主编：《民商法论丛（第7卷）》，法律出版社1997年版。

付报酬。

可见，教育机构信息网络传播权法定许可的要件包括：（1）主体要件。限定于远程教育机构，包括课件的制作方或者是合法受让方。（2）目的要件。也就是此时的使用旨在实施九年制义务教育或者国家教育规划。从而在教育内容上把一些通过互联网进行营利性培训、辅导的教育机构排除出去。（3）使用方式要求。亦即使用作品的目的是为了制作课件，而不能通过信息网络直接提供作品，或者将作品汇编进自己的讲义、教案中然后再进行网络传播。（4）客体要件。制作课件所使用的作品，必须是已经发表作品的片断或者短小的文字作品、音乐作品或者单幅的美术作品、摄影作品。

这一规定将《著作权法》第23条有关编写教材的法定许可制度延伸到网络环境。二者的相同点包括：（1）适用的主体相同，仅限于实施九年制义务教育或者国家教育规划的教育机构。（2）使用的对象相同，均限定在已经发表的作品片断或者短小的文字作品、音乐作品或者单幅的美术作品、摄影作品等。二者的区别在于：（1）使用的方式不同。传统的教育机构法定许可的使用方式是编写教科书；信息网络传播权法定许可的使用方式是制作课件。这是因为远程教育的授课内容主要以课件的形式提供，相对于传统课堂教学的教科书，远程教育使用的课件在内容上除了课本内容，还包括了大量参考资料，在形式上更多地采用了多媒体和互动式技术。[1]这表明，我国法律规定教育机构信息网络传播权法定许可的条件较为严苛，它不仅排除了专门利用网络开展在线教育的营利性机构对作品未经授权的利用，而且也否定了义务教育机构和执行教育规划的教育机构未经许可通过远程教育直接向注册学员提供除课件以外的作品。（2）提供的对象不同。传统的教育机构法定许可并不限定对象，而信息网络传播权法定许可限定提供的对象是注册学生。

---

[1] 张建华主编：《信息网络传播权保护条例释义》，中国法制出版社2006年版，第37页。

三、网络转载、摘编与信息网络传播权的法定许可

网络环境下的转载、摘编是指将模拟环境下的作品在网络上转载或者摘编，或者将互联网上已经存在的作品等信息进行转载或摘编的情形。按照《著作权法》的规定，模拟环境下报刊之间的转载、摘编构成法定许可。而究竟网络环境下是否有可适用之余地，则引起广泛争议。2000年12月最高人民法院公布施行，2003年12月予以修改的《关于审理涉及计算机网络著作权纠纷案件适用法律若干问题的解释》第3条规定，已经在报刊上刊登或者网络上传播的作品，除著作权人声明或者上载该作品的网络服务提供者受著作权人的委托声明不得转载、摘编的以外，网站予以转载、摘编并按有关规定支付报酬、注明出处的，不作为侵权行为。但网站转载、摘编作品超过有关报刊转载作品范围的，应当认定为侵权。

但是，《信息网络传播权保护条例》没有关于网络环境下转载、摘编的法定许可。其基本理由是认为这样规定已经超出了有关国际公约的要求，不符合"三步测试法"，在国外也基本没有类似的规定。在征求意见的过程中，这一做法得到普遍认可，没有出现反对意见。❶为与之保持一致，最高人民法院2006年重新修订《关于审理涉及计算机网络著作权纠纷案件适用法律若干问题的解释》，❷删除第3条，否定了网络环境下的转载、摘编可以适用法定许可规则。2015年4月22日，国家版权局办公厅发布《关于规范网络转载版权秩序的通知》，明确规定互联网媒体转载他人作品必须先获授权，并对转载内容支付报酬。这再次重申了著作权法的基本规则：互联网转载不构成法定许可和默示许可，网络媒体转发包含了著作权人独创性劳动的消息、通讯、特写、报道等作品，只要不属于单纯事实消息和时事性文章，必须经过著作权人许可并支付报酬，同时应当指明

---

❶　张建华主编：《信息网络传播权保护条例释义》，中国法制出版社2006年版，第38页。

❷　该司法解释已经被2012年《最高人民法院关于审理侵害信息网络传播权民事纠纷案件适用法律若干问题的规定》废止。

作者、作品名称及作品来源，不得歪曲篡改标题和作品原意，不得对作品内容进行实质性修改。

第五节　网络滑稽模仿的著作权限制

《一个馒头引发的血案》是胡某以电影《无极》中的若干镜头和片断为外壳，以一起谋杀案件为主线，以一种滑稽风趣的搞笑手法而编创的一个视频短片。[1]2006年2月，电影《无极》的导演陈某在德国首都柏林对《一个馒头引发的血案》的作者表示极为愤慨，并宣称要对簿公堂。随后，《无极》的制片方中影集团和盛凯影业委托北京某律师事务所处理此事。由此，该事件突破娱乐的界限，引起了法学界的广泛关注。此案件后并未成讼，但是网络恶搞剧的出现，确实引发人们对于滑稽模仿行为性质的热烈探讨。网络恶搞剧是指行为人在未征得作者同意的情况下，将他人作品中的图片、镜头等素材裁减后按照自己的构思予以串联或重新组装，并配上不同的文字、音乐，表达不同的主题，实现对主流作品的讽刺和批评。由于该类作品将别人作品的成分作为自己的作品内容或一部分，这究竟是"合理使用"还是非法引用，还会不会构成对作者人身权利的侵犯。对此，颇值得进一步讨论。[2]网络恶搞剧本质上是滑稽模仿，所以，如果在立法上认可滑稽模仿属于合理使用，那么只要网络恶搞剧可以被认定为是滑稽模仿，则权利人就不可以追究法律责任。

一、滑稽模仿的法律性质

滑稽模仿一词源于英文parody，是通过模仿原作内容而对原作加以讽刺或批评的使用。滑稽模仿形成的作品并非单纯为再现原作本身的艺术价值，而是将被模仿的部分改造成讽刺或批判原作的工具，这实际上是以一

---

[1]　该种类型的视频短片也被形象地称为"网络恶搞剧"。

[2]　魏小毛："谁来为馒头血案负责"，载《中国知识产权报》2006年2月22日。

种特殊的方式对原作进行评论。模仿等创作形式不是严格意义上的改编，虽对原作品有某种程度的借鉴，但不像改编作品与原作品有共同一致之处，相反，它只是对原作品进行符合条件的模仿、讽刺或漫画创作。网络恶搞剧是对一部严肃作品荒唐可笑的模仿。作为一种艺术表现形式，它对经典艺术文本或者流行体裁进行的改造、拆解和反讽，这是一种在内容安排和表现形式上富有独创性的演绎作品，本身也是作为嬉皮式文化消费的一种结果，在看似无羁的表达中展现非主流消费者的观点。网络恶搞剧本质上就是一种滑稽模仿，它的出现表明网络环境下，滑稽模仿不再局限于个别非主流的艺术创作场合，网络技术让滑稽模仿走向更普遍的场域。

然而，由于滑稽模仿具有讽刺性，就出现了这样一个问题，著作权是否延伸到滑稽模仿作品的创作。换言之，借用受著作权法保护的作品创作一部滑稽模仿作品，是否必须征得著作权人的同意。对此，存在着两种不同的观点和立法体例：一种观点认为，滑稽模仿构成合理使用，不受制于著作权人的固有权利，未经许可的使用，即使超出了合理的限度，即使采用了大量的表达形式，只要构成滑稽模仿，也属于合法创作；另一种观点则认为，滑稽模仿是含义不清的表达，只有在它达到合理引用的必要标准时才属于合理使用，否则也会构成侵权。

滑稽模仿构成合理使用的基本理由在于：它不是一般性质上对于作品的演绎，在创作手法上属于对作品的讽刺和批评，如果要求这种行为也必须征得著作权人的同意，从正常情况看，大多数人并不欢迎对自己作品的批评，因此也就会断送各种可能出现的滑稽模仿创作。从言论表达自由和促进人类多元文化创作、反对文化霸权的角度，少数批评者的利益必须得到重视。从文化消费的立场看，任何消费者都有权对自己消费的产品提出批评建议，文化产品也不能例外。有鉴于此，一些国家和地区都对滑稽模仿构成合理使用进行了明确规定。《法国知识产权法典》第L.122-5条第4款规定：根据有关法律，作品一经披露，作者不得禁止……滑稽模仿、仿效和夸张模仿。2001年《欧盟版权指令》也规定，符合特定条件的模仿讽刺是合理使用。《巴西版权法》第50条规定，不是原作的复制本、也未影响其信誉的仿效和滑稽模仿，均属合法。贝隆、布隆迪、克麦隆、科特迪瓦和塞内加尔等国家的法律中也有同样的规定。

美国通过司法实践肯定了滑稽模仿的合理使用规则。黑人女作家艾丽丝·兰德尔通过对驰名世界的经典小说《飘》（Gone with the Wind）的模仿讽刺，创作了一部新的小说《风逝》（The Wind Done Gone），改造了一个用于批判原告思想观点的新故事。二审法院推翻一审判决，认为《风逝》是对《飘》的滑稽模仿，不构成侵权。在另一起案件中，原告Acuffrose公司是《漂亮女人》歌曲的著作权人，被告康柏尔等人是某知名合唱团的歌手，他们将《漂亮女人》进行讽刺诙谐的改编后进行了翻唱，结果唱片很畅销。于是原告对被告提出著作权侵害的诉讼。美国联邦最高法院认为对该歌曲的滑稽模仿，是对原作品的评论或批评，而且这种滑稽模仿与原作具有不同的市场功能，最后判定该滑稽模仿行为是一种合理使用。

当然，也有学者反对将滑稽模仿行为纳入到合理使用的范畴。萨塔诺夫斯基认为，对于属于私有领域的作品进行滑稽模仿需要得到原作品作者的授权。滑稽模仿有别于批评，因为滑稽模仿必然要求人们为喜剧性之目的而遵循作品的几乎全部情节和发展过程，在他看来，倘若被模仿作品尚未进入公有领域，上述情况显然会造成对模仿作品的使用不能不受处罚的局面。❶事实上，关于滑稽模仿的立法并不统一，实践中也不乏支持将滑稽模仿归入授权使用行为的立法例。例如，《阿根廷著作权法》第25条明确禁止未经授权而对处于私有领域的作品进行滑稽模仿。按照该条规定，滑稽模仿需要得到原作品作者的授权。

二、滑稽模仿构成合理使用的限度

滑稽模仿是否构成合理使用，除了取决于法律是否有明确规定外，还

---

❶ [西]德利娅·利普希克著：《著作权与邻接权》，联合国译，中国对外翻译出版公司2000年版，第86页。

需要综合各种因素判定何谓滑稽模仿，在何种情况下允许这种滑稽模仿行为。换言之，对于作品的模仿存有法律的限度，超出一定的质、量就会构成剽窃、抄袭，如果只是原作有些许差异但在本质上并未形成新作，也会构成对演绎权的侵害。在对原作进行歪曲、篡改甚至恶毒攻击的场合，还会侵犯作者的精神权利。因此，有必要准确理解滑稽模仿的要件，以此作为判断相应行为合法性的起点。

2006年美国发生的布兰奇（Blanch）案中，被告昆斯（Koons）在其艺术创作中挪用了与原告Blanch在某杂志封面上发表的摄影作品。审理此案的联邦第二巡回法院支持了被告合理使用的抗辩，并在判决意见中指出：“问题是Koons的做法是否具有真正的创作动机，而非仅为吸引眼球或逃避独立思考的劳累……我们不能依靠可怜的、正打磨得过于光滑的艺术感觉，这种挪用确实增加了反讽社会的效果，为其建立了正当性。”❶法律允许的滑稽模仿行为本身，必须满足以下的条件。

首先，滑稽模仿是在符合作品体裁规律的条件下，基于讽刺、批评等目的模仿使用他人有著作权的作品。“模仿讽刺作品”在创作上具有特殊性，必须允许“模仿讽刺作品”充分地使用原作中的内容，甚至引用原作中最突出和给人留下最深刻印象的部分，以确保能够“唤起”人们对原作的回忆。

其次，滑稽模仿创作可以使用原作中的核心内容，或者是大量使用了作品的内容。只要是为了通过模仿和创作对原作加以讽刺和批判，就可以使用原作中相应的内容和表达。

再次，滑稽模仿创作形式与原作品能够严格区分开来，不能诋毁原作品或使公众对该作品感到厌恶。滑稽模仿固有的嘲讽不伤害前已存在的作品作者感情是极其例外的。滑稽嘲讽是一种批评形式，但并非全无止境。滑稽模仿者不允许辱骂，不允许有意损害原作品或原作者，不允许利用滑

---

❶　Blanch V Koons, 467 F.3d 244,255（2d cir. 2006）.

稽模仿造成与被模仿作品之间的混淆。❶也就是说，滑稽模仿不得是恶意攻击，也不得由此获取不正当的法律上之利益。

最后，判断一种复制行为是不是戏仿，是否应受法律追究，取决于法官对当下社会观念的感受。即便是允许滑稽模仿的国家，也会在何谓滑稽模仿上设定必要的限度。在这里，除了社会文化创作的氛围、文化创作理念的变化以及文化批判手段的更新等直接影响到法官的判定外，"三步测试法"仍然是该类行为设定的最低要求：滑稽模仿只能发生在特定创作的领域，不得与作品的正常使用相互冲突，也不得不合理损害权利人的正常利益。

三、我国的立法选择

我国立法中没有明确规定滑稽模仿的法律性质。由于我国在合理使用的立法模式上，并没有因素主义中的合理使用"四要素"，所以实践中似乎也不宜采用该四个要素去判定某一具体个案中滑稽模仿的法律性质。就我国《著作权法》第22条的具体规定来看，滑稽模仿并非合理引用。由于滑稽模仿大量使用了原作中的内容和表达，一般来说构成了实质上的使用。因此，我们也不宜将滑稽模仿等同于合理引用，进而直接确定其构成合法行为。

滑稽模仿不同于通常意义上的演绎，这一特征决定了在我国不应该完全适用演绎权的规则处理该类作品创作可能引发的争议。演绎后的作品与原作之间存在着些许变化，但是从消费者角度可以辨别出原作和演绎作品之间的实质关联，所以判定是否侵犯演绎权，核心问题就是原作和演绎作品之间在主题思想、表达方式、传达观念之间的相似性，基于此，才可以很好地保护著作权人可能存在的演绎市场，进而获得在这一潜在竞争市场上的法律控制。滑稽模仿不具有这样的特征，它虽然借鉴、挪用原作的表

---

❶ ［西］德利娅·利普希克著：《著作权与邻接权》，联合国译，中国对外翻译出版公司2000年中文版，第85~86页。

达形式，但是在实质上却强化了与之相反的主题思想，是对原作的一种批评和讽刺。由此观之，我国法律对于滑稽模仿处之以合理使用，也不违背演绎权的基本原理。同时，滑稽模仿并不会对原作进行歪曲和篡改，因此也不应该以侵犯精神权利为由禁止该类艺术创作。

由此可见，滑稽模仿作为一种特殊的艺术创作形式，在我国有进行专款规定的需要。随着网络技术的发展，伴随着后现代艺术创作形态的不断革新，各种无厘头的创作与快节奏的人类生活方式结合在一起，具有越来越广泛的创作条件和市场。为适应新技术带来的发展，明确滑稽模仿构成合理使用，并且为滑稽模仿规定判断标准，应该为立法的合适选择。同时，法律也必须为滑稽模仿设定必要的限度，尤其是在司法适用中分析滑稽模仿是否基于批评、讽刺目的，是否为相关题材创作所必须，是否对于原作进行了恶意的诋毁、辱骂，是否符合一般社会公共观念，是否满足"三步测试法"对权利限制进行的限制，从而将滑稽模仿的合理性控制在法律允许的范围之内。

第五章　网络著作权的利用

有效商业模式的建立直接推动以著作权为基础之文化版权产业的崛起。交互式与非交互式流媒体传播方式的发展，既滋生了"网络内容商""视频网站""博客""移动媒体"和"数字图书馆"等新型媒介，也促发了传统的广播台、电视台、报刊等主流媒体的结构转型和向互联网的产业延伸。商业模式的构建依赖授权许可等网络著作权利用制度，需要法律、产业与科技的联姻，以创造一个真正意义上的作品利用市场。授权许可便捷、可控和有效，有助于实现权利人、媒体和终端用户之间的信息联结、合法互动与利益分享。这就要求遵循数字网络技术的特征，把握新型网络著作权授权模式的脉搏，不断完善著作权利用规范。

第一节　网络著作权利用的新模式

一、数字媒体与网络著作权利用

现代信息技术条件下，数字媒体是著作权利用的重要媒介，它既可以作为权利人成为著作权许可合同中的许可人，也可以成为被许可人接受许可。从法律地位上看，不少的数字媒体通常就是权利人，它们通过转让和许可的方式取得原权利人所享有的权利，再与使用者达成一个新的著作权利用合同，进而让普通使用者可以依法利用该作品。

数字媒体包括两种：❶一种是传统媒体在数字环境下的延伸。以网络广播和网络出版为其代表。其中，网络广播机构包括传统广播机构和专营网播的机构，提供的内容不限于传统广播商的节目，还包括综合服务商、通信运营商、零售商和内容商的内容，涵盖电视、电影和广播等。网络出版机构则划分为传统出版商、报纸和杂志的电子版，以及专营网络内容的服务商，包括各种门户网站、专业网站和订购服务网站等。另一种是新型互联网媒体。主要包含数字图书馆、博客、播客（视频分享网站）、流媒体按需下载等。荷兰阿姆斯特丹大学IViR的报告认为，数字媒体与传统媒体相比较，具有四个方面的基本特征：❷（1）媒介趋同。表现为以前各不相同的媒体如今均可执行相同的服务功能，并且能与消费者的各种播放设备自由连接。这将直接导致综合媒介平台时代的到来。其后果是不同媒介之间的差异不再，而很难进行类型化认知。例如，广播电视不再经由无线卫星而是通过网络传播，接收装备包括手机、电脑、移动媒体等。（2）个性化和交互性。随着带宽的发展，个人可以在任何条件下自如接收需要的内容。搜索服务功能进一步强化个性化服务。随着新的在线商业模式的成长，交互技术获得大规模运用，很难再以"推式""拉式""一对一"或"一对多"划分广播或非广播。新的术语将是"在线使用"VS"非在线使用"。（3）使用者参与产品制作与传递。除了"点对点"使用方式为典型范例之外，很多数字媒介也允许消费者自由交换信息。例如Bildnion或iStockphoto网站由消费者自由交换图片；Gawker或Spreeblick等"博客"积聚一批写手并向他们提供工资和平台。（4）电子内容控制。数字媒体通过技术措施控制内容的传送，防止未经许可的接触，同时辅以合法授权的条件及样式，形成数字权利管理（Digital Right Management，DRM）模式。接触控制成为数字媒体的基本手段，被广泛

---

❶　IViR, *Study On Implementation and Effect in Member States' Laws 2001/29/EC On the harmonization of Copyright and Related Rights in The Information Society*, Final Report, Institute for Information law, University of Amsterdam, the Netherlands, February 2007.pp.8-10.

❷　IViR，前引书，第11~16页。

运用于按需传播媒体、流媒体及IPTV等媒体中，iTunes等媒体还运用这一技术控制市场上不同的利用期限和价格。

二、网络著作权利用合同的特征

数字环境下的著作权利用合同有两种，一种是权利人与数字媒体签订的著作权使用合同；另一种是数字媒体和普通使用者之间的著作权许可合同。

权利人与数字媒体签订的著作权利用合同具有以下特征：（1）明确约定数字媒体依法享有的著作权权能。由于媒介趋同，再加上个性化和交互式技术的发展，很难再区分广播权、表演权、向公众传播权和向公众提供权，很难再区分"推式""拉式"服务，以及"一对一""一对多"服务。换言之，数字媒体必须通过约定清晰界定授权许可的权能，否则很容易引起纠纷。在"世纪龙信息网络有限公司诉合一信息技术有限公司"案❶中，原告虽然主张被告侵犯信息网络传播权，但不能主张权属证明。问题就出在"世纪龙公司"和权利人签订的授权书中，权利人仅将信息网络"点播权"许可给原告。显然，点播权并不能涵盖信息网络传播权。这一案件告诉数字媒体，在获得授权时，宜对具体的网络著作权类型进行约定和限定，避免纠纷发生后身处不利境地。（2）信息网络传播权的授权许可成为典型形态。数字媒体必须取得信息网络传播权的授权，才可以在互联网上传播作品，否则就会构成侵权。（3）数字媒体著作权许可方式具有多样性。例如，通过与著作权人签订未来著作权许可协议，网站可以获得该作者将来创作作品的著作权授权；通过默示许可条款，数字媒体可以不经明示约定，获得著作人的授权许可；通过延伸性集体管理和强制性的集体管理，数字媒体可以从著作权集体管理组织处获得非集体管理组织成员创作作品的授权许可。

数字媒体和普通使用者签订的著作权利用合同具有以下特点：

---

❶ 北京市海淀区人民法院民事裁定书〔2008〕海民初字第10776号。

（1）数字媒体往往采取格式合同或格式条款约定被许可人的权利义务；（2）未采取技术措施的情形下，推定数字媒体默示许可使用者的浏览行为和个人复制行为，但是未经授权不得进行互联网传播；（3）在采取技术措施的情形下，数字媒体通过技术措施控制使用者的复制或者浏览行为。在传统环境下，普通使用者通过购买作品载体实现作品消费，而作品载体消费中通常并不会发生作品的再现，所以图书的销售商与使用者之间并不需要签订著作权许可合同。但是在数字媒体的经营模式中，数字媒体向使用者提供的并不是作品的载体，而是作品的复制件，或者是进行阅读浏览的权限，所以，这涉及著作权的使用问题。也就是说，数字媒体与普通使用者可以通过签订著作权利用合同，达到让普通使用者进行文化消费的目的，这是网络时代著作权利用制度的重要特征。

三、网络著作权特殊许可方式

与上述基本特征相互照应的是，当下出现了越来越多的网络著作权许可模式。择其要者而言，主要包括以下模式。

（一）DRM著作权许可

DRM著作权许可模式是由权利人借助数字权利管理系统，以权利管理电子信息和格式条款为基础，由数字媒体（许可人）代表著作权人与使用人（被许可人）缔结的著作权利用合同。例如，美国苹果电脑所经营的iTunes Music Store与五大唱片集体及部分独立唱片公司合作推出线上音乐付费下载服务。该公司与权利人签订线上许可协议，以每首单曲0.99美元或每张音乐专辑9.99美元之价格在网络提供，个人可通过这一平台下载使用。自2003年4月起上线，每周音乐下载数量平均达50万首，9月初更达成销售第1 000万首的里程碑。[1]至2005年3月，约占美国市场的1%。[2]这一

---

[1]　赖文智：《数位著作权法》，益思科技法律事务所2003年版，第216~217页。

[2]　曾胜珍：《论网络著作权之侵害》，元照出版有限公司2008年版，第55页。

成功事例证明线上音乐市场收费的可行性。与苹果公司推行特殊的DRM技术，限定网络下载的歌曲只能在特定播放器上播放不同，2007年，全球最大在线购物网站亚马逊（Amazon）推出线上音乐商店，销售EMI等唱片公司提供的数字音乐，这些歌曲将不使用该类版权保护机制，可下载至各家MP3 Player与任何装置上播放。❶竞争的多元化推动苹果公司反省其硬件限制的措施，进而在2008年也废止了这一保护技术。现在，EMID唱片公司实现与On Demand Distribution数字音乐发行商合作，在网络上零售发行歌曲，获得消费者好评。另外，Dell、Aol、Philips、MusicMatch、MSN、Sony等企业也与唱片业者签订许可协议，推出网络唱片服务。❷可以预见的是，在后Napster时代，网络上音乐作品的在线许可将成为主流。

在我国近8 000家的在线音乐下载网站中，仅有几十家提供正版音乐下载服务。这一局面的改变发生于2006年3月22日，A8音乐公司宣布向国内3 000家音乐网站提供几十万首正版歌曲，以打造中国最大的正版音乐网络联盟。巨鲸音乐网已经从包括四大唱片公司在内的全球1 970多家唱片公司得到授权。❸而对于那些没有迅速转制，依然在未经权利人许可免费或者低价通过互联网提供音乐作品的网站，要么被权利人起诉，要么接到权利人要求付费的通知书或者律师函。这表明，随着国内版权法制环境的改善，网站只有通过信息网络传播权授权许可提供正版音乐在线下载服务，才能够为自己的发展找到合法的制度空间。

（二）GPL许可模式

GPL（General Public License）许可亦即通用公共许可协议，它是放弃部分权能的合同，是自由软件运动的派生产物。自由软件有四个方

---

❶　"Amazon下海推动无DRM音乐下载，唱片大老何时放手？"载http://www.digitimes.com.tw/n/article.asp?id=0000051983_B6X0Y9LY2B7E8E34OOE7B，2008年6月19日访问。

❷　叶玟妤：《数位内容照过来》，元照出版社2006年版，第48页。

❸　谢鹏："正版音乐下载网站守望春天"，载《南方周末》2006年5月11日。

面的限定：（1）出于任何目的均可自由运行软件；（2）为满足个人需要可自由修改软件；（3）可自由再传播该软件，或者免费或者收取少量费用；（4）可自由传播修改后的软件版本，并且可从该软件的最近发展中获益。❶该运动的创始人理查德·马修·斯托曼（Richard Matthew Stallman）于1989年与一群律师起草了广为使用的GPL协议，基本特征是：权利人放弃著作权的部分权能的明示授权，在被授权人完成符合授权条款的修改、发行、传播等行为，授权合同成立且生效，无须另行订立授权契约。该许可合同的基本精神是：允许被授权人自由发行与传播作品，开放软件源代码，以实现修改权及修改后作品的复制和传播。不过应该注意的是：这种授权契约并不以有偿或者无偿为界限，权利人可以在传播作品中收取费用，也可以无偿传播。但在被授权人不遵守契约拟定条件时，权利人无条件享有撤销许可合同的权利，被授权人的一切权利也将自行终止。虽然GPL许可仅仅是针对软件作品而设定的许可协议，但对于发展自由软件工业具有重要价值。近年来，不论是欧洲、印度还是中国，都在积极推动发展开放源代码软件，以促进自由软件研究发展与推广应用，提升本地产业竞争力和自主性。

（三）CC协议许可模式

CC协议也就是知识共享协议，它是由知识共享组织（Creative Commons）发起推广的网络著作权许可授权机制，致力于让任何创造性作品都有机会被更多人分享和再创造，共同促进作品在其生命周期内产生最大价值。❷它提供多种可供选择的授权形式及条款组合，创作者可与大众分享创作，授予其他人再传播的权利，却又能保留其他某些权利。按照其不同组合模式，使用者可以自由复制、传播、展示及演出接受CC协议

---

❶　Mikael Pawlo, "Efficiency, Innovation and Transparency: The Future of Intellectual Property Rights"，载http://www.itkommissionen.se/dynamaster/file_archive/03012. pdf，2009年2月1日访问。

❷　刘志刚：《电子版权的合理使用》，社会科学文献出版社2007年版，第216页。

的作品，但是必须进行姓名表示，或者禁止商业使用，或者禁止改编，或者在改编后允许他人以相同方式共享等。也就是说，在承认著作权人享有完整权利的前提下，对著作权这一"权利束"进行分解，著作权人可以根据本人意愿和需要从中选择保留一些权利，然后释放另外一些权利，从而合理地部分权利保留（some rights reserved）。[1]例如，CC协议2.0版本提供了由4个最常见的授权选择的组合方式，任何作品都可以通过选择这些组合声明自己的作品授权，这些组合方式构成从"松"到"紧"的授权限制，给作品的创造者更加灵活便利的选择。[2]该协议为创作人保留了部分权利，而使其他权利迅速进入公有领域，从而增加人们自由、广泛获得和利用作品的权利，在数字媒体中将会发挥重要作用。[3]目前我国不少"博客"网站就明确使用了CC协议。

（四）默示许可模式

著作权的默示许可是指在没有明示授权的情况下，被许可人依据法律的规定或者许可人的行为推断其已为许可的作品利用模式。《信息网络传播权保护条例》第9条规定的基于扶助贫困许可既是一项制度创新，也是我国著作权法律对默示许可的首次确认。现实中还存在大量默示许可的作品利用形式，包括基于特定网络空间、基于网络营销策略以及基于惩戒权利人的默示许可。例如，在电子布告栏上经常出现的帖子、各类评论，甚至作为创作出现的文章、图片、动画、音乐、录像等，这些信息的权利人将信息发布或粘贴在布告栏，应当可以推定著作权人愿意通过网络散布流通其作品，而且表明默示许可布告栏修改其作品，并在其他BBS上自由流

---

[1] 郭剑寒、程博："网络时代知识产权利益平衡"，载《山西师大学报（社会科学版）》2006年第4期。

[2] Creative Commons, 载http://www.creativecommons.cn/，2006年11月20日访问。

[3] 孙璐："谈博客作品的版权保护"，载《出版发行研究》2007年第2期。

动。❶再例如，QQ软件作为免费传播软件，权利人默示许可其他网站进行软件作品的非营利性传播，但由权利人控制QQ号并以此营利。在一般情况下，其他网络服务提供者上传QQ软件并不会遭到权利人的反对。权利人之所以不会限制其他网站的转载和传播，是因为在这种经营方式中起决定作用的并非控制软件作品的传播。实际上，作品传播得越广泛，其营利的空间反而更大，用默示的方式鼓励网络传播，已经成为新的商业营销模式。

（五）免费许可模式

在数字时代，越来越多的作者愿意免费授权媒体传播作品，数字媒体也乐意免费授权使用者利用作品，而不需要消费者支付报酬。埃里克·弗林特（Eric Flint）认为，在网络上免费提供一本书能够推动而不是妨碍物质化图书的销售。他参与了免费图书馆（Free Library）的建立，为人们提供免费的电子书籍。他的个人知识产权策略是以他自己的信念和自身利益为基础的，通过书籍的出版获得收入，同时提供免费下载。❷这就告诉很多试图侵权的数字媒体，其实只要主动与权利人联系，在不少情况下可以获得免费的合法授权，避免侵权使用。此外，即使是商业性的数字媒体，也可以与权利人展开合作，不是通过作品使用的授权费而是尝试广告、手机销售、宽频上网合约等新的获利模式。2008年9月，环球、百代、索尼和华纳汇聚在"聚友网"的旗下，以1亿美元组建了"聚友音乐"，抛开唱片盈利的传统模式，通过一系列与音乐相关的附加产品——无限制的免费音乐、演唱会门票、在线广告、手机彩铃和其他娱乐功能——吸

---

　　❶　蒋志培：《入世后我国知识产权法律保护研究》，中国人民大学出版社2002年版，第199页。

　　❷　[美]罗斯·道森著：《网络中生存》，金马工作室译，清华大学出版社2003年版，第245页。

引用户并获利。**❶**2009年4月9日，美国环球唱片公司与热门视频共享网站YouTube合作推出一个免费的音乐视频网站，这家名为Vevo的音乐视频网站采用完全免费的方式，只依靠广告收入来维持运营。**❷**基于免费许可模式，权利人并未从媒体处直接获得经济利益，却能够从被许可人的其他经营活动中分得相应的利润，获取间接的经济利益。

（六）授权要约模式

授权要约模式是指在作品等信息向公众发行或传播时，权利人以申明的形式向公众发出要约，规定公众能够以何种条件、何种方式复制、发行和传播作品。一旦使用者接受该条件，即可按照条件自动利用该作品的缔约模式。例如，在图书《最后一根稻草》的扉页中，作者钟某作出了明确的数字版权使用申明，任何个人和机构均可享有该作品的数字形式的复制权、发行权和著作权，授权费用为基于使用该书所产生收入的5%，收入产生后6个月内由中华版权代理总公司收转作者本人即可。**❸**巴西歌手吉尔在2004年年初发行的新CD上，也附带了一项对买方的通知，表示买方可以自由地制作衍生的作品。**❹**这一模式被认为是数字时代著作权授权方式的大胆尝试，它节约了权利人与使用者之间的授权谈判成本，降低了数字传播和发行门槛，使数字化作品可以迅速地被利用，有助于数字媒体的发展。

---

❶ "华语唱片业再洗牌 多元化生存数字音乐蕴藏生机"，载http://www.dahe.cn/xwzx/yl/ylyy/t20090302_1496762.htm，2009年3月10日访问。

❷ 曹卫国："环球唱片将与YouTube合作推免费音乐视频网站"，载http://media.people.com.cn/GB/40606/9131705.html，2009年4月16日访问。

❸ 吴荷："《最后一根稻草》：第一只螃蟹"，载http://www.gmw.cn/01ds/2004-09/22/content_105978.htm，2009年4月1日访问。

❹ ［美］约翰·冈茨、杰克·罗切斯特著：《数字时代，盗版无罪》，周晓琪译，法律出版社2008年版，第192页。

（七）交叉许可模式

交叉许可是指权利人之间就各自拥有的著作权进行相互授权许可，以代替资金支付并实现互利共赢、技术共享的许可方式。这一授权思路的典型就是"超星模式"。按照"超星数字图书馆"网页上版权授权的征集申明，权利人可以选择以下三种方案之一进行授权：（1）向作者赠送10年期读书卡。作者同意将作品授权数字图书馆，数字图书馆向作者赠送价值1000元的10年期读书卡。10年后作者可以要求继续赠送读书卡。（2）根据下载量付费。授权图书供读书卡会员阅读、借阅，一部分收益用于著作权利益分配。（3）作者要求单独定价，向用户单独收费。❶上述"超星授权模式"中，第一种方式就是交叉许可模式。根据该约定，权利人将作品的著作权授予"超星公司"，作为交换，"超星公司"向作者赠送读书卡，以免费使用"超星公司"已经获得授权使用的其他资源。

（八）特定网络空间的权利放弃模式

互联网的某些特定空间中充满着自由主义的理念。进入这样的空间，往往会碰到数字媒体要求权利人承诺放弃一部分或者全部权能。有些媒体担心默示许可的效力以及权利人的事后异议，故而在提供存储空间的同时，对于著作权的利用方式进行在先申明，权利人只有点击同意后，方可实现注册或者登录。例如，美国最大的互联网全景网站兼上网服务商"美国在线"（AOL）就以合同的形式要求其用户同意在网站设立公共区域，用户在该区域上发表作品，就是自动进入公有领域，放弃作品的版权。❷这样的利用模式也存在于"博客"服务提供商（BSP）与撰写人之间。用户在向BSP申请注册"博客"时，BSP往往会以合同的形式，要求与用户共享版权，甚至要求用户放弃版权。例如，"中国博客网"在其网站版权

---

❶　超星数字图书馆："作者授权方案"，载http://www.ssreader.com/dongtai/shengming.html，2009年4月1日访问。

❷　张玉瑞：《互联网上的知识产权：诉讼与法律》，人民法院出版社2000年版，第183页。

申明中指出，BSP与"博客"共同拥有原创作品的版权；MSNSpace则在"MSN网站使用条款和通告"中主张，"博客"在依法享有其作品版权的同时，授予BSP使用、传播、改编、演绎该类作品等相关权利。❶这也就意味着，权利人注册成功后，其著作权将受到该约定的限制。

（九）"飞流"许可模式

哈佛大学伯克曼互联网与社会研究中心费舍尔教授倡导的"飞流"（Felio）项目，旨在推行一种新的许可途径。按照设想，权利人加入"飞流组织"后，其作品会一揽子许可给网络服务商、移动电信运营商或大学，然后免费提供给消费者使用。权利人只能根据作品利用情况从"飞流组织"获得一定的补偿。这一模式有三个方面的特征：❷（1）权利人应该在"飞流组织"为作品进行注册。（2）经过注册后的作品由"飞流组织"授权给其他媒体使用，飞流组织的成员可以为非商业目的传播和使用作品。非会员也可以免费从媒体上获得作品。（3）借助数字权利管理系统计算作品使用次数，根据使用情况权利人将得到一定的补偿。补偿费来源于社会捐赠和广告等其他收入。

（十）定位许可模式

定位许可是指权利人和被许可人约定根据后者确定的数字网络定位（如IP地址、区域网络等）来进行许可的模式。一般情形下，被许可人为教育机构或图书馆，被许可人可以在约定期限内免费试用。尽管被许可人获得著作权需要支付一定的费用，在其认定的范围内的研究人员、教师和学生却可以根据共同的账号和密码免费使用作品。❸

---

❶ 刘志刚："博客作品适用版权授权方式的可行性分析"，载《知识产权》2006年第4期。

❷ ［美］威廉·W. 费舍尔著：《说话算数：技术、法律以及娱乐的未来》，李旭译，上海三联书店2008年版，第230页。

❸ Michael A Einhorn, *Media, Technology and Copyright: Integrating Law and Economy*, Edward Elgar Publishing, Inc. 2004，p.56.

当然，数字环境下著作权许可新模式并不限于以上诸种类型。可以预见的是，随着技术发展、消费习惯和经营观念的变化，新型许可模式还会应运而生。多种许可模式的不断更新和变革有助于著作权人实现自己的利益，也从根本上改变网络上动辄侵权的可怕局面。

第二节　DRM著作权许可

一、DRM与DRM著作权许可

数字权利管理系统（DRM）是指在数字化作品利用过程中用以控制、监督、调整和计量作品、表演和录音录像制品复制、传播的技术手段、信息系统、计价方式和跟踪反馈系统等综合机制。它包括5个方面的子系统：（1）内容管理系统。其可以让使用者迅速找到所要的商品，减少搜索时间。从最基本的文字（如作者、作品名称、关键词等）到高级别的选择化检索，都应该在该系统中加以显见。（2）授权管理系统。该系统可以提供弹性化的合约及多样化的授权条款，保证数字媒体或权利人在自己的网络平台与消费者建立不同的授权方式。（3）许可收费的支付系统。数字媒体或者权利人获得的利益最终需要安全、便捷的支付系统，有效的付费方式也是消费者考虑的重要因素。（4）硬件配套系统。数字设备必须能够相互兼容，这就需要通过行业协会制定相应的标准。在条件成熟时，由国家公布统一的国家标准。（5）营利分配系统。DRM系统应该包括计算不同利益主体分配考量的下载量、点击量等数据，并且根据内容管理系统和授权系统计算权利人的作品传播和使用情况，根据约定的分成比例实现盈利额之间的合理分配。

数字权利管理系统对著作权许可具有积极意义：首先，数字权利管理系统为著作权许可和许可费给付提供了一个数字式的解决方案。录音唱片业者不愿授权网络音乐服务业者于网络传输其音乐之主要原因，在于其作

品和录音制品被利用的次数无法忠实确认，据以计算其应获得之报酬。❶
借助DRM系统，媒体通过建立透明可信的费用计算机制以及提供有效的
技术控制措施，有助于获得著作权人的授权。其次，数字权利管理系统能
够产生对作品接触行为的控制，变相扩充权利人和数字媒体的权利。拥有
版权的大公司更倾向于推进数字权利管理系统的建设，因为这可以帮助其
直接控制作品的使用行为。❷再次，数字权利管理系统还可以提供许多传
统环境下无法提供的服务。例如，借助DRM可实行差别定价，通过针对
消费者偏好的量身定价，避免了单一定价的无效率。它还能改变"首次销
售原则"下著作权人只有一次机会能够从特定复制件的销售中获得收入的
情形。❸最后，数字权利管理系统节约了作品传播的成本。它可以在本质
上推进作品的传播进入"无纸化"时代，可以通过集体许可的方式为图书
馆、学校和科研机构的成员提供联合服务，甚至可以通过追踪系统总结消
费者的利用偏好而帮助他们减少搜寻成本。

DRM著作权许可是指借助DRM机制，以权利管理电子信息和格式条
款为基础，由著作权人、数字媒体（许可人）与使用人（被许可人）缔结
的作品利用合同。近年来，DRM著作权许可得到广泛应用，在某种意义
上被西方学者认定为是确认音乐作品订购服务模式能否获得实质进展的关
键。❹那些颇受欢迎的影片，也可以借助DRM许可运营，获得扩散利益。
例如，付费收看的高清正版《让子弹飞》在各大视频网站上线，只要在线
支付5元，就可以在48小时内无限制点播普通话版或者四川话版《让子弹
飞》。据公布的数字显示，该片上线首日就有2 700多人付费观看。❺

---

❶ 章忠信：《著作权法的第一堂课》，书泉出版社2004年版，第228页。

❷ ［美］玛戈·雷德，"P2P文件共享：美国高院有机会考虑什么"，汤俊芳译，见
易继明主编：《中国科技法年刊（2007年卷）》，华中科技大学出版社2008年版。

❸ ［美］保罗·戈斯汀著：《著作权之道：从谷登堡到数字点播机》，金海军译，北
京大学出版社2008年版，第199页。

❹ Michael A Einhorn, *Media, Technology and Copyright: Integrating Law and Economy*,
Edward Elgar Publishing, Inc. 2004, p.51.

❺ 刘阳："让5亿网民习惯付费观看影视剧"，载《人民日报》2011年3月22日。

二、DRM著作权许可的特征和内容

DRM著作权许可是以权利管理电子信息和格式条款为主要表现方式的合同，该类交易模式的重要特点在于：许可人即数字媒体或者权利人确立许可合同的基本内容和条件，通过技术措施阻止被许可人在付费之前接触或获取作品，被许可人只能以点击方式被动选择是否缔结合同，以及以何种方式缔结合同。被许可人在DRM环境下决定是否作出缔结合同的承诺，必须了解作品的权利归属、作品利用价格以及作品质量等基本的信息，最终形成对作品质量、个人是否需求的判断。

DRM著作权许可合同一般包括以下条款：（1）授权条款。DRM可以提供弹性化的合约及多样化的授权条款，保证许可人与被许可人之间可以选择个性化的授权方式。例如，选择A条款就可以转载，选择B条款可以下载，选择C条款仅可以播放等。（2）支付条款。以数字化音乐作品为例，数字媒体或权利人完全可以在网络上标明转载、下载和复制的条件及其收费标准。而有关收费标准方面，又可能包括单曲制、会员制或者串流制等。在计价模式上又可能包括点数制、会费制和零付制等。特别是小额扣款方式需要有新的付款机制，以帮助许可人和被许可人建立信心。例如，"点数制"建立在"储值卡"的预付观念上。消费者储值时换取同等对价的点数，消费者使用点数付费时，点数会从销售点扣除，消费者在实体商店购买卡片，输入卡片的序号以及密码以取得相对应的点数，或者通过业者在网络上建置的点数系统，再用线上刷卡、银行转账或邮政划拨等方式购买使用的点数。❶（3）约束条款。其包括双方的违约责任，许可人要求被许可人承担的不可多次复制义务等。

例如iTunes采用一套比较宽松的DRM系统，称作FairPlay，对从其网站上下载的音乐文件实施以下控制：（1）文件可以被复制到任何一台iPods随身听上。（2）文件至多在3台获得授权的计算机上播放。（3）文

---

❶ 叶玟妤：《数位内容照过来》，元照出版社2006年版，第210~211页。

件可以被不限次数地复制到CD光盘上。（4）将iTunes中某一受FairPlay保护的播放列表中的文件复制到CD上的次数限制为10次。❶

三、DRM著作权许可中的消费者利益保护

DRM著作权许可会对消费者的利益产生消极影响。例如，作品的保护层越多就越难接近消费者，因此就使销售给公众这一最优商业化目标落空。❷与免费的网络使用相比，DRM著作权许可并不具有更强的吸引力。DRM著作权许可还是一种点击合同，它更多地从权利人角度设定合同条款，消费者要么接受，要么选择离开，并不是意思表示一致或者自由协商的结果。如果数字媒体意图将DRM著作权许可建构成为网络环境下著作权利用的有效途径，就必须对消费者可能"用脚进行的投票"保持足够的敬畏之心。实际上，现在的DRM著作权许可还不为公众所普遍接受，原因之一就是该种许可远离消费者的实际需求，并且可能存在侵害消费者利益的现象。版权人采用合同方式界定、规范最终消费者的权利，有可能剥夺版权法赋予消费者的各种合理使用利益。在美国加州法院审理的一起案件中，原告就认为，发行带有复制保护技术的光盘违反了加利福尼亚州消费者权益保护法和相关的许多普通法规则。❸因此，在DRM著作权许可机制的形成过程中，技术工作者和法律制定者应该紧密合作，促成DRM著作权许可在优越、亲切的技术环境和制度环境中实现良性运行。

（一）DRM著作权许可与消费者的知情权

DRM著作权许可中的许可人应该遵循消费者权益保护法的一般规

---

❶ ［美］威廉·W.费舍尔著：《说话算数：技术、法律以及娱乐的未来》，李旭译，上海三联书店2008年版，第142页。

❷ ［苏丹］卡米尔·伊德里斯著：《知识产权：推动经济增长的有力工具》，曾燕妮译，知识产权出版社2008年版，第193~194页。

❸ ［美］威廉·W.费舍尔著：《说话算数：技术、法律以及娱乐的未来》，李旭译，上海三联书店2008年版，第117页。

定，根据该种许可合同的特殊性，着重告知消费者以下信息，以保护文化消费者的知情权。首先，告知已经采取技术措施的情况。其次，告知交易客体的基本情况。数字媒体应该通过DRM系统提供试看、试听功能和服务，保障消费者对交易客体的了解，进而作出理性判断。再次，告知许可合同的其他主要条款。权利人及其集体管理组织还应通过网络服务平台，告知利用人寻求个人交易的资讯，以及VIP用户及特定利用人避开格式条款，寻求个别授权的方式及途径。最后，告知对被许可人进行限制的条款。例如，禁止被许可人复制的次数、复制件播放设备限定条款等，应该在显著位置告知消费者。

（二）DRM著作权许可与消费者的公平交易权

根据DRM著作权许可的自身特点，在维护消费者公平交易权方面，有两个基本问题需要注意。

其一，DRM著作权许可中，许可人利用格式条款规避著作权法相应规定的效力问题。首先，著作权法中的一些条款若属于效力性的强制性规定，可以阻止DRM著作权许可中有关约定发生效力。著作权法中也存在不少效力性的强制条款。比较典型的是某些著作权合理使用条款。其中，引用、国家机关执行公务使用、图书馆等公益组织的使用、盲文出版、计算机软件合法用户的使用者权、技术措施的合理规避权等规定，是基于言论自由和公共利益目的而对著作权进行的限制，通过DRM著作权许可合同排除这些条款的适用，应该认定为违背效力强制性条款而归于无效。

例如，在美国发生的ProCD v. Zeidenberg一案中，被告购买了一份原告编制的电话簿光盘，在光盘包装盒中有一张表格，提示该光盘是仅供家庭使用的。被告将光盘内容上传到网站向公众提供。原告以违反启封许可证为由起诉被告。法院认为，如果不承认启封许可证的效力，原告的利益就难以得到有效保障，因此认定被告的行为构成违约。然而，根据美国版权法，原告编制的电话簿是不受著作权法保护的，一经出版就处于公共领域。原告利用启封许可证禁止被告发行该电话簿的行为显然缺乏法律依据。被告上诉至第七巡回法院。上诉法院认为，联邦著作权法的原则不能排除本州合同法的规定，因此被告的行为仍然构成违约。❶这样的判决应该是正确的。因为尽管没有独创性的作品不受到著作权法保护，但是作品的独创性要求并非是效力强制性条款，它只是影响能否获得著作权保护，而不是要促成某些行为归于无效。

其次，当DRM著作权许可中规避著作权法的条款侵害社会公共利益时，应该认定为无效。如果DRM许可中禁止使用者基于个人信息安全的目的而规避技术措施的，由于该约定直接侵害消费者的安全权，构成对公共利益的妨碍，可以认定该约定无效。2006年以来，苹果公司的iTune设备通过DRM系统设定严格的许可条款，阻止使用者在其他同类型设备上播放合法购买的音乐作品，同时单方面设定保留修改合同利用条款的权利。这些规定遭到消费者的反对。挪威的消费者调查官与来自法国、德国、瑞典、荷兰等国家的消费者组织一道，要求iTune废除DRM中的不公平条款，实现播放设备的兼容。迫于消费者的巨大压力，2008年，苹果公司改变了DRM下载的音乐必须在其允许播放器上播放的合同条款。

最后，DRM著作权许可中规避著作权的条款是否有效，还需要结合具体的情况综合分析，不可一概而言。实际上，合同法上鼓励交易的原则和经济学上的效益原则必须得到坚持，不要轻易将DRM著作权许可合同认定为无效。例如，前述的iTunes设定的DRM著作权许可条款中，虽然基于合理使用的原则，允许被许可人进行必要的复制，但是限定了复制的次数。对于这样的约定，应该认定为有效。从效率原则和伦理原则上审视，这种复制次数的限制为当事人自愿选择的结果，并不会对公共利益造成损害，合同的执行也不会违背社会公共政策目标的实现。但是，如果iTune通过DRM著作权许可合同直接侵害消费者的选择权，阻止播放设备的兼

---

❶　吴汉东：《著作权合理使用制度研究》，中国政法大学出版社2005年版，第264~265页。

容播放，则因为涉及消费利益保护和公平自由竞争的市场环境，进而关涉公共利益，则应该认定为无效。

其二，借助DRM著作权许可合同，许可人超越"首次销售规则"而享有的法律特权问题。"首次销售原则"是指任何作品以有形载体为媒介进行销售、赠与时，著作权人的发行权只能行使一次即为耗尽，随后进行的销售、赠与得由作品载体的所有权人自行为之而不得干涉。如果DRM许可不是以容忍而是通过控制二手市场消费来达到拓展消费选择空间和促进产品多样化的目的，那么该种许可模式所具有的市场吸引力就会大为减弱。为此，有必要在立法中规定类似于"首次销售原则"的内容，保证DRM许可中被许可人的利益。这一规则可包含以下方面：（1）DRM许可中，许可人采取技术措施阻止使用者对作品进行多次复制的，虽然不会导致该约定条款的无效，但是必须在显著位置明确告知被许可人。（2）DRM许可中，在未有许可人明确禁止的情况下，使用者应有权在删除自有文件的前提下，将由此获得的作品以复制方式销售、赠与其他人。（3）为实现前述第（2）条事项中许可人的利益，许可人可以采取技术措施，以保证使用者在向其他人提供作品后，原已拥有的作品格式归于无效。

（三）DRM著作权许可与消费者信息安全权

DRM著作权许可是一种重要的数字作品网络利用形式，著作权人以及其他许可人为了维护自身的许可利益，掌握消费者的基本动态，阻止消费者的后续利用行为，可以借助技术措施在著作权许可过程中埋置相应的观察和探测手段。DRM中的观察功能可以将使用者的行为报告给数字内容提供商和运营商，这种报告可以在按流量付费时发生，也可以在实际支付期间单独发生。DRM技术中的许多记录行为都是自动控制的，不为消费者所知晓。此外，DRM中的探测手段甚至包括对于匿名使用者的定位分析，并由此获取大量的消费者不欲为外人知晓的信息。❶如Sony公司在Sony BMG所发行的CD中附加broadcast flag技术，借此防止作品再次传递，禁止数位电视内容线上交易。此类DRM技术却使CD消费者的个人电脑成为黑客攻击的对象。Sony公司因此被迫停止该技术之应用，并召回数万片的CD，更面临侵害消费者隐私权的指控，而陷入诉讼之困境。❷再如，在网上通过DRM许可订购音乐或者欣赏电影，个人的信息以及偏好逐渐为数字媒体抓取并进行整理，有时甚至可以总结出被许可人的年龄、学历、性格、专业等个人信息。被许可人可能会接到网络发来的各类音频、视频推荐和介绍，这表明，网站已经跟踪并分析获得个人的多种信息。

2012年12月28日，我国出台《全国人民代表大会常务委员会关于加强网络信息保护的决定》（以下简称《决定》），明确宣示国家保护能够识别公民个人身份和涉及公民个人隐私的电子信息。任何组织和个人不得窃取或者以其他非法方式获取公民个人电子信息，不得出售或者非法向他人提供公民个人电子信息。根据《决定》的内容，结合消费者权益保护法的基本理论，许可人在采用DRM机制进行著作权许可时，应该保障消费者的以下信息安全权。

1. 个人信息收集的知情权。《决定》指出，信息收集者应遵循合法、正当、必要的原则，同时也应公开其收集、使用规则。因此，许可人利用DRM机制从个人处收集信息时，应该提供有关信息的收集目的、信息的利用目的、信息机密性与完全性，以及信息内容的保护手段、信息提供与不提供的效果、救济的权利等适当的信息。从形式上看，许可人应该在该系统的显著位置告知消费者个人信息将被收集的约定，只有在消费者

---

❶ 谈咏梅："数字版权管理技术运用中的隐私保护"，载《情报杂志》2006年第1期。

❷ 蔡惠如：《著作权之未来展望——论合理使用之价值创新》，元照出版有限公司2007年版，第214页。Matthew Rimmer, *Digital Copyright and the Consumer Revolution: Hands off my ipod*, Edward Elgar Publishing, Inc. 2007. pp.171-183.

点击确认后，收集系统才能开始工作。

2．个人信息收集的查看权。个人信息是否被收集，收集的信息达到何种程度，都应该在消费者的掌控之下。在DRM系统中应该置放相应的信息进入和查看机制。由于DRM许可需要消费者的注册、密码和银行账户等信息，所以个人信息查看权尤为重要。消费者可以打开DRM许可中的信息收集栏目，在输入个人密码或者账号后，进入自己填写的个人信息数据库查看相应数据。除某些必须填写的数据外，可以拒绝透露更多个人信息。❶

3．个人信息收集的安宁权。《决定》指出，网络服务提供者和其他企事业单位及其工作人员不得泄露、篡改、毁损，不得出售或者非法向他人提供。同时采取技术措施和其他必要措施，在发生或者可能发生信息泄露、毁损、丢失的情况时，应当立即采取补救措施。任何组织和个人未经电子信息接收者同意或者请求，或者电子信息接收者明确表示拒绝的，不得向其固定电话、移动电话或者个人电子邮箱发送商业性电子信息。因此，DRM许可中，许可人在登录、查看和运行过程中，应该为确保个人信息的机密性和完全性而采取适当的技术和管理控制措施，不得采取攻击性或者危害消费者个人信息安宁的技术手段。在被许可人拒绝信息收集的请求后，许可人不得违反规定收集，也不得通过电子邮箱、短信、移动电话等方式再次或多次征询许可人的意见，妨碍许可人的生活安宁。

4．个人信息安全受侵害的救济权。《决定》指出，公民发现泄露个人身份、散布个人隐私等侵害其合法权益的网络信息，或者受到商业性电子信息侵扰的，有权要求网络服务提供者删除有关信息或者采取其他必要措施予以制止。因此，在DRM著作权许可中，被许可人发现许可人侵害其信息安全权时，有权要求许可人删除或采取其他措施予以制止，或者向有关主管部门举报、控告，也可以以个人的信息安全权受到侵害为由提起

---

❶ 《加拿大个人信息保护及电子文件法》要求机构承担一项基本义务，确保个人知悉并同意收集信息行为，并且个人应有权获得该信息。

民事诉讼，追究许可人的民事责任。但是如何在损害赔偿中切实维护被许可人的利益，还需要相应的制度设计。《德国联邦数据保护法》第8条规定，在当事人以自动化数据处理不合法或不正确为理由，向数据存储机构请求损害赔偿时，如果就损害是否可归责于存储机构的事由而引起的争议，存储机关负有举证责任。该举证责任配置模式考虑到网络信息收集方和被收集方在技术和能力上的差异，值得借鉴。因此，建议在修改完善《决定》消费者权益保护法或者制定人格权法时，明确规定消费者享有的信息安全权或者信息权，在信息收集中侵害该民事权利的，信息收集人应该承担损害赔偿责任。如果就损害是否可归责于信息收集人的事由而引起的争议，信息收集人负有举证责任。

第三节 信息网络传播权的默示许可

一、信息网络传播权默示许可概述

信息网络传播权的默示许可，是指在一定情形下，权利人虽未明示许可在网络空间传播作品，但是从权利人的行为或者依照法律规定可以推定其对该使用不表示反对，从而认定经由许可而利用作品的许可样态。概括而言，默示许可具有以下特征：（1）默示包括任何非明示的表示行为。它主要是指可推断的行为，不过真正的沉默也包括在其中，只要存在相应的表示惯例即可。[1]从合同的角度观察，双方当事人之一方，毋须用言语或文字表示一己之意思表示，而可用行为向对方发出要约。另一方如想接受其要约为承诺时，也只需作出一定或指定的行为，便可构成契约。[2]（2）默示许可只能发生于特定的情形。在通常情况下，沉默、纯粹的不

---

[1]　[德]迪特尔·施瓦布著：《民法导论》，郑冲译，法律出版社2006年版，第353页。

[2]　杨桢：《英美契约法》，北京大学出版社1997年版，第9页。

作为，不能够实现行为人旨在使法律后果发生的效力意思；但是在有些情况中，沉默能"说话"，即谁在此种情况中沉默，即消极地不作为，正是表明他想使某种法律后果发生效力。❶（3）在默示许可制度下，著作权人可以行使的是许可权、支付报酬请求权和禁止权。也就是说，在使用者利用作品后的任意时段，权利人都可主动提出付酬请求，使用人必须按照适当标准支付。

　　我国《信息网络传播权保护条例》第9条规定，为扶助贫困，通过信息网络向农村地区的公众免费提供中国公民、法人或者其他组织已经发表的种植养殖、防病治病、防灾减灾等与扶助贫困有关的作品和适应基本文化需求的作品，网络服务提供者应当在提供前公告拟提供的作品及其作者、拟支付报酬的标准。自公告之日起30日内，著作权人不同意提供的，网络服务提供者不得提供其作品；自公告之日起满30日，著作权人没有异议的，网络服务提供者可以提供其作品，并按照公告的标准向著作权人支付报酬。网络服务提供者提供著作权人的作品后，著作权人不同意提供的，网络服务提供者应当立即删除著作权人的作品，并按照公告的标准向著作权人支付提供作品期间的报酬。在扶助贫困中提供作品的，不得直接或者间接获得经济利益。这是一种类型化的默示许可。从该条规定来看，它所要求的公告制度，并没有剥夺著作权人释出许可的权利，只是为了操作上的简单以公告的方式寻求著作权人的授权，并按照标准支付相应的报酬。如果著作权人在法定的30天内没有提出反对意见，则视为释出了默示的许可。❷按照这样的界定，将设立互联网的行为本身理解为默示许可显然是不正确的。同样地，将未作权利保留的转载、摘编视为默示许可也是错误的。因为权利保留申明作出的前提是作品不需要许可，而默示许可的前提是作品需要许可。虽然二者均可以申明的方式改变原有法定规则的适

---

　　❶　［德］卡尔·拉伦茨著：《德国民法通论》，王晓晔等译，法律出版社2003年版，第485页。

　　❷　李明德："信息网络传播权保护条例剖析"，载《台湾科技法律与政策论丛》2007年第4卷第2期。

用，但法定许可或者合理使用下的权利保留申明，是从意思自治的角度将不需许可的使用变更为明示许可，而默示许可中的申明，则是将本来可以从"沉默"中推定的许可变更为明示许可。所以从本质上看，无权利保留申明的法定许可与默示许可是两种不同的法律制度。扶助贫困默示许可不同于法定许可之处，正在于它没有免除使用者取得许可的义务，而只是改变了取得许可的方式，把通常通过个别约定取得许可的方式，规定为可以通过公告的方式、借助权利人无异议行为的默示方式取得许可，网络服务提供者行使信息网络传播权在实质上还是通过授权许可取得。因此，基于扶助贫困的许可只是为方便向农村提供作品而设定的特别许可制度，可以说是对著作权制度的一种创新。❶

二、基于扶助贫困的信息网络传播权默示许可

依照《信息网络传播权保护条例》，基于扶助贫困的信息网络传播权默示许可的构成要件是：（1）使用作品的目的要件。构成默示许可使用的基本目标，就是要通过这些作品的默示许可，达到扶助贫困的目的。（2）默示许可的作品类型。被使用作品的权利主体是中国公民、法人或者其他组织，被使用的作品是已经发表的种植养殖、防病治病、防灾减灾等与扶助贫困有关的作品和适应基本文化需求的作品。（3）默示许可的行为表现为权利人未对被许可人的公告提出异议。网络服务提供者必须先以公告程序公示30天，在权利人未有异议的情况下方可在互联网上向公众提供。一旦权利人不同意提供，网络服务提供者应当立即删除著作权人的作品。（4）使用者的非营利性要求。使用者在扶助贫困中提供作品的，不得直接或者间接获得经济利益。

被许可人经由默示授权可以通过信息网络传播作品，权利人可以行使报酬请求权而不是损害赔偿请求权。换言之，在基于扶助贫困的许可

---

❶ 金武卫："《信息网络传播权保护条例》评述"，见吴汉东主编：《中国知识产权蓝皮书》，北京大学出版社2007年版，第359页。

中，权利人并没有失去报酬请求权，只不过以制度的形式推定其已经默示许可网络服务提供者提供自己的作品，但是依然可以向网络服务提供者行使报酬请求权。这也意味着即使在权利人自己不同意提供作品的情形下，其也不享有损害赔偿请求权，而只能按照公告的标准获得作品被提供期间的报酬。例如，网络服务提供商A在2007年10月1日将拟上传的作品及其作者B、拟支付报酬的标准等事项予以公告，因为没有收到异议，所以该作品于2007年11月1日被上传到互联网上。实际上之所以没有异议，是因为著作权人B一直未关注该网站，直到2008年5月1日才发现并提出异议。那么，按照法律的规定，A在2007年11月1日至2008年5月1日期间将B的作品公开的行为并不构成侵权，B只能行使报酬请求权，而不能要求损害赔偿。

可见，在扶助贫困的许可中会发生以下三种不同的情况：（1）在公告期间，作者响应并许可的，属于普通授权许可；（2）网络服务提供者公告后没有收到权利人异议并上传作品的，是默示许可；（3）作品经由默示许可传播后，作者不同意提供作品的，网络服务提供者应当撤销作品的上载，但是对于已经上载作品的行为不能认定为侵权行为，权利人只能行使报酬请求权而不是损害赔偿请求权。

三、信息网络传播权默示许可的其他类型

除我国立法中明确规定基于扶助贫困的信息网络传播权默示许可外，现实中还出现了不少其他形式的默示许可实践。静态的制度只有在与外面的世界进行"交往"才能具有制度生命和真实性的话，[1]在信息网络传播权制度的选择进程中，就不该忽视这些新型的制度需求。具体来说，以下的信息网络传播权默示许可模式值得关注。

第一种情况是特定网络空间的默示许可。在特定网络空间，著作权人

---

[1]　[美]弗里德曼著：《法律制度》，李琼英、林欣译，中国政法大学出版社1994年版，第13~19页。

发表作品的基本目的，就是要求更多的人转载、传播，用以提高自己的知名度。例如，在电子布告栏上经常出现的帖子、各类评论，甚至作为创作出现的文章、图片、动画、音乐、录像等，这些信息的权利人将信息发布或粘贴在布告栏，应当可以推定著作权人愿意通过网络散布流通其作品，而且表明默示许可布告栏修改其作品，并在其他BBS上自由流动。[1]有些约定俗成的"网上自律规则"也说明了默示许可的存在。例如，有人用电子邮件将自己的观点贴在某个网上公共论坛上，供众人评说，就会被推定为默示许可他人出于反驳或支持的目的在自己的"帖子"里使用他的"作品"。[2]在这些情况下，一旦权利人进入特定网络空间并发表作品，就意味着允许转载和摘编，其行为本身已经默示了利用人未经明示也可使用的合法正当性，除非权利人在发表作品时明确排除未经明示许可不得进行网络传播。

司法实务中，网站未经许可转载博客上发表作品进而引起争议的诉讼表明，默示许可规则在解决现实问题时应该发挥作用。在"秦某诉北京搜狐互联网信息服务有限公司其他合同纠纷案"[3]中，原告在博客上发表的作品未经许可被搜狐网站转载，后者既未注明出处，也未向其支付任何报酬，由此发生争议。在接洽中，原、被告达成和解协议，即以被告向原告支付赔偿金的方式解决纠纷。虽然本案还是按照明示授权许可的方式解决问题，并且也因为被告未履行和解协议发生诉讼，但它也从一个侧面证明，如果能够建构默示许可制度，允许原告行使报酬请求权，不仅可以减少原告诉讼成本和维权代价，而且能够增加互联网上作品的传播速率和总体流量。

第二种情况是在模拟环境下著作权许可行为推定的信息网络传播权默示许可。随着新技术的发展，当著作权人签发在传统媒体进行使用的许

---

[1]　蒋志培：《入世后我国知识产权法律保护研究》，中国人民大学出版社2002年版，第199页。

[2]　薛虹：《网络时代的知识产权法》，法律出版社2000年版，第272页。

[3]　北京市海淀区人民法院〔2007〕海民初字第6419号。

可证时，也可能构成默示在网络传播的许可。比较典型的是作者向期刊社投稿时，如没有明确的反对，则表明作者许可其作品在期刊传播的同时，默示许可在相关网络通道如"期刊网"等以数字形式传播。在媒体期刊建立"网络版"或者授权"期刊网"利用日渐流行的背景下，著作权人也越来越清楚自己的投稿行为已经默示期刊出版者可在特定的网络空间传播并无须经由明示授权，除非其在实施特定行为时明确排除默示许可。

除此之外，如果权利人向具有法定职责的特定机构签发使用许可授权时，也存在是否可以适用默示许可的问题。在"谢某与北京万方数据股份有限公司侵犯著作权纠纷案"❶中，上诉人（一审原告）按照规定，将其硕士学位论文MBR寄至国家法定的学位论文保藏和服务机构——中国科学技术信息研究所（以下简称中信所）保存和使用（按照规定，仅限于模拟环境下的使用）。中信所未经明示授权，与被上诉人（一审被告）万方公司签订合同，授权后者制作数据库并在互联网上提供，受众仅限于国家图书馆以及高等院校图书馆等图书馆用户。法院认为，万方公司在未经许可、未支付报酬的情况下，将MBR全文收录于其制作的学位论文数据库中，并向包括北京工业大学在内的用户提供该数据库，其行为已侵犯了原告对MBR文所享有的著作权。虽然这一判决完全符合现行法律的规定，但是毕竟忽视了中信所作为法定学位论文保藏和服务机构的职责。如果本案能够按照默示许可进行处理，亦即从原告签发模拟环境下授权使用的行为中推定其已经默示信息网络传播权的许可使用，则既照应了中信所性质的特殊性，契合了论文交存制度的主旨，激励了论文数据库的开发，促进了科研成果在有限的科研学术群体范围内交流使用，也能够通过报酬支付请求权保证权利人的应有利益。

第三种情况出现在商业竞争中。例如QQ软件作为免费传播软件，权利人默示许可其他网站进行软件作品的非营利性传播，但由权利人控制

---

❶　北京市第二中级人民法院〔2008〕二中民终字第18604号。

QQ号并以此营利。在一般情况下，其他网络服务提供者上传QQ软件并不会遭到权利人的反对。权利人之所以不会限制其他网站的转载和传播，是因为在这种经营方式中起决定作用的并非控制软件作品的传播。实际上，作品传播得越广泛，其营利的空间反而更大，用默示的方式鼓励网络传播，已经成为新的商业营销模式。除此之外，还有一些论文数据库的制作者，在互联网上发布公告，希望权利人能够在知晓自己作品被传播后与网络服务提供者联系，选择付费方式或者其他授权方式。尽管这样的做法已经侵权，但不少业界人士仍坚持认为，只要进行了公告，权利人即使没有作出任何的意思表示，也可推定其已经许可，从而向公众提供权利人依法受到保护的作品。

以上情况表明，现实中还大量存在以默示为基础的信息网络传播权许可模式，对于这些权利利用方式必须进行法律的判断。进言之，利用者能否从权利人的沉默中依照法律规定或者行为本身直接推断其已经"默示许可"，从而能够像明示授权一样获得缔约效果？如果严格按照我国《著作权法》第26条关于"许可使用合同和转让合同中著作权人未明确许可、转让的权利，未经著作权人同意，另一方当事人不得行使"之规定，那么，以上情况无疑应该认定为侵权。但如果从网络技术条件下著作权制度创新的角度，立法肯定并规制某些特定情形下的默示许可及其条件，不仅符合社会公众的利益，而且并不违背权利人的初衷。因此，建议完善网络环境下的著作权默示许可立法，为实践中可能存在的各类默示许可行为提供法律依据。

第四节　网络环境下的著作权集体管理

著作权集体管理，是指著作权集体管理组织经权利人授权，集中行使权利人的有关权利并以自己的名义进行的集中管理活动，包括与使用者订立著作权或者与著作权有关的权利许可使用合同；向使用者收取使用费；向权利人转付使用费；进行涉及著作权或者与著作权有关的权利的诉讼、仲裁等。著作权集体管理提高了作品利用收益，降低了社会交易成本，在著作权利用方面发挥不可替代的作用，获得了普遍的推崇。著作权集体管理依然是网络著作权利用的基本渠道。面对网络技术带来的挑战，集体管理制度也需要及时作出调整和创新，以更好促进网络著作权的有效运营。

一、网络环境下集体管理面临的挑战和机遇

网络环境下，著作权集体管理组织获得授权面临一些新的挑战，集中表现在三个方面。（1）网络环境下，著作权人数量多，很多人不是集体管理组织的会员。现代信息技术引起的"信息爆炸"浪潮与数字媒体的多元繁杂形成叠加效应，各种类型的创作者可以用简便、快捷和随意的方式创作、发表和提供各种形式的作品、表演及录制品。加入集体管理组织的权利人在整个创作群体的比例构成上非常有限，特别是大量业余创作群体及其创作的个别作品不能纳入管理范围。按照传统的集体管理规则，这些没有加入集体管理组织的权利人的作品就不能进行授权。（2）网络环境下，大量的作品难以确定著作权人，集体管理组织难以发挥更大的作用。数字媒体环境下，使用者参与作品的创作，大量的作品成为"孤儿作品"。各类使用者在利用这些作品时，面临无法查找权利人的困难。（3）数字技术的发展使得权利人绕开该组织进行个性化授权成为可能。数字权利管理系统的持续发展，会危及集体管理的必要性。由于集体管理下权利人丧失了单独授权的机会，所以往往成为权利人不得已而为之的选择。由于著作权人精力上的有限性和单独收费的困难性，集体管理组织自然优于作者进行单独授权。一旦数字权利管理系统得以发展，权利人将可以借助自己的个体力量实现授权，其对集体管理的需求就减少。这表明，新时期的集体管理组织进行的集体许可，还需要制度的调整与完善，以更加便捷、高效的方式应对数字技术带来的挑战。

而现代信息技术革命也创造了一些新的技术手段和发展平台，从而有助于集体管理。例如，2002年9月，香港作曲家及作词家协会与中国音乐著作权协会合作共同开发DIVA数据库系统（包括会员、作品、协议、日志、分配和调整等单元，简称DIVA）。DIVA主要功能是应用网络连接数据信息，共享资源，协助统筹资料及分配版税，其显著特征就是创新，具有远见性和先进性。由此可见，只有通过创新，才能克服技术之弊，张扬技术之利。

因此，在互联网时代，著作权集体管理发挥作用的制度条件依然存在。（1）网络环境下的著作权人同样具有精力上的有限性。面对著作权利用的各种样态，权利人并不愿意也很难做到为了个别的授权而耗费时间、精力。（2）网络环境下的利用人同样具有寻找授权途径的困难性。虽然利用人可以在网络上发现直接个别授权的通道，减少交易成本，但是利用人在很多时候所利用作品具有多个著作权人，而有些著作权人的个别授权的搜寻成本很高，制约了作品的利用。（3）网络环境下的集体管理具有操作上的便利性。集体管理组织可以利用网络发挥模拟环境下无法达到的效果。例如，可以通过与网络服务提供商的合作，进一步减少集体管理的成本，扩展集体管理的透明度，拓宽利用人获得集体授权的途径等。

二、网络环境下集体管理制度的发展

加强数字环境下著作权的集体管理，既可以满足人们在网络环境下对作品使用的需求，又可以保护著作权人的合法权益，是著作权人进行自我保护、维护自身利益最为重要的手段之一。集体管理在应对技术革新带来的著作权问题上，显示出日益增长的重要性。[1]由于网络空间的著作权保护出现了新的特点，著作权集体管理组织也应该根据时代的发展及时调整和因应，以发挥出更好的作用和功能。

首先，建构延伸性集体管理的规则。在数字环境下，由于信息处于"爆炸"状态，"海量"的信息面对的是大范围的侵权，要每一位愿意集体管理的著作权人都与著作权集体管理组织签订授权委托合同，不仅显得

---

[1] WIPO, *Collective Administration of Copyright and Neighboring Rights*, WIPO Publication（1990），p.55。

琐碎，不利于提高管理效率，而且不可能。所以，可规定"延伸性集体管理"，即在法律特别规定的范围内，集体管理组织也能管理非会员（未向其授权的著作权人）的权利。换言之，利用人只要依据该集体管理组织就其管理的特定种类作品所订定的使用报酬费率支付报酬后，即可就不属于该集体管理组织管理目录内的特定种类作品进行利用，即使该作品的著作权人未加入该集体管理组织，利用人也毋庸取得该著作权人之授权。❶但该利用须限于集体管理组织所管理特定种类作品之权利范围内。

其次，建立向集体管理组织提存的制度。在日本，对于著作权人不明或者经相当努力无法与著作权人取得联系的作品，在特定条件下应给付著作权权利金，可通过向著作权管理机关提存的方式利用该作品。对于大多数国家的集体管理组织而言，提存制度没有具体障碍。具言之，著作权权利人不明或者经相当努力无法联系取得授权的情形，由集体管理组织作为提出提存的机关，并有义务继续寻找权利人并发表公告。在5年无著作权人出面主张，为维护法律关系的稳定和实现文化发展，可考虑将权利金纳入文化发展基金。

最后，发挥集体管理组织在建构数字权利管理系统中的作用。著作权集体管理组织完全可以依靠数字权利管理系统更好地服务会员，打破"一揽子"许可的局限，实现依点播次数和频度收费，真正做到公开、公平和公正。从这个意义上讲，集体管理组织应通过技术手段更为科学和精确地反映权利利用情况，确保权利许可金的合理分配。此外，著作权集体管理组织可发挥独特的作用建立著作权授权综合交易平台，其目标是：在特定区域乃至全球范围内，建设一个涵盖文字、音乐、美术、摄影、多媒体等类型，著作权相关信息登录符合统一数字化标准，集作品查询、授权洽谈、在线交易、作品使用于一体的著作权综合交易平台。❷

---

❶　WIPO, *Collective Administration of Copyright and Neighboring Rights*, WIPO Publication（1990），pp.73-74.

❷　刘志刚：《电子版权的合理使用》，社会科学文献出版社2007年版，第216页。

三、从集体管理到集中许可

即便经过不断的制度改进，在数字网络时代，传统的集体管理组织在新的环境下也有可能不敷使用。可以预料的是，大量不同类型的作品被整体地使用或固定在所谓多媒体产品上，一些不同性质的团体被卷入著作权集体许可机制中。[1]这样一来，更多的集中性著作权许可组织获得授权处理权利人作品的资格。与集体管理组织相比，集中许可机构或者组织不强调"人合"要素，不关心作者，而在意权利的集中管理和许可，除了管理权利、分发许可证以及分配使用费外，并不关心其他的目标；它提供单一的许可来源，为权利人和使用者降低交易成本，可称为"权利中心"。[2]例如，不少博客网站以自己的名义从事著作权的授权活动，再以获得的收益与权利人进行分成，这不同于代理而更接近于信托。实践中，著作权代理机构、行业协会、收费管理中心、网络平台（如"百度文库"）甚至新型构建的授权联盟，都可以在集中许可方面发挥重要作用。

日本于1999年成立千年数字版权联合会（CCD），由版权协会、多媒体分会（CCM）和多媒体制作者分会合并成立，包括各个领域的权利人、多媒体产品的团体和企业，通过双方的集体许可实现作品的利用。美国"公民互联网授权联盟"（Citizen Internet Empowerment Coalition）已经发展成为一个由互联网用户、ISP、非营利性组织、出版商等共同组成的版权综合交易机构，为解决网络环境下的著作权授权难题提供了一种新的思路。[3]美国版权人、出版商以及使用者联合成立的版权结算中心（Copyright Clearance Center，CCC）是典型的集中许可组织。CCC的核心要素是每个权利人都可以指定利用自己作品的条件和价格，使用者根据这个条件和价格与权利人达成协议，CCC提供了把作品及其使用条件集中

---

[1] 周艳敏："日本版权制度的'数字议程'"，载《电子知识产权》2002年第2期。

[2] 罗向京：《著作权集体管理组织的发展与变异》，知识产权出版社2011年版，第3页。

[3] 刘润涛："数字时代著作权授权方式研究"，载《知识产权》2005年第5期。

在一起的平台，并且代为收集使用者交付的使用费。CCC的许可模式对版权人的排他权予以充分尊重，也给予使用者真正多样的选择可能，因此被各方予以高度评价。[1]若法律继续固守只有集体管理组织才能进行信托许可的规范，将会阻止晚近出现的各种集中许可组织的发展。事实上，必须突破传统的集体管理组织单一运行模式，通过创新各种组织形式，探讨多元集中许可的思路。

具体来说，除了集体管理组织外，可以探索允许以下组织进行集中许可：（1）数字媒体作为信托人的集中许可。在著作权人未指明著作权集体管理机构时，应该充分发挥网络服务提供者在网络环境下集体管理的作用，"由网络服务经营者（ISP）充当数字化作品的集体管理机构"。[2]这就需要建立著作权的信托制度。允许权利人与数字媒体之间签订协议，授权数字媒体以自己的名义行使权利。因著作权许可而获得的收益，应由数字媒体在扣除一定管理费后与权利人分享。（2）多方利益主体集中协商中心的集中许可。著作权许可集中协商中心的会员包括著作权人及其集体管理组织、数字媒体以及多媒体产品的团体和企业。中心可定期召开协商会议，共同探讨集中许可的形式、条款和机制。（3）探索建立专门的著作权集中许可机构。可仿照美国或日本的做法，建立著作权人、出版商以及使用者联合成立的著作权结算中心，参加集中管理组织的每个权利人都可以独自对使用作品的条件和价格作出决定和安排。集中管理组织代为收集使用者交付的使用费，在扣除必要的成本后按照权利人的要求转付给不同的权利人。

---

[1]　罗向京："著作权集体管理组织的发展与变异"，知识产权出版社2011年版，第165页。

[2]　吴汉东、胡开忠等：《走向知识经济时代的知识产权法》，法律出版社2002年版，第160页。

第六章 技术措施和权利管理信息的保护

技术措施和权利管理信息著作权保护制度成形于1996年通过的《世界知识产权组织版权条约》（WCT）和《世界知识产权组织表演和录音制品条约》（WPPT）。我国2001年修改的《著作权法》和2006年通过的《信息网络传播权保护条例》均明确规定技术措施和权利管理信息的法律保护。事实上，学术上和实践中围绕技术措施和权利管理信息著作权保护话题，依然存在热烈的理论争鸣和思想交锋。技术措施和权利管理信息的著作权保护，固然为权利人的利益维护提供了一道新的制度屏障，但是也打破了传统著作权法律结构中的利益平衡。立法在保护著作权人依法采用技术措施和权利管理信息的同时，对该种保护措施进行相应的限制，以达到维护公共利益和保障社会公众利益的目的。本章拟结合相关法律规定，探讨技术措施和权利管理信息著作权保护中的基本概念和具体规则。

第一节 技术措施的基本理论

一、技术措施的概念和特征

技术措施也称为技术保护措施，是指权利人为防止、限制其作品、表演、录音录像制品或者广播电视节目被浏览、欣赏、复制或者通过信息网络传播而采取的有效技术、装置或者部件。其中，作为技术措施的"技术"包括防止他人使用的方法、软件等；"装置"是指一种可以单独起到防止使用的设备，如各种加密机；"部件"是指不能单独成为一种技术措施，必须与其他部件、设备配合使用的技术措施组成部分，如与计算机一起配合使用、防止复制的各类"加密狗"等。❶在著作权法第三次修改过程中，有学者建议将技术措施修改为技术保护措施，因为根据英文，technology protection measure（TPM）直译为"技术保护措施"。实际上，这种做法没有必要。因为从2001年以来，我国立法将TPM翻译成为"技术措施"而非"技术保护措施"，早已约定俗成，在汉语中二者也并无实际区别。更为重要的是，"技术措施的著作权法保护"才是法律规定的核心，而"技术保护措施的保护"这样的表述，显然不如"技术措施的保护"规范。

　　《信息网络传播权保护条例》第26条规定，技术措施，是指用于防止、限制未经权利人许可浏览、欣赏作品、表演、录音录像制品的或者通过信息网络向公众提供作品、表演、录音录像制品的有效技术、装置或者部件。此一界定与各个代表性立法例的基本精神保持一致。例如，《欧盟信息社会版权指令》第6条规定："技术措施指任何技术、设备或零件，在其正常的操作中可以用来防止或限制就作品或其他受保护客体来说，未经权利人授权的行为。"2003年《英国版权法修正案》第296条规定："技术措施是指设计、发明的某种技术装置或零部件在其正常操作过程中，能够保护版权作品（计算机程序除外）不受到非法侵害。"《澳大利亚数字议程法》第15条规定："技术措施是指通常被设计用来阻碍或禁止通过以一种或两种手段侵害作品或其他客体的版权的装置、产品或一个处理过程的一部分：（1）保证只有经版权人或获许可人授权，通过存取代码或程序才可获取作品或其他客体；（2）通过复制控制机制。"《荷兰版权法修正案》第29条规定："技术措施是指在正常使用条件下，用以防止或限制未经权利人许可而使用作品的行为所采取的技术、装置和零件。

---

　　❶　张建华主编：《信息网络传播权保护条例释义》，中国法制出版社2006年版，第12页。

技术措施必须是有效的，即通过加密、改变频率或其他对作品或复制件传播能达到保护作用的控制手段和保护措施，权利人能控制受保护作品的使用。"由此可见，技术措施的基本特征有以下方面。

（一）技术措施具有非独立性

技术措施受到著作权法保护的前提条件，使其能够保护作品、表演、录音录像制品和广播节目等信息。通常看，技术措施所依附的信息包括两种。第一种是普通状态下的作品、表演、录音录像制品和广播节目，第二种是网络传播中的作品、表演、录音录像制品和广播节目。在数字网络环境下，技术措施主要被用来保护后一种信息，这也是技术措施获得著作权法保护的主要原因。在我国，著作权法保护各种类型的技术措施，《信息网络传播权保护条例》保护网络传播中采取的技术措施。当然，不依附于一定作品信息的技术措施也并非一定不受到保护，规避这样的技术措施，可能构成不正当竞争行为或者受到刑事制裁，只不过此时不能受到著作权法的调整。

（二）技术措施具有合法性

技术措施是为了限制他人非法接触、使用作品而设定的，所以合法性是其应有之意。具体来说，技术措施应该是防御性的，而不能具有进攻性，不能给他人的合法利益造成不应有的损害。《欧盟信息社会版权指令》第6条第3款明确规定，技术措施只能被用来"防范或者制止"侵权行为。有鉴于此，权利人不得滥用技术措施，不得违背诚实信用原则和公认商业道德设置和运用技术措施。

（三）技术措施具有有效性

WCT第11条和WPPT第18条均要求技术措施必须是"有效的"（effective），但是这两个国际条约都没有给出判断有效性的具体标准。欧盟和美国虽然对"有效性"作出了解释，但在判断"有效性"的具体标准上还存在差别。《欧盟信息社会版权指令》第6条第3款所界定的有效性，是指权利人通过接触控制或保护程序，使对受保护作品或其他标的物的使用行为进行控制，实现其保护目的。《美国数字千年版权法》（DMCA）为人们提供了另一种解释。其中，第1201（a）（3）（B）条规定，如果在正常运行中，需要权利人许可而使用某些信息，或进行某些加工处理，才可令作品被接触，技术措施即为有效。《信息网络传播权保护条例》虽然没有从字面上明确规定禁止规避的技术措施必须是能够有效防止他人未经许可访问或者使用作品，但从立法精神上看，应当认为技术措施必须是合法有效的。❶具体来说，技术措施的有效性蕴涵三个方面的内容。第一，技术措施是权利人认为能够控制作品等客体被接触或被使用的技术、装备或部件；第二，这样的技术从该领域普通技术水平的工作人员来看，具有控制作品等客体被接触或被使用的可行性；第三，从该技术措施所能达到的效果上看，它能够有效地与作品等信息相结合，起到阻碍一般人实施侵权行为的作用，而不是仅对潜在侵权人产生警示。

　　例如，A公司对自己享有著作权的计算机软件设置了防止进入的技术措施，某位并不专业的学生甲在业余时间碰巧找到了规避该技术措施的方法，并且顺便进入了该计算机软件系统。那么，这样的技术措施是有效的吗？按照《欧盟信息社会版权指令》，如果甲能够举证证明，像他这样的"业余选手"也能够规避A公司的技术措施，那么这一事实本身就证明这项技术措施不能"实现其保护目的"，所以应该被认为是无效的。而按照美国的标准，只要技术措施具有技术上的可行性即可满足有效性的要求，由于任何一项技术措施不可能是完美的，因此即使甲能够偶然碰巧破解这一技术措施，也不能当然证明技术措施的无效性。如果按照本书提出的判断标准审视，甲可在证明两个方面后主张A公司技术措施不具备有效性：其一，非该领域的一般消费者即可以规避该技术措施；其二，该技术措施对消费者只有警示作用，而不能阻碍公众进入该软件系统。

---

　　❶　张建华主编：《信息网络传播权保护条例释义》，中国法制出版社2006年版，第5页。

（四）采取技术措施的主体是权利人或其他获得授权的主体

技术措施由著作权人或者邻接权人或者其他适格主体主动采取。WCT第11条和WPPT第18条将技术措施主体限定于"作者"和"表演者、录音制品制作者"。美国规定了技术措施的主体是"著作权所有人"（owner）。《欧盟信息社会版权指令》允许著作权人、其他相关权利人和数据库特别权利人等三类主体采取技术措施。我国《信息网络传播权保护条例》第26条在界定技术措施时，也将有权采取技术措施的主体限定为权利人。此外，当权利人明确授权被许可人可以采取技术措施时，被许可人当然也有权采取技术措施。考虑到在现实生活中，著作权人和邻接权人授权著作权集体管理组织行使著作权或者邻接权的现象逐渐增多，而且著作权集体管理组织在得到授权后，完全可以以自己的名义为著作权人和邻接权人主张权利，代为签订合同、独立参加诉讼、仲裁等相关活动，所以，著作权集体管理组织设置技术措施的权利也应该得到法律的保障。

二、技术措施的分类

技术措施为版权人管理、控制，甚至追查作品的传播和使用提供了新的机会。这些技术措施能够防止作品被他人擅自访问、复制、操纵、散发和传播，并且方便了著作权授权和使用监督。[1]虽然技术措施存有多种类型，但是按照美国DMCA的规定，技术措施可以区分为控制访问作品的技术措施和控制利用作品的技术措施。《信息网络传播权保护条例》没有进行上述区分，应当认为已经笼统地包含这两类技术措施。[2]不过在实践中，区分技术措施的两种类型仍具有重要价值。

---

[1] 薛虹：《网络时代的知识产权法》，法律出版社2000年版，第28~55页。

[2] 张建华主编：《信息网络传播权保护条例释义》，中国法制出版社2006年版，第13页。

（一）控制访问的技术措施

控制访问的技术措施能够在正常操作过程中，要求在著作权人的授权下应用信息或处理过程以访问作品等信息。这类技术措施一般设置在服务器上，通过在信息发出端（如某个网站）或者接受端（如解码装置或机顶盒）设置控制访问的技术措施，使其在正常操作情况下，能够有效地防止、限制他人在未得到授权的情况下接触某个网站或者网站中的作品等信息，从而保护权利人的人身权和财产权。该类技术措施主要包括以下技术类型：（1）在作品外部设置障碍和壁垒，从而阻止他人未经授权访问作品的口令技术（access code）；（2）旨在改变作品等信息的表现形式，使普通的网络用户根本无法辨别作品内容的加密技术（encryption）等。

（二）控制使用的技术措施

控制使用的技术措施能够在正常的操作过程中，阻止、限制或限定他人行使著作权人享有的权利。它又可具体细分为两类：控制单纯使用的技术措施和保证支付报酬的技术措施。控制单纯使用的技术措施主要是权利人主动实施的，在于限制他人未经授权以复制、发行、传播等方式使用作品等信息。保证支付报酬的技术措施虽然不直接控制他人未经授权访问或者使用作品，但是可以精确计算出他人使用作品的次数和频率，从而保证权利人依据统计出的数据收取使用费。一旦发生侵权，此数据又可以作为权利人掌握的直接证据，便于法院确定侵权赔偿数额。目前比较常见的控制使用的技术措施主要包括反复制设备、追踪系统、标准系统、连续性版权管理系统（SCMS）以及电子水印、数字签名等。

三、技术措施的保护与限制

（一）技术措施保护的产生

技术措施的法律规制并不是网络技术的产物，但是网络的普及尤其是广域网的迅速发展在客观上推动了技术措施法律保护的进程。首次明确著作权法保护技术措施是1991年通过的《欧盟计算机软件保护指令》，该指令第7条第1款规定："成员国可以为以下行为提供法律救济：任何未经授权将规避、破解用于保护电脑软件的技术设备投入商业流通的行为。"❶此后，1988年《英国版权法》第296条以及1992年《美国家用录音法》中均有技术措施保护的规定。在计算机软件保护领域，德国、美国、加拿大、英国、荷兰、法国、日本、丹麦、澳大利亚、意大利等很多国家都对技术措施给予不同程度的法律保护。我国最早的技术措施保护规则也是出现在计算机软件领域，见之于1998年3月电子工业部发布的《软件产品管理暂行办法》。其中第18条规定："禁止生产盗版软件以及主要功能是解密技术保护措施的软件"。例如，在安装软件的过程中，一般需要提供"产品序号"，这就是一种技术措施。如果有人针对电脑软件业者提供的软件，破解、使用产品序号，或者将该软件序号的档案公布在网络上提供公众存取、使用，就属于违反技术措施法律保护规则的行为，应承担相应的法律责任。

不过，以往的各国立法通常只针对软件或者特殊技术，而且规定一般较为分散，并未在著作权法领域系统制定技术措施保护规则。实际上，技术措施能够成为著作权法的重要议题并进而成为国际社会讨论的焦点源于美国的鼓吹和倡导。1996年制订的WCT和WPPT从国际层面正式对技术措施给予法律保护。1998年10月正式颁布的《美国数字千年版权法》最主要的内容之一就是全面、系统地为技术措施提供充分的法律保护。自此，技术措施法律保护的具体条款在世界各国的著作权法中出现。日本和新加坡于1999年，澳大利亚和我国香港地区于2000年，欧盟于2001年均在著作权法中增加了技术措施的保护条款。

（二）技术措施保护的性质

技术措施的法律保护是以作品的第三个等级出现的，它是超著作权

---

❶　曹伟：《计算机软件保护的反思与超越》，法律出版社2010年版，第74页。

的法律保护。第一级是著作权法保护，它提供相对性的保护。技术措施可以比之为第二级保护，它们为作品提供技术保护（或控制获取作品）。最后，对技术措施提供法律保护，是第三等级的保护。[1]因此，作品既受法律保护，也受技术的保护，而技术本身也受法律保护。这样，使用者在规避著作权人依法采取的技术措施时，就有可能既侵犯著作权，又违反有关技术措施的条款。但是，在某些情况下，由于使用者使用作品之前已经被技术措施拦截或者阻挡，所以，规避技术措施的行为不一定会侵犯著作权，所以为技术措施提供保护，是一种"超著作权"的保护。

正因为如此，在著作权法的范围内，把破解技术措施和提供规避技术措施装置、技术和服务的行为视为非法，并不意味着存在作为著作权人独立权能范畴的技术措施权。学术界对此有不同的观点。赞成"权利说"的学者认为，"技术措施权实质上是借用了保护有形财产权的方法来保护无形财产，因此应属于版权人享有的一项特别权利"。[2]反对"权利说"的学者认为，"技术措施不是基于作品的创作或传播而产生，因而不属于著作权和邻接权范畴。也没有'技术措施权'"。[3]还有学者指出，技术措施被写进著作权法的有关规范中，是著作权法发展过程中的一个过渡阶段。这种做法的背后是作品传播技术飞速进步与全球经济总体发展水平严重滞后的矛盾所致。技术的进步使作品的复制变得轻而易举，而经济的落后必然影响人们的法律观念和意识，尤其是知识产权法律意识的提高。二者的差距必然导致盗版横行。无奈之下便有了技术措施，因此所谓技术措施只是一种权宜之计。[4]甚至有学者提出了技术措施法律保护"物权

---

[1] ［荷］迪索利耶·莱普·比伊当著："数字环境下的版权和信息的获取"，载《版权公报》2000年第4期。

[2] 李扬：《网络知识产权法》，湖南大学出版社2002年版，第33页；赵兴宏、毛牧然：《网络法律与伦理问题研究》，东北大学出版社2003年版，第26页。

[3] 李明德、许超：《著作权法》，法律出版社2003年版，第235页。

[4] 郭禾："网络技术对著作权制度的影响"，见刘春田主编：《中国知识产权评论（第1卷）》，商务印书馆2002年版。

说"，认为技术措施的使用是一种工具或手段，技术措施是物权法所调整的对象，技术措施保护的是著作权，因而属于保护著作权的手段。如果技术措施本身能够产生一种权利的话，其权利不应属于著作权，而是物权。所以规避或者破坏技术措施的行为从实践上看做侵犯物权的行为。❶笔者认为上述理解均有一定道理，但是皆局限于从权利和非权利的角度思考问题，忽视了法律所保护利益的多元性。诚如学者所述，著作权法保护"接触控制措施"的正当性在于其可保障作者等权利人在著作权法中的正当利益，即从他人对作品的利用中获得合理报酬。❷因此，技术措施是与著作权有关之"法益"，著作权法为技术措施提供保护，是超著作权的法律保护。对此，需要从以下方面展开分析。

首先，著作权法可以为著作权人的相关法益提供保护，这并不违背民法原理。"民法规范部分生活资源，规范方法有提供完整之保护，有提供局部之保护，有放任自生自灭之分。提供完整之保护者，当生活资源之享有未尽顺遂时，即以法律之力量强制介入担保其实现。提供局部之保护者，仅止于承认生活资源享有之合法性，当生活资源之享有未尽顺遂时，法律视情形，或强制介入担保其实现，或袖手旁观期待因其他救济方法之出现，间接带动重归顺遂。放任自生自灭者，在法律上不被承认合法，然亦不认之为违法。上述三类型之生活资源，分别依附于'权利''法益'或以'自由资源'之外观出现。"❸技术措施本身并不是一种权利，只有在其被破坏、规避，且这种违法行为直接或间接与著作权人的权利相关联时，著作权法才强制介入使其归入顺遂，而在其他情况下会旁观其他救济方法的出现。也就是说，在著作权法中所保护的技术措施，只是为了维护著作权人之权利而存在的法益。这样，作品既受法律保护，也受技术保护，而技术本身也受法律的保护。法律保护作品，是因为作品之上存在权

---

❶ 杨述兴："破坏技术措施的法律性质"，载《电子知识产权》2004年第1期。

❷ 王迁："版权法保护技术措施的正当性"，载《法学研究》2011年第4期。

❸ 曾世雄：《民法总则之现在与未来》，中国政法大学出版社2001年版，第60~61页。

利；法律保护技术，是因为该技术构成了一种"法益"。

其次，技术措施的著作权法保护不是基于作品而产生，也不具有作为权利保护的理论基础。技术措施所要保护的不是著作权人在作品创作过程中所付出的劳动，也不能体现作品与作者之间的意志关联。技术措施只是一种技术手段，它的采用旨在防止未经许可对作品的访问和使用，而与作品的创作无关。规避技术措施的行为和提供规避技术措施的装置、服务被认定为违法，也不是因为在使用者从事这些行为时对作品进行再现。由于著作权的权能在本质上是一种"再现"作品的权利，就此而言，著作权人当然也就不存在所谓的"技术措施权"。

最后，技术措施的著作权保护范围广于一般的权能控制范围。技术措施的保护范围，不仅包括对直接规避行为的禁止，而且涵盖间接规避的活动。前者旨在禁止未经许可的规避行为，后者则重在阻止主要用于规避技术措施的装置、设备和服务的交易。同这种做法迥然不同的是，著作权权能控制范围，是权利人禁止未经许可对作品的利用行为，它无法覆盖规避行为，更不能涵摄技术措施的交易行为和服务行为。从这一特点可以鲜明地反映出，技术措施的著作权法保护本质上是一种超著作权的保护，它的边界不是过去的著作权法权能概念所能够涵盖，而是一种全新的保护方式。

技术措施著作权法保护具有"超著作权"的属性，这样的制度设计打破了传统著作权法律结构中的利益平衡。一旦为技术措施提供著作权法保护，那么任何人只有获得访问的授权后才能对作品进行"合理使用"。传统的合理使用，调和了版权人的专有权与对作品在某些情况下予以非侵权使用的使用者利益的矛盾，而网上的信息网络传播权的技术措施，则同其限制与例外形成某种冲突，无法保护公众对享有版权作品的合理使用，甚至不能保证公众对不享有版权作品的使用。❶具体来说，这样的破坏作用

---

❶　乔生："我国信息网络传播权与传统著作权之比较"，载《政法论坛（中国政法大学学报）》2004年第2期。

体现在以下方面。

首先，技术措施的著作权法保护后果之一，是导致使用者的各种合法利益置于不确定状态。莱斯特教授指出，著作权法条的数量远不及著作权代码。这些对于内容获取途径的控制并没有得到法庭批准。它们其实受制于程序员。虽然法律关于某方面的控制规定都会经由法官权衡，但是技术引起的控制缺少类似的内在权衡体系。❶事实上，由于技术措施是不需经过任何人审查的"代码"，法律也无法对其作用进行合理地预期与规制，因此每一种新型技术措施的出现都会引发使用者的"恐慌"：作为普通的消费者，除了在这些技术面前无所适从外，根本找不到更好的方法去分享文化成果，实现使用者的权利。更有甚者，消费者的知情权和信息自由权还有可能会受到侵犯。

其次，传统的合理使用是一种被动防御的机制，在技术措施著作权法保护的超强能力面前显得弱小和无力。薛虹教授认为，锁住有形财产与锁住无形财产的社会效果有所不同，给无形财产上锁有可能危及两个方面的合法利益：一方面，技术措施直接威胁了公众依据版权法享有的某些使用作品的自由，例如对作品的合理使用就被拒之门外；另一方面，制造能被用于破解技术措施的软件和硬件的生产厂商面临侵权责任的巨大威胁，如果制造厂商被无辜牵扯进责任的旋涡，就有可能遏制产业发展，妨碍商品流通。❷迪索利耶等学者进一步指出，在著作权法范畴内，把破解技术措施的行为说成非法行为，就等于为一个简单的技术障碍建立起了一道新的保护，而没有考虑到一旦障碍被排除后使用者所实施行为的合法性。上述观点不无道理，由于合理使用是针对使用作品行为而设计的限制机制，因此很难利用该种制度保护使用者的利益。

最后，技术措施虽然是著作权人享有的一项"法益"，但是为这种

---

❶ ［美］劳伦斯·莱斯格著：《免费文化：创意产业的未来》，王师译，中信出版社2009年版，第123页。

❷ 薛虹："因特网上的版权及有关权保护"，见郑成思主编：《知识产权文丛（第1卷）》，中国政法大学出版社1999年版。

"法益"提供著作权法保护时，不能忽视依然存在的其他重要利益。这些其他法律上的利益包括：（1）信息自由的利益。技术措施不应成为阻碍社会公众进行信息交流的制度障碍。事实上，控制访问的技术措施往往会产生禁止使用者合理接触作品，阻碍合法的信息共享。（2）著作权法上公共领域带来的制度利益。著作权制度并不以保护著作权人的权利为唯一目标，其制度设计的根本追求是增进社会的文化财富。换言之，授予著作权也不过是为扩展文化公共领域而必须给付的对价。在此种理念下，技术措施不应只成为强化权利保护的工具。（3）文化消费和教育利益。作品关系文化消费，涉及文化传承和教育发展。技术措施的采用不能阻止文化消费和教育，不能成为横亘在文化发展目标上的制度障碍。（4）技术创新的利益。技术措施体现了技术进步，规避技术措施的技术同样是一种技术创新。严禁规避技术措施和提供规避技术措施装置、服务的行为，如果没有相应限制机制，必然会阻碍规避技术措施的研究和开发应用，会导致技术研发的不均衡推进，最终妨碍技术进步。

笔者认为，著作权人通过技术措施控制作品等客体的行为更多的是为了实现私权的绝对垄断，这极易导致在新技术条件下强化其财产权。如此一来，技术措施的著作权法保护成了有偿使用制度的代名词。权利人可能会在作品等客体上设置非法的技术措施或者通过技术措施保护超期作品，技术措施对合理使用造成制度上的冲击，在深层次上打破了著作权法的利益平衡机制。因此必须建立新的限制途径，恢复著作权制度的平衡机理。

（三）技术措施保护的限制：使用者权及其性质

技术措施的著作权法保护之所以具有正当性，只是在于它能够维护著作权人的合法利益，即是一种隐含在权能之后的法律上利益。如果该法律上的利益本身要受到限制，则对于技术措施的保护也必然应该受到限制。也就是说，技术措施虽然是在作品之上所加挂的一把锁，但是如果存在合理的理由允许使用者使用该作品，就应该可以在满足同等条件下去开这把锁。"科恩法则"认为，对技术措施提供保护是可行的，但是一旦出于合理的目的，我们就有权利去抗拒这些系统。❶这是值得赞赏的观点。学术界对技术措施保护进行限制的法律性质，却存在不同的看法。第一种观点认为技术措施保护的限制也就是合理使用。"如果规避或破解技术措施的行为是为了实现合理使用的目的，则不应当将这种行为纳入禁止的范畴。"❷第二种观点认为技术措施保护的限制是一种特殊的权利限制。考虑到并非所有的法益保护都会产生与合理使用制度的冲突，例如在将技术措施分成控制接触作品的技术措施和控制使用作品的技术措施两类后，只有后者才与合理使用发生冲突。❸第三种观点认为技术措施保护的限制就是使用者权。笔者赞同第三种观点，理由如下。

1. 合理使用不是对技术措施保护进行限制的理由。技术措施保护的限制并非基于合理使用而产生的。李明德教授认为，合理使用与技术措施的保护无关。合理使用不是基于保护技术措施的判例而产生，而是基于作品使用的判例而产生。或者说，合理使用是对infringement的辩解，而不是对tort的辩解。当版权人自己或通过他人设定了保护作品的技术措施时，就借助于有关的法律向世人宣告，任何人未经合法授权不得规避技术措施。如果某人非法规避了该种技术措施，就是法律上的tort，而不是法律禁止的infringment。从这个意义上讲，合理使用不适用对技术措施的保护。❹合理使用这一概念在各国的立法上均指向对著作权人权能的限制，代表性立法例都单独规定技术措施保护的限制条款，在立法实践中鲜明表现出技术措施保护的限制与合理使用之间的差异性。

2. 使用者权是文化产品使用者对公共领域知识的接触权。著作权法

---

❶　转引自〔美〕劳伦斯·莱斯格著：《代码：塑造网络空间的法律》，李旭等译，中信出版社2004年版，第171页。

❷　沈仁干主编：《数字技术与著作权：观念、规范与实例》，法律出版社2004年版，第59页。

❸　李扬：《简论技术措施和著作权的关系》，中南财经政法大学"网络时代著作权保护"国际研讨会提交论文。

❹　李明德：《美国知识产权法》，法律出版社2003年版，第256页。

若要服务于公共利益，必须包容两种市场冲突的私人权利——创作者向公众传播其作品的经济回报权与使用者因利用著作权作品而提高其知识水平的学习权利。[1]美国独树一帜确立的著作权保护的三项政策（3P），即促进知识的政策（the promotion of learning）、公共领域的政策（the preservation of the public domain）、保护作者的政策（the protection of the author），隐含着第四个政策"进入权政策"（the right of access），即个人有权使用著作权作品。[2]帕特森和林伯格否定了著作权和公共领域的两极性，而直接把著作权法描述为使用者的权利保护法。在她们看来，公共领域是表象，而著作权制度是基础。著作权法上各种各样的特权，如合理使用，不是著作权的例外，而是著作权法的重要内容。著作权法的目的不仅在于保留公共领域，而且丰富了公共领域。[3]对技术措施版权保护进行限制，就是通过重申公共领域的使用者权属性，为著作权人设定技术措施确立法律的边界，为使用者规避技术措施进入公共领域创建法律的依据。

3．使用者权具有作为权利概念的主观性和客观性。休·布里奇（Hugh Breakey）认为，如果将使用者权的主体看做自由联合体，那么他们可以同时控制公共利益，因此，使用者权就是一种客观权利。如果从著作权的角度看，使用者权是个体选择思想、表达和学习的自由，也就是运用每个人的大脑去理解、运用、记忆知识。这是一种主观权利。[4]在技术措施版权保护的限制机制中，使用者权的权利属性得到进一步强化。从客观权利角度看，传统的合理使用制度中使用者不能请求权利人为一定行为的能力得到克服。立法已经规定使用者有权依法采取主动方式规避技术措

---

[1]　L. Ray Patterson & Stanley W. Lindberg, *the Nature of Copyright: A Law of Users' Right*, the University of Georgia Press, 1991, p.207.

[2]　吴汉东：《著作权合理使用制度研究》，中国政法大学出版社2005年版，第15页。

[3]　L. Ray Patterson & Stanley W. Lindberg, *the Nature of Copyright: A Law of Users' Right*, the University of Georgia Press, 1991, p.50.

[4]　Hugh Breakey, User's Right and the Public Domain, I.P.Q., Issue 3, 2010.

施，获取规避技术措施的装置、部件和服务。从主观权利角度分析，使用者权体现了特定情形下使用者利用作品的自由，不用顾及技术措施施加者的意志，并由此获得相应的学习利益、消费利益、共享利益或者财产利益。在这里，使用者控制了一种实实在在的法律利益，对技术措施保护的限制在本质上是赋权给使用者，而不仅是限制著作权人的权利。

4. 使用者权是宪法权利的民法化。使用者权侧重从民事权利的结构来理解著作权与宪法上的知情权、受教育权和文化利益分享权的关系。具体言之，将著作权纳入宪法的分析框架，其侧重点在于把作品的使用看做读者的一种权利，后者属于宪法所规定的公民信息自由的范畴。它强调在保护权利人的同时，也保障使用者的信息自由。❶正是由于宪法权利民法化，所以使用者的权利和著作权人的权利才处于更为对等的位置，有效防止了使用者权的虚掷。加拿大最高法院在CCH诉Law Society案❷案中，首次肯定了"使用者权"的法律地位。学者认为，这意味和法院将强调的重点从一直占据突出地位的版权利益转换了过来。他们现在主张的是权利人和使用者双方的平等待遇，两者的利益不再有轻重之分。❸从这个意义上，著作权法也是一部关于使用者权利的保护法。使用者的权利与作者的权利是不可分的。认真对待使用者权利就是要把它看做独立的民事权利，而拒绝将它看做是达到外于它们自身目标的某种手段。❹

总之，使用者权学说能够更为清楚地诠释对技术措施版权保护进行限制的法律本质。技术措施版权保护本身是一种"超版权"的保护，必须要有超版权的限制；技术措施版权保护中不仅禁止直接规避行为，而且禁

---

❶ 李雨峰：《著作权的宪法之维》，法律出版社2012年版，第209页。

❷ ［2004］S.C.C.13，该案中，原告是一些法律出版商，被告是一家法律图书馆，原告诉被告为馆外用户提供的复制服务违反了版权法的规定，构成对原告版权的侵犯。该案上诉到加拿大最高法院，以原告败诉告终。

❸ ［加］麦拉·J.陶菲克："国际版权法与作为'使用者权利'的合理使用"，载《版权公报》2005年第2期。

❹ 韦景竹：《版权制度中的公共利益研究》，中山大学出版社2011年版，第239页。

止间接规避行为，使用者必须有相应的权利进行抗拒；技术措施版权保护更容易侵犯消费者的知情权、信息安全权和公平交易权，需要赋予其使用者权；技术措施版权保护会妨碍言论自由、技术创新和公共领域的合理成长，只有使用者权的设置可以恢复业已破坏的平衡。

第二节　技术措施保护的内容

技术措施保护的内容就是通过著作权法禁止规避技术措施的行为以及禁止提供规避技术措施设备、服务以达到最终保护权利人利益的具体规范。不同的立法例在技术措施保护的内容上存在一些差异：有的立法既禁止直接规避技术措施的行为，也禁止为规避技术措施提供设备和服务的间接规避行为；有的立法则只是禁止间接规避行为。我国《信息网络传播权保护条例》既禁止直接规避行为，也禁止间接规避行为，为技术措施提供了较为完整和全面的保护。

一、代表性立法例

从国际上看，技术措施保护的基本途径就是制定"反规避技术措施条款"，即以法律的明确规定禁止规避技术措施的行为，禁止提供规避技术措施的设备或者服务。对此，"互联网条约"作出了明确要求。WCT第11条规定，对于作者行使本条约或伯尔尼公约上的权利，在作品上采取的有效的、限制他人未经作者同意或无法律根据行为的技术措施，各缔约方应提供充分法律保护和有效法律救济，以防止他人绕过该技术措施。WPPT第18条规定，缔约各方应规定适当的法律保护和有效的法律补救办法，制止规避由表演者或录音制品制作者为行使本条约所规定的权利而使用的、对就其表演或录音制品进行未经该有关表演者或录音制作者许可，或未由法律准许的行为加以约束的有效技术措施。

美国1995年的白皮书建议将有关技术措施的保护规定在版权法中。根据建议，禁止进口、制造和发行任何装置、产品、零件或服务，只要其主要目的或效果是用于避开、绕开、清除、净化或者规避版权人防止或禁止他人侵犯其专有权的任何程序、装置、机制或系统。它首次从设备（设置、产品、零件）和行为（避开、清除等）两个方面为技术措施提供保护。1998年通过的DMCA第一部分为《美国1976年版权法》新增第12章"版权保护和管理系统"，有关技术措施保护的内容主要包括以下方面：（1）禁止任何人规避有效地控制接触作品的技术保护措施。这种规避技术保护措施是指未经版权人许可，对加密的作品进行解密，或对技术保护措施，进行躲避、绕过、移动、关闭或妨碍，以及任何人制造、进口、向公众许诺提供或提供、买卖任何规避技术保护措施的技术、产品、服务、设备、其部件或零件。（2）从民事和刑事两方面，对涉及技术措施和版权管理信息的侵权和犯罪及其刑罚作出规定，任何人出于恶意并且为商业利益，违反前述两类禁令的第一次犯罪行为，可单处或并处50万美元罚金，或5年以下有期徒刑，累犯则可单处或并处100万美元罚金，或10年以下有期徒刑。

《欧盟信息社会版权指令》第6条规定的反规避技术措施条款主要包括以下内容：（1）成员国必须提供足够的法律保护，以防范规避任何有效技术措施的行为。（2）成员国必须提供足够的法律保护，以防范制造、进口、发行、销售、出租或为销售或出租的广告行为，或商业目的的对此装置、产品或组件的拥有，或提供服务。其包括：（1）为规避有效技术措施之目的而促销、广告或行销；（2）在供规避有效技术措施外，仅具有有限的商业目的或用途；或者（3）其设计、制造、改造或提供之主要目的在于促进或协助规避有效技术措施。❶可见，该指令对于技术措施保护的范围比较广泛，包括禁止规避任何技术措施之行为本身，以及制造销售规避设备以及提供相关服务。

---

❶ Directive 2001/29/EC of the Europe Parliament and of the Council of 22 May 2001 On the Harmonization Of Certain Aspects of Copyright And Related Rights in the Information Society, Official Journal of European Communities, 167/10, June 22, 2001.

2001年10月修订后的我国《著作权法》第5章第47条第（6）项中增加对规避技术措施行为予以制裁的法律规定："禁止未经著作权人或者与著作权有关的权利人许可，故意避开或者破坏权利人为其作品、录音录像制品等采取的保护著作权或者与著作权有关的权利的技术措施，法律、行政法规另有规定的除外。"《信息网络传播权保护条例》第4条规定，"任何组织或者个人不得故意避开或者破坏技术措施，不得故意制造、进口或者向公众提供主要用于避开或者破坏技术措施的装置或者部件，不得故意为他人避开或者破坏技术措施提供技术服务。"从而将规避技术措施的行为和提供相应工具的准备行为、提供规避技术措施的服务行为均纳入立法调整之中，进而扩大了技术措施的保护范围。

二、禁止规避技术措施的行为

反规避技术措施条款主要包括两个方面的内容：禁止规避技术措施的行为和禁止提供反规避技术措施装置、服务。规避技术措施的行为也称为直接规避技术措施的行为，是指未经权利人许可而实施的对已编码的作品进行解码，对已加密的作品进行解密，或者以其他方式回避、越过、排除、化解或者削弱技术措施，最终达到损害著作权人合法利益的目的。从世界代表性立法来看，欧盟没有区分技术措施的类型，对所有直接规避行为予以一体化禁止，美国的立法则区分控制访问的技术措施和控制使用的技术措施，只是禁止直接规避控制访问作品的技术措施。我国《信息网络传播权保护条例》第4条规定，任何组织或者个人不得故意避开或者破坏技术措施，采取与欧盟立法相似的做法。

首先，规避技术措施的行为是对技术措施的直接回避或者破坏。这样的避开或者破坏行为又有多种表现形式，例如越过防复制装置、破解密码、化解进入口令等，只要这些行为最终导致本来有效的技术措施变成无效、失效或效力减弱状态，就可以构成避开或者破坏。从这个意义上讲，规避技术措施行为一般以直接破坏技术措施为目的，进而影响权利人对作品的控制和使用。

规避技术措施的行为与使用作品的行为之间存在密不可分的联系。如何对待规避行为和使用行为，应该具体情况具体分析：其一，规避技术措施，然后使用了作品。此时，如果使用行为本身是侵犯著作权的行为（即并非合理使用或法定许可），那么，规避技术措施的预备行为被侵权行为吸收。其二，规避技术措施，其他人使用了作品，此时，规避行为与他人的使用行为互相独立，可以分别构成规避技术措施的行为和侵权行为。其三，规避技术措施，没有任何人使用作品。此时，行为人若已经规避了控制访问的技术措施，则应按照规避技术措施的行为追究法律责任。

其次，行为人主观上存有故意。行为人在主观上应该是明知或者应知权利人采取了技术措施，仍然实施了规避技术措施的行为，此种主观状态使之具有可归责性。反之，无意中因为过失避开或者破解技术措施的行为，无需承担法律责任。这说明在我国立法上，对依法禁止的规避技术措施行为，采取的是以故意为要件的过错责任原则。

再次，法律对实施规避行为的主体没有规定特别要求。从行为主体上看，任何个人和组织，只要其具有一定的技术能力，就有可能避开或者破坏权利人对于作品所采取的技术措施。《信息网络传播权保护条例》没有区分一般规避者和以规避为业者，也没有为这两种不同的主体设定不同的法律责任。

最后，规避技术措施行为应承担相应的法律责任。《信息网络传播权保护条例》第18条规定，故意避开或者破坏技术措施的，应承担民事责任；同时损害公共利益的，可处以罚款；情节严重的，著作权行政管理部门可以没收主要用于提供网络服务的计算机等设备；构成犯罪的，依法追究刑事责任。

三、禁止提供规避技术措施的设备和服务

提供规避技术措施的设备和服务是一种间接规避技术措施的行为，也被称为技术措施保护中的"反交易条款"，它是指制造、进口或者向他人提供主要用于避开、破坏技术措施的装置或者部件，或者为他人避开或

者破坏技术措施提供技术服务的行为。从比较法例上看，无论欧盟还是美国，均明确禁止间接规避技术措施的行为，而不论该种设备或者服务是规避控制访问的技术措施还是控制使用的技术措施。那么我国是否应该对间接规避技术措施予以禁止呢？在《信息网络传播权保护条例》制定过程中，有三种不同意见：第一，禁止间接规避技术措施的行为过于严格，使得保护的天平倒向权利人一方；第二，如何确定一项装置或者部件主要是用于避开或者破坏技术措施的装置或者部件在实践中缺乏可操作性；第三，为了与"互联网条约"的规定一致，应当禁止间接规避技术措施的行为。世界知识产权组织、国际唱片业协会、美国国际知识产权联盟都提出禁止间接规避技术措施行为的意见。在该条例审查过程中，主导意见认为，作为技术措施的技术、装置是中性的，禁止间接规避技术措施行为，对技术的发展可能会造成一定影响，但可以有效维护权利人的利益。再加上最高人民法院的相应司法解释已经认同，禁止间接规避技术措施的行为已经有一定的法律基础和实践基础。[1]因此，该条例最终规定了禁止间接规避技术措施的行为，第4条明确规定，任何组织或者个人不得故意制造、进口或者向公众提供主要用于避开或者破坏技术措施的装置或者部件，不得故意为他人避开或者破坏技术措施提供技术服务。

首先，提供规避技术措施的设备和服务涵盖多种行为方式。具体包括：（1）制造，指设备的制造者直接生产一种避开或者破坏技术措施的装置或部件；（2）进口，指设备的进口商明知所进口的设备能够规避某种技术措施而仍然进口这样的设备；（3）向公众提供，这一行为实际上就有了更为模糊的含义，它可以包括发行、销售、出租、许诺销售、许诺出租等多种行为；（4）服务，指通过第三方的技术能力帮助他人实施规避技术措施的行为。

其次，只有提供主要用于规避技术措施的设备才构成违法。所谓主

---

[1]　张建华主编：《信息网络传播权保护条例释义》，中国法制出版社2006年版，第18页。

要用于规避技术措施的设备，可以从目的和用途等方面进行判断，那些没有或者很少有其他用途或者价值的装置或者部件被禁止制造、进口或向公众提供。从比较法上看，禁止提供规避技术措施设备的立法主要有两种模式：一种是美国。美国立法采取"主要设计或制造目的"标准判断，禁止制造、设计主要目的是规避技术措施的装置或部件。至于其究竟是否还存在其他的技术效果和使用用途，则在所不问。❶另一种是日本。按照日本法的规定，只有某一设备的唯一目的就是规避技术措施时，才可以对该设备提供者追究法律责任。日本立法的标准虽然可以鼓励使用者通过市场化途径获得规避技术措施的设备，但是不利于维护著作权人和技术措施施加者的利益，也降低了技术措施保护的效果。我国《信息网络传播权保护条例》第4条明确禁止提供主要用于规避技术措施的装置、部件和技术服务，这是借鉴美国做法的体现，在还没有更好立法标准之前，作出这样的规定是相对而言较为合适的选择。

再次，行为人主观上存有故意。无论是销售者、制造者、进口商或者技术提供者，只有当他们对于自己所提供设备的主要功能或者服务的性质有清楚认识时，也就是在明知或应知情形下仍然实施这种提供或服务行为，才应该被法律所禁止。而提供规避技术措施的设备或服务之人是否知道有人利用该设备或服务去规避技术措施，并不影响该类行为本身的违法性判断。

最后，故意提供规避技术措施设备或服务的行为，应承担相应的法律责任。《信息网络传播权保护条例》第19条规定，故意制造、进口或者向他人提供主要用于避开、破坏技术措施的装置或者部件，为他人避开或者

---

❶ 在Universl City Studios v. Reimerdes案中，环球电影公司针对DVD采取了内容扰频（CSS）的技术措施。1999年10月，挪威一少年破解了CSS并将破解软件上载到互联网。被告在自己开办的网站上提供Decss的下载服务，被起诉到法庭。法院认定被告应该承担责任。美国法院认为，反交易条款确实对言论作了限制。但是该限制是"内容中立的"，有利于实现"实质的政府目的"，即帮助版权人阻止他人未经许可获取其"财产"，而与压制言论自由无关。

破坏技术措施提供技术服务的，应该由著作权行政管理部门予以警告，没收违法所得，没收主要用于避开、破坏技术措施的装置或者部件；情节严重的，可以没收主要用于提供网络服务的计算机等设备，并可处以10万元以下的罚款；构成犯罪的，依法追究刑事责任。

第三节　技术措施保护的限制

对技术措施保护限制的基本立法途径，就是明确在一定情形下允许使用者规避技术措施或者获得规避技术措施的技术、装备和服务。这是对技术措施保护的限制，也是赋予使用者以全新的使用者权。使用者权包括对技术措施保护的一般限制、授予使用者以合理规避权以及自助权等内容。

一、代表性立法例

美国DMCA第1201条在保护技术措施的同时，设定了一些例外条款：（1）对非营利性图书馆、档案馆和教育机构的豁免；（2）执法、情报和其他政府活动；（3）反向工程；（4）加密研究；（5）关于未成年人的例外；（6）个人信息的保护；（7）安全测试等。在DMCA出台以后，美国公众对技术措施予以限制的呼声日益高涨。2003年1月，众议员鲍彻（Boucher）和杜立特（Doolittle）等人向众议院提交了《数字媒体消费者权利书》。该权利书对DMCA第1201条进行修正，扩大了技术措施保护的例外范围。首先，该法案规定仅仅为了促进有关技术措施的科学研究而设计、生产主要是用于规避技术措施的技术、产品等，不构成违法。其次，法案规定如果对技术措施的规避并未导致侵犯受保护作品的版权，则这种规避不构成违法。最后，法案规定，制造、散发和生产并非用于侵权的硬件或软件产品不构成对法律的违反，如果该产品能够对作品进行显然不侵权的利用。此后，佐伊·罗芙根（Zoe Lofgren）向众议院提交了《增进作者利益且不限制进步或网络消费需求法》，意在通过限制对技术措施的保护，扩大消费者对数字作品的合理使用的范围。该法案规定，合法取得数字作品的消费者可以为非侵权性使用的目的规避技术措施，其他人也可以向消费者提供非侵权性使用所必需的规避技术措施的技术手段，只要权利人不能公开地通过必要手段在不增加其成本和负担的前提下满足其非侵权性使用的需要。同年3月，参议员罗恩·维顿（Ron Wyden）向参议院提交了《数字消费者知情权法》，内容主要是规定数字产品的生产者和发行者对其所采取的技术措施负有披露义务。虽然上述限制技术措施保护的立法均未获得通过，但是，美国国会图书馆根据每3年审定该条款的立法规定，将规避技术措施的例外不断予以扩大。2012年，美国国会图书馆再次增加了5种可以行使合理规避权的情形。❶这已经是第5次扩大使用者享有合理规避权的行使范围。

可见，美国的立法对于技术措施保护进行限制的规定，具有以下特点：（1）采取具体列举的立法模式。对于可以进行合理规避的各种具体情形进行了非常详细的列举。从其具体的规定可知，合理规避权的行使条件不同于合理使用的具体条件，它并不是在传统著作权领域对复制权、表演权、发行权、展示权的限制，而是一种新型的限制情况。（2）采取动态管理的立法技术。DMCA授权美国国会图书馆每隔一段时间来评估可以进行技术措施规避的情形。❷这种及时因应技术发展变化而允许合理规避权行使的动态管理方式，考虑到技术措施保护与数字技术发展之间具有紧密联系，无疑具有时代感和科学性，也有助于根据技术创新和发展适度调整立法的规则，矫正版权法可能出现的失衡。（3）受到保护的主体广泛，同时必须在具体的情形和技术环境下才能行使。从立法的不断调整过程中可知，普通的消费者、非营利性的公益机构、研究人员甚至是商业性的使用者在特定情形可以规避技术措施，以实现其在著作权法上的合法利益。

---

❶ "美国对数字千年版权法案条款制定新的例外规定"，载http://www.ipr.gov.cn/guojiiprarticle/guojiipr/guobiehj/gbhjnews/201211/1705828_1.html，2013年1月8日访问。

❷ 根据美国法律要求，国会图书馆每3年就应修改相应的行政法规，将那些"进行非侵权使用的能力"受到反规避条款"负面影响"的人排除出去。

　　欧盟立法在规定技术措施保护时没有规定具体的例外情形，"其结果是一些原本合法的规避行为，包括制造和销售可以被用于合法目的的设备，也统统被禁止了"，❶从而给技术措施以宽于美国法的保护。但是，《欧盟信息社会版权指令》为使用者规避技术措施并且获得相应的工具、服务也预留了相应的空间，主要包括以下内容：（1）该指令的导言第（51）节规定，对技术措施的法律保护的适用不影响指令第5条反映的公共政策或公共安全。成员国应当促成权利人自愿采取措施，包括促成权利人与其他有关当事方缔结与履行协议，以帮助实现成员国国内法根据本指令规定的若干例外与限制拟达成的目标。（2）该指令第6条规定，成员国在权利人未采取自愿措施（包括与相关当事人达成协议）以确保权利人对成员国依据本指令所提供的例外和限制条款的受益人时，可以避开技术措施或提供足以获得该例外或者限制的手段。但是应该限定于受益人及有权接触作品人所设定例外或限制的必要范围内，以及受益人必须依法解除受保护的作品及其他客体。（3）在导言中明确规定，技术措施保护不应阻碍电子设备的正常操作以及技术发展，应尊重比例原则，不应禁止在规避技术措施之外还有其他重大商业目的或用途的设备，尤其是不应妨碍密码学的研究。

　　对于欧盟版权指令的规定可作以下评价：（1）充分认识到技术措施保护可能给使用者所带来的影响。在考虑这种影响时进行了三个方面的区分：区分公共安全上的合理使用和个人使用；区分复制权的合理使用和公共传输权的合理使用；区分网络上的合理使用和一般技术条件下的合理使用。对于这些区分的结果是，仅仅授权成员国对于一定范围内的技术措施保护进行干预，以实现特定目的下的著作权合理使用。换言之，《欧盟信息社会版权指令》主要针对数字化复制权的个人使用、公共利益目的下的作品利用与技术措施保护的关系进行调整。对于网络服务提供者使用作品

---

　　❶　Thomas C.Vinje，"Should We Begin Digging Copyright's Grave？"，2000 EIPR，ISSUE 12.

会需要规避技术措施的情况，则可以完全按照契约排除合理使用的出现。（2）遵循自愿优先和契约优先的原则。基本特色就是允许当事人在授权契约或者商业模型中决定为使用人留下自由空间，这被批评者认为是"自行设计著作权之例外情形"。按照规定，成员国应该鼓励著作权人在设定技术措施的时候自愿为使用者预留合理使用的空间。只有在无自愿协议或者没有有效协议的情形下，成员国才可以采取干预措施，命令权利人修改其技术措施，以恢复合理使用的范围。只要著作权人采取自愿措施预留空间，或者与利用人达成协议，那么不论该权利的例外或限制规定是否可有效实现，成员国都不得加以干预。这使得著作权的例外或限制规定削弱为私人议价。同时也没有规定权利人在特定条件下利用优势地位所确定的条款无效，使得其契约自由没有受到任何节制。❶（3）赋予成员国以很大的转化余地。指令不妨碍成员国禁止持有规避技术措施的设备，也允许成员国按照实际需要确立协助实现个人复制例外的规定，所以实际上并未能在欧盟形成统一的立法要求。

按照《欧盟信息社会版权指令》的原则要求，欧盟成员国在国内法律修改中，规定了破解技术措施的例外情形。例如，2003年《英国版权法》修正案第296ZA（2）规定，为进行加密技术研究而破解有效的技术措施不构成侵权。但是其研究过程或其公布研究成果的行为已经对版权人的利益造成损害的除外。第296ZB（3）规定，执法机构或安全部门为了公共安全或者为了侦察或阻止犯罪行为、调查违法案件或在执法过程中需要破解技术措施的，不属于违法。

我国《信息网络传播权保护条例》第12条规定，属于下列情形的，可以避开技术措施，但不得向他人提供避开技术措施的技术、装置或者部件，不得侵犯权利人依法享有的其他权利：（1）为学校课堂教学或者科学研究，通过信息网络向少数教学、科研人员提供已经发表的作品、表演、

---

❶ 刘孔中：《智慧财产权法制的关键革新》，元照出版有限公司2007年版，第97页。

录音录像制品，而该作品、表演、录音录像制品只能通过信息网络获取；
（2）不以营利为目的，通过信息网络以盲人能够感知的独特方式向盲人提供已经发表的文字作品，而该作品只能通过信息网络获取；（3）国家机关依照行政、司法程序执行公务；（4）在信息网络上对计算机及其系统或者网络的安全性能进行测试。

二、一般限制

技术措施保护的一般限制是从基本原则和法律理念上一般性地禁止著作权人采取、行使、运用某些类型的技术措施。在我国《信息网络传播权保护条例》制定过程中，也有人建议为技术措施的保护设定一般限制条款。但是，立法者认为，这类规范不属于著作权法调整的范围，因此最终未纳入《信息网络传播权保护条例》的规定。[1]然而，从民法学一般原理和反不正当竞争法的精神出发，权利人采取技术措施时仍应该受到以下原则条款的限制：（1）不得设置攻击性的技术措施。根据诚实信用的原则和技术措施合法性的要求，权利人所采取的技术措施只能是防御性的，不能是攻击性的。不管被攻击的对象是否知情、是否合法，所采取的技术措施都不得危害普通公众的电脑安全和网络安全。（2）不能超出制止侵权行为所必须的限度。（3）不得违反法律和社会公共利益。技术措施不得侵害消费者知悉权、选择权、安全权和公平交易权，不得侵害个人隐私权，不得妨碍公共利益，不得违反法律、法规的规定。

在我国，江民公司逻辑炸弹案较早提出有关技术措施保护一般限制的问题。该案发生于1997年，基本案情是：因特网上有人通过"毒岛论坛"网页提供破解杀毒软件KV300密码的制作工具，该软件的著作权人江民公司由此蒙受巨大经济损失。江民公司为了维护其商业利益，在其软件

---

[1]　张建华主编：《信息网络传播权保护条例释义》，中国法制出版社2006年版，第19页。

的L++版本中设置了逻辑炸弹。"逻辑炸弹"的运行原理是：如果有人使用"毒岛论坛"上面的"解密匙"复制盗版盘，并上机运行，"逻辑锁"就会启动，锁死电脑硬盘，使电脑无法工作。但"逻辑锁"对硬盘的数据不进行破坏，盗版用户只要向江民公司承认盗版行为，经江民公司登记备案，就可以获得解锁密码，恢复硬盘工作。一时间，炸弹频频引爆，网上投诉不断。后来，公安机关根据《治安管理处罚法》的规定给予江民公司3 000元罚款。在本案中，江民公司采取了两项技术措施：首先，江民公司在其开发的KV300系列软件中采取了加密程序，这符合技术措施保护的要求，应该受到保护。其次，江民公司针对盗版工具KV300++设置了一种带有破坏性的程序，这样的技术措施已经具有了攻击性。设置攻击型的技术措施会伤及无辜，危害公共利益，因此应予以禁止。

三、使用者的合理规避权

合理规避权是指在法律明确规定的情形下，使用者可以规避为作品等信息设定的技术措施，进而访问、浏览该作品以及从事法律所允许使用行为的权利。使用者的合理规避权与著作权的合理使用是紧密联系但又相互区别的法律规则，其核心是对于可以规避技术措施的法定情形的创设，其目的是让使用者能够继续从权利的限制或例外中受益，其制度表现可以看做技术措施保护的例外。

值得注意的是，虽然使用者享有合理规避权，但是并不能在任何情况下行使该权利。由于合理使用的情形并不必然导致合理规避权的行使，所以有必要在立法上对这些情形进行明确规范。按照《信息网络传播权保护条例》第12条的规定，存在下列情形时，使用者可以避开技术措施，但不得向他人提供避开技术措施的技术、装置或部件：（1）教学或科研活动。为学校课堂教学或者科学研究，通过信息网络向少数教学、科研人员提供已经发表的作品、表演、录音录像制品，而该作品、表演、录音录像制品只能通过信息网络获取，这时可以避开技术措施进而利用作品等信息。（2）向盲人提供作品。不以营利为目的，通过信息网络以盲人能够感知的独特方式提供已经发表的文字作品，而该作品只能通过信息网络获取，这时可以避开该技术措施利用作品。（3）执行公务活动。执行公务活动就是国家机关包括立法、行政、司法等机关依照行政、司法程序执行公务而破解技术措施的行为。从法律上讲，国家机关对于自己的某些行政和司法行为享有豁免权，这一点在技术措施的规避上也不例外。因此，国家机关依照行政、司法程序执行公务可以避开技术措施，但不得向他人提供避开技术措施的技术、装置或者部件，不得侵犯权利人依法享有的其他权利。（4）安全测试。安全测试是指经过适当授权，接触计算机、计算机系统或者计算机网络，其唯一的目的是测试、调查或更正潜在的或实际发生的安全缺陷、脆弱性或执行步骤中的问题。因此，在信息网络上对计算机及其系统或者网络的安全性能进行测试，可以避开相应的技术措施。

正在讨论中的《中华人民共和国著作权法（修改草案）》均将上述内容整体移入，成为著作权法的组成部分。这样的立法选择是在著作权总体框架下而不仅仅是针对信息网络传播权调整技术措施保护的限制问题，具有更广泛的针对性，因此值得肯定。而在关于合理规避权的具体内容上还有疏漏。有学者认为，对于私人性质的规避技术措施的行为，版权人无权追究法律责任。❶这一说法虽然过于宽泛，但是表达了对于私人尤其是普通消费者在合理规避权方面缺乏规定的不满。实际上，普通消费者在遇到技术措施保护版权作品时，也存在规避技术措施的需求。例如，消费者为了保护个人信息规避技术措施，为了保护未成年人利益而规避技术措施等。立法规定相应情形下的合理规避权，应该是文化消费者利益保护的必然措施。然而，《信息网络传播权保护条例》更多关注非营利性的机构、加密研究组织和国家机关等强势使用者，忽略了普通消费者规避技术措施的需要。

因此，笔者建议在立法中明确规定并且完善合理规避权。具体而言，使用者在下列情形下，可以避开技术措施，但不得向他人提供避开技术措

---

❶　易健雄：《技术发展与版权扩张》，法律出版社2009年版，第221页。

施的技术、装置或者部件，不得与作品的正常利用相抵触，不能不合理地损害作者的合法利益：（1）为学校课堂教学或者科学研究，通过信息网络向少数教学、科研人员提供已经发表的作品、表演、录音录像制品，而该作品、表演、录音录像制品只能通过信息网络获取；（2）不以营利为目的，通过信息网络以盲人能够感知的独特方式向盲人提供已经发表的文字作品，而该作品只能通过信息网络获取；（3）国家机关依照行政、司法程序执行公务；（4）在信息网络上对计算机及其系统或者网络的安全性能进行测试；（5）出于反向工程的目的；（6）不以营利为目的，丰富加密知识和促进加密产品的发展；（7）为保护文化消费者的个人身份信息；（8）非营利性图书馆、档案馆或者教育机构为了决定是否收藏某件作品；（9）使用者为阻止未成年人接触文化产品上的色情或其他有害内容；（10）法律和法规根据技术发展变化设定的其他情形。

四、使用者的自助权

（一）自助权及其实现的基本途径

通过创设合理规避权，允许使用者在一定条件下规避技术措施，这有助于实现著作权法赋予的使用者权，也不会损害著作权人的利益，具有制度设计上的合理性和正当性。然而，由于教育机构、执法机构和安全测试机构等使用者和普通的文化消费者并不一定具备这样的能力去规避相应的技术措施，因此，实现上述合理规避权仍然存在困难。换言之，普通消费者或其他使用者为了实施合理规避权，还必须有其他辅助性的制度保障，否则，合理规避权便会流于空谈。

自助权是指使用者能够通过适当途径获取规避技术措施的技术、装备和服务的权利，它是为实现合理规避权进而在法律上确立的使用者权。例如，2001年的《欧盟信息社会版权指令》规定，使用者与权利人可以采取自愿措施（包括与相关当事人达成协议）获取规避技术措施的技术、设备和装置。在未有自愿措施时，成员国应确保依据本指令所提供的例外和限制条款的受益人获得该例外或者限制之手段，而不受制于技术措施保护的规范。美国DMCA第1201条规定，为执法、信息或其他政府活动、反向工程、关于未成年人的例外、安全测试、某些模拟设备技术措施破解等原因，可以提供规避技术措施的工具。《澳大利亚版权法》第116A条（3）（4）项规定，提供规避技术措施的装置是用于被允许的目的，同时限定在特定的作品或其他客体时，可以制造或进口这样的规避技术措施装置。向个人提供规避技术设备的，个人应在提供前或者提供时签署正当使用申明。

就现有的法律来看，使用者自助权得以实施的基本途径包括两种情况：（1）权利人或者技术措施的施加者自愿提供相应技术、设备、装置和服务。使用人与权利人就如何获取、如何使用用于合理目的规避技术措施的装置、设备和服务达成协议，在使用者需要行使合理规避权时，由权利人或其他有义务的当事人提供相应的技术或者服务。自愿措施可以有很多的形式，如提供不受保护的作品版本，或提供加密技术的解密钥匙，以确保使用者行使合理规避权。（2）使用者从第三人处通过商业途径获取。由于法律并不禁止所有技术措施交易行为，所以使用者可以与第三人进行交易，获取达到规避技术措施的技术和服务，实现合理规避权。

如果立法禁止提供主要用于规避技术措施的装置、部件和服务，那么使用者通过市场的方式从第三人处自助获得相应技术和服务以实现合理规避权的可能性便大幅降低。因此，必须另辟蹊径，寻找自助权得以实现的其他途径。

（二）自助权实现的新型探索

关于自助权实现的其他途径，各种探索由来已久，主要主张有以下两种：第一种主张是将某些提供专门用于规避技术措施的装备和服务的第三方行为设定为合法行为；第二种主张是权利人或技术措施的施加者向第三方交存规避技术措施的装置或设备，由使用者申请免费获取以实现合理规避权。

针对第一种主张，有学者建议，如果是无过错地为某些破解或规避行为提供便利，则不应当承担法律上的责任。❶还有学者认为，为了私人目的而私下传播规避装置的行为，版权人同样无权干涉。❷在美国的司法实践中，出现了为科学研究传播专门用于规避技术措施的技术、装备、服务而未受到法律追究的实例。一起案件是普林斯顿大学的艾德·费尔顿教授领导的团队在破解了数字水印技术后，拒绝领取1万美元的奖金，而是选择将该科研成果公开发表。美国唱片业协会（RIAA）认为这一行为构成对DMCA反交易条款的违反，但是当费尔顿提出确权诉讼，认为自己有理由发表该成果时，RIAA妥协了，不再反对他将该成果发表。另一起案件中，俄罗斯专家破解了Adobe公司PDF格式的复制保护技术，并且可以通过互联网购买。该俄罗斯专家虽然被起诉并逮捕，但是案件还是以戏剧性的妥协告终。如果上述案例确立的原则被普遍遵从，那么合理规避权的实现就有了一种新的管道，那就是由立法允许科研、教学机构及其研究人员在一定条件下进行专门用于规避技术措施技术的研究和开发，同时非营利性地传播，那么使用者可以随即获取规避技术措施的方法，从而实现合理规避权。

应该看到的是，上述主张是对自助权实现方式的有益思考和实际运用，具有很好的参考价值。但是，如果笼统地允许无过错或者私人目的提供专门规避技术措施的装置，或者为此提供便利，那么一个必然的结果就是禁止规避技术措施交易的立法规定将很可能成为摆设，著作权人希望通过技术措施维护合法利益的目的也会落空。因此，有必要为这种形式的自助权实现设定更为严格的条件。笔者建议可以考虑以下因素：（1）立法虽然原则禁止提供主要目的是规避技术措施的技术、设备和服务，但是在特定情形下可以允许存在例外。（2）就目前的情况看，为了促进而不是阻碍密码学的研究，应该允许科研机构及其人员进行反规避技术措施的研究，同时在有限范围内提供该规避技术措施的技术。（3）为了保护著作

---

❶ 曹伟：《计算机软件保护的反思与超越》，法律出版社2010年版，第86页。

❷ 易健雄：《技术发展与版权扩张》，法律出版社2009年版，第221页。

权人的利益，提供规避技术措施的技术、设备的途径必须予以控制。质言之，如果研究人员或机构仅仅将规避技术措施的部件或者装置进行学术交流而不进行营利性的使用，可以认定为是无过错。但是如果直接向使用者提供规避技术措施的装备、技术和服务，无论营利与否，都应该承担法律责任。（4）使用者基于合理规避权，可以利用上述科研机构发表的技术成果，在满足合理规避权条件时，通过自己的行为实现对相应技术措施的合理规避。

第二种主张由美国学者丹·伯克（Dan Burk）和朱莉·科恩（Julie Cohen）较早提出。他们认为，版权人欲得到反规避条款的保护，就必须在加密软件中嵌入"基于个人非商业使用之管理的自动规避"模块。假如作品使用者对"规避设置"不满意，或者当著作权人没有采取自愿措施时，使用者可向政府主管机关提出行为许可申请，如果政府机关认为所申请实施的行为是合法的，就会给申请者颁发一个开启安全系统的"密匙"。该政府机构在遵守保管和隐私义务的情况下，免受任何直接或间接的著作权侵权责任。❶这种见解也受到我国部分学者的重视和推崇。朱理认为，当著作权人没有采取自愿措施时，第三方可以强制介入，根据使用者的申请向其发放破解工具或者提供解密版本，使用者得以实施限制和例外允许的行为。为了节省成本、保护使用者的隐私，在我国，这个第三方可以由国家图书馆担任。国家图书馆负有保管破解工具或者解密版本，保护隐私的义务，但不承担任何直接或间接的著作权侵权责任。当著作权人没有提供自愿措施或者提供的自愿措施不足以实现自由使用时，使用者可以向国家图书馆提出申请，国家图书馆无需实质审查就可以向申请人发放破解工具或解密版本，或者强制要求著作权人向申请人提供实现自由使用

---

❶ Dan L. Burk & Julie E. Cohen, Fair Use Infrastructure for Rights Management Systems, *15 Harv. J Law & Tec 41* （2001）, p.63；［美］威廉·W.费舍尔著：《说话算数：技术、法律以及娱乐的未来》，李旭译，上海三联书店2008年版，第140页；朱理：《著作权的边界：信息社会著作权的限制与例外研究》，北京大学出版社2011年版，第199页。

的手段。❶易建雄认为，权利人应向法定机构交存破解技术措施的工具或提供不受技术措施保护的作品电子版本，以确保在版权人没有为自由使用预留空间或作品保护期届满后可以自由使用作品。❷笔者也曾明确表示支持这种做法，认为自助权的建立意味着必须在合适的第三人处提供相应规避技术措施设备、装置的存放。在权利人未提供时，消费者可以依靠法律允许的"自组织"（如消费者权益保护协会）研究和制造破解技术措施的方法和装置，符合条件的消费者均可申请获得。❸应该说，这是一条很好的平衡使用者利益和著作权人利益的思路，也可以从根本上保证使用者合理规避权的实现。

不过，上述主张虽然可以保障使用者的自助权和合理规避权，但是存在一套较为复杂的程序，制度设计的成本过高。而且，在具体的制度规则上也出现争论，若干规则还需要深入探讨。其中，以下问题较为值得关注：（1）著作权人或者技术措施的施加者应该向哪个机关交存规避技术措施的装置或者设备？这些机构是否有意愿和能力对这些技术进行管理？（2）如果著作权人或者技术措施的施加者不交存怎么办？第三方能够自行开发吗？开发的成本由谁承担？（3）使用者在行使合理规避权的时候应该履行哪些义务，以保障对技术措施的规避不至于逾越法律规定的界限？如何监督这样的义务之履行？（4）该种自助权的实现过程中需要增加著作权保护和使用的成本，应该由谁承担这些成本？显然，上述问题还不能在现有的法律和技术框架下得到完美的解决。因此，这样的自助权实现途径还是处于一种理论的构想阶段，论及实践中的运用，似乎还为时过早。

---

❶ 朱理：《著作权的边界：信息社会著作权的限制与例外研究》，北京大学出版社2011年版，第223页。

❷ 易健雄：《技术发展与版权扩张》，法律出版社2009年版，第221页。

❸ 梅术文：《著作权法上的传播权研究》，法律出版社2012年版，第169页。

第四节 权利管理信息的保护和限制

一、权利管理信息的概念和特征

权利管理信息是指说明作品及其作者、表演及其表演者、录音录像制品及其制作者、广播电视节目及其广播电台电视台的信息,作品、表演、录音录像制品以及广播电视节目权利人的信息和使用条件的信息,以及表示上述信息的数字或者代码。WCT第12条第2款规定:"'权利管理信息'系指识别作品、作品的作者、对作品拥有任何权利的所有人的信息,或有关作品使用的条款和条件的信息,和代表此种信息的任何数字或代码,各该项信息均附于作品的每件复制品上或在作品向公众进行传播时出现。"WPPT第19条第2款规定:"'权利管理信息'系指识别表演者、表演者的表演、录音制品制作者、录音制品、对表演或录音制品拥有任何权利的所有人的信息,或有关使用表演或录音制品的条款和条件的信息,和代表此种信息的任何数字或代码,各该项信息均附于录制的表演或录音制品的每件复制品上或在录制的表演或录音制品向公众提供时出现。"《欧盟信息社会版权指令》第7条第2款规定:"'权利管理信息'一词是指由权利人提供的任何被用来识别本指令中涉及的作品或其他客体、或者第3章规定的权利所覆盖的作品或其他客体、作者或任何其他权利人或有关使用作品或其他客体的期限和条件的任何信息,以及代表上述信息的任何数字或代码。"

权利管理信息的主要表现形式:(1)作品的名称和标识作品的其他信息,包括著作权标记指明的信息;(2)作品的作者姓名和有关作品的作者的其他标识信息;(3)著作权和相关权人的姓名、名称和有关该著作权人、相关权的其他标识信息,包括著作权和相关权标记指明的信息;(4)使用作品、表演、录音录像制品、广播电视节目的期限和条件的信息;(5)表明这类信息的数字、符号或可以引至这类信息的链接;

（6）其他经确认的任何此类信息。

需要说明的是，我国著作权法和《信息网络传播权保护条例》均采取权利管理电子信息的表述。严格意义上讲，权利管理电子信息是权利管理信息的一种，是依附在作品上的特定电子信息，非电子形态的信息自然不能包含在内。不过，世界知识产权组织的WCT和WPPT所使用的权利管理信息，实际上就是权利管理电子信息。鉴于非电子形态的权利管理信息采取的是纸介质，不易被人删除或更改，而且即使被删除或更改，其侵权损害程度和范围也较为有限，因此在没有特殊交代的情形下，著作权法所保护的权利管理信息，实际上指向的就是权利管理电子信息。

有学者指出，将著作权人的姓名或者名称纳入权利管理信息的范围不妥。因为著作权人的姓名或名称中的很大一部分应属于署名权或作者身份权的范畴，所以当他人擅自改动、删除作者的署名时，应属于署名权的控制范围，因此没有必要由权利管理信息去覆盖。所以，准确地说，权利管理信息中的"信息"，应该是指关于作品本身的信息、关于作者以外的版权人的信息、关于使用作品的信息、关于使用作品的条件和期限的信息、识别或链接上述信息的数字或标记。❶笔者不同意这种观点，认为权利管理电子信息的表现形态应该是所有能够彰显权利存在、变动和状态的信息。其中，权利人的姓名和名称构成权利存在状态的基础，应为权利管理信息的一种。

一个软件在注册表中的信息是否为"权利管理电子信息"？学者对此存在不同的看法。有学者认为，由于它主要是操作系统引导软件安装和运行的信息，而非用于识别软件的信息，也不是关于软件使用条件的信息，应该不属于法律规定的主要用于辨识作品权利状况的"权利管理信息"。❷笔者赞同这种观点。权利管理信息应该是有助于识别作品、作

---

❶ 李扬：《网络知识产权法》，湖南大学出版社2002年版，第33页。

❷ 邵建东、方小敏主编：《案说反不正当竞争法》，知识产权出版社2008年版，第59~60页。

者、著作权利用条件等内容的信息，软件注册表中的信息不具有这样的功能，当然不是权利管理信息。

权利管理电子信息在传统著作权制度中可追溯到著作权标识制度（copyright notice），其基本含义是法律允许权利人对作品等受著作权保护的信息加注"版权所有"等著作权标记，以向公众表彰著作权主体权利存在以及是否注册等权利信息的制度。著作权标识制度的意义在于：（1）信息显示作用。通过标识建立起一系列的公开的或可供公众查询的权利信息，既可以用于弥补著作权自动取得之不足，在确认著作权人中发挥作用，也为使用者观察所利用作品的权利状态提供了重要渠道。（2）证据证明作用。权利标识虽非强制性的制度要求，但是可以使作品的重要部分或已发表的内容置于公开区域而排除其他人的权利状态，从而在诉讼中作为法官确认著作权归属的重要依据，也是法律上认定故意或过失等侵权人主观状态的有效途径。（3）权利管理作用。权利标识制度为建立著作权管理秩序发挥了重要作用。它能够显示各种权利信息，有利于行政管理部门进行分类管理，也有利于集体管理组织进行集体管理。

虽然著作权标识制度在模拟环境下就已经发挥了重要的功能，但是其作用毕竟有限，而且也愈来愈不适应网络环境和数字环境。首先，著作权标识在模拟环境下并不是必须的。特别是在著作权自动取得的国家和地区，除了计算机软件等少数作品外，大部分作品的著作权标识内容往往并不完整。其次，著作权标识本身在传统著作权制度中并不受到保护，对著作权标识的更改或涂改等行为，并不能直接受到著作权法的保护。鉴于此，数字环境下的权利管理信息制度应运而生，它为向公众传播时依附在作品或作品的复制品上所显示的用以确认作品、权利人、使用作品条件以及其他任何足以显示权利信息的数字或代码等提供保护。

除了上述著作权标识功能继续存在外，在互联网中，著作权人所采取的权利管理电子信息还发挥着三个方面的重要作用：（1）识别权利人的作用。互联网是一个信息的浩瀚海洋，每天都有无数信息蔓延其间。通过著作权权利管理电子信息，能够让使用者识别权利人，也能够让权利人自己表达和主张自己的权利资格。所以在作品中注明"本作品的权利人是某某"或者"本作品由作者保留权利，禁止转载和摘编"等内容，正是在互联网上管理自身权利的有效机制之一。（2）权利利用的作用。互联网上的权利利用多采取数字权利管理系统。通过权利管理电子信息，不仅禁止未经许可的使用作品行为，而且标注利用作品的信息，例如寻找许可途径、作品保护期限等内容，就足以使得利用者初步明晰作品利用条件和使用期限，只要用户愿意接受，可以在权利人制定的网页图标上轻轻一点，从而借助这种"点击合同"实现对作品的利用。（3）作品监控的作用。权利管理电子信息与技术措施往往综合运用于作品的保护之中。在著作权法明确禁止规避技术措施和权利管理电子信息的背景下，权利管理电子信息保护机制既可以方便查询侵权人，也能够用来追究侵权者的法律责任，成为一道新的作品保护防线。

权利管理电子信息与作者的精神权利有着密切的关联。一般来说，作者精神权利中的署名权本身就表明了作者可以通过署名的方式表彰自己的权利主体资格，这也成为标识权利人信息的直接法律依据。同时，权利管理电子信息的标注在有的时候也是行使作者精神权利的过程。例如在作品上标注权利人的信息，或者表示作品首发网站的信息等，就是作者在行使发表权和署名权的表征。但是权利管理电子信息与精神权利毕竟有很大的区别，两者不可等同观之。首先，两者的法律性质不同。权利管理电子信息的法律基础是权利标识制度，它起源于表达权利信息的现实需要。而精神权利是对作者精神利益的维护，其基本出发点是维护作者对作品的控制，使作品的发表、署名、修改等符合作者的主观意志。其次，两者的保护途径不同。权利管理信息最初并不能得到法律的直接保护，而是在反不正竞争法和证据法等法律中具有一定的法律效力。直至网络时代，权利管理电子信息才作为法益受到著作权法保护，但是权利管理电子信息依然不是一项稳定的权利。而精神权利作为与财产权利并行的著作权权能一直存在于传统著作权制度之中。再者，两者的功能不同。权利管理信息在作品的利用等环节也具有重要的制度价值，而精神权利保护则更多的是满足作者精神利益的需要，没有直接的财产功能。最后，两者的法律适用顺位不同。作者精神权利在整个法律适用中较之权利管理电子信息具有优先性，只有在无法运用精神权利保护作者利益的时候，才可以按照权利管理电子信息的规则提供保护。

二、权利管理信息保护的内容

从各国立法和国际公约的要求上看，为权利管理电子信息提供保护的基本途径就是禁止规避权利管理电子信息的行为，也就是禁止未经许可删除或者改变权利人为自己的作品设置的权利管理电子信息，或者提供已经删除或者改变了权利管理电子信息的作品，以及禁止标示虚假的权利管理信息。

WCT第12条规定："缔约各方应规定适当和有效的法律补救办法，制止任何人明知，或就民事补救而言有合理根据知道其行为会诱使、促成、提供便利或掩饰对本条约或《伯尔尼公约》所涵盖的任何权利的侵犯而故意从事以下行为：（1）未经许可去除或改变任何权利管理的电子信息；（2）未经许可发行、为发行目的进口、广播，或向公众传播明知已被未经许可去除或改变权利管理电子信息的作品或作品的复制品。"WPPT亦有类似规定。

《日本著作权法》第113条第3款规定，与权利信息有关的下列行为视为侵犯了著作人格权、著作权和著作邻接权。其中包括故意附加虚假权利管理信息；故意除去或改变权利管理信息；传播、为传播而进口、为传播而拥有明知带有虚假权利管理信息的作品或唱片，明知权利管理信息已被除去或改变的作品或唱片。

《美国数字千年版权法》第1202条规定，任何人不得故意提供虚假的权利管理电子信息，不得从事发行或为发行而进口含有虚假的版权管理信息的复制品的行为；以及未经版权人或法律的许可，任何人不得故意删除或更改任何版权管理信息，或者明知版权管理信息未经版权人或法律的授权被删除或更改，仍然发行或为发行而进口该版权管理管理信息的复制品。

《欧盟信息社会版权指令》规定，成员国可以灵活掌握，针对以下个人未经授权向权利所有者提供足够的法律保护：移除或修改任何权利管理信息的行为和向公众提供、分销、进口分销、广播或者推广作品或其他标的物复印本的行为。

1997年我国《香港地区版权条例》规定，提供权利管理资料的人要求实施以下行为的人承担相应的法律责任：（1）未经授权除去或更改由他提供的电子形式的权利管理资料；（2）知道有依附于作品或复制品、表演的录音制品的电子形式的权利管理资料在未经他授权下已被除去或更改，而在未经他授权下向公众发放或向公众提供、出售该等作品或其复制品、表演或表演的复制品，或将之输入或输出香港、广播或包括在有线广播节目服务中使用。

我国《著作权法》第47条第（7）项禁止未经许可故意删除或者改变权利管理电子信息，没有规定对标示虚假权利管理电子信息追究法律责任。《信息网络传播权保护条例》第5条延续了这一做法，只针对删除或改变权利管理电子信息的行为进行规定，但是同时禁止提供权利管理电子信息被规避的作品、表演、录音录像制品，比著作权法更进一步。依照该条规定，故意删除或者改变通过信息网络向公众提供的作品、表演、录音录像制品的权利管理电子信息，或者通过信息网络向公众提供明知或者应知未经权利人许可被删除或者改变权利管理电子信息的作品、表演、录音录像制品，均构成侵权。

可见，网络环境下著作权人和相关权人有权在作品等客体上标明其权利管理电子信息，这一点与传统著作权标识制度并无不同。所不同的是，权利人有权依照著作权法的规定对权利管理电子信息的规避行为采取相应措施，从而维护自己的合法利益。具言之，按照代表性的立法例，权利人禁止规避权利管理信息包括以下三种情况。

（一）禁止删除或改变权利管理信息

删除或改变权利管理电子信息是指在著作权人为作品等信息设置了权

利管理电子信息的情况下，删除部分或者全部信息内容，或者将部分或全部信息内容进行篡改、变造的行为。《信息网络传播权保护条例》第5条规定，任何组织或者个人不得故意删除或者改变通过信息网络向公众提供的作品、表演、录音录像制品的权利管理电子信息。第18条规定，故意删除或者改变通过信息网络向公众提供的作品、表演、录音录像制品的权利管理电子信息的，应当承担相应的法律责任。对上述两个条文可从以下方面进行分析。

首先，删除或改变权利管理电子信息的行为是直接实施的规避行为。从行为的方式上看，可以是行为人删除部分权利管理信息、全部管理信息，也可以是改变部分权利管理电子信息或者全部权利管理信息。

其次，删除或改变权利管理电子信息的行为者是故意为之。也就是说，行为人明知权利管理电子信息是经过权利人自己或授权标识存在，但是仍然按照自己的意志改变或删除权利管理电子信息的全部或部分内容。

最后，故意删除或改变权利管理电子信息的行为应承担民事责任、行政责任和刑事责任。除了民事责任外，删除或改变权利管理电子信息还可能危害公众的利益，影响消费者对作品的利用，破坏了正常的市场秩序，所以应从消费者利益及维护公平诚信的市场环境角度考虑，追究侵权人的行政责任和刑事责任。

（二）禁止提供权利管理信息被规避后的作品、表演、录音录像制品

《信息网络传播权保护条例》第5条规定，未经权利人许可，任何组织或者个人不得通过信息网络向公众提供明知或者应知未经权利人许可被删除或者改变权利管理信息的作品、表演、录音录像制品。第18条规定，通过信息网络向公众提供明知或者应知未经权利人许可而被删除或者改变权利管理电子信息的作品、表演、录音录像制品的权利管理电子信息的，应当承担相民事责任、行政责任和刑事责任。

（三）禁止标示虚假权利管理信息

标示虚假权利管理信息是指在受保护的作品等客体上本来并不存在某

类或者相应的权利管理信息，而故意在作品上按照自己的意志标示相应权利管理信息的行为。美国版权法明确禁止标识虚假权利管理信息。我国立法对此未予以规定。WCT和WPPT的规定也均未涉及虚假的权利管理信息的标注问题。实际上，按照我国著作权法的规定，制作、销售假冒他人署名的作品，构成侵犯著作权的行为。所以，在并非他人创作的作品标识虚假的姓名、名称等权利管理信息的，也将可能构成对著作权的侵害。如果虚假标示的不是姓名、名称等权利管理信息，也可能构成不正当竞争，进而受到反不正当竞争法的调整。

三、权利管理信息保护的限制

在著作权法规定对权利管理信息提供保护的同时，也应设定相应的限制措施，以平衡权利人利益和公共利益。也就是说，在某些特定情况下，法律允许使用人不经权利人的许可删除或改变权利管理信息。《美国数字千年版权法》第1202条d款规定："本条不禁止美国政府的、各州的或各州的下属辖区的官员、代理人或雇员或根据与美国政府、各州或各州的下属辖区签订的合同而行事的人所从事的任何经合法授权的调查行为、保护行为、促进信息安全行为或收集情报的活动。"第1202条e款规定："在模拟信号传输的情况下，进行传输的广播电台或有线广播系统或向该广播电台或有线广播系统提供节目的人不应当因为违反本条b款的规定而承担责任，只要：为防止违反本条b款的规定而采取的措施没有技术上的可行性，或者会使此人承受不合理的经济负担；以及此人不打算通过从事此类活动而诱发、致使、提供便利或者掩饰侵犯本篇所规定的任何权利的侵权行为。"《日本著作权法》第113条第3款规定："禁止故意除去或改变权利管理信息，但若此种行为取决于录制或传输系统中的转换技术，或者根据作品或表演的使用目的和方式，该行为是不可避免的，则免除责任。"我国"台湾地区著作权法"第80条规定："著作权人所为之权利管理电子信息，不得移除或变更。但有下列情形之一者，不在此限：（1）因行为时之技术限制，非移除或变更著作权利管理电子信息即不能合法利用该著作。（2）录制或传输系统转换时，其转换技术上必要之移除或变更。"我国《信息网络传播权保护条例》第5条规定，由于技术上的原因无法避免删除或者改变权利管理电子信息的，可以作为例外情况，享受法律上的豁免。由此可见，对权利管理电子信息的限制主要有基于公共利益的限制和基于技术要求的限制两种。

（一）基于公共利益的限制

基于公共利益的需要，可删除或改变权利管理电子信息。对此，我国立法没有明确规定。出于国家安全的考虑，立法应允许国家机关及其工作人员不经权利人的许可删改权利管理信息，权利管理信息的保护不能对抗政府或其授权机构基于合法授权的调查、执法、计算机系统的信息安全或情报活动。具体来说，国家机关、国家机关工作人员和经合法授权的其他组织为调查、情报收集或者为识别和指明政府部门计算机、计算机系统、计算机网络的弱点而删改权利管理信息，不承担法律责任。

（二）基于技术要求的限制

基于技术要求的限制包括在播放广告或者其他节目时，使用作品、录音录像制品的片段，因时间短，无法在播放节目的同时表明权利管理电子信息；或者在实行数字与模拟信号转换时无法保存权利管理电子信息等情况。❶例如，电视台播放某一表演者表演的片段或一画面，要转换数字信号且标示表演者的姓名、版权声明等权利管理信息没有技术上的可行性，或者会使节目提供者承受不合理的经济负担，此时可以对权利管理电子信息进行规避或者除去。

---

❶ 张建华主编：《信息网络传播权保护条例释义》，中国法制出版社2006年版，第24页。

第七章　网络商标权

　　现代信息技术对于商标权的冲击虽然不如著作权激烈，但是也客观上引发了商标权制度的变革与发展。从实践的需要看，网络空间同样存在商标的使用、管理和保护，传统商标制度必然会延伸到网络领域。从技术带来的便利性看，现代信息技术推动商标注册机制的电子化和网络化。就制度的深度回应而言，网络环境下出现了一些新的商标客体类型，商标使用具有不同于传统环境的新特点，网络商标侵权无论在保护理念还是具体的表现形式上，都有着全新的发展。因此，有必要对网络商标权进行探讨。

第一节　概　　述

一、商标与商标权

　　"商标"一词为外来语，英文为trade mark。根据我国现行商标法的规定，商标是生产经营者在其商品或者服务项目上使用的，由文字、图形、字母、数字、三维标志、颜色组合和声音等，以及上述要素的组合构成，具有显著特征、便于识别商品或服务来源的专用标记。

　　商标法是调整因商标的构成、注册、使用、管理和保护等所产生的社会关系的法律规范总称。我国现行《商标法》1982年8月23日通过，1993年2月22日第一次修正；2001年10月27日第二次修正；2013年8月30日第三次修正，2014年5月1日施行。此外，常见的商标法法律渊源还包括：（1）国务院颁布的《商标法实施条例》。该条例于2002年8月3日公布，

2014年4月29日修订，2014年5月1日起施行。（2）国家工商行政管理总局颁布的《商标评审规则》。该评审规则于1995年11月2日公布；2002年9月17日第一次修订；2005年9月26日第二次修订；2014年5月28日第三次修订，2014年6月1日起施行。（3）国家工商管理总局公布的其他有关行政规章及规范性文件。（4）最高人民法院发布的司法解释。例如，2002年10月22日最高人民法院颁布的《关于审理商标民事纠纷案件适用法律若干问题的解释》等。

在我国，商标注册是取得商标权的必经程序。能够作为商标注册的标记必须满足四个基本条件：首先，合法性。这是所有商标都应该满足的条件，注册商标和未注册商标概莫能外。具体来说，它要求作为商标使用的标识不得违反法律规定的禁用条款，以维护社会公共利益和消费者利益。例如，同中华人民共和国的国家名称、国旗、国徽、国歌、军旗、军徽、军歌、勋章等相同或者近似的，以及同中央国家机关的名称、标志、所在地特定地点的名称或者标志性建筑物的名称、图形相同的标识，不得作为商标使用，当然也就不能注册。其次，可感知性。商标作为一种识别性标志，能够为消费者所视、所闻、所感知。新修订的商标法允许注册声音商标，扩大了可感知的范围。再次，显著性。也就是商标的可识别性，是指该标志能够让消费者识别商品或服务的来源。这是注册商标最为重要的条件。最后，非冲突性。申请注册的商标，不得与他人在先取得的合法权利相冲突，不得侵犯他人的注册商标专用权或驰名商标持有人的合法利益。

商标注册需经过法定的程序，由商标局进行受理、审查。对于初步审定、予以公告并在公告期满无异议或者异议不成立的商标，商标局予以核准注册。对于已经注册的商标，可能因为行政机关的介入或者社会公众、权利人的申请而认定为无效。对于商标局作出的决定不服的，可以向商标评审委员会提出复审请求。在商标管理过程中，行政机关可以基于法定原因撤销注册商标。例如，注册商标连续3年未使用且无正当理由的，商标局可以撤销该商标。

商标权是注册商标所有人依法享有的商标专用权。商标权人享有的权利包括使用权和禁止权。使用权是商标权人在核定的商品或服务类别上使用核准的商标，并获得相关合法利益的权利。禁止权是禁止未经许可地使用注册商标的权利。❶普通商标权利人可以禁止他人在同一或类似商品上使用与其注册商标相同或近似的商标，驰名商标权利人可以禁止他人在非类似的商品上使用与其商标相同或近似的商标。一般情况下，只有注册商标的所有人才能享有商标权，也就是说，普通的未注册商标权人不能禁止他人在同种或类似商品上使用与其注册商标相同或近似的商标。特定情形下，未注册的驰名商标也受到特殊保护，驰名商标权利人可以禁止他人注册并使用未注册商标。商标权保护期限为10年，从核准注册之日起计算。注册商标有效期限届满，需要继续使用的，可以续展。

商标权的限制主要有三种情形：（1）注册商标中含有的本商品的通用名称、图形、型号，或者直接表示商品的质量、主要原料、功能、用途、重量、数量及其他特点，或者含有的地名，注册商标专用权人无权禁止他人正当使用。（2）三维标志注册商标中含有的商品自身的性质产生的形状、为获得技术效果而需有的商品形状或者使商品具有实质性价值的形状，注册商标专用权人无权禁止他人正当使用。（3）商标注册人申请商标注册前，他人已经在同一种商品或者类似商品上先于商标注册人使用与注册商标相同或者近似并有一定影响的商标的，注册商标专用权人无权禁止该使用人在原使用范围内继续使用该商标，但可以要求其附加适当区别标识。

二、网络环境下的商标使用

现代信息技术尤其是网络技术的发展，深刻影响着商标权的制度内容和保护规则。网络经济是一种注意力经济，从事商品的营销和各种服务活动离不开商标。商标作为商品和服务识别的标志，能够吸引消费者的注意

---

❶ 胡开忠：《商标法学教程》，中国人民大学出版社2008年版，第113~115页。

力。网络技术在一定意义上放大了商标的价值和功能。经营者可以在网络上利用商标进行广告宣传，商标具有的广告功能得以展现；商标可以在网络环境下作为提供商品或服务时的标志，具有识别功能；商标还可以被注册为域名，作为网站名称使用，或与其他网络标志结合起来利用，既增强了商标的识别功能，也有助于扩展商标的市场价值。

网络商标使用是传统商标使用在网络领域的延伸。商标使用是指将商标用于商品、商品包装或者容器以及商标交易文书上，或者将商标用于广告宣传、展览以及其他商业活动中，用于识别商品来源的行为。网络上的商标使用有两种情形：（1）只在网络上使用的商标，或者先在网络上使用，再合法地使用于网络以外的现实世界中；（2）先应用于现实的商业环境，再将商标应用于网络之中。互联网上的商标使用与传统意义上的商标使用具有同等的法律意义。由于网络技术可以改变商标使用的形式和手段，因此必须将网络使用纳入商标使用的概念体系。这既是维护权利人合法利益的需要，也是解决一系列网络商标争议的前提。

网络也改变了商标使用的地域性特征。借助网络，不同国家的商品和服务的交易可以不再受地域的限制。网络出现之前，不同国家的数个厂商可以共同使用同一商标，这符合商标权的地域性要求。在网络环境下，这些商标的使用却可能会发生冲突，甚至给消费者带来混淆。由于网络是全球性的使用，所以在先权利人使用了商标，在后注册人虽然也可能具有相应的权利，但是在使用商标时必然会受到很大的限制。

三、网络环境下的商标权取得

网络环境对商标权取得的法律影响，主要体现在可以注册的商标类型以及注册商标的程序上。

现代信息技术拓宽了注册商标可感知性的范围。除了传统的文字、图形、字母、颜色组合等可视性标志外，声音商标、动态商标在网络时代不仅成为可能，而且越来越重要。2006年3月通过的《新加坡商标法条约》拓宽了可以作为商标注册的标志，成员方可以对如全息商标（hologram marks）、动画商标（motion marks）、颜色商标（color marks）、非视觉商标（声音、味道）等新型商标进行规定。我国2013年修订的《商标法》将声音列入可注册商标的范围，就是针对网络环境作出的重大修正。声音商标是非传统商标中相对使用最广泛的一种，主要集中在多媒体等非传统企业以及一些知名企业的广告之中，作为电影、电视、广播广告中的配乐，产品APP应用或其他电子出版物的启动、背景音乐等。例如，腾讯QQ、诺基亚、英特尔、奥迪等常见的提示声音标识都将可以作为商标申请注册。允许声音注册为商标，充分尊重了商标识别性的基本职能，也借鉴其他国家声音商标注册实践经验，保护了消费者"认声购物"的合法权益。商标权人以声音商标为媒介从事营销和市场宣传活动，配合日趋重要的电子商务渠道，有助于吸引更多的消费者，获得更好的市场效果。当然，由于我国建立声音商标注册制度的时间不长，所以国家商标局仍然需要建立配套的审查机制，从技术上解决声音商标的录制方式、声音商标音频格式、持续时间以及声音商标的检索、储存等问题。

网络技术给商标注册程序带来的最大变革就是商标注册网上申请的普遍展开。商标注册网上申请也称为电子申请，是指借助网络系统完成商标申请、注册和审查的过程。当前，美、日、欧等发达国家和地区的商标部门均已接受商标电子申请，并且比例已占全部申请的90%左右。采用网上申请的具有以下优点：（1）节约申请成本，提高申请效率。作为一种新型申请方式，电子申请借助现代信息技术平台和便捷的技术手段，能够在更短的时间实现申请人、代理人与审查人员的及时对话和沟通，全面压缩传输成本，提高了申请和审查效率。（2）有助于国家建立完整、全面的商标信息库。网上申请可以由机器进行智能分类和统一存储，相应的信息可以在完整的数据库中进行集中展示。（3）更加环保和可靠。借助强大的互联网技术，申请文件不再需要纸质媒介的反复更改和传递，相关信息可被机器有效记录，文件的发送和接收可以更安全可靠，申请人和代理人可以更准确地掌握商标申请的进度。

我国已经建立商标注册网上申请机制。2013年修订的《商标法》全面建构电子申请机制，允许申请人通过网上提交商标申请。自2014年5月1日起施行的《商标注册网上申请暂行规定》指出，提交商标注册网上申请应当通过中国商标网（http://sbj.saic.gov.cn），以商标局规定的文件格式、数据标准、操作规范和传输方式提交申请文件，并按规定上传商标注册申请所需的身份及主体资格证明文件。申请人应委托已在商标局备案的商标代理机构办理商标注册网上申请。提交商标注册网上申请，申请信息以商标局的数据库记录为准。但是当事人确有证据证明商标局数据库记录有错误的除外。提交商标注册网上申请，申请人无需提交纸质文件，但申请人要求优先权的，应按要求向商标局提交纸质的优先权证明文件。

四、网络环境下的商标权保护与限制

网络技术的发展给商标保护带来许多新问题，例如商标权地域性与因特网国际性的冲突，商标分类保护与网上商标权排他效力的矛盾，超文本链接、关键词搜索引起的商标侵权问题等。对于这些问题，我国现行商标法少有涉及或涉及不够，难以有效解决。[1]2001年世界知识产权组织制定的《关于在因特网上保护商标权以及各种标志的其他工业产权中的规定的联合建议》（以下简称《建议》）详细规定了网络商标侵权的管辖、认定和各成员国商标权冲突的协调等问题。如对于网络商标侵权的管辖，《建议》倡导依据网上商标使用的类型以及交互性程度来确定其和特定地域的联系；对于网络商标侵权的认定，《建议》规定网络商标侵权的认定应当考虑商业使用、混淆、合理使用和恶意等因素，并对上述因素作了进一步规定；对于商标权利冲突，《建议》从侵权例外的角度对不承担责任的情形进行了列举。

实际上，网络环境下的商标权保护的核心是网络商标侵权行为的认定。对此，下文还将详细进行分析。商标权侵权管辖的认定，也与知识产

---

[1]　吴汉东、王超政："中国发展大局中的商标法修改"，载《中国工商管理研究》2013年第2期。

权侵权管辖具有相似的要求，将在后文专章探析。关于网络商标侵权的例外，则应该考虑到传统情形，同时也应根据技术的发展确立商标权合理使用的新的表现形式。

网络商标合理使用的一种新形式就是，如果实际销售某种商标的产品，在销售者网站的域名后面可以使用被销售商品的商标。例如，在Patmont诉Anthony案中，被告Anthony在网站上出售原告公司的Go-Peds帆船。为招徕顾客，在域名中使用idisync.com/Go-Peds。法院认为该行为不构成侵犯商标权，属于对商标的合理使用。其基本理由是：（1）被告销售产品和提供服务，如果不使用原告商标，就无法表示。（2）被告的使用在合理限度内，仅在于指明销售特定品牌的商品，而该商品的确为原告所生产。（3）被告没有作出令人误解的使用，没有暗示自己与原告之间存在赞助关系或者其他联系，不会造成消费者的混淆和不当联想。❶

第二节　网络商标侵权行为

一、概念和特征

网络商标侵权行为是通过互联网所实施的商标侵权行为，表现为在网站、网页以及域名上不当使用他人注册商标，进行侵权产品或服务的广告宣传、许诺销售或销售，以及通过网络交易平台进行的网上销售行为等。

网络商标侵权行为具有以下特征：（1）与网络技术的基本特性相呼应。网络商标侵权行为发生于网络环境，网络域名的唯一性、网络平台的虚拟性和互动性等特征，决定了网络侵权行为的特殊理论基础与特定表现形式。例如，网络空间域名的唯一性，决定了域名与商标冲突不可避免；网络的互动性决定了售前混淆较易于发生在电子商务领域。（2）侵权理

---

❶　鲍永正：《电子商务知识产权法律制度研究》，知识产权出版社2000年版，第120页。

论的多元性。网络商标侵权不仅坚持售中混淆的传统理论，而且更多吸纳了售前混淆以及商标淡化等理论元素。虚拟的网络空间为吸引网民注意，侵权人更容易在网络上使用他人的商标。这虽然不会使消费者在最终购买时发生误认，但实际上利用了他人知名的商标提高网站的点击率和知名度，间接损害了权利人的合法利益。（3）侵权主体的广泛性。传统领域的商标使用需借助广告宣传、商标标识印制等方式，相对具有专业化要求，在一定程度上限定了侵权主体的范围。网络环境下，商标使用的主体十分多元，每一个网民或网站都可以使用商标，也可能成为潜在的侵权者。此外，网店、网络交易平台服务提供者、搜索引擎服务提供者等主体都可能成为直接或间接侵犯商标权的行为人。

二、理论基础

普通商标侵权行为的理论基础是混淆理论。商标是识别商品或服务来源的标识。只有在商标使用造成消费者混淆误认时，才构成商标侵权。除驰名商标外，同一商标可以在不同类别的商品上使用而不会造成消费者的混淆，所以注册商标的权利人并不能禁止在不同类别商品上对相同或近似商标的使用。

网络环境下的商标侵权所遵循的混淆理论是否发生变化，值得分析。网络营销作为一种商业模式，往往是商品或服务交易的前置阶段，消费者在海量的网络信息中总是希望找到最为心仪的商品或服务，如果由于对他人的商标在网络上的不当利用导致了"初始兴趣的混淆"，浪费了大量的时间和精力，虽然最终没有发生购买的识别混淆，是否应该认定为商标侵权？如果经营者仅仅将商标作为搜索引擎的关键词，以获得某种被搜索的宣传优势，并没有最终导致消费者产生认知混淆的，是否可以认定为商标侵权？这些问题的出现，反映网络商标的特殊性，尤其是理论基础的特殊性。

《美国兰哈姆法》禁止经营者使用使消费者误以为自己的商品是其他经营者商品的方法，将消费者从其他经营者那里引开，即使消费者在实际购买时已经不再混淆。这种立法规定在法律上拓展了混淆理论的内涵，使得法律禁止的商标侵权行为，从实际混淆拓展到售中混淆和售前混淆。鉴于网络环境下商标侵权的特殊性，也有必要以更广意义上的混淆理论去判定商标侵权行为。

商标侵权行为的另一理论基础是商标淡化理论。商标淡化是指对商标尤其是驰名商标的使用利用了其良好声誉，或者使用行为会导致该商标建立起来的特殊吸引力减弱甚至丧失，或者直接对该商标进行丑化，那么即使没有导致消费者的混淆，也可以认定为商标侵权行为。将驰名商标抢注为域名是一种典型的商标淡化行为，可以根据淡化理论认定为商标侵权行为。

三、表现形式

（一）注册域名侵犯商标权的情形

将他人的商标注册为域名，使消费者造成混淆，可能会构成商标侵权行为。域名抢注可能是合法行为，也可能构成违法，需要根据具体情况进行判断。根据我国法律的规定，出于恶意将他人的注册商标抢注为域名的行为，不正当使用了他人的商标，是一种不正当竞争行为。如果利用域名从事与商标持有人相同或类似的电子商务活动，造成消费者混淆，同时构成商标侵权。

将他人驰名商标作为域名注册的商标侵权案件中，如果域名注册者是商标权人的同业竞争者，那么其侵权性质一般比较容易判定；如果注册者不是商标权人的同业竞争者，甚至根本没有启用域名地址，这时不会发生商标混淆的问题，是否成侵权，存在疑问。事实上，将他人驰名商标注册为域名，阻断了网络消费者到达目标网站的有效渠道，降低了驰名商标在网络领域的显著性，根据商标淡化的理论，驰名商标权利人应该有权要求域名持有人停止使用该域名。

（二）网络链接、定位埋置中的商标侵权行为

将他人的商标或相关文字、图形埋置在网页链接中，利用互联网链接或搜索引擎的方式使消费者误以为访问的是商标权人的网站，属于网络上的违法行为。在这种侵权行为中，侵权人一般将他人的商标或相关文字、图形故意设置在网页中，或者将元标记❶埋置在自己网页的关键词中。对于这种违法行为的性质判定，主要有两种思路。一种思路认为，该行为不正当提高搜索排名，或者攀附他人商誉，违背诚实信用原则或公认的商业道德，应认定为不正当竞争。另一种思路认为，这种行为同时构成商标侵权行为。❷反对认定商标侵权的理由在于：（1）将他人商标作为搜索引擎链接埋置的关键词或者竞价排名关键词不符合商标侵权的要件。因为商标侵权是未经许可在同一种或类似商品上使用相同或近似的商标，但竞价排名中的关键词，其使用在于搜索使用，搜索是通过电脑和网络进行，电脑、网络以及搜索服务与商标权人指定使用的商品和服务类别相去甚远。（2）从商标侵权理论角度看，只有存在混淆可能性的商标使用行为才可能构成商标侵权，竞价排名中关键词的使用不可能造成消费者混淆。诚如前文所分析，网络环境下的商标使用并不限于在传统商品或者服务上对商标的使用，在搜索引擎中的使用也是一种商标的使用。同时，网络商标的混淆也不仅是售中混淆，而且售前混淆也是重要的判定基础。将他人商标作为搜索引擎关键词的行为，会产生吸引消费者的效果，即使没有最终导致购买混淆，也是一种混淆，应该认定为商标侵权。当然，这种直接侵权的认定，不影响对搜索引擎服务提供者侵权责任的追究。

一般认为，经营者在网络链接、定位埋置中的商标侵权行为需满足

---

❶ 搜索引擎依靠"元标记"工作。"元标记"是万维网的超文本置标语言的一种软件参数，网主用以描述其网站，包括网主的基本情况、版权声明以及关键词等。这些信息访问者看不见，但在元标记埋置他人的商标，网民在通过搜索引擎寻找时就会不知不觉地访问到该网站。

❷ 邓宏光、易健雄："竞价排名的关键词何以侵害商标权"，载《电子知识产权》2008年第8期，第56页。

三个要件：（1）将商标权人的商标作为搜索引擎中的关键词；（2）将该关键词链接到商标权人竞争对手的广告中，且未明确表示它与商标权人无关；（3）给消费者造成混淆，或者给驰名商标造成淡化，损害商标权人合法利益。

在大众搬场诉百度案❶中，原告大众交通享有"大众"文字注册商标的专用权，核定服务项目为第39类：汽车出租、出租车运输、车辆租赁、旅客运送，曾被上海市工商行政管理局认定为上海市著名商标。原告大众搬场经大众交通授权，获准在上海地区经营搬场业务时排他使用"大众"商标。两原告诉称，在三被告所有并经营的百度网站的"竞价排名"和"火爆地带"栏目网页中，出现大量假冒大众搬场的网站链接，这些网站经营者擅自使用"大众"商标，并以与大众搬场相同或近似的名称招揽搬场物流业务。两原告认为，百度网站上的"竞价排名"和"火爆地带"两个栏目属于网络推广形式的广告，因此，三被告在百度网站上的广告栏目中擅自使用两原告享有权利的注册商标构成商标侵权，也构成发布虚假广告的不正当竞争行为，故请求法院判令三被告停止侵权并赔偿损失。

三被告辩称：（1）原告指出的网站链接不属于"火爆地带"服务项目的搜索结果，而属于"竞价排名"服务项目中智能匹配的搜索结果。作为搜索引擎，百度网站无法对被链接第三方网站的内容进行审核与控制，也无法控制关键词的输入以及限制关键词所对应的网站，因此三被告不是广告发布者，不应对第三方网站上的内容负责。（2）对于本案"竞价排名"服务中的关键词"大众搬场"，三被告无法识别其可能涉及侵犯他人的注册商标。两原告事先未就此发通知给三被告，且三被告在接到本案诉状后已及时断开全部涉嫌侵权的第三方网站的链接，作为搜索引擎服务商，三被告已尽到相关义务。

本案的争议点主要有两个方面：其一，三被告所服务的第三方网站，也就是上海大众搬场物流有限公司在"竞价排名"服务中埋置他人商标的

---

❶ 上海市第二中级人民法院民事判决书〔2007〕沪二中民（知）初字第147号。

行为，是否构成商标侵权和不正当竞争；其二，百度网站的"竞价排名"服务如何定性。对于前一个问题，法院经审理认为，本案涉及的被链接的第三方网站均接受了百度网站的"竞价排名"服务，这些网站未经原告许可在其网页显著位置突出使用包含原告注册商标的字样作为企业字号，使相关公众产生误认，侵犯了原告享有的"大众"注册商标专用权，构成擅自使用他人企业名称的不正当竞争行为。对于后一问题，法院认为，竞价排名是一种收费服务，用户在"竞价排名"栏目注册账号后，需向百度网站支付推广费。作为搜索引擎，百度网站不应被认定为直接实施了商标侵权行为，其行为也不构成直接的虚假宣传。但是，三被告未尽合理注意义务，主观上存在过错，客观上帮助第三方网站实施了商标侵权行为，并造成损害结果，因此与直接侵权的第三方网站构成共同侵权，应当承担连带民事责任。鉴于本案中两原告只起诉了三被告要求其承担民事责任，三被告应仅就其帮助侵权行为承担相应的民事责任；鉴于被告已断开涉嫌侵权的第三方网站的链接，故判决：被告在百度网站"竞价排名"栏目的首页刊登声明，消除影响，赔偿原告损失5万元。一审宣判后，三被告不服提起上诉，后在二审期间撤回上诉，一审判决生效。

（三）将他人的商标直接用于网站或网页实施的侵权行为

该种侵权行为发生于网络空间，本质上与传统商标侵权并无本质不同。根据商标法规定，如果网站或网页使用的商标与权利人注册的商标相同，同时又销售相同或类似商品的，构成商标侵权；如果网站或网页使用的商标是近似商标，造成消费者混淆的，同时又销售相同或类似商品的，认定为商标侵权。

（四）借助网络交易平台侵犯商标权

在网络交易平台上直接销售产品的经营者，无论是线上交易还是线下交易，一旦销售假冒商品或提供假冒服务，直接认定为商标权侵权，自无疑问。对于网络交易平台在何种情况下构成间接侵权，则应该进行具体分析。对此，后文将在网络服务提供者侵犯知识产权一章中详述。

第八章　网络专利权

现代信息技术的出现是科学技术史上最重要的创新之一。计算机技术、网络技术不断推陈出新，相关领域的发明创造也呈现井喷的态势，与现代信息技术相关联的专利申请和授权量迅速增多。网络技术、云计算技术、物联网技术等科学技术的发展，促成了许多新的技术方案大量涌现，计算机软件和商业方法等客体逐渐成为专利权保护的对象。网络技术还在深刻改变专利审查方式和保护途径，电子申请和专利审查信息高速公路的出现，让专利的申请和授权更为便捷和高效。近年来，随着3D打印技术与网络技术的结合，制定"数字专利法"成为完善专利制度的重要内容。

第一节　概　述

一、专利和专利权

在不同的语境下，专利一词指向不同的含义。具体来说，主要有三种情形：（1）它指向专利权，即专利为专利权的简称，是指权利人依法对经过其申请并获得授权的技术方案依法享有的垄断性权利。（2）它指向专利权的客体，也就是各种技术方案的简称，是指依法获得保护的各种发明创造。（3）它指向专利文献，也就是在申请授权中产生的文书，是指记载专利技术的公开文献总和。

专利法是调整专利关系的各种法律规范。在我国，常见的专利法法律渊源包括：（1）法律。最为集中的表现是1984年3月第6届全国人民代表大会常务委员会第四次会议通过的《专利法》。该法已经三次修改，分别是1992年9月第一次修正，2000年8月第二次修正，2008年12月第三次修正。（2）行政法规。例如，国务院2009年12月通过的《专利法实施细则》。（3）行政规章。代表性的行政规章是国家知识产权局2010年1月通过的《专利审查指南2010》，该审查指南于2014年5月由国家知识产权局进行若干修正。此外，国家知识产权局还根据实际需要出台了一系列的行政规章，包括《专利行政执法办法》《专利权质押登记办法》等。（4）最高人民法院的相关司法解释。主要有2001年6月通过的《最高人民法院关于审理专利纠纷案件适用法律问题的若干规定》以及2009年12月通过的《最高人民法院关于审理侵犯专利权纠纷案件应用法律若干问题的解释》。2015年1月29日，最高人民法院公布了修改后的《关于审理专利纠纷案件适用法律问题的若干规定》，该司法解释已于2015年2月1日起施行。此次修改主要包括两个方面的内容，一是因专利法2008年修订中法条序号、表述用语变化而作的适应性修改，二是修改了关于专利权评价报告、赔偿数额计算等规定，从而使之与现行专利法及其司法解释保持一致。2016年1月25日，最高人民法院审判委员会《最高人民法院关于审理侵犯专利权纠纷案件应用法律若干问题的解释（二）》。该解释共31条，主要涉及权利要求解释、间接侵权、标准实施抗辩、合法来源抗辩、停止侵权行为、赔偿额计算、专利无效对侵权诉讼的影响等专利审判实践中的重点难点问题，于2016年4月1日起施行。

我国专利法中的专利包括发明、实用新型和外观设计三种类型。发明是指对产品、方法或者其改进所提出的新的技术方案。实用新型是指对产品的形状、构造或者其结合所提出的适于实用的新的技术方案。外观设计，是指对产品的形状、图案或者其结合以及色彩与形状、图案的结合所作出的富有美感并适于工业应用的新设计。专利权的获得必须经过申请、审查和授权的法定程序。发明专利采取实质审查的原则，由专利审查员对该发明创造的新颖性、创造性和实用性等进行综合判定，符合授权要求的才可获得专利权。实用新型和外观设计只进行初步审查，国务院专利行政部门没有发现驳回理由的，直接作出授权决定。发明专利权的期限为20年，实用新型专利权和外观设计专利权的期限为10年，均自申请日起计算。

专利权人享有垄断性很强的专有权利。《专利法》第11条规定，发明或实用新型专利权被授予以后，除另有规定的外，任何单位或个人未经许可，都不得实施其专利，即不得为生产经营目的制造、使用、许诺销售、销售、进口其专利产品，或者使用其专利方法以及使用、许诺销售、销售、进口依照该专利方法直接获得的产品。外观设计专利权被授予以后，任何单位或者个人未经专利权人许可，不得实施其专利，即不得为生产经营目的制造、销售、许诺销售、进口其外观设计专利产品。

二、网络技术与专利权

网络技术与专利权的关系，包括两个层次：第一个层次是网络技术对专利权的影响；第二个层次是专利权制度对网络技术发展的作用。

网络技术对专利权的影响甚为广泛，其中，有些影响体现为技术本身的专利权保护诉求，有些则直接导致专利权法律制度的变革与发展。由于除集成电路布图设计以外的大多数现代信息技术及其关联技术，都可以成为专利权保护的对象，所以，与网络有关技术的专利权申请、审查和授权，成为网络技术影响专利权的最重要体现。这与网络技术对著作权的影响不完全相同：网络技术让传统的著作权规则难以适从，而网络技术在更多场合自动进入专利权保护的范围，无需法律太多的修改和完善。当然这也并非尽然，网络技术实际上也使得专利权的可专利对象、申请方式和审查手段等发生不少的改变。具体来说，网络技术对专利权的影响主要包括以下方面。

首先，网络技术的创新高速性和辐射性，促进了知识共享，提升了可获专利的发明创造的数量。现代信息技术和现代生物技术是当前专利权授权的主要技术领域，也是专利权数量增长最为迅猛的技术领域。信息网络系统中的通信平台、信息服务设备、软件和信息资源等，都存在强烈的创新需求，直接促成了20世纪80年代以来出现新一轮的专利热潮。网络技术的另一个特征就是更新换代快，与其他技术进行交融贯通的可能性大。事实上，进入21世纪以来，物联网技术、移动通信技术、3D打印技术等新技术再一次引发了科学技术的革命浪潮，与之相关的大量专利申请和授权，成为科学创新的最直观和最生动的表现。

其次，网络的开放性与共享性影响创新的进度，改变了专利权的价值和授权许可方式。互联网超越了国界，打破了行业内部与外部的时空障碍，合作创新与开放式创新成为新一轮创新的关键手段。专利竞争的影响力在大幅提升，专利的市场价值与日俱增。专利还借助标准化的力量实现了从市场独占性向支配性的转变，与网络有关的专利权授权金动辄上亿。网络技术的发展也推动企业建构良好的创新生态，专利权的交叉许可、谅解许可等新型利用方式增进了企业的合作，也强化了专利的影响力。

再次，网络的技术融通性和多元性影响着创新的方向，拓展了专利权可专利主题的范围。可专利主题（subject matter）是指能够获得专利授权的客体，即专利权主体利益所指向的对象。传统的专利法可专利主题坚持传统的技术性要求，即对技术问题的解决方案产生技术效果，并能在产业中应用。❶随着网络技术的发展，涌现出了许多新的技术方案。计算机软件、商业方法、通信协定等新的技术产品和方案并不能够当然成为专利权保护的对象，但是它们的开发和设计需要大量的人力和资金，具备专利权赋权的内在动力。这就要求突破传统专利法的陈旧束缚，将这些新型的客体纳入专利法的保护范围。

最后，网络的无纸化和国际化影响着审查的途径，改变了专利权申请和审查的方式、内容和方法。电子申请已经与纸质申请一起成为专利权申请的重要途径。从环境保护、便捷化和管理现代化等角度看，无纸化的电子申请更符合未来专利申请的方向。在专利审查中，网络技术和计算机

---

❶　鲍永正：《电子商务知识产权法律制度研究》，知识产权出版社2000年版，第191页。

技术的大量运用，不仅可以提高工作效率，而且能够提升专利审查的准确性。网络把国际上的专利行政管理机关、审查部门和有关的数据库连通起来，其国际化的力量激发了更为深入的专利审查合作。作为现代信息技术的成果之一，全球专利一体化进程正在逐步推进之中。

关于专利制度对网络技术的影响，体现为整合功能、激励功能和保障功能等三个方面。（1）整合功能。网络技术及其产业创新不仅需要巨大的资金投入，而且更需要团队的通力协作，公民个人、企事业单位或者科研院所等技术创新者要借助专利机制形成利益分享格局，使各自的利益得到保护，确保技术创新活动能够顺利进行。（2）激励功能。专利制度能够激励网络技术创新，从根本上调动科技人员从事发明创造的积极性，成为技术创新的有效激励机制。专利制度保障网络技术创新者的投入可以通过应用、实施或者通过产业化得到回报。这样，创新者也才有可能进一步提高质量、改进服务，并将更多的时间和资源投向新的技术研发，从而形成良性循环的互动环境。此外，专利制度还激励技术创新成果产业化，推动形成一批以专利技术为支柱的新兴网络产业。（3）保障功能。专利保护贯穿网络技术创新的全过程：技术开发的前期准备和具体实施离不开专利保护，技术创新成果的转化或者产业化离不开专利保护，引进技术人才、实施技术转移以及营造良好的投资环境也需要专利保护。所以，如果没有专利保护，公民个人、企事业单位或者科研院所的创造热情就会被遏制，投资和技术引进也会受到影响，从而导致国家利益、社会利益和个人利益都会遭受直接或者间接的损害。

当然，随着现代新兴技术的发展，网络技术下的专利保护也会出现更多的新规则，网络服务提供者侵犯专利权的情形会增多，架构数字专利法具有必要性。

三、数字专利法

从制度内容上看，网络技术对专利制度的影响往往可以在传统的框架下得以有效解决。换言之，截至目前，网络技术还没有催生出新的专利权内容和限制，也没有产生全新的保护模式。但是，并不能由此否定网络技术对专利制度的冲击。具体而言，包括三个方面：（1）网络环境下可专利主题不断扩张。现代信息技术是20世纪中后期兴起，并在21世纪产生深远影响的技术领域，与网络技术有关的发明申请和专利授权占据重要的地位。一些本不能授予专利等对象，例如商业方法，在计算机软件和网络技术的支持下也可以产生技术效果，因此成为可专利的对象。（2）网络技术被应用在专利申请和审查之中。网络技术可以被运用在专利申请中，形成全程电子化和现代化操控。这便利了当事人，提高了申请与审查效率。通过建构网络化的专利文献库，可以提高审查的效率和准确度，也有助于专利技术的扩散和传播。（3）网络技术下的专利权保护出现了新的规则。网络同样成为专利侵权者的工具。例如，在网络交易平台上销售侵犯专利权的产品等。

也应该看到，随着网络技术的影响进一步加强，专利权制度也可能朝着更深层次的方向发生变革。原来的专利制度作出"嵌入式""包容式"的调整，即可满足网络技术的需求；而新的技术会要求专利制度进行更实质化的修改。例如，3D打印技术与网络技术结合后，对专利制度可能会产生相当大的影响。

3D打印技术是快速成型的一种，即以数字模型文件为基础，运用粉末状金属或塑料等可黏合材料，通过逐层打印的方式来构造物体的技术。这种技术无需大型加工设备或是其他模具，通过数字图形文件和一台3D打印机就可以制造出任何物品，从而大大缩短产品的研制周期，提高生产率和降低生产成本。目前，人们已经利用这项技术成功制造了玩具、珠宝、手机等日常用品，甚至是人造骨骼、手枪和房屋等也可以通过3D打印技术实现。3D打印作品的制作一般分为两个步骤：第一步，通过CAD或其他计算机软件绘制出产品的3D数字文件；第二步，通过3D打印机打印出3D打印作品。在3D技术的运行过程中，对专利制度会产生的影响有：

（1）CAD的商业运行模式将会动摇传统专利权的法律基础。由于CAD文件并不是专利产品的一部分，直接打印受到专利权保护的物体以及在互联网上销售CAD文件，不是传统上的直接侵权行为。但为了保护权利人的利益，是否需要增设新的权利存在讨论的必要。如果权利人享有通过网络传播CAD专利文件的权利，那么网络服务提供者也面临被追究间接侵权责任的法律风险。（2）3D打印技术给专利权限制制度提出新要求。消费者利用3D打印技术生产家用专利产品时，如何区分可允许的修理和构成侵权的再造。就如同消费者的下载音乐行为构成侵权一样，消费者也很难预料自身打印专利产品部件的行为之法律后果。所以必然存在相关的制度设计，以维护使用者的基本利益。

此外，随着"互联网+"的技术拓展，各种电子商务平台迅速崛起，网络服务提供者侵犯专利权的情况也逐渐增多，对专利权人合法权益以及市场秩序造成极大冲击和影响。实践中，一些大型电商平台每年收到大量的专利侵权纠纷投诉，但网络服务提供者的法律责任和义务尚不够明确，司法实践中只能适用侵权责任法的原则性规定。由于专利侵权判断的专业性和复杂性，网络服务提供者无法准确把握其应尽义务，不能有效保护专利权。为此，我国在最新修改专利法的建议稿中新增网络服务提供者侵犯专利权的法律责任条款，按照侵权责任法规定的"通知—删除"基本规则，在专利法中要求网络服务提供者承担更多与其能力相匹配的法律义务，即"网络服务提供者知道或者应当知道网络用户利用其提供的网络服务侵犯专利权，但未及时采取删除、屏蔽、断开侵权产品链接等必要措施予以制止的，应当与该网络用户承担连带责任。专利权人或者利害关系人有证据证明网络用户利用网络服务侵犯其专利权的，可以通知网络服务提供者采取前款所述必要措施予以制止。网络服务提供者接到合格有效的通知后未及时采取必要措施的，对损害的扩大部分与该网络用户承担连带责任"。同时，为发挥行政执法优势，建立快速、便捷的网络专利纠纷解决机制，加强电子商务领域专利保护，营造良好的竞争秩序，草案建议就网络服务提供者执行专利行政部门决定、制止专利侵权行为的义务作出明确规定。❶即"专利行政部门认定网络用户利用网络服务侵犯专利权的，应当通知网络服务提供者采取必要措施予以制止，网络服务提供者未及时采取必要措施的，对损害的扩大部分与该网络用户承担连带责任"。鉴于网络服务提供者侵犯专利权的责任规则，与网络服务提供者侵犯其他知识产权的责任具有相同之处，本书将在后文进行详细分析，此处不赘。

由此可见，未来专利制度是否会出现更为复杂的变化，殊难料知。理论上相应的探索和建议已经未雨绸缪。有专家认为，微专利制度是一种可行的选择。微专利是保护期限为5年的专利权，仅保护商业销售的商品，防止其被盗用。微专利必须商用以确保有效。❷另有观点认为，对照现代信息技术与3D打印技术、物联网技术和电子商务技术的发展，有必要建立并不断完善网络服务提供者侵犯专利权的责任和豁免规则，建构数字专利法的体系和框架。当然，数字专利权的走向如何，还是需要进行持续的观察和研究。

第二节　网络环境下可专利主题的扩张

一、网络技术中的可专利主题范围

可专利主题是能够获得专利授权的对象。在我国，与网络有关的技术方案成为专利权的客体，具体包括以下领域。

1. 计算机硬件。除集成电路布图设计按照我国现有法律规定，可以授予集成电路布图设计权外，计算机系统与网络系统中的各种设备、物品、制造方案、组合物和制造方法等，都可以根据法律的规定申请专利权

---

❶　"关于《中华人民共和国专利法修改草案（征求意见稿）》的说明"，载http://www.sipo.gov.cn/zcfg/zcjd/201504/t20150402_1096196.html，2016年4月7日访问。

❷　[美]胡迪·利普森、梅尔芭·库曼：《3D打印：从想象到现实》，赛迪研究所译，中信出版社2013年版，第252~253页。

保护。

2．计算机软件。我国在为程序和文档提供著作权保护的同时，并不排斥与计算机程序有关的技术方案获得专利授权。美国、日本等国家也针对软件实用功能的技术特性，对其提供专利保护，而且这种授权标准愈来愈宽松。各国与软件有关的专利申请量和授权量不断攀升。

3．结合技术和基础技术。通信协定、资料压缩、密码技术、检索技术等，都可以成为专利权客体。随着网络技术、计算机技术、通信技术和其他现代科学技术相互结合，更多综合性的科学技术受到专利法的保护。

4．商业方法。商业方法作为一种智力活动规则，本身不能成为专利权客体。但如果商业方法与软件、网络系统、计算机等结合起来，能够将"思维规则"转化为有形的解决问题的方案，则可以授予专利权。

5．新的网络技术和交叉技术领域。例如，云计算机技术是传统的互联网技术的升级版，3D打印技术、物联网技术等都可以与现代信息技术紧密结合，从而成为新的专利授权活跃领域。

二、商业方法专利

商业方法是技术、商业和方法相结合的产物，其主要目的是提高交易效率。在激烈的市场竞争中，商家为了维护某种交易模式的垄断优势，将自己的商业方法申请专利是有效的保护途径。然而商业方法本身是一种智力规则，获得专利权会阻止该类商业模式的有效传播和利用，妨碍公平竞争。所以，传统专利法领域，商业方法是不能获得专利授权的。1908年，美国联邦巡回上诉法院在Hotei Security Checking Co. V Lorraine Co.案中，第一次审理商业方法的专利性主题问题。在该案中，美国法院否定了商业方法的可专利性。随着现代信息技术革命的兴起，商业方法和计算机软件、网络等结合起来，使之获得专利授权有了新的可能。在State Street案中，美国联邦最高法院于1999年作出不予受理的裁决，对该案作出定论。这就意味着联邦巡回上诉法院裁定商业方法软件具有可专利性的裁决生效。至此，与计算机程序有关的商业方法在美国成为可专利的主题。从美国、欧盟、日本等国家和地区的立法规定上看，商业方法软件与普通的计算机软件一样，无论是否与硬件结合，只要产生相应的技术效果，就可以获得专利权保护。

商业方法专利，也叫商业模式专利，由于绝大多数的商业方法专利与计算机软件相结合，故也有人称为商业方法软件专利。一般认为，商业方法包括普通的商业方法和与计算机相关的商业方法。普通的商业方法通常被视为智力劳动的规则，专利法不予以保护。与计算机相关的商业方法是借助计算机系统和网络媒介实施的用于经营活动或者处理财务信息的系统性的方法。该类商业方法可能与技术相结合，能够解决一定的技术问题，达到一定的技术效果，因此具有可专利性。

受专利保护的商业方法应当具备一些必要的形式，即与硬件资源相结合，应用计算机系统控制和处理，并且与之相融合为具有功能性、结构性的整体工序，而不仅体现一般的物理效果。（1）实用性。商业方法必须具有操作性和可再现性，并且能够在实践中产生积极效果。（2）新颖性。商业方法必须与之前的传统交易方法存在不同，并非现有商业方法的软件化。（3）创造性。商业方法具有非显而易见性，如果所申请的发明可以从确定的商业原则中推导出来，则不具有创造性。

为商业方法授予专利权，虽然可以保护权利人和投资者的利益，但是也会带来诸多不利的影响。从商业方法本身的角度考虑，它只是一种智力活动的规则，在什么情况下该种商业方法软件可以产生技术的效果，创造性、新颖性审查均存在困难。现实中大部分商业方法软件使用的计算机技术并没有什么特别之处，它们之所以能够成为专利，主要是具有实用价值。商业方法本身的创造性很难从技术角度来评价，大多是对实用价值的考量。但是用实用价值代替技术价值后，又很容易造成商业垄断，这是商业方法软件给专利保护带来的一个两难问题。❶所以，是否为商业方法授予专利权，怎样对商业方法专利进行适度的审查，依然是一个存在争论的问题。

第三节　信息高速公路与专利权的审查

一、网络技术对专利权审查的影响

传统的专利审查是以纸媒为基础，现代信息高速公路的出现让专利审查更便捷和高效，同时也给传统的专利审查制度带来深远的影响。

（一）关于专利审查的标准

在网络上进行电子传播成为公开的重要途径，网络使用打破了国界限制，绝对新颖性标准成为必然的选择。《日本专利法》第30条将"出版物公开"界定为"在公开出版物上发表或者通过电子通信网络可被公众所知"，这就从法律上解决了网络作为一种公开方式的地位问题。但是，网络上的新颖性审查也有更大的难度：其一，网络上的资源丰富，其发布的平台和信息的蕴含量非常大，远远超过传统纸质环境。许多在先的商业方法文献并不一定被记录在技术文献中，所以要准确检索出商业方法以及商业方法软件的在先技术，仅靠检索技术文献还不够，还应当检索金融、商业类文献。❷其二，网络上的信息具有交互性，用户不但可以接收信息，而且可以对这些信息进行修改和删除，网络信息还可能出现非人为的丢失，这就使得有关信息的首次公开日期以及准确内容难以得到确定，从而影响专利审查质量。

一些新的技术、客体在谋求专利授权时，出现了一些新的要求，增加

---

❶　鲍永正：《电子商务知识产权法律制度研究》，知识产权出版社2000年版，第263页。

❷　同上书，第268页。

了审查的困难。例如，商业方法软件专利申请中，商业方法是早已经存在的商业交易方法，很多商家将这些方法的构思通过软件搬到网络空间，然后就主张专利保护。由于各种方法在专利审查部门缺少系统的记录，这就造成专利主管部门在确定在先技术时面临困难，形成专利审查的盲区，将不具有专利性的权利要求纳入保护范围。

在判断网络技术的创造性方面，也存在一些不同之处。不同的法域在这方面可能还长期存在分歧。在判断商业方法软件创造性时，可能存在三种情况：（1）商业方法本身以及在计算机上被执行的整体方案均具有创造性，这时的专利申请当然具有创造性。（2）商业方法本身具有非显而易见性，但是计算机上被执行的商业方法申请作为一个整体不具有创造性，对此种情形，美国专利商标局认为具有可专利性，而欧洲、日本的专利审查部门一般不会认可其创造性。（3）商业方法本身和计算机上被执行的商业方法整体均没有创造性，它只是对已有商业方法的计算机软件化，这时不应认定其具有可专利性。

（二）通过网络申请专利

专利的网络申请和电子申请可以大大简化申请的程序，提高工作效率和专利审查的准确性，减少专利纠纷。2000年通过的《专利法条约》要求缔约各成员专利局在5年内全面实现电子化。发明人只需要在网上提出申请，同时提供联系方式，并以任何一种语言对发明作出说明，即可获得专利申请的资格。

（三）社会公众利用网络技术参与专利审查

社会公众在网络上的参与有助于提高专利审查的准确率。例如，1999年春，王安电脑控告网景公司侵权，宣称网景的浏览器让使用者可以用"另存文档"的全部命令将网页重新命名并存储在硬盘里，侵犯了王安的专利权。网景公司向网友发出求援令，立即得到回应。网友在网上资料库里收集到几百个证据，证明王安电脑宣称在20世纪80年代初发明的专利早就存在于公众

领域，其专利是无效的。两周后法院据此判决王安电脑败诉。❶

二、专利的电子申请

现代信息技术给专利制度带来的重要便利，就是专利电子申请的全面开展和不断推广。专利电子申请是指以互联网为传输媒介将专利申请文件以符合规定的电子文件形式提出的专利申请。

专利电子申请拥有申请方式便捷、审查周期缩短、环保与低耗等诸多优势和特点。对于纸件申请而言，一方面，申请人只能采用邮寄或者面交的方式提交各种文件。通过邮寄方式提交的文件，需经过邮路、人工受理、数据采集、图形扫描、代码化、数据入库等6个环节，大约需要20个工作日的时间，才能进入审查程序，开始审查。而通过使用电子申请系统，以电子方式提交各种文件则不仅实现了邮路上的即时通讯，还节省了上述一些数据加工环节，能够以较快的速度进入后续审查程序，从而缩短了整个专利申请的审批周期。另一方面，对于纸件申请而言，专利局发出的各种通知和决定，即使在邮路畅通的情况下，也需要自发文日起经过一段邮路的时间才能送达当事人。而一旦邮路出现意外，还会产生信件被退回、丢失等情况，无形中大大拖延了整个专利申请的审批进度。相反，电子申请实现了网络发文，结合同时开通的短信提示服务，在某种意义上可以说实现了即时通讯。当事人无论身在何时何地，只需一台连接至互联网的电脑，就能够在第一时间内轻松接收专利局发出的各种通知和决定。从国际发展趋势看，目前美国和日本等国家近90%的专利申请是通过电子方式提交的，这些国家绝大多数的代理机构或律师事务所都在使用电子申请。

我国国家知识产权局自2004年正式投入使用电子申请系统，2010年专利电子审批系统（简称E系统）上线，经过多年的优化和改进，专利电子

---

❶ ［美］凯文·瑞维特、大卫·克莱著：《阁楼上的林布兰》，林柳君译，经典传讯文化股份有限公司2000年版，第260~261页。

申请技术手段已日趋完善。在具体规则方面，专利电子申请也于法有据。《专利审查指南（2010版）》第5部分第11章专门规定电子申请的审查。2010年，国家知识产权局通过《关于专利电子申请的规定》，就专利电子申请的相关问题进行详细规范。

在我国，发明、实用新型和外观设计专利申请均可以采用电子文件形式提出。进入国家阶段的国际申请以及专利的复审、无效宣告请求等，也可以采取电子申请。申请专利的发明创造涉及国家安全或者重大利益需要保密的，应当以纸件形式提出专利申请。申请人以电子文件形式提出专利申请后，国家知识产权局认为该专利申请需要保密的，应当将该专利申请转为纸件形式继续审查并通知申请人。申请人在后续程序中应当以纸件形式递交各种文件。申请人办理专利电子申请的各种手续的，对专利法及其实施细则或者专利审查指南中规定的应当以原件形式提交的相关文件，申请人可以提交原件的电子扫描文件。国家知识产权局认为必要时，可以要求申请人在指定期限内提交原件。

专利电子申请的具体程序是：（1）办理用户注册手续，获得用户代码和密码；（2）登录电子申请网站，下载并安装数字证书和客户端软件；（3）进行客户端和升级程序的网络配置；（4）制作和编辑电子申请文件；（5）数字证书签名电子申请文件；（6）提交电子申请文件；（7）接收电子回执；（8）提交申请后，可随时登录电子申请网站查询电子申请相关信息；（9）通过电子申请系统接收通知书，针对所提交的电子申请提交中间文件。

第九章　计算机软件的知识产权保护

20世纪60年代，计算机软件随着现代信息技术尤其是电脑技术的发展而走向历史的前台。进入21世纪后，微型计算机、个人计算机、网络技术和移动互联网技术快速革新，软件已经成为信息市场上的主导产品，是从事现代信息交流的基础。随着软件用户的急剧增加和通用软件的大量上市，计算机软件的知识产权保护模式在不断变革，并且逐渐走向成熟和多元化。总体上看，计算机软件的著作权和专利权保护是最主要的途径。此外，商标法、商业秘密法、合同法、反不正当竞争法也可以用来保护计算机软件。总体上看，计算机软件处于综合保护的法律架构之中。

第一节　概　述

一、计算机软件的概念和特征

计算机软件是指计算机程序及有关文档。计算机程序，是指为了得到某种结果而可以由计算机等具有信息处理能力的装置执行的代码化指令序列，或者可以被自动转换成代码化指令序列的符号化指令序列或者符号化语句序列。同一计算机程序的源程序和目标程序为同一作品。文档，是指用来描述程序的内容、组成、设计、功能规格、开发情况、测试结果及使用方法的文字资料和图表等，如程序设计说明书、流程图、用户手册等。《美国版权法》第101条规定："计算机软件是一系列陈述或指令，可以直接或间接地使用于计算机，以达到某种特定的结果。"

计算机软件具有以下特征。

（1）计算机软件具有表现形式上的多样性。计算机程序的表现形式多种多样，呈现其作品属性，可以通过不同的语言、代码、符号以及不同的固定载体来表现。伴随着新技术的不断涌现，计算机程序的表现形式也将会日新月异。

（2）计算机软件具有创作开发的高技术性。软件的创作开发一般是经由组织的群体按照精细的分工协作，借助现代化高技术和高科技工具生产创作的，自动化程度高。计算机软件是人类的智力成果，它凝聚了人们潜心钻研与开发的时间和精力。计算机软件具有开发复杂、工作量大、周期长、投资额高等特点。

（3）计算机软件的思想与表达互相渗透，难以分割。它不仅是人类思维所形成的作品，而且是一种技术方案，是兼具文字作品的表达形式与实用工具的功能属性于一体的文化技术产品。

（4）计算机软件具有功能性。计算机程序是使用、操作计算机必不可少的工具，程序具有可执行性，它可以由计算机等具有信息处理能力的装置执行。同时，一个程序在计算机中运行后应该达到一定预期的结果。

（5）计算机软件具有极易复制、极易改编的特点，而且复制改编的成本低、费用小，很容易被他人肆意的复制盗用和篡改。

（6）计算机软件更新迅速、发展快，生命周期短。一般而言，软件的寿命大致为3~5年，较短的为1~2年，甚至更快。而且，随着计算机技术的蓬勃发展，软件的更新周期将会越来越短。

二、计算机软件的法律保护

在软件出现的初级阶段，它依附于计算机硬件，商业价值未得到重视。随着软件与硬件的分离，计算机软件产业得到飞速发展，并逐渐成为计算机产业的主导，软件保护日益受到重视。软件开发难度大、投资高且具有较大的风险，在开发后容易被复制、销售或者通过网络传播，而相应的复制和传播成本较低。这为侵犯软件开发者的权利提供了便利。侵权违法行为不仅损害权利人的正当利益，而且扰乱社会经济秩序，阻碍软件产业的发展。因此，必须采取强有力的法律手段保护软件权利人的利益。

软件作为知识产品的特殊属性，决定了软件保护模式选择的困难。从历史发展上看，软件法律保护包括专利保护和著作权保护两种基本路径，而今，在为软件提供著作权保护时，诸如商业方法软件等又同时受到专利权保护。另外，计算机软件中的源代码一直可以作为商业秘密保护的对象。在立法体例上，有些国家还曾经尝试对软件采取单独立法保护。但由于这不符合美国等国家的利益，该种单行立法模式逐渐被淡忘。

我国于1983年成立软件法律工作组，研讨软件法律保护问题。我国著作权法明确将软件作为著作权保护的客体，在1991年通过并于2001年修订《计算机软件保护条例》，正式建立起较为完善的计算机软件著作权保护制度。同时，计算机软件与硬件的结合发明、具有技术效果的软件都可以申请专利，涉及计算机软件的电子商务商业方法在满足规定条件后，也可以授予专利权。

软件的著作权保护主要有以下优点：（1）计算机软件符合作品的一般属性，控制未经许可的复制和传播软件的行为，应该由著作权法进行调整。（2）著作权的自动保护原则有利于软件保护。自动保护原则节约了软件开发者的时间和成本。（3）著作权保护的条件相对宽松，有利于软件获得保护。只要是开发者独立创作完成的软件，满足独创性条件后即可获得著作权。

计算机软件著作权保护存在的主要缺陷：（1）著作权的保护不完整。因为计算机程序有实用功能，不属于美学范围。著作权不保护思想，而计算机程序的创新之处往往正是解决问题的思想。（2）计算机软件著作权保护的标准也不统一。依照法律对文学作品的要求，受保护的程序要具有原创性，这种原创性要求作品达到一定的高度水平。是否达到这一要求，由法院根据程序对数据和指令的选择、收集、分割等一般知识进行比较，而这往往导致计算机软件不能得到著作权保护。

　　计算机软件专利权保护的优点：（1）软件在很多时候的确具有技术属性，它是一种能产生积极效果、具有实用价值的技术方案。为计算机软件提供专利权保护，可以更为全面、广泛和深入地保护开发者和投资者的利益，是强化软件保护的必然选择。（2）软件的专利权保护是一种强保护。它不仅能够制止对于软件作品的复制等简单侵权，而且在反向工程基础上的改编行为，也将构成侵权。

　　计算机软件专利权保护的缺陷：（1）现代社会，经济发展与科技进步对计算机软件的推广有着极高的需求，授予计算机软件专利权，将会产生比著作权更强的专有性，就会产生过分的垄断，从而影响软件的继续开发，还可能导致取消竞争。（2）专利法要求申请专利必须先期公开，公开的程度"以同一领域的普通技术人员能够实现为准"，但是，与通常的发明创造相比，计算机程序公开所受到的损害远要大得多。因为计算机软件的复制非常容易，一旦先期公开，权利人很难保护自己软件的专有权利。（3）专利授权的烦琐程序会妨碍计算机软件的保护。计算机软件庞大的数目和飞速的更新使得要对其进行检索、审查难度相当大，并且，繁琐的申请程序一般要2~3年才能完成，对于计算机软件来说，这样的时间很可能意味着软件产品已经被市场淘汰。（4）判断软件专利的标准一直不统一，过于宽松的标准会导致大量的"流氓专利"和"垃圾专利"，过于严格的标准又会让创新者的利益得不到保护。美国在近十年来执行较为宽松的标准，大量的软件专利出现。根据美国审计署（GAO）2013年8月的报告，2011年美国专利局批准了12.5万项软件专利，而1991年只有2.5万项。美国科技公司特别担心专利流氓的诉讼，持有专利不是为了开发产品而是为了起诉，这实际上已经扼杀了创新。

　　需要指出的是，计算机软件还可能受到商标法、商业秘密法、合同法、反不正当竞争法等法律的保护。计算机软件企业可以申请注册商标，计算机软件权利人与受让人、使用者之间可以签订权利许可合同或者软件使用合同，具有竞争关系的软件企业不得违背诚实信用原则和公认的商业道德进行竞争。凡此种种，都表明可以通过多种途径保护计算机软件。

特别要关注的是商业秘密对计算机软件的保护。采用商业秘密保护软件是最传统也是最普遍的方式。其优点和缺点都很明显。优点在于它既可保护"表达"，也可保护"思想"，且不需履行任何手续。只要软件的保密性不消失，始终受到保护。缺点在于它需要花费大量的成本和严密的措施来防止泄密，不能阻止第三人通过自行开发、反向工程产生同样功能的软件。❶我国没有专门的商业秘密保护法，有关的制度规则体现在《反不正当竞争法及相关的司法解释、行政规章之中。

第二节　计算机软件的著作权保护与限制

一、概　述

计算机软件可以成为著作权保护的对象，是在历史发展中逐渐达成的共识。1964年，美国版权局通过版权登记的方式为计算机软件提供法律保护。1972年，菲律宾首次将计算机程序写入其版权法的保护对象，成为世界上第一个用版权法保护计算机软件的国家。1980年12月12日，美国国会通过对美国版权法的修正案，修改后的《美国版权法》第101条增加了"计算机程序是为了得到某种结果而直接或间接地用于计算机内的一组语句或指令"这一定义，明确了计算机软件作为版权客体的地位。第117条对软件专有权利作出限制，即允许对程序作必要的修改和以存档为目的的复制，该规定为世界其他诸多国家所效仿。世界知识产权组织曾于1978年和1983年推出《保护计算机软件示范法条（草案）》，均以版权保护为基础，结合其他法律部门而设计的综合性软件保护法，作为对各国计算机软件著作权保护立法的一种建议和参考。1985年6月，德国的立法机构完成对其1965年版权法的修改，正式把计算机程序列入受保护的作品范围。之

---

❶　鲍永正：《电子商务知识产权法律制度研究》，知识产权出版社2000年版，第251页。

后，大多数国家和地区都通过版权立法，将计算机软件列入版权法保护对象。TRIPs协定第10条❶以及WCT第4条❷为计算机软件作为作品在其缔约方获得版权保护提供了统一的标准和依据。现在，计算机软件作为一种新型作品受到著作权保护逐渐成为各个国家和地区的共识，几乎所有已经建立著作权保护制度的国家和地区都将计算机软件作为可以由著作权保护的客体。

我国同样确认著作权法保护计算机软件。与TRIPs协定不同的是，立法没有明确将计算机软件作为文字作品保护，而是将之归入一类特殊的客体予以规范。我国《著作权法》第59条还规定，计算机软件的保护办法由国务院另行规定。据此授权，我国于1991年发布了首部《计算机软件保护条例》，该条例考虑了我国软件开发的实际情况，并与世界知识产权组织的最低保护原则保持了一致。当然，随着改革的深化和社会主义市场经济的发展，其中的不少规定越来越不适应计算机软件保护工作的需要。在2001年修改著作权法后，国务院于2001年12月20日审议通过了新的《计算机软件保护条例》，自2002年1月1日起实施。2013年1月16日，国务院对该条例的第24条第2款进行修改，并于2013年3月1日起施行。

而计算机软件作为著作权保护的客体，是否需要通过单行条例进行专门保护，还是存在不同的观点。实际上，除了个别的特殊制度规则外，计算机软件中的文档部分完全可以作为文字作品保护。对于计算机程序，则可能存在著作权法、专利法和商业秘密保护等多种途径，单一的著作权规则无法提供周延的保护。对于计算机程序中可以由著作权保护的内容，除了在终端用户使用权等少量规则较为特殊需要加以专门条款规定外，并不需要单行立法的规制。鉴于此，将计算机软件视为文字作品进行保护，也并无不可。

---

❶　《知识产权协定》第10条第1款规定："计算机程序，无论是源代码还是目标代码，应作为《伯尔尼公约（1971年文本）》下的文字作品给予保护。"

❷　WCT第4条规定："计算机程序作为《伯尔尼公约》第2条意义上的文学作品受到保护。此种保护适用于各计算机程序，而无论其表达方式或表达形式如何。"

二、软件著作权客体

受到著作权保护的计算机软件，必须具有独创性。在《欧洲共同体关于计算机程序法律保护的指令（1991）》中对软件独创性条件作了较明确的规定，即如果一个计算机程序的作者以其自身的智力创作完成该程序，就意味着该程序具有独创性，可以受到著作权保护。世界各国对此均持基本相同观点，我国亦然。

软件著作权保护客体方面，必须重视贯彻落实著作权法不保护思想这一原则。版权保护的是指令本身，而非指令构成的方法。方法只能获得专利法的保护，不能获得版权保护。此外，只要是可以产生某种效果的一系列陈述或指令，不论应用软件或者是系统软件，都应该受到同等保护。

如何划定思想与表达，需要结合著作权法的一般理论，同时照应到计算机软件保护的特殊要求。美国法院在此方面进行了一系列的探索，形成若干原则：（1）合并原则。合并原则只适用于某些特定情形，即作品的表达与思想有限，只有一种或几种表达，即使该表达具有独创性，也不受到著作权保护。也就是说，如果就同一思想观念或方法可以编写出其他的软件，执行与原告系统软件相同的功能，那么原告的软件就是思想观念的表述，就可以获得版权保护。如果为了达到与原告软件相同的功能，不能就同一思想观念或方法编写出不同的软件，那就表明原告的软件是思想观念与表述的合并，就不能获得版权保护。1983年由美国第三巡回上诉法院判决的"苹果软件"一案❶中，法院首次将传统著作权法理论中的合并原则运用至软件领域。1986年，美国第三巡回上诉法院在Whelan一案❷中，再次阐释了上述原则。（2）程序的结构、顺序和组织（Structure，

---

❶　Apple Computer, Inc. v. Franklin Computer Corporation, 714 F. 2d 1240（3d Cir, 1983）.

❷　涉案软件是两个用于牙科实验室的软件。被控侵权方用另一种编程语言重新编写了与原告软件功能相同的软件。Whelan Assoc. Inc. v. Jaslow Dental Laboratory Inc., 797 F.2d1222（3d Cir. 1986）.

Sequence and Organization，SSO）是否受到保护，存在不同看法。前述Whelan案认为，软件著作权保护可以超出文字部分，程序的结构、顺序和组织也可以成为客体。但是在另外一起案件❶中，法院认为程序的输入格式属于思想而非表达。可见，出于促进竞争和消费者利益的考虑，法院也会将菜单命令组织结构、应用程序编程接口等排除在软件著作权保护范围之外。（3）"抽象—过滤—比较"三步骤判断方法得到广泛运用。该方法将涉案软件的实质性相似比较分为三个步骤：程序在结构上被解析为不同的抽象层次，在最低层次的抽象上，语句被抽象成若干模块；这些模块又可以被抽象成更高层次的模块。这样逐层向上抽象。最后一层抽象的结果就是软件的最终功能。在不同的抽象层次上，借助于思想/表达原理进行过滤，将思想、表达该思想所必要的元素、程序外部因素的必然要求、来自公有领域因而不受保护的表达等内容过滤掉，余下部分就是可以保护的表达。随后在可受保护的表达中进行比较，以判断是否构成实质性相似。

我国《计算机软件保护条例》第29条规定，软件开发者开发的软件，由于可供选用的表达方式有限而与已经存在的软件相似的，不构成对已经存在的软件的著作权的侵犯。这是对思想表达合并原则的引进。需要指出的是，相似或者相同的软件必须是各自独立创作产生，不能是抄袭或者复制他人已有软件的结果。在发生争议时，被诉方以"可供选用的表达方式有限"为由，为其软件与他人软件相同或者相似进行抗辩的，应当承担说明其表达方式有限的举证责任；举证不能的，应承担相应的侵权责任。

三、软件著作权主体与权利归属

软件著作权主体也就是软件著作权人。软件著作权人是依照法律规定或者约定对软件享有著作权的自然人、法人或其他组织，包括软件开发者

---

❶　Synercom Technology, Inc. v. University Computing Co., 462F. Supp. 1003（N. D. Tex. 1978）.

和权利继受人两类。

软件开发者是指实际组织开发、直接进行开发，并对开发完成的软件承担责任的法人或其他组织；或者依靠自己具有的条件独立完成软件开发，并对软件承担责任的自然人。《计算机软件保护条例》第9条规定，软件著作权属于软件开发者，本条例另有规定的除外。如无相反证明，在软件上署名的自然人、法人或者其他组织为开发者。

权利继受人是指依照权利转让合同、继承以及其他原因而对软件享有权利的自然人、法人或其他组织。《计算机软件保护条例》第15条规定，软件著作权属于自然人的，该自然人死亡后，在软件著作权的保护期内，软件著作权的继承人可以依照《中华人民共和国继承法》的有关规定，继承除署名权以外的其他权利。软件著作权属于法人或者其他组织的，法人或者其他组织变更、终止后，其著作权在本条例规定的保护期内由承受其权利义务的法人或者其他组织享有；没有承受其权利义务的法人或者其他组织的，由国家享有。

软件著作权在确定权利归属时还存在一些特殊的情形。根据法律规定，主要包括以下情况。

（一）合作开发软件著作权的归属

合作开发的软件是相对于单独开发软件而言，是指由两个或以上的自然人、法人或其他组织合作开发的软件。合作开发者必须具有共同进行开发的合意，并且实施了共同开发软件的智力创造活动。《计算机软件保护条例》第10条规定，由两个以上的自然人、法人或者其他组织合作开发的软件，其著作权的归属由合作开发者签订书面合同约定。无书面合同或者合同未作明确约定，合作开发的软件可以分割使用的，开发者对各自开发的部分可以单独享有著作权；但是，行使著作权时，不得扩展到合作开发的软件整体的著作权。合作开发的软件不能分割使用的，其著作权由各合作开发者共同享有，通过协商一致行使；不能协商一致，又无正当理由的，任何一方不得阻止他方行使除转让权以外的其他权利，但是所得收益应当合理分配给所有合作开发者。合作开发的软件进行著作权登记的，可以由全体著作权人协商确定一名著作权人作为代表办理。著作权人协商不一致的，任何著作权人均可在不损害其他著作权人利益的前提下申请登记，但应当注明其他著作权人。

由此可见，合作开发软件著作权归属具有三个特征：首先，书面合同约定优先。合作开发者并不当然地共同享有著作权，而是只有在合同未作约定时，才按照法律的规定确立权利归属。这一点与普通合作作品的权利归属存在一定的差异。其次，区分可以分割使用的软件与不可分割的使用的作品软件。这种做法与普通合作作品的权利归属保持一致。最后，确立了具体的权利行使规则。尤其是针对不能分割的软件，在不能协商一致时，任何一方可以对软件进行许可、质押，但是不得进行转让，所得收益应该在所有开发者之间进行利益分享。

（二）委托开发软件著作权的归属

委托开发软件是指接受他人委托开发的软件。在法律关系上，存在委托人和受托人，受托人依据委托人的要求进行开发。这通常需要签订委托开发合同，明确双方的权利、义务和责任。《计算机软件保护条例》第11条规定，接受他人委托开发的软件，其著作权的归属由委托人与受托人签订书面合同约定；无书面合同或者合同未作明确约定的，其著作权由受托人享有。

（三）为完成国家下达任务而开发软件的归属

在一些重大项目中，国家会下达任务，要求承接单位按照国家机关的要求完成软件开发，对于该类软件的著作权归属，不宜笼统地规定由开发者或者下达任务的国家机关享有，而是可以由项目任务书或者合同约定。《计算机软件保护条例》第12条规定，由国家机关下达任务开发的软件，著作权的归属与行使由项目任务书或者合同规定；项目任务书或者合同中未作明确规定的，软件著作权由接受任务的法人或者其他组织享有。

（四）职务开发软件著作权的归属

职务开发软件是指为完成法人或者其他组织的工作任务而开发的软件。《著作权法》第16条第2款规定，主要是利用法人或者其他组织物质技术条件创作，并由法人或者其他组织承担责任的计算机软件职务作品，由作者享有署名权，著作权的其他权利由法人或者其他组织享有，法人或者其他组织可以给予作者奖励。《计算机软件保护条例》第13条规定，自然人在法人或者其他组织中任职期间所开发的软件有下列情形之一的，该软件著作权由该法人或者其他组织享有，该法人或者其他组织可以对开发软件的自然人进行奖励：（1）针对本职工作中明确指定的开发目标所开发的软件；（2）开发的软件是从事本职工作活动所预见的结果或者自然的结果；（3）主要使用了法人或者其他组织的资金、专用设备、未公开的专门信息等物质技术条件所开发并由法人或者其他组织承担责任的软件。

四、软件著作权的内容

著作权的内容是权利人为获得经济利益和精神利益，在法律上享有的使用作品的具体方式，它包括著作人身权和著作财产权两类。软件著作权当然也包括上述内容。

（一）软件著作人身权

1. 发表权。发表权是指决定是否将软件公之于众的权利。公之于众的方式，包括演示、网络传播、固定在电脑硬件进行销售等。公之于众的结果，就是不特定的多数人可以获取该软件。至于是否被确定获取，则在所不问。

2. 署名权。署名权是指公开表明开发者身份，在软件上署名的权利。软件开发者可以在软件作品上署名，也可以不署名；可以署上真名，也可以是假名。署名权既包括在自己的作品上署名的权利，也包括禁止在并非自己创作的作品上署名的权利。

3．修改权。修改权是指对软件进行增补、删节，或者改变指令、语句顺序的权利。修改权的设立旨在禁止未经许可对软件的改动。此处的修改权兼有经济属性和精神属性。由于软件具有实用性，对软件的修改在本质上是对软件指令和功能的改动，从而与软件著作权人的财产利益联系在一起。与普通作品不同，修改计算机软件指令需要对该指令进行改编、重新编排或者其他改动，因而修改权也具有改编权等演绎权的性质。需要说明的是，在《计算机软件保护条例》中并未规定保护作品完整权，如果是恶意篡改计算机软件，破坏作品完整性的，可以认定构成对软件作品修改权的侵害。

腾讯QQ诉彩虹QQ案❶对理解计算机软件著作权"修改权"具有启发价值。该案中，原告腾讯科技公司开发了QQ即时通讯软件，并将QQ软件及其各升级版在腾讯网（www.qq.com）进行运营。2008年年初，被告虹连公司针对腾讯QQ软件开发了彩虹显IP软件，并在其开办的网站提供该软件的官方免费下载。彩虹显IP软件的主要功能在于改变腾讯QQ软件用户上线时具有的隐身功能（简称显隐身）和显示在线好友的IP地址及地理位置（简称显IP）。彩虹显软件无法独立运行，必须"依附"于腾讯QQ软件运行，其主要通过修改QQ软件的19处目标程序指令，实现"显IP""显隐身"功能。

法院一审认为：虽然腾讯科技公司拒绝提交源程序进行鉴定而未能确认腾讯QQ源程序是否被修改，但由于计算机程序包括源程序和目标程序，无论是对源程序的修改或是对目标程序的修改，均构成对同一计算机程序的修改。因此，虹连公司对腾讯QQ软件目标程序的修改行为，侵犯了腾讯QQ软件作品的修改权。被告为其商业目的，利用已经取得的市场成果，将自己的彩虹显IP软件依附或"捆绑"于腾讯QQ软件运行，构成不正当竞争。本案腾讯QQ在屏幕上显示的人机界面，包括登录界面、

---

❶　湖北省武汉市江岸区人民法院〔2009〕岸知民初字第4号民事判决书；湖北省武汉市中级人民法院〔2011〕武知终字第00006号民事判决书。

主面板和会话窗口等，是腾讯QQ提供给用户用于登录服务器、即时通信的联系人列表、会话等功能入口和信息的平台性窗口，是程序运行的结果，而非用来描述程序的文字资料和图表，不属于计算机软件文档范畴。据此，本案腾讯QQ人机界面所发生的改变，不能认定为软件文档发生改变。虹连公司主张QQ界面不属于软件著作权保护范围的抗辩意见，一审法院予以采纳。

法院二审认为：计算机软件的功能必须通过计算机程序的运行实现，功能的改变是计算机程序改变的外在表现形式。彩虹显IP软件改变了QQ软件目标程序中必备的相关代码、指令及其顺序，导致QQ软件的部分功能缺失或发生变化。此行为侵犯了腾讯科技公司对其软件作品的修改权。虹连公司开发彩虹显IP软件并将其寄生于腾讯QQ软件，分享了腾讯公司经过长期经营而拥有的用户资源。彩虹显IP软件改变腾讯QQ软件的原有功能，有可能导致该部分客户弃用腾讯QQ软件，基于双方之间的同业竞争关系，虹连公司的行为同时违反了诚实信用原则，构成不正当竞争。据此，湖北省武汉市中级人民法院驳回上诉，维持原判。

（二）软件著作财产权

1. 复制权。复制权是指将软件制作成一份或多份的权利。复制权是软件著作财产权中的基础性的权利，具有重要地位。由于软件是一种以数字化形式存在的高科技产品，软件复制行为与一般复制存在不同，它需要借助计算机、存储磁盘、光盘等技术设备进行。在实践中，侵害复制权也是软件著作权侵权的重要表现形式。由于复制软件相比开发软件而言在成本上低得多，软件行业的发展需要法律提供某种形式关于复制的保护。赋予软件作品以复制权，这是软件著作权保护的最主要理由。无论是目标代码的版本还是源代码的版本，他人未经授权都不得予以复制。

2. 发行权。发行权是指以出售或赠与方式向公众提供软件的原件或者复制件的权利。发行权涉及的客体是软件的原件或复制件，提供的对象必须是公众，也就是向不特定的主体出售或者赠与软件原件或者复制件。

发行权遵循一次耗尽的原则，软件原件或者复制件经过第一次发行后，权利由此穷竭，软件原件或者复制件的所有权人可以自由交易该软件，不再受到著作权人的控制。

3．出租权。出租权是指有偿许可他人临时使用软件的权利，但是软件不是出租主要标的的除外。该权利具有几个方面的特征：首先，它是临时使用软件的行为。如果是变更权利主体，则应该由发行权控制。其次，出租行为是有偿的，否则就是"出借"。出借行为不受软件著作权人的控制。最后，出租的标的限于软件本身或者软件是出租的主要标的。如果软件不是出租的主要标的，则不受出租权的制约。例如出租冰箱的过程中，冰箱里也包括各种软件，但显然不是出租的主要标的，则不是出租权控制的对象。

4．信息网络传播权。信息网络传播权是指以有线或无线方式向公众提供软件，使公众可以在其个人选定的时间和地点获得该软件的权利。随着信息网络技术的发展，信息网络传播权日益成为软件著作权人重要的权能。在网络环境下，大量的软件被上传到网络服务平台，软件著作权人需要更多借助信息网络传播权维护自身利益。

5．翻译权。翻译权是指将原软件从一种自然语言文字转换成另一种自然语言文字的权利。软件具有多种表现形式，各种表现形式之间具有可转换性。将一种计算机语言译成另一种计算机语言，将一种高级语言写成的源程序改变为另一种高级语言，都属于翻译权控制的行为。

6．应当由软件著作权人享有的其他权利。这是兜底性的权利。随着科学技术的发展，出现新的软件作品利用方式，可以在充分说理的前提下，由法官自由裁量适用其他权利条款，赋予著作权人以更宽泛的权能。

除却上述软件著作权人享有的支配性权利之外，权利人同样享有债权性质的权利，亦即许可权和转让权。根据规定，软件著作权人可以许可他人行使其软件著作权，并有权获得报酬。软件著作权人可以全部或者部分转让其软件著作权，并有权获得报酬。

五、软件著作权的获得、保护期限与权利限制

（一）软件著作权的获得

与普通作品著作权取得模式相同，软件著作权采取自动保护原则。《计算机软件保护条例》第5条第1款规定，中国公民、法人或者其他组织对其所开发的软件，不论是否发表，依照本条例享有著作权。这表明，我国公民、法人或者其他组织创作的计算机软件，不论是否发表，都可以获得著作权。

而对于外国人和无国籍人开发的软件能否享有著作权，则需要根据不同情况区别对待。《计算机软件保护条例》第5条第2~3款规定，外国人、无国籍人的软件首先在中国境内发行的，依照本条例享有著作权。外国人、无国籍人的软件，依照其开发者所属国或者经常居住地国同中国签订的协议或者依照中国参加的国际条约享有的著作权，受到保护。这表明，外国人和无国籍人的软件受到保护，只需要满足下列两个条件之一即可：其一，作品国籍原则。当软件首先在中国境内发行时，可视其具有中国作品"国籍"，受到我国法律保护。其二，作者国籍原则。如果软件开发者所属国或者经常居住地国同中国签订的协议或者依照中国参加的国际条约享有著作权，则根据作者的国籍属性，其创作的作品也受到我国法律保护。

由此可见，我国现行立法对计算机软件没有实行登记注册制度。实际上，日本、韩国、我国台湾地区却坚持采取软件著作权登记取得的规则，也就是说一般作品不需要登记，但是计算机软件登记却是获取著作权或者进行有效证明的必要条件。我国1991年的《计算机软件保护条例》将登记作为提出软件行政纠纷处理或者诉讼的前提，是软件权利有效或者登记申请文件所述事实确切的初步证明。但是，这一规定与我国民事诉讼法关于诉权的规定不符。1993年最高人民法院专门发文对此进行矫正，认为当事人以计算机软件著作权纠纷提起诉讼的，经审查符合我国民事诉讼法规定的，无论其软件是否经过有关主管部门登记，有关主管部门都应予以受

理。2002年1月1日实施的修改后的《计算机软件保护条例》则废除了原来的规定，转而采取自愿登记的规则。该条例第7条规定，软件著作权人可以向国务院著作权行政管理部门认定的软件登记机构办理登记。软件登记机构发放的登记证明文件是登记事项的初步证明。

不过也应该看到，虽然立法并不要求将软件登记作为提起行政处理或者诉讼的前提，也不将其作为著作权获取的必备条件和程序，但是，计算机软件著作权登记仍然具有重要的法律意义和商业价值，具体表现在以下方面：（1）软件著作权登记具有备案效力。无论是行政机关和企事业单位，都可以借助软件登记进行更为便捷的著作权查询和管理。（2）软件著作权登记具有证明效力。在发生软件著作权争议时，如果不经登记，著作权人很难举证说明作品完成的时间以及所有人。相反，如果进行了软件著作权登记，则可以作为享有著作权的初步证明，在缺乏相反证据时，可以初步认定被登记的软件开发者为著作权人。（3）软件著作权登记具有公示公信效力。在进行著作权转让、许可和质押等活动时，软件登记可以产生一定的公信力，可以成为交易相对方相信软件著作权效力的凭证。（4）软件著作权登记具有商业价值。通过登记机构的定期公告，可以向社会宣传自己的计算机软件产品。在进行软件版权贸易时，登记可以增加软件作品的价值。在进行软件企业认定和高新技术企业认定时，登记可以作为自主开发或拥有知识产权软件产品的证明材料。

计算机软件的著作权登记应该在法律规定的机关进行，遵守相应的程序。2002年，国家版权局制定《计算机软件著作权登记办法》对此进行详细规范。在我国，国家版权局主管全国软件著作权登记管理工作。国家版权局认定中国版权保护中心为软件登记机构。经国家版权局批准，中国版权保护中心可以在地方设立软件登记办事机构。具体的程序如下。

1. 登记申请。申请登记的软件应是独立开发的，或者经原著作权人许可对原有软件修改后形成的在功能或者性能方面有重要改进的软件。申请软件著作权登记的，应当向中国版权保护中心提交以下材料：（1）按要求填写的软件著作权登记申请表。（2）软件的鉴别材料，包括源程序和文档的鉴别材料；根据需要，软件著作权人也可以采用法定方式对鉴别材料进行例外交存，以保护自己的商业秘密和其他合法权益。（3）相关的证明文件，包括证明著作权人身份、相关授权许可以及可以发生继承的各类证明文件。软件著作权登记时，申请人可以申请将源程序、文档或者样品进行封存。除申请人或者司法机关外，任何人不得启封。软件著作权登记人或者合同登记人可以对已经登记的事项作变更或者补充。

2．审查、批准和公告。中国版权保护中心应当自受理日起60日内审查完成所受理的申请，申请符合法律规定的，予以登记，发给相应的登记证书，并予以公告。任何人均可查阅软件登记公告以及可公开的有关登记文件。有下列情况之一的，不予登记并书面通知申请人：（1）表格内容填写不完整、不规范，且未在指定期限内补正的；（2）提交的鉴别材料不是法律规定的软件程序和文档；（3）申请文件中出现的软件名称、权利人署名不一致，且未提交证明文件；（4）申请登记的软件存在权属争议的。中国版权保护中心要求申请人补正其他登记材料，申请人应当在30日内补正，逾期未补正的，视为撤回申请。国家版权局根据下列情况之一，可以撤销登记：最终的司法判决；著作权行政管理部门作出的行政处罚决定。中国版权保护中心可以根据申请人的申请，撤销登记。

办理软件登记应当缴纳费用。软件登记的收费标准由国务院著作权行政管理部门会同国务院价格主管部门规定。申请人自动撤回申请或者登记机关不予登记的，所交费用不予退回。

（二）软件著作权的保护期限

《计算机软件保护条例》第14条规定，自然人的软件著作权，保护期为自然人终生及其死亡后50年，截止于自然人死亡后第50年的12月31日；软件是合作开发的，截止于最后死亡的自然人死亡后第50年的12月31日。法人或者其他组织的软件著作权，保护期为50年，截止于软件首次发表后第50年的12月31日，但软件自开发完成之日起50年内未发表的，法律不再保护。

《计算机软件保护条例》第15条规定，软件著作权属于自然人的，该自然人死亡后，在软件著作权的保护期内，软件著作权的继承人可以依照《中华人民共和国继承法》的有关规定，继承本条例第8条规定的除署名权以外的其他权利。软件著作权属于法人或者其他组织的，法人或者其他组织变更、终止后，其著作权在本条例规定的保护期内由承受其权利义务的法人或者其他组织享有；没有承受其权利义务的法人或者其他组织的，由国家享有。

（三）权利的限制

1．终端用户的使用者权。《计算机软件保护条例》第16条规定，软件的合法复制品所有人享有下列权利：（1）根据使用的需要把该软件装入计算机等具有信息处理能力的装置内；（2）为了防止复制品损坏而制作备份复制品。这些备份复制品不得通过任何方式提供给他人使用，并在所有人丧失该合法复制品的所有权时，负责将备份复制品销毁；（3）为了把该软件用于实际的计算机应用环境或者改进其功能、性能而进行必要的修改；但是，除合同另有约定外，未经该软件著作权人许可，不得向任何第三方提供修改后的软件。

按照上述规定，软件的合法复制品所有权人享有三项基本权利：装载权、备份权和修改权。对此，有学者认为是对软件著作权合理使用的特别规定，或者也意味着在软件著作权特别保护中，只存在三种形式的合理使用。但是也有不同看法，认为这一规定在本质上是对使用者权的认可。笔者认同第二种看法。从一般状态来看，著作权的合理使用制度并不能看作是对使用者权的认可。合理使用应该是对著作权控制行为的例外之界定。形象言及公共领域、著作权和合理使用之关系为：在浩瀚的公共领域中摘录出一块领地，作为著作权人控制的范围，在著作权人控制的范围之中，又摘录出一块地域，作为著作权人控制范围的例外。这样的制度设计非常精巧，环环相扣，共同达致一种利益保护上的平衡。之所以说合理使用不是一种使用者权，还在于使用者并没有客观上的能力进入到著作权人的领地，因此它也不能因为合理使用而强行获得主观利益。换言之，使用者不能要求著作权人必须开放自己的领域，并且强行支配该作品而不顾及权利人的存在。

而这并不意味着不存在使用者权。《计算机软件保护条例》在本质上赋予消费者以使用者权。软件产品的使用者必须从这个技术产品的文化消费中获得主观利益：软件并不是纯粹的文化产品，它的技术功能必然要与其他硬件相互配合，才可以达致消费者的消费目标。如果软件不能被装载，不能备份或者不能修改，那么消费者由硬件和软件结合所带来的综合利益就无法实现，这种损失客观存在以至于已经脱离了软件作为作品的独立价值。从支配力上看，消费者为此目的有权强行要求著作权人开放自己的领域，在拒绝配合时可采取强制力完成对于软件产品的拷贝、备份或者修改，因为这是实现整个文化消费所不可或缺的一个步骤。因此可以认为，在软件著作权限制领域，实际上已经建立起了使用者权的法律机制。建基于此种认知，法律上应该允许使用者基于上述三种使用者权，通过诉讼方式，在权利人阻止消费者进行安装、备份或者修改时，通过公力救济排除相应的障碍。必要时也可通过诉讼方式责令权利人辅助使用者完成软件产品的安装、备份或者修改，以切实达到文化消费的正常状态。

2. 反向工程。计算机软件产品作为一项技术产品，能够产生相应的技术效果，并且能够独自或者与硬件结合达到技术目的。由于这种技术功能和效果的实现并非以美学或者显而易见的人可阅读方式展现，如果权利人对于源代码采取了保密措施进而不为公众知晓时，这种技术的非公开性就更为明显。无论是消费者、软件用户还是同业竞争者，都会出于各种原因探究该种技术中所包含的设计思想和原理，以便于实现软件的兼容、修改、维修、再开发。针对计算机软件的技术产品属性和技术非公开性特征，软件的反向工程问题受到关注。

软件反向工程通常是指对他人软件的可执行程序进行逆向的解剖、分析，从软件的目标代码入手，通过反汇编等编译方式尽量还原源代码，推导得出他人软件产品的功能、组织结构、处理流程、算法、界面等设计要素。❶允许反向工程的合理性体现在以下方面：（1）有助于保护消费者和使用者的利益。软件产品是一种技术产品，在很多时候消费者是以该软件为工具实现文化消费，如果不能反向工程，就会阻止对软件产品的文化消费。从其他使用者的角度看，软件的反向工程也有助于充分认知软件的技术思想和原理，最终实现购买软件进行再开发、再传播或者再利用的目的。（2）有助于限制系统软件开发企业的垄断优势。只有允许反向工程，一些拥有行业标准的软件巨头才不会滥用市场支配地位，阻止软件的兼容发展。如果微软的软件系统与中小软件不能兼容，那么具有竞争力的软件将会锐减，消费者的选择机会就会减少，同时也会加剧大型软件企业的垄断地位。在市场上缺少有竞争力的兼容产品情形下，软件产品的价格会恣意上涨。软件企业也会利用垄断优势提高定价或者联合定价，使软件的价格偏离正常范畴。相反，如果允许反向工程，就会降低具有广泛兼容性的应用软件开发成本，促成同类应用软件售卖价格下调，并且最终有利于软件产业的良性发展。（3）有助于促进知识学习和技术创新。知识产权的垄断性是建立在有助于学习和创新的对价之上。软件产品获得多重保护的同时，必须对于其可能带来的公共利益危害进行限制。软件产品受到著作权保护的时候，没有要求其公开所有的技术思想，这是因为著作权只是保护表达而不深究背后的思想。然而实际上，软件受到保护的最根本价值是隐藏在背后的思想，但是著作权法的保护缺陷导致无法在这个方面提出技术公开的要求。所以，通过反向工程克服软件著作权保护带来的消极影响，有益于学习和研究软件的内含思想和原理，将著作权保护可能带来的影响控制在一定范围之内，以实现该技术领域的不断创新。

我国《计算机软件保护条例》第17条规定，为了学习和研究软件内含的设计思想和原理，通过安装、显示、传输或者存储软件等方式使用软件的，可以不经软件著作权人许可，不向其支付报酬。《欧盟关于计算机软

---

❶ 曹伟：《计算机软件保护的反思与超越》，法律出版社2010年版，第114~115页。

件法律保护指令》❶第6条认为，独立创作的软件有权为了与在先开发的软件实现相互兼容而进行反向工程，但明确禁止为开发表现形式实质相似的软件而进行反向工程。可见，国际社会虽然在具体的条件上有所不同，但是对于反向工程一般还是采取了肯定的立场。

一般认为，软件反向工程通常有以下几种情况：（1）分析研究程序的功能特性；（2）诊断和排除一个程序中存在的错误；（3）开发一个程序的附属产品；（4）进一步完善该程序；（5）分析某一个程序是否侵害其他程序的版权；（6）开发一个程序的兼容产品或其他功能相似的产品，而又以开发兼容产品为最常见目的。❷

具体来说，软件反向工程的构成要件是：（1）主体方面。实施反向工程的主体是软件的合法持有人，可以是自然人，也可以是法人或者其他组织。也就是说，反向工程实施者对目标软件的使用必须是基于合法资格的使用，而不是未经授权的使用。（2）主观方面。从事反向工程的目的应该是为了获得实现一个独立创作的计算机程序与其他程序的兼容。通过反向工程获得的信息不能用于生产非兼容性程序目的；通过反向工程获得的信息不能扩散给对开发兼容性产品不必要的第三人；通过反向工程获得的信息不能用于实质相似或其他涵盖版权侵权因素的程序。（3）客体要件。通过实施反向工程获得的信息为其他途径难以取得。（4）客观方面。反向工程的结果，是获取软件中的技术思想，对该思想可以用于学习和研究的目的，也可以用于开发新的软件产品，但是不得不合理地损害权利人的正当利益或妨碍计算机程序的正常使用。开发产生的新软件只能是以已有软件作品为基础，对作品内容做出变换表达同时形成新的软件作品。

将软件反向工程的有关要件与我国现行规定进行比照可知，现行法并没有完全承认反向工程的合法性，它将这一制度限定在学习、研究的范

---

❶ 该指令于1991年5月14日通过，2009年4月23日修订。

❷ 吕彦主编：《计算机软件知识产权保护研究》，法律出版社2005年版，第309页。

围之内。所以，建议完善法律的规定，明确规定：为了学习和研究软件内含的设计思想和原理，或者为了实现在后软件与在先软件的兼容发展，相应信息不能通过正常渠道获取时，软件的合法持有人通过安装、显示、传输或者存储软件等方式使用软件的，可以不经软件著作权人许可，不向其支付报酬。但是，获得的信息不能扩散给对开发兼容性产品不必要的第三人，不能用于实质相似或其他版权侵权因素的程序，不得不合理地损害权利人的正当利益或妨碍计算机程序的正常使用。

六、软件著作权的许可使用与转让

软件著作权的许可使用是指权利人授权他人在一定的范围和期限内以一定的方式行使其软件著作权的法律制度。软件著作权许可使用遵循著作权许可使用的一般规定，《计算机软件保护条例》和《计算机软件著作权登记办法》对其中的一些特殊要求进行规范。其中，《计算机软件保护条例》第19条规定，软件著作权专有许可采用书面形式。没有订立书面合同或者合同中未明确约定为专有许可的，被许可行使的权利应当视为非专有权利。

软件著作权的转让是指权利人将其著作财产权的部分或者全部转移给他人享有的法律制度。转让软件著作权的，当事人应当订立书面合同。

我国对软件著作权许可使用或者转让采取自愿登记制度。也就是说，订立许可他人专有行使软件著作权的许可合同，或者订立转让软件著作权合同，可以向国务院著作权行政管理部门认定的软件登记机构即中国版权保护中心申请登记。当事人申请合同登记时，应当提交以下材料：（1）按要求填写的合同登记表；（2）合同复印件；（3）申请人身份证明。在其他具体程序上，软件著作权许可使用或转让登记程序与软件著作权权属登记程序相同。

此外，中国公民、法人或者其他组织向外国人许可或者转让软件著作权的，应当遵守《中华人民共和国技术进出口管理条例》的有关规定。属于禁止进口的软件，不得进口。属于限制进口的软件，实行许可证管理；

未经许可，不得进口。对属于自由进口的软件，实行合同登记管理。

第三节　计算机软件的专利权保护

一、计算机软件专利保护的阶段

计算机软件属于功能性的技术产品，这一特征决定了计算机软件可以产生相应的技术效果，成为技术方案的一部分，或者本身可以进行技术上的运用。开发软件的主要目的是为了应用，而不仅仅是为了满足人们的精神上的享受，这使软件的"功能性"显得更为重要。探索软件的专利保护具有重要的实践价值。计算机软件专利保护历经三个主要阶段。

（一）拒绝保护时期

1965年，时任美国总统约翰逊任命一个特别委员会，研究是否需要对计算机软件发明采取专利保护。两年后，该委员会提交一份名为《关于计算机软件专利性质的报告》。该报告认为，计算机软件的核心是算法，也就是数学公式，属于智力活动的规则或方法，不属于专利法旨在保护的"工序"。它建议国会通过立法，明确将计算机软件发明排除在专利保护范围之外。根据该报告的精神，美国专利局以"不属于取得专利权的主题"为由，将有关计算机软件发明的专利申请一概驳回。[1]在具体的司法实践中，1972年，美国联邦最高法院在高乔克（Gottschalk）诉本森（Benson）案件[2]中宣称软件不可获得专利保护。1978年，美国联邦最高法院在帕克（Parker）诉弗卢克（Flook）案件[3]中再一次认定软件发明不可获得专利授权。两起案件中，最高法院判定的理由不同，头一起案件是

---

[1]　张乃根编著：《美国专利法判例选析》，中国政法大学出版社1995年版，第49页。

[2]　Gottschalk v Benson, 409 U.S.63（1972）.

[3]　Parker v. Flook, 437 U.S.584（1978）.

以软件过于抽象为由，后一起案件则将不可专利的事由归于数学演绎法本身缺少新颖性。两起案件的共同特点就是在结论上否定了软件的可专利性。这种立场也影响到其他的国家。1971年起草的《欧洲专利条约》第52条第2款也明文规定，计算机程序本身或载体上的计算机程序，不论其内容如何，不可获得专利保护。

（二）确认保护时期

在是否给计算机软件授予专利权的问题上，美国专利局和联邦巡回上诉法院（1982年前为美国关税与专利上诉法院）长期存在分歧。起初，美国最高法院一直否认软件的可专利性。但是在1981年戴蒙德（Diamond）诉迪尔（Diehr）案[1]改变了一贯立场，为软件专利打开大门。在该案中，美国专利局认为专利请求书中的新颖性部分是利用计算机软件控制而运行的步骤，不具有可专利性。1979年美国关税与专利上诉法院推翻了这一决定，认为此专利利用计算机软件完成先前必须以人工方式完成的步骤，是方法上的改进，属于可专利标的。最终，美国联邦最高法院以5:4的多数维持了这一判决，认为该专利主张的不仅仅是一个抽象概念，而且是与计算机软件有关的实际运用，可以获得专利权。此后，在1994年In re Alappat案[2]中，法院认为，一项软件若运行于公知计算机上，只要其有实际应用，应当取得专利权。这一原则被1996年美国专利局颁布的与计算机相关发明审查指南所采纳，标志着软件发明的专利地位完全得以确立。这一法律立场也在其他国家和地区的法律制度中得到鲜明体现。2001年欧洲专利审查指南中认为，计算机程序是利用计算机执行的发明，当一种程序在计算机中运行的时候，如果它能够产生通常技术效果之外的更进一步的技术效果，就不应排除在可专利范围之外。我国2001年版的《专利审查指南》中也区分"计算机程序"与"涉及计算机程序的发明"，认为计算

---

[1] Diamond v. Diehr, 450 U.S.175（1981）.

[2] In re Alappat, 33 F. 3d 1526（Fed. Cir. 1994）.

机程序作为一种智力活动规则不能获得专利授权，但是涉及计算机程序的发明专利申请若是为了解决技术问题，利用了技术手段和能够产生技术效果，就可以授予专利权。

（三）不断调整时期

事实上，软件专利授权的条件和标准始终在不断调整之中。由于审查过程中执行的标准不同，针对同样的程序，在不同国家可能就存在不同的授权结果。即便在同一国家，对于软件专利性的宽松程度也在不同时期存在差异。美国以1994年的Alappat案和1996年的"与计算机相关发明审查指南"为标志，开始对软件专利采取非常宽松的标准，这导致大量的计算机程序被授予专利权。1998年的State Street案首次肯定了商业方法软件可作为专利权保护的主题，进一步放宽了软件保护的条件。这极大地刺激了软件企业申请专利的积极性。自20世纪90年代中后期开始，美国的软件专利年申请及授权量均呈指数级增长。❶据美国联邦巡回法院法官称，美国专利商标局在2011年授予的软件专利约占当年全部专利的20%，共授予15 000多种经营方法专利。这样的宽松标准不仅可能产生大量垃圾专利，而且也为不同企业制造"专利蟑螂"遏制创新提供了便利。就美国而言，理论和实务界均出现呼吁重新调整软件专利授权标准的声音。2008年联邦巡回法院做出了一系列判决，提高了软件专利授权的门槛。2010年10月，联邦巡回上诉法院审理的比利斯基（Bilski） v. 多尔（Doll）案中，法院认为，一种流程只有在：（1）依附于一个特定机器设备，或（2）将一个特定物体转化成一种不同状态或物体的情况下才能授予专利。这大大缩小了可获专利的软件客体范围，更加接近欧洲、日本、中国及世界许多其他国家和地区的法律。

---

❶ 张吉豫："计算机软件著作权保护对象范围研究——对美国相关司法探索历程的分析与借鉴"，载《法律科学》2013年第5期。

二、软件可专利性的判断标准

计算机软件获得专利授权必须满足相应的条件。按照专利授权的实质性的要求，任何发明创造只有具备了实用性、新颖性和创造性，才可以授予专利权。这三个条件当然也适用于软件专利。然后，软件的特殊性决定了在授权标准上，必须考虑其同时作为一种智力活动规则和技术操作领域的不同特征，为其可专利性提供特定的标准。这实际上也是国际社会长期以来针对软件专利授权条件进行争论和调整的重要内容。从历史发展上看，软件专利的判断标准有两种模式。

（一）结合模式

该种模式认为，计算机软件只有与硬件相结合，才可以从整体上判断其是否具有可专利性。实际上，与其说美国、欧盟的专利法在一开始就否定软件的专利授权，不如说是否定软件单独获得专利授权。1968年，美国专利商标局制定的专利审查指南规定，除非软件能与有形的装置相结合并导致物质性的实体变化，否则将不得授予专利。在1981年的Diehr案中，美国最高法院首次明确表示应当为与计算机硬件紧密结合的软件专利打开大门。这样的立场一直持续到20世纪90年代初期。由此，产生了两种判断软件专利的测试法：其一，整体测试法。判断一个软件发明是否具有可专利性，必须把权利要求作为一个整体来判断。如果含有计算机软件的机器设备或者工艺流程作为整体能够产生专利法所保护的功能，就属于可专利的主题。其二，两步测试法。第一步是看在权利要求中是否直接或间接引用了一个数学算法；第二步是看权利要求作为一个整体是否仅仅限于数学算法。如果申请中的软件相关发明具有界定物理元件间的结构关系的作用，或者在方法专利申请中用于明确界定方法发明中的步骤，则可以获得专利授权。1985年的《欧盟专利审查指南》中也是采取此种模式，认为只有软件和硬件装置相互结合才能获得专利保护，而软件本身仍然不可获得专利授权。日本1975年、1982年和1988年的"关于计算机软件的发明审查指南"均要求计算机软件和硬件结合为一个整体，才可以获得专利法的保护。

（二）技术效果模式

该种模式认为，一项同计算机有关的发明只要是一个专业技术领域的实际应用，能够产生相应的技术效果，就可以获得专利权。Alappat案开创了技术效果模式。在该案中，法院认为，权利要求作为整体不是一个抽象的数学概念，虽然它只是在通用计算机中进行运行，但是却可以经由应用产生一个"实用的、具体的、可感知的结果"，因此可以成为专利权保护的客体。这一思想被美国1996年的"与计算机相关发明审查指南"所采纳，规定申请专利的计算机软件应符合下列要求：其一，可经由软件的操作实现通用计算机状态的转化；其二，该软件可与储存介质相结合；其三，该软件可以被执行，并可以指导计算机的运行。因此，计算机软件不论是与硬件相结合，作为产品发明申请专利，还是不与硬件结合，单独作为方法发明申请专利，其是否具备可专利性的关键在于是否能够在产业中运用并产生"有用的、具体的、有形的结果"。

欧盟2001年版的专利审查指南采取了技术效果模式，明确指出，当在计算机上运行的时候，如果该计算机程序有可能产生超出程序和计算机之间通常的物理性交互作用的进一步的技术效果，利用计算机程序自身或者作为载波信号记录或者用信号的形式来要求权利的计算机程序，应该被认定为符合规定的发明。为了统一计算机软件专利保护标准，2002年欧盟委员会精心拟定了"计算机软件可专利性指令"。该指令完全采用技术效果模式，并且对"技术贡献""技术领域"和"工业实用性"等进行了界定。虽然在具体的保护要求上比美国要严格，但是依然受到了强烈的反对和质疑。2005年7月6日，欧洲议会最终否定了该指令，而是要求各成员国根据自身情况决定软件专利保护的力度。这表明，欧洲尝试建立统一的软件专利授权标准失败，也反映出软件专利授权问题具有复杂性。

三、我国涉及计算机程序的发明专利审查

涉及计算机程序的发明是指为解决发明提出的问题，全部或部分以计算机程序处理流程为基础，通过计算机执行按上述流程编制的计算机程序，对计算机外部对象或者内部对象进行控制或处理的解决方案。根据我国国家知识产权局2014年版的《专利审查指南》第2部分第9章的规定，涉及计算机程序的发明专利申请和审查，应该遵循以下特殊规定。

（一）审查基准

1. 计算机软件作为智力活动规则，不能授予专利权。如果一项权利要求仅仅涉及一种算法或数学计算规则，或者计算机程序本身或仅仅记录在载体（如磁带、磁盘、光盘、磁光盘、ROM、PROM、VCD、DVD或者其他的计算机可读介质）上的计算机程序，或者游戏的规则和方法等，则该权利要求属于智力活动的规则和方法，不属于专利保护的客体。例如不包括任何物理实体特征限定的计算机游戏装置，由于其实质上仅仅涉及智力活动的规则和方法，因而不属于专利保护的客体。

2. 具有技术特征的计算机软件，可以授予专利权。如果涉及计算机程序的发明专利申请的解决方案执行计算机程序的目的是解决技术问题，在计算机上运行计算机程序从而对外部或内部对象进行控制或处理所反映的是遵循自然规律的技术手段，并且由此获得符合自然规律的技术效果，则这种解决方案属于专利保护的客体。例如，如果涉及计算机程序的发明专利申请的解决方案执行计算机程序的目的是为了实现一种工业过程、测量或测试过程控制，通过计算机执行一种工业过程控制程序，按照自然规律完成对该工业过程各阶段实施的一系列控制，从而获得符合自然规律的工业过程控制效果，则这种解决方案属于专利保护的客体。

3. 整体判断的方法。如果一项权利要求在对其进行限定的全部内容中既包含智力活动的规则和方法的内容，又包含技术特征，例如在游戏装置等限定的内容中既包括游戏规则，又包括技术特征，则该权利要求就整体而言并不是一种智力活动的规则和方法，不应当排除其获得专利权的可

能性。

（二）汉字编码方法及计算机汉字输入方法的审查

汉字编码方法属于一种信息表述方法，它与声音信号、语言信号、可视显示信号或者交通指示信号等各种信息表述方式一样，解决的问题仅取决于人的表达意愿，采用的解决手段仅是人为规定的编码规则，实施该编码方法的结果仅仅是一个符号／字母数字串，解决的问题、采用的解决手段和获得的效果也未遵循自然规律。因此，仅仅涉及汉字编码方法的发明专利申请属于智力活动的规则和方法，不属于专利保护的客体。例如，一项发明专利申请的解决方案仅仅涉及一种汉语字根编码方法，这种汉语字根编码方法用于编纂字典和利用所述字典检索汉字，该发明专利申请的汉字编码方法仅仅是根据发明人的认识和理解，人为地制定编码汉字的相应规则，选择、指定和组合汉字编码码元，形成表示汉字的代码／字母数字串。该汉字编码方法没有解决技术问题，未使用技术手段，且不具有技术效果，不属于专利保护的客体。

但是，如果把汉字编码方法与该编码方法可使用的特定键盘相结合，构成计算机系统处理汉字的一种计算机汉字输入方法或者计算机汉字信息处理方法，使计算机系统能够以汉字信息为指令，运行程序，从而控制或处理外部对象或者内部对象，则这种计算机汉字输入方法或者计算机汉字信息处理方法构成专利保护的客体。对于这种由汉字编码方法与该编码方法所使用的特定键盘相结合而构成的计算机汉字输入方法的发明专利申请，在说明书及权利要求书中应当描述该汉字输入方法的技术特征，必要时，还应当描述该输入方法所使用键盘的技术特征，包括该键盘中对各键位的定义以及各键位在该键盘中的位置等。例如，发明专利申请的主题涉及一种计算机汉字输入方法，包括从组成汉字的所有字根中选择确定数量的特定字根作为编码码元的步骤、将这些编码码元指定到所述特定键盘相应键位上的步骤、利用键盘上的特定键位根据汉字编码输入规则输入汉字的步骤。该发明专利申请涉及将汉字编码方法与特定键盘相结合的计算机汉字输入方法，通过该输入方法，使计算机系统能够运行汉字，增加了计算机系统的处理功能。该发明专利申请要解决的是技术问题，采用的是技术手段，并能够产生技术效果，因此该发明专利申请构成技术方案，属于专利保护的客体。

第十章　数据库的知识产权保护

现代信息技术发展的重要成果之一，是让信息逐渐成为社会主要财富形态，并且融入经济发展模式，走进人们的日常生活。随着信息的财产化、数字化和网络化，专门从事信息收集、整理、储存、扩散的数据库产业应运而生。一个制作精良的数据库不仅可以节省信息利用者的成本，而且会为数据库的制作者赚取利润。然而，数据库也因其容易被复制、被摘取和被再利用的特征，数据库制作者存在强烈的法律保护需求。除了技术措施、合同法和反不正当竞争法所给予的保护外，数据库的制作者可以对具有独创性的数据库享有著作权，在一些立法例中还赋予非独创性的数据库制作者以邻接权或者特殊权利。

第一节　数据库的法律属性

一、数据库的界定

数据库是由英语"database"翻译而来，原是计算机行业的专业用语。从技术上看，电子数据库是指为了满足某一个部门中多个用户应用的需要，按照一定的数据模型，在计算机系统中组织、储存和使用的相互联系的数据集合。数据库的开发、制作以及维护需要投入大量的时间、精力、金钱，特别是大型的电子数据库。只有在制度上保护数据库制作者的权利和收益，才能进一步激发其生产热情，从而进一步促进数据库产业的发展。同时，数据库的开发、制作虽然艰难，但却容易复制，而且复制过程成本低廉，同原始开发成本相比甚至几乎可以忽略不计，仿冒者为此获取大量不当利益。为了激励数据库制作者的积极性，必须依靠法律制度制止这种盗用数据库的行为，维护制作者的正当权益。

《欧盟数据库法律保护指令》第1条第2款规定："在本指令中，'数据库'是指经系统或有序安排，并可通过电子或其他手段单独加以访问的独立的作品、数据或其他材料的集合。"结合数据库法律保护的正当性依据，法律上的数据库是指对作品、数据或其他材料的大规模汇聚，这种汇聚过程体现了选择或者编排上的独创性，或者在拣选、校验、再现中进行了实质性的投资。

二、数据库的保护模式

数据库的保护模式包括自力救济和法律保护两种。所谓数据库的自力救济，是数据库制作者通过技术措施，设置技术障碍，阻止未经许可的利用行为。数据库的法律保护，则包括知识产权保护与非知识产权保护两种形式。作为一种法律上的重要利益，早期的数据库制作者可以借助于合同法和反不正当竞争法等非知识产权形式保障自身的利益。实质上，利用合同法或者反不正当竞争法保护数据库并不具有任何特殊性。具体来说，合同法的保护是指，数据库制作者与使用者之间签订合同，通过约定禁止使用者将数据信息泄露给合法使用者以外的任何人，禁止未经许可的使用数据库，否则承担违约责任。反不正当竞争法的保护是指，经营者违背诚实信用原则或者公认的商业道德利用具有竞争关系的其他经营者制作的数据库，被认定为一种不正当竞争行为，会受到法律的制裁。作为知识产权的"兜底保护"法律机制，反不正当竞争法有助于制止不同的市场竞争主体之间的恶性竞争，保护数据库作者在对材料的收集、整理、编排等方面付出的劳动和投资。

数据库合同法保护存在的缺陷有：（1）没有给数据库制作者设置一种具体的财产权利，数据库制作者提供对方当事人的"标的"究竟是一种无形产品的复制件？或者是一种权利？抑或是其中的二者兼而有之？

（2）合同具有相对性，合同法只能解决双方当事人的争议，无法应对合同以外的第三者侵权行为。比如，一旦数据库合法用户以外的人未经数据库制作者许可复制发行数据库内容，数据库制作者就难以运用合同法保护自己的权利。

数据库反不正当竞争法保护存在的缺陷在于：（1）反不正当竞争法没有规定数据库制作者享有哪些基本权利。因此，当数据库被复制、仿冒、抽取时，制作者无法主张自己何种权利受到侵害。当数据库制作者许可他人使用或者转让其数据库时，许可使用或者转让的权益类型同样不明确。（2）不正当竞争行为的确认具有不确定性，主要依靠法院的自由裁量。我国反不正当竞争法没有无独创性数据库保护的具体规定，只在第2条有一般性的不正当竞争行为判定标准，不同的法官对此一般条款自然有不同的理解，这导致对数据库制作者利益的保护存在着一定的不确定性，对数据库制作者的投资热情造成严重的打击。（3）如果数据库开发者要以反不正当竞争法来保护自己的利益，前提条件是非法使用者与数据库制作者形成事实上的竞争关系。因此，对一些非竞争关系的恶意破坏行为失去了救济的法律依据。比如，一般使用者未经权利人许可，将数据库上载到互联网上供人免费检索或者下载的行为，数据库制作者就难以利用反不正当竞争法寻求救济。

总体上看，在数字技术出现之前，数据库的制作者可以通过合同法或反不正当竞争法维护自身利益，因为那时的数据库在表现形态上是非电子形式，盗用者往往就是合同的当事人或者同业竞争者，而且以债权的相对性救济或者反不正当竞争法的事后救济，就足以解决相应的纠纷，保护数据库制作者的利益。但是，随着数字网络技术的发展，数据库制作者越来越不满足于合同法或反不正当竞争法的救济，该两种法律保护的缺陷被技术革新所放大，必须探讨新的法律保护模式的可能性。对于数据库制作者来说，如果能够享有一种完整的知识产权，无疑是对其利益的最好保护。

从国际上来看，最早启动的是运用著作权保护数据库制作者。也就是说，当数据库的制作者对数据的选择、编排满足著作权法上的独创性要求时，可以将数据库视为汇编作品，从而获得著作权的保护。这种保护只限于选择和编排的独创性表达，不能延及数据和事实本身。例如，数据库制作者甲创作的数据库A，是汇编乙的作品B，丙的作品C、数据D、事实E……而成，那么如果这种汇编过程体现了独创性，则甲对A可享有著作权，但这并不能妨碍乙对B、丙对C的著作权，也不会导致赋予D、E以相应的权利。

数据库的著作权保护解决了反不正当竞争法的事后保护问题，也能够避免债权相对性带来的合同法保护之不足，但是依然存在以下问题：（1）著作权法只保护具有独创性的数据库，耗费巨大成本但达不到独创性要求的数据库被排除在著作权保护体系之外。数据库的主要目标就是针对不同领域的不同需要，尽可能多地收集相关数据，同时按照方便检索、数据准确的原则来安排这些数据，而且数据库必须迎合用户群体的使用习惯和检索目标，这使得开发者只能在有限的自由空间去进行个性化设计开发，其表达形式就不可避免的产生混同。这种数据库的制作方式带来的悖论是：信息量越大、越全面的数据库就越可能得不到著作权保护，显然，数据库制作者的积极性必将受到影响。（2）著作权法只保护数据库的具有独创性的表现形式，而不保护数据库的内容。然而对于数据库制作者而言，数据库中最有价值、最重要的部分恰恰是其中的内容。只保护数据库的结构如同只保护一个装水的空瓶子，却不保护瓶子中的水，但对于数据库的开发和制作者来说，瓶子中的水才是最重要的。总之，只保护数据库具有独创性的选择或者编排而不给数据库内容提供保护，对数据库制作者来说，这样的保护依然不完整。

针对上述弊端，理论和实务上提出了两种解决之策：一种方法是对于不具有独创性的数据库提供邻接权保护。但是这种保护仍然无法解决第二个缺陷，也就是说邻接权所要保护的，也是作品传播过程中创造性智力成果的利益，仍然局限在"表达"的范围，而不能涵盖数据库的内容。第二种方法是创设一种新的知识产权类型，也就是在著作权、专利权和商标权等传统知识产权类型之外，建构一种可以保护非独创性数据库的特殊权利，这种权利不仅涵盖数据库的结构，而且扩及其内容。这种特殊权利保护模式在欧盟得到采纳。

第二节　数据库的著作权保护

数据库是通过系统地汇编各类作品、作品片段、数据或者其他材料，使用者可以通过电子或者非电子手段使用其中内容的数据集合。一部分数据库在汇编中体现了选择、编排、排列方面的独创性，构成汇编作品。美国、日本、韩国等国家目前是在汇编作品的框架下解决数据库的保护问题。美国立法对于"内容的选择和安排构成智力创作的数据库，按照汇编作品给予版权保护。日本在1986年修正著作权法时把数据库当作著作物的一类，明定数据库的含义为：将信息组合，如文章、数值、图表有系统的编制，使此种信息能被计算机取用。数据库要取得著作权保护必须满足独创性要求。制作数据库时，创作者会决定搜集资料的策略和选择标准，决定资料是否储存，整合资料的结构和规格，以便利资料快速的取用，这种决策、选择和分析实际上表明不少的数据库可以满足作品的原创性要求。

我国《著作权法》第14条规定，汇编若干作品、作品的片段或者不构成作品的数据或者其他材料，对其内容的选择或者编排体现独创性的作品，为汇编作品。汇编作品❶是指汇聚若干作品、作品的片段或者不构成作品的数据或者其他材料，对其内容的选择或者编排体现独创性的作品，包括报纸、期刊、百科全书、选集、文选、数据库等。汇编作品的独创性体现为对作品、作品片段、数据等材料的选择、编排、组合等方面具有结构、风格和形式上的独特性，彰显了"选者的眼光"。根据我国法律的规定，汇编作品包括作品汇编与事实汇编两种类型。作品汇编是指经由汇聚

---

❶　在1990年《著作权法》中，汇编作品被称为编辑作品，仅指汇编作品、作品的片段而形成的作品。因该表述容易与文字的编辑加工相互混淆，因此在2001年《著作权法》中已经弃之不用。

作品、作品的片段而形成的作品。除立体艺术作品外，大多数作品、作品的片段均可成为汇编作品的一部分。事实汇编是指汇聚不构成作品的数据或者其他材料而形成的作品。

由此可见，如果数据库构成汇编作品，数据库制作人就可以享有著作权，禁止他人未经许可复制、传播、演绎该数据库资料。该数据库的著作权属于汇编人。作为一个整体，汇编人对汇编作品的形成作出了创造性的贡献，可以基于其创作行为而成为著作权人，这与其他作品著作权主体的归属并无区别。但是对于数据库中不享有著作权的数据或资料，他人仍可以自由使用。此外，在我国并未对数据库提供特殊权利保护，因此，权利人对事实汇编而成的数据库所享有的权利，不能及于数据和材料本身，权利人并不能依据著作权而禁止其他人对该数据、事实本身的使用。如果其他经营者利用数据、事实的行为构成不正当竞争，可以寻求"反不正当竞争法"的保护。

第三节　数据库的特殊权利保护

数据库在选择、编排、排列方面不具有独创性时，理论上就不能获得著作权保护。这种情况在数据库较少、经济价值较低的时代，尚不会产生较大的利益冲突。但是随着数字技术和信息技术的发展，电子数据库大量涌现，他们逐渐摆脱公益性、教育性和经济价值低的属性，越来越成为具有市场价值的商品。数据库制作者不仅在制作中花费了巨大的投资和投入，而且这些数据库事实上也存在不小的市场需求。与此同时，使用者和竞争者要获取电子数据库也更为便捷，可以在已有数据库上迅速而系统获取对自己有用的数据，或者反复使用而不必支付任何成本。在这种情形下，不保护数据库制作者的利益，不仅会减弱制作者的积极性，影响到广大消费者便利获取各种信息，而且也会变相鼓励恶性竞争，妨碍公平合理的市场秩序。其中，对于符合"反不正当竞争法"规定的不正当竞争行为，固然可以进行调整，但是对于那些发生在非竞争关系中、非由经营者侵犯数据库制作者利益的纠纷，现有法律却很难有效干预。

在这样的背景下，数据库的特殊权利保护被提上议事日程。所谓数据库的特殊权利保护（拉丁文sui generis）就是在立法上建构一种不同于著作权、专利权的新型知识产权，如数据库抽取权或者数据库权，规定只要在内容的获得、校验、编排等方面具有质量或数量上实质性投入的数据库，不管其是否具有独创性，都可以得到保护。1996年3月11日颁布的《欧盟数据库法律保护指令》，要求各成员国在1998年1月1日前以法律、法规、行政条款的方式将指令的内容贯彻到国内。这是世界上第一次以特殊权利形式保护数据库。目前，数据库的特殊权利保护已经在欧盟范围内得到了切实的实施。此外，在1996年12月世界知识产权组织召开的外交会议上，与会国家代表还初步讨论并制定了《世界知识产权组织数据库条约草案》，可惜始终未能就该条约的有关内容达成一致。随后世界知识产权组织多次讨论数据库保护问题，但始终没有形成有约束力的文件。

特殊权利是《欧盟数据库法律保护指令》的中心内容。受特殊权利保护的数据库与作为汇编作品保护的数据库相比，有三个特征，即缺乏独创性、保护期短、保护经济投资而非个人创作。根据规定，只要在其内容的获得、校验、编排等方面具有质量或数量上实质性投入的数据库，不管其是否获得版权或其他权利的保护，都享有特殊权利。具言之，数据库制作者的权利包括：（1）提取权。它是指以任何手段或任何形式永久或暂时地把一个数据库中的全部或实质部分内容转移到另一媒体上的权利。（2）再利用权。它是指通过发售复制件、出租、在线或其他传播方式向公众提供数据库中的全部或实质部分内容的权利。（3）非实质部分受保护权。数据库制作者有权禁止非正常利用或不合理损害其合法利益，重复和系统提取或再利用数据库内容的非实质部分的行为。

当然，数据库制作者的特殊权利保护也会产生一系列的问题。最为突出的是侵犯消费者的利益，阻碍其他使用者进行再制作，妨碍公共利益目标的实现。特殊权利保护会为数据库产品的消费者设定使用数据或文献的各种条件与措施，不仅影响普通用户基于正当理由进行的合理使用，而且会侵害消费者的知情权和公平交易权。对于其他竞争者或者使用者而言，特殊权利保护也会成为先行市场进入者禁止后来者的有力武器，变相鼓励数据、材料甚至是客观事实信息的垄断，妨碍公平竞争的市场秩序，危害促进文化信息共享等公共利益目标的实现。

有鉴于此，《欧盟数据库法律保护指令》允许数据库的合法用户可在下列情形下不经数据库制作者的许可，抽取或再利用该数据库的实质内容：（1）私人目的，为私人需要复制非电子数据库；（2）教学或科学研究需要，使用只是为了教学或科研的示例说明，只要对所使用的材料加以注明并以某种程度证明其目的是非商业性的；（3）公共安全、行政或司法程序要求；（4）涉及以往国内法所允许的，又不与上述三点例外相抵触的其他版权例外的情况。

《欧盟数据库法律保护指令》同时规定，数据库特殊权利自数据库制作完成之日起生效，有效期限为15年，自完成之日起的第2年1月1日起计算。在此期间内发生实质性变化的数据库可重新计算保护期。

第十一章　域名的法律规制

域名是指国际互联网数字地址的字母数字串。域名的获取需要经过注册。域名虽然是网络空间的重要识别性的标记，但是目前并不存在立法上认可的域名权制度。事实上，围绕域名注册引发的主要争议，是恶意抢注域名引发的侵犯商标权或者构成不正当竞争的情形。

第一节　概　述

域名是国际互联网迅猛发展的背景之下，产生的一种新型识别性的标识。域名首先是一个指示因特网的地址，是一种通信方式，俗称"网址"。同时，由于域名能够将此持有者与彼持有者在网络上的商品或服务区别开来，而域名又不能重复，因此它对于权利人开拓市场、形成竞争优势具有重要意义。

一、域名的概念和特征

在由若干计算机互联而形成的因特网上，每个主机（Host）或局域网（Intranet）都被分配一个独一无二的地址，该地址依据因特网协议（Internet Protocol）分配，因而被称为因特网协议地址（简称IP地址）。IP地址由四组用圆点隔开的阿拉伯数字构成，如世界知识产权组织（WIPO）的IP地址为192.91.247.53。然而IP地址难以记忆，不利于因特网的应用和推广，域名（Domain Name）则是此类地址的便于记忆的替代品。根据1999年9月《WIPO保护驰名商标联合建议》中对计算机域名所作出的解释，域名是指国际互联网数字地址的字母数字串。域名由文字、数字和连接符（-）等字符符号组成，与IP地址相对应，如世界知识产权组织域名为http://www.wipo.int。域名具有以下特征。

首先，域名只能由文字、数字组成，包括中文、拼音、外文域名，至少包括顶级域名和二级域名两个部分构成。顶级域名是用以识别域名所属类别、应用范围、注册国等公用信息的代码。例如".cn" ".com"等。二级域名是指域名使用者自己设计的，能够体现其特殊性，并据以同他人的域名相区别的字符串。根据互连网的发展需要，各国还可以设计三级域名、四级域名等，以分别代表不同的地域和行业。一个完整的域名应当包括上述各级域名，如http://www.yahoo.com.cn. 在这个域名中，".cn"是顶级域名，".com"是二级域名，"Yahoo"是三级域名。而在http://www.Yahoo.com中，".com"是顶级域名，"Yahoo"是二级域名。

2010年7月10日，互联网名称与编号分配机构（ICANN）授权互联网地址指派机构（IANA）将".中国"域名正式写入全球互联网根域名系统（DNS）。至此，".中国"域名全球解析部署已实施完毕。全球网民在浏览器地址栏中直接输入已注册的".中国"域名即可访问相应网站。

其次，域名从整体上看具有唯一性。而且是全球范围的唯一性，这一特点与商标截然不同。例如"lawyer"注册为电子产品的商标，并不能禁止其他人在服装、日用品等类别的商品上同样注册该商标，但是以http://www.lawyer.com申请注册为域名以后，其他人将无法以此域名再进行注册。当然域名的唯一性是就每一个域名整体而言的，如果仅就其真正起到标识作用的中心域名而言，则是可以多重注册的，如以lawyer为例，注册者还有多重选择，可以注册lawyer.net、lawyer.org等，此外还可以在不同的国家、地区代码顶级域名下注册。

最后，域名与商标一样，它是互联网上区别经营者的标记，有表达作用，也代表商品或服务，具有识别功能。"因特网域名就像网络空间的商标，潜藏着巨大的商业价值和广告效应。"❶但是域名和商标也有很大的不同，二者之间的差异表现在：（1）可以用于注册的标志不同。域名可以是行业名称或商品通用名称，而且有一种倾向，即越是不显著、通用的域名，其市场价格就越高。如VCD产品，人们在不知道特定商标、企业名称的情况下，在互联网上直接输入vcd.com进行搜索，就会找到生产VCD且使用vcd.com域名的企业。相反，注册商标的一个基本要求就是要有显著性。（2）功能不同。商标适用于商品和服务，而域名则是为方便人们使用因特网而创立的，是网络地址的识别标志。（3）获得保护的条件不同。域名要取得法律保护，亦即持有人要享有相应的专有权利，就必须申请域名注册。而商标则保护注册商标和未注册商标，对于未注册商标，持有人的权益也会得到一定程度的保护。（4）是否存在地域性不同。传统的商标具有地域性，只能在一国范围内，根据该国的法律制度有效，而域名是没有地域性的限制，比如雅虎公司域名是在美国注册的，但是在任何一个国家的用户只要点击雅虎公司的域名都可以进入该公司的主页，域名具有全球性的特性。（5）权利保护范围不同。传统的商标具有专属性，在不同的行业或者领域相同的商标可以分属于不同的所有人，可以和平共处、互不侵犯；而域名具有唯一性，一个域名仅仅是一个企业的"门牌号码"，因此，互联网上不可能同时存在两个相同的域名。

域名不同于网站名称。网站名称是人们对网站最常用的称呼。从某种意义上讲，它是域名的中文版，同企业形象有着密切的联系。在域名注册登记中，也需要进行网站名称的报备。在我国，经营性的网站（ICP）采取审查制，非经营性的网站（ICP）采取备案制。由于一些经营者对网站名称认识不够，所以成为他人仿冒和假冒的对象。我国现行法律制度对网站名称保护规定不够详细，即便是网站备案审查制度也存在不少缺陷，这成为某些别有用心之徒钻营的一个空子。因此，我国应该加快建立网站名

---

❶ 蒋志培：《入世后我国知识产权法律保护研究》，中国人民大学出版2002年版，第217页。

称的保护体系，将网站名称纳入网站备案登记管理体系，构建相应的救济制度。

二、域名的管理

在因特网发展早期，并无特定的组织管理域名保护与管理体系。1992年，美国网络方案公司（NSI，Network Solutions，Inc.）获准管理域名体系及域名注册，由此掌管了A根服务器，并成为域名注册垄断机构。随着因特网在全球的发展以及因特网上商业活动的激增，各国对NSI垄断域名注册和美国政府管理因特网的做法日益不满。1998年，美国筹组了"因特网名称及编码分配公司"（ICANN，Internet Corporation for Assigned Names and Numbers）接管美国政府对因特网的管理权，包括IP地址空间分配、因特网通讯协议参数分配、域名体系管理以及根服务器系统管理。所有域名注册商均根据ICANN的《统一域名争端解决政策》（UDRP）的规定与域名注册人签订合同，因恶意注册而引起的域名与商标的权利冲突可提交ICANN确认的域名争端裁决机构裁决。这样，ICANN这个所谓的"私有"美国公司就成为域名系统的管理机构，以美国为中心的域名管理体系就这样建立起来。

同时还应看到，世界各国和国际组织尤其是世界知识产权组织在域名管理体系建构中的作用也日益重要。早在1996年，世界知识产权组织就参与了IAHC建立新的域名管理体系的活动，后来还被准许为ICANN的咨询机构，就域名磋商等问题提出建议供ICANN参考。1999年，世界知识产权组织通过题为《互联网络名称及地址的管理：知识产权问题的报告》，对域名注册规范程序、统一争端解决程序和域名排他程序等进行规定。

我国已经基本建立起计算机网络域名的管理体制。1997年6月，国务院信息化工作领导小组办公室制定《中国互联网络域名注册实施细则》和《中国互联网络域名注册暂行管理办法》，成为我国域名管理的重要法律规范。依照该规定，国务院信息办是我国因特网域名系统的管理机构，中国互联网络信息中心（CNNIC）协助国务院信息办管理域名系统。2000

年，CNNIC颁布《中文域名争议解决办法》和《中文域名注册暂行管理办法》，规范中文域名注册行为。2001年，CNNIC颁布了《通用网址争议解决办法》，解决通用网址的权利冲突问题。2004年，信息产业部通过《中国互联网络域名管理办法》。2005年，CNNIC成为事业单位法人。2006年，CNNIC颁布《中国互联网络信息中心域名争议解决办法》。2012年和2014年分别施行新的《中国互联网络信息中心域名注册实施细则》《中国互联网络信息中心域名争议解决办法》。以上规定的发布，为我国建立和完善域名管理制度提供了依据。

三、域名的法律保护

域名的法律保护是指注册域名后，域名的持有人是否享有相应的权利或利益，并如何行使法律上支配力的问题。域名持有者可以在注册域名的同时，将该域名申请获得商标权或者作为企业名称使用，这样一来，域名成为商标权或其他商业标识权的保护客体，权利人基于这些权利享有法律上的利益，自无疑问。[1]但是，在域名之上是否有一项单独的民事权利，却存在不同的看法。

一些学者不认可域名之上存在一项独立的民事权利。[2]他们的主要理由有：（1）域名是纯粹的技术概念，没有权利属性可言。目前发生的域名争议并不是由于域名保护引起的，相反，它是因为域名注册中侵犯商标权、商号权等产生的法律问题。域名的唯一性和全球性等特征，也决定域

---

[1] 例如，美国专利商标局在1998年1月提出将域名注册为商标的评审规则，即域名注册人可以通过商标法保护自己的域名。

[2] 唐广良："域名注册环节存在的问题及国内外的相关规定"，载《电子知识产权》2000年第12期；汤跃："'域名权'缺失与网络空间商标权保护"，载《贵州大学学报（社会科学版）》2001年第4期；杨玲梅："域名与商标权之冲突与协调"，载《中南民族大学学报（人文社会科学版）》2009年第4期；黄伟峰："域名问题法律研究的回顾与反思"，见张平主编：《网络知识产权评论（第6卷）》，法律出版2005年版，第181页。

名不需要法律保护，也无法进行法律保护。（2）域名缺乏显著性，不具有商业标识权利保护的基础。虽然有些域名也有显著性，但是完全可以借助其他权利获得有效保护。（3）域名定位功能逐渐削弱，新的定位标识不断出现。从经济意义上看，在移动互联网时代，域名的经济价值也会降低。（4）在国内外与域名相关的法律法规及文件中均未确立域名权。司法实务界也未将域名视为一种新类型的知识产权。

另一部分学者则认为，域名是民事权利保护的客体。但在域名权的属性上，又有不同的观点。有观点认为，域名因为指向IP地址而具有技术意义，同时也是具有定位标识与身份标识作用的外部代码，所以域名权属于名称权。❶有观点认为，域名与网页结合在一起，属于"对物之诉"，域名权是物权。❷还有观点认为，域名是一种信息财产权，❸或者是网络商标权。❹更多的观点认为，域名是一种新型的知识产权，❺理由在于：（1）域名是一种新型的民事权益。域名客观存在，能够为人类所控制，具有稀缺性，是民事权利的客体。（2）域名不是传统知识产权所涵盖的客体。域名具有标识性，能够起到商业识别功能，同时也具有创造性，体现持有人的创意和智慧。域名注册系统不同于其他知识产权的获取程序，域名的管理和保护也与传统知识产权有很大的差异。（3）域名的市场价值在不断上升，运用反不正当竞争法不能进行有效保护，需要创设积极的权利类型。

---

❶　徐飞："浅析域名的性质及其与商标权的冲突"，见张平主编：《网络法律评论（第2卷）》，法律出版社2002年版，第260页。

❷　齐爱民、刘颖：《网络法研究》，法律出版社2003年版，第143~144页。

❸　高志明、张德淼："域名权与站名权的属性与冲突"，载《西北大学学报（哲学社会科学版）》2011年第4期。

❹　郭卫华：《网络中的法律问题及其对策》，法律出版社2001年版，第57页。

❺　李朝应："域名的知识产权分析"，载《电子知识产权》1998年第8期；程永顺："审理域名注册纠纷案件的若干问题"，载《知识产权》2001年第1期；魏丽丽："域名权与商标权的冲突及预防制度构建"，载《河南社会科学》2009年第2期；郝玉强："谈中文域名与商标冲突及其解决"，载《知识产权》2001年第4期。

笔者认为，在新的经济环境下，域名所具有的商业意义已远远大于其技术意义，而成为企业在新的科学技术条件下参与国际市场竞争的重要手段，它不仅代表了企业在网络上的独特位置，也是企业的产品、服务范围、形象、商誉等内容的综合体现，是企业无形资产的一部分。同时，域名也是一种智力成果，它是有文字含义的商业性标记，与商标、商号类似，体现了相当的创造性。在域名的构思选择过程中，需要一定的创造性劳动，使得代表自己公司的域名简洁并具有吸引力，以便使公众熟知并对其访问，从而达到扩大企业知名度、促进经营发展的目的。可以说，域名不是简单的标识性符号，而是企业商誉的凝结和知名度的表彰，具有相当的市场价值。为域名提供保护是实现注册人合法利益的必然要求。不过也应该看到，现在的域名纠纷主要并不是要不要授予域名权而引发的争议。司法实践中最为急迫的反而是域名抢注中对其他民事权益的侵害问题。相反，运用反不正当竞争法的原理和规则，也可以保护好域名注册者的合法利益。从世界范围来看，各国立法尚未把域名作为专有权加以保护，并未或尚未存在一种独立类型的域名权。

在没有规定域名权的制度框架下，可以运用反不正当竞争法保护域名持有人。第一种情况是，将他人的域名注册为商标的行为。知名网站的域名具有识别性，在没有域名权制度情形下，将他人域名注册为商标不构成对域名权的侵害。这时可以根据反不正当竞争法的一般条款，在商标申请人违背公认商业道德和诚实信用原则的情形下，将他人域名注册为商标的，构成不正当竞争。第二种情况是，将他人的域名注册为近似域名，形成域名的混同。由于没有域名权，所以对于域名持有人并不能以侵权方式主张保护。近似域名注册引起消费者混淆，或者构成恶意抢注行为时，可以被认定为不正当竞争。2001年7月17日公布实施的《最高人民法院关于审理涉及计算机网络域名民事纠纷案件适用法律若干问题的解释》对于在域名抢注中如何判定不正当竞争提供了依据。

在杭州都市快报诉王某侵犯域名纠纷案❶中，域名本身也成为反不正当竞争法保护的对象。本案的原告杭州都市快报社在2001年4月23日注册了19floor．net域名。经过几年的经营和管理，该网站及其论坛在网民中具有较高的知名度及网民的认可度。19floor．net域名的相关权益后转入杭州都快网络传媒有限公司。被告王某开办和实际经营的网站于2005年注册域名为19floor．com，由于两个域名中的字符串均为"19floor"，中文含义均为"19楼"；19floor．com网站采用了与19floor．net网站相同的论坛程序；在论坛栏目的设置上也基本相同，例如第一个栏目都是公告区，都有"拉风E派""时尚沙龙""数码时代"等栏目；在基本色彩上都是绿色。由于域名和论坛设置的相似性，导致网民对两个论坛产生了误认。杭州市中级人民法院一审认定王某构成不正当竞争，判令其注销19floor．com域名并赔偿原告经济损失及制止侵权的合理费用人民币6万元。浙江省高级人民法院二审维持原判。

第二节　域名的注册、变更与注销

一、域名的注册

域名注册是域名管理的重要内容，也是域名受到保护的前提条件。域名注册遵循三个原则：一是先申请原则。两个或两个以上的主体申请相同域名时，授予最先申请者。但是，恶意抢先注册，可能给他人权利造成侵害的，不得注册；已经注册的，可以依法注销。这一项原则是国际上关于域名注册的普遍原则。判断域名注册申请先后，以有关注册单位第一次收到域名注册申请之日为准。二是非实质性审查原则。域名注册机构不对域名进行实质性的审查，不审查域名是否与其他权利相冲突，是否侵害了第

---

❶　杭州市中级人民法院〔2007〕杭民三初字第193号；浙江省高级人民法院〔2008〕浙民三终字第286号。

三者权益。三是责任自担原则。任何由域名注册实体问题引发的冲突，由申请人自己负责并承担法律责任。域名注册机构不承担责任。域名的注册应该遵循以下的程序。

（一）申请

在我国接受".CN"".中国"".公司"".网络"域名申请的组织是域名注册服务机构和中国互联网络信息服务中心（CNNIC）。其他级别域名受理机构则根据逐级授权的方式确定相应的管理单位。各级域名管理单位负责其下级域名的注册。

除另有规定外，任何自然人或者能独立承担民事责任的组织均可在《中国互联网络信息中心域名注册实施细则》规定的顶级域名下申请注册域名。瑞典AB网络信息中心只为公司而不为自然人注册域名。公司必须在瑞典。任何一个公司只能注册一个域名，并且该域名必须反映该公司的商号。商标不能注册为域名，除非它是申请人注册商号的一部分。❶

申请注册域名时，应向域名注册服务机构提交如下书面材料：申请者的身份证明材料；域名注册者联系人的身份证明材料；中国互联网络信息中心要求提交的其他材料。申请注册域名时，申请者应当书面形式或电子形式向域名注册服务机构提交如下信息：申请注册的域名；域名主域名服务器和辅域名服务器的主机名以及IP地址；申请者为自然人的，应提交姓名、通信地址、联系电话、电子邮箱等；申请者为组织的，应提交其单位名称、组织机构代码、通信地址、电子邮箱、电话号码等；申请者的管理联系人、域名技术联系人、缴费联系人、承办人的姓名、通信地址、电子邮件、电话号码；域名注册年限。

（二）审批

域名注册服务机构应加强域名注册审查，确保通过本机构注册的域名

---

❶　[德]马特斯尔斯·W.斯达切尔主编：《网络广告：互联网上的不正当竞争和商标》，孙秋宁译，中国政法大学出版社2004年版，第19页。

不违反《域名管理办法》的规定；中国互联网络信息中心对已注册的域名进行复审。中国互联网络信息中心对已注册域名的注册信息进行复核，对违反《域名管理办法》第二十七条规定及注册信息不真实、不准确、不完整的域名，通知域名注册服务机构予以注销。

二、域名的变更、转让和注销

注册域名可以变更。域名持有者之外的注册信息发生变更的，域名持有者应当按照申请注册域名时所选择的变更确认方式，在注册信息变更后的30日内向域名注册服务机构申请变更注册信息。域名注册服务机构应当在接到域名持有者变更的注册信息3个工作日内，将变更后的注册信息提交给中国互联网络信息中心。

我国以前禁止域名转让，[1]2006年新修订的《中国互联网络信息中心域名争议解决办法》对此进行修改，承认域名可以依法转让。只要域名出卖不构成"恶意"，域名可以买卖。域名转让后，域名的持有人会发生相应的变更。

注册域名可以注销。申请注销域名的，申请者应当向域名注册服务机构提交合法有效的域名注销申请表和身份证明材料。域名注册服务机构收到前款资料后3个工作日内进行审核，审核合格后应予以注销。根据司法解释的规定，人民法院可以判令由原告注册使用域名，也可责令被告注销域名。

第三节　域名纠纷及其解决

一、域名纠纷及其解决途径

域名纠纷是指在域名注册、管理和保护中发生的各种争议，主要包括

---

[1]　2002年9月30日公布实施的《中国互联网信息中心域名争议解决办法》第9条规定。

四种情形：（1）针对域名注册条件发生的争议。例如，申请在".GOV.CN"下注册三级域名时应该满足相应的条件，因为对这些条件的理解发生争议的，当属域名争议。（2）针对域名注册、管理和保护程序发生的争议。这是指在域名注册、变更、注销或管理、保护等过程中，因违反程序规定，或者对域名注册、管理和保护程序存在不同理解而发生的争议。（3）域名抢注而引发的争议。这是最为常见的域名争议，发生于域名注册、使用过程中，因为申请人、注册人与其他的商标权人、商号持有人以及其他标志持有人发生冲突而引发的争议。（4）其他域名争议。包括域名注册服务中发生的争议等情形。

域名纠纷的处理途径有三种：一是通过域名注册机构解决。例如，在域名注册过程中发生域名争议时，在先权利人可以向域名注册机构提出域名注册异议。按照规定，异议一旦成立，域名服务就会自动停止。二是通过司法机关解决。如果发生域名纠纷，两造双方可以依据我国商标法或反不正当竞争法到有管辖权的人民法院提起诉讼。2001年7月17日公布实施的《最高人民法院关于审理涉及计算机网络域名民事纠纷案件适用法律若干问题的解释》对域名纠纷的案由、受理条件和管辖，域名注册、使用等行为构成侵权的要件，对行为人恶意以及行为人应承担的民事责任等作出规定，标志着我国域名争议司法调整机制的建立。三是通过互联网信息中心认可的争议解决机构受理解决。例如，中国国际经济贸易仲裁委员会域名争议解决中心和香港国际仲裁中心共同设立了亚洲域名纠纷解决中心，在解决域名争议中发挥了重要的作用。

实践中，原告会请求法院撤销域名争议解决中心作出的域名争议裁决书，对此应如何处理？首先，域名争议解决机构的裁决为民间解决机制，裁决的依据为中国互联网络信息中心制定的《域名争议解决办法》和《程序规则》，并非仲裁法及相关程序规则或行政规章，既不具有仲裁的法律效力，亦非具体行政行为，不能提起行政诉讼；其次，根据《域名争议解决办法》第15~16条，该争议解决程序并不排斥诉讼程序，并且服从司法裁判，在司法程序中，人民法院将对争议域名的归属进行判决，并且服从司法裁判。因此，人民法院对争议域名的归属进行判决，并不需要在司法程序中对裁决书予以维持或者撤销。最后，域名纠纷关系多系当事人提起的民事侵权纠纷，人民法院需要解决的是原、被告之间平等民事主体之间的关系，而非裁决的合法性问题。因此在此类案件中，人民法院不应就仲裁机构作出裁决书的合法性进行审理，而应就域名注册人注册该域名是否具有正当理由进行审查，并对域名的归属作出判决，对于原告请求判决撤销仲裁机构的裁决书的诉讼请求，应当予以驳回。❶

二、域名抢注的界定

域名争议的最重要情形就是域名抢注。有些动机不纯的人专营抢注域名，被称为"劫持"或"囤积"。在我国，"域名抢注"一词第一次出现大约在1995年年底。长虹、全聚德、荣宝斋、健力宝、五粮液、红塔山等驰名商标都遭遇了域名抢注。一些公司注册世界著名品牌或商标为域名，空置而未在互联网上实际使用，引发域名诉讼。

域名抢注是将他人的商标或其他标志注册为域名的行为，进而发生注册申请人与其他权利人利益冲突的情形。域名抢注主要包括以下行为类型：（1）将他人的驰名商标注册为域名。无论是已经注册的驰名商标还是未注册驰名商标注册为域名，都属于域名抢注。（2）将他人普通商标注册为域名。由于只有已经注册的普通商标才可以受到商标权保护，所以在一般情形下，未注册商标被申请为域名并不构成一种域名抢注。（3）将他人知名商品的特有名称、商号和地理标志等注册为域名。（4）将他人的域名注册为近似域名。

域名抢注是多种原因共同造成的一种社会现象。首先，商标、域名、商号等商业标志的法律特征，为域名抢注留下了相应的制度空间。根据法律规定，同一商标可以在不同的商品或服务类别上使用，同一商标可以在

---

❶　北京市第一中级人民法院知识产权庭编著：《知识产权审判分类案件综述》，知识产权出版社2008年版，第198页。

不同国家由不同主体享有权利，同一商号可以在同一国家的不同地域范围内"和平共处"。但是，与之不同的是，域名却具有全球范围的唯一性和排他性。这样一来，必然会出现具有相同商标、商号等商业标识的不同企业，争夺同一域名的现象。其次，域名的商业价值是引发域名抢注的直接动因。域名逐渐超出了技术上的功能定位作用，在吸引消费者眼球、开拓电子商务市场价值等方面的能力不断增强，可以带来可观的商业利益和竞争优势，这引发了对知名域名的争夺。最后，商标、域名、商号等商业标志管理和保护中存在的问题和缺陷，加剧了域名抢注。例如，域名注册机构与商标、商号等注册登记机构之间缺乏有效的沟通和协调机制，域名注册机构只进行形式审查，没有能力也没有权限采取措施遏制恶意的域名抢注。

域名抢注包括恶意抢注和善意注册两种情形。恶意抢注是指行为人在域名登记注册时，明知属系他人享有权利的商标或者其他标志，却故意将他人的注册商标或受保护标志涵盖的文字注册为自己的域名，以期获得非法利益。恶意抢注的行为，具有不正当性和相当的危害性。该类行为攀附他人商标、商号等商业标识中已经取得的商业信誉，违反诚信原则和商业道德。同时，也会淡化他人商业标志的显著性特征，损害他人合法利益。并且也会造成相关市场主体对网络服务来源的混淆，扰乱市场秩序。1999年11月通过的《美国反抢注域名消费者保护法》（*Anticyberquatting Consumer Protection Act*，ACPA)是世界上较早对恶意抢注域名进行规定的法律规范。善意的域名注册，是与恶意抢注相对应，行为者既非故意，更非恶意，只是出于偶然因素，使在先注册的域名与其他人的商标、商标的符号或其缩写等相同或相似。可见，并非所有的域名抢注行为都是违法行为。一般来说，恶意抢注域名的行为，往往构成不正当竞争。在满足法律规定条件时，抢注域名的行为可能构成对商标权的侵害。

三、域名抢注的反不正当竞争法规制

域名抢注行为在满足一定条件后，可以构成不正当竞争行为，进而受

到法律的调整。实践中，我国法院根据反不正当竞争法中的一般条款认定恶意抢注域名行为构成不正当竞争。上海晨铉科贸有限公司将美国宝洁公司"在市场上享有较高声誉并为相关公众所熟知"的safeguard商标注册为自己的域名，就被认定为不正当竞争。《最高人民法院关于审理涉及计算机网络域名民事纠纷案件适用法律若干问题的解释》具体规定了认定行为人注册、使用域名行为构成不正当竞争的四项条件。

（一）原告请求保护的民事权益合法有效

目前，原告主张的合法权利多集中于注册商标专有权、企业名称权，这时原告可以提供商标注册证、企业营业执照副本等证据证明其享有合法权利。少数案件中，原告主张知名商品特有名称，由于这并非一项法定权利，亦无行政审批或者授权程序对其权利予以确认，因此原告不仅需要提供证据证明该名称的特殊性，而且要证明使用该特有名称的商品具有一定的知名度。❶

（二）被告域名同原告要求保护的权利客体之间具有相似性

这种相似性应从客观意义上来理解和把握。需认定被告域名与原告的商标、商号或域名等客观上具有相似性，并且足以引起混淆。根据国际公约及各国通行做法，驰名商标和其他注册商标等在相似性判断条件上有所区别。如"被告域名或其主要部分构成对原告驰名商标的复制、模仿、翻译或音译"，即符合相似性要件，毋需具备"足以造成相关公众误认"这一要件。而如被告域名"与原告的注册商标、域名等相同或近似"，则还需要具备"足以造成相关公众误认"的要件。

（三）被告无注册、使用的正当理由

当原被告均对争议域名的主要部分享有合法权益时，应该如何处理？

---

❶ 北京市第一中级人民法院知识产权庭编著：《知识产权审判分类案件综述》，知识产权出版社2008年版，第199页。

部分法官认为保护在先权利原则是审理知识产权权利冲突案件的一个主要原则，在域名纠纷案件中亦应适用。但根据《中国互联网络域名管理办法》，我国域名注册采用"先申请先注册"原则，也就是说，一般情况下，先申请先注册者是当然的域名所有人，享有域名的相关权益。如果该域名注册者对争议域名的显著部分享有合法权益，则其注册行为具有正当性，不应当因他人在先享有权利而受到限制。❶

（四）被告具有恶意

由于对恶意的认定，是审理域名抢注纠纷案件的关键，因此该司法解释列举了四种最为常见的恶意情形。

1. 为商业目的将原告驰名商标注册为自己的域名。驰名商标一般为相关公众所知晓，使其所代表的商品或服务明显区别于其他商品或服务。但行为人为商业目的，将他人驰名商标注册为域名，搭乘驰名商标便车的主观故意明显，是一种违反诚实信用原则的行为。该规定体现了对驰名商标给予特殊保护的精神。然而，在随后出现的系列案件中，有部分当事人请求以该种情形认定恶意，以达到利用诉讼认定驰名商标的商业目的。针对这种现象，为避免驰名商标制度被滥用，北京市第一中级人民法院在审理涉及驰名商标认定的域名案件中，严格遵循最高人民法院提出的"按需认定"原则。在能够通过其他情形认定恶意的情况下，不适用该规定，不予认定驰名商标。❷

2. 为商业目的注册、使用与原告的注册商标、域名等相同或近似的域名，故意造成与原告提供的产品、服务或者原告网站相混淆，误导网络用户访问其网站或其他在线站点。被告的上述行为也明确的体现了被告违反诚实信用、公平竞争市场经济规则的主观状态，这也是对驰名商标以外的其他注册商标、域名等民事权益以及民事主体在市场中正当经营行为

---

❶ 北京市第一中级人民法院知识产权庭编著：《知识产权审判分类案件综述》，知识产权出版社2008年版，第201页。

❷ 同上书，第201~202页。

的一种保护。例如，在涉及"保时捷.中国"和"保时捷.cn"域名的案件中，法院在进行恶意判断时认为：保时捷并非固有词汇，域名注册人对"保时捷"亦不享有合法民事权益。作为主要从事汽车及其零配件贸易的企业，域名注册人在他人已经将"保时捷"在汽车等商品上注册为商标，且该商标具备一定知名度的情况下，没有尽到应有的避让义务，故意以"保时捷"为主要部分注册了争议域名，并用于其公司网站，其行为足以误导网络用户访问其网站，具有恶意。❶

3．要约以高价出售、出租或者以其他方式转让该域名获取不正当利益。善意与恶意的一个重要区别点，是行为人行为的目的是否为获取不正当的利益。有的行为人，以正常注册费将与他人权利相关大量域名予以注册。然后向权利人要约高价出售这些域名，来牟取非法收益。此种明显违反民法诚实信用原则的行为，显然不为国家法律所支持。有此种行为的，可以认定为被告主观上具有恶意。至于何谓高价，应当由人民法院在原告举证、陈述理由和被告答辩的基础上根据具体案情确定。在涉及"guomei.com"域名纠纷案中，域名注册人曾在网站上申明可以转让、出租该域名，转让价格为2万元，并且实际将该域名进行了转让。法院据此认定其注册域名的行为存在恶意。❷但是，这一规定仍存在以下问题：其一，虽然我国法律并没有赋予域名注册人就其域名享有法定权利，但是基于域名的可识别性，能够给注册人带来经济利益，因而可以将域名作为一项合法权益进行保护。由此带来的一个问题是如何保障域名注册人对域名的处分权。其二，由域名注册人的事后行为推定其事发时的主观状态是否适当。其三，如何界定"高价"出售、出租，法官在具体案情中不好客观把握。❸由此看见，对于要约高价出售域名比较适宜于作为判定主观恶意的一个要素，而不能仅仅据此作为判定不正当竞争行为的唯一要件，事实

---

❶ 北京市第一中级人民法院〔2007〕一中民初字第3900号民事判决书。

❷ 北京市第一中级人民法院〔2004〕一中民初字第11986号民事判决书。

❸ 北京市第一中级人民法院知识产权庭编著：《知识产权审判分类案件综述》，知识产权出版社2008年版，第202页。

上，所有的不正当竞争行为必须以违背诚实信用原则或公认的商业道德作为依归。

4. 域名注册后自己不联机使用，也未准备作联机地址使用，而囤积域名是有意阻止相关权利人注册该域名。如果域名注册人注册争议域名后长期不予使用，在此种情况下，其客观后果必然会导致原告注册该域名受到阻碍。❶网络域名具有唯一性的特征，也属于一种"稀缺的资源"。如果注册域名不用，也无迹象准备使用，又阻止与该域名有某种联系的权利人合法注册使用，则从另外一个角度体现了行为人的主观恶意。当然并不是所有不使用行为都具有恶意，例如域名持有人为了防止他人注册与自己相近似域名造成混淆而注册域名的，就不能认定为恶意。当争议域名仅用于指向本身已有域名的网站时是否应视为是对争议域名的使用。也就是仅起到链接作用。在多数案件中，法院未将此种情形下的使用认定为域名性质的使用。但是，也有截然相反的观点，认为这种解析域名行为属于使用域名行为。❷

由于善意的域名抢注不构成不正当竞争，所以域名注册人可以使用善意域名注册或者巧合雷同作为抗辩事由。所以，如果被告举证证明在纠纷发生前其所持有的域名已经获得一定的知名度，且能与原告的注册商标、域名等相区别，或者具有其他情形足以证明其不具有恶意的，人民法院可以不认定被告具有恶意。

总之，在我国司法实践中，绝大多数恶意抢注域名的行为被法院根据反不正当竞争法认定为不正当竞争，最高人民法院的司法解释也规定应将符合前述四项条件的注册、使用域名行为认定为侵权或不正当竞争，法院可以适用《民法通则》第4条、《反不正当竞争法》第2条第1款认定该行为构成不正当竞争。从注册、使用域名行为的性质来看，这种行为一方面

---

❶　北京市第一中级人民法院知识产权庭编著：《知识产权审判分类案件综述》，知识产权出版社2008年版，第204页。

❷　同上书，第203页。

旨在攀附他人商标、商号等合法民事权益在市场上已经获得的商誉，搭他人的便车，另一方面也会淡化他人商标、商号等商业标志的显著性区别特征，因此将这种行为作为不正当竞争行为加以认定，是完全正确的。我国司法机关根据反不正当竞争法中的一般条款认定注册、使用域名为不正当竞争行为，也为我国反不正当竞争法今后增列这种典型的不正当竞争行为进行了有益的司法准备。当然，在人民法院作出不正当竞争认定后，可以判令被告停止侵权、注销域名，或者依原告的请求判令由原告注册使用该域名；被告的行为给权利人造成实际损害的，可以判令被告赔偿损失。

四、域名抢注与侵犯商标权

根据我国现行商标法的规定，注册商标的专用权以核准注册的商标标识和核定使用的商品为限。根据商标法的上述原理以及相应的法律规定，将与他人注册商标相同或者相近似的文字注册为域名，并且通过该域名进行相关商品交易的电子商务，容易使相关公众产生误认的行为，属于侵害商标权的行为。可见，使用域名的行为侵犯他人注册商标专用权至少应该满足域名与他人的注册商标相同或者相近似、通过该域名提供的商品或者服务的类别与他人注册商标核定使用的商品或者服务相同或类似的条件。

如果将该域名投入商业使用并可能造成相关公众混淆误认的，属于侵犯他人商标权。但如果仅仅注册域名却未投入实际使用，还未使该域名与任何商品或者服务建立指示来源关系，就不会造成将域名作为网站提供商品或服务的来源标记而与商标权产生冲突的可能。只有对域名进行了商业标识性的使用，才有可能构成侵犯商标权的行为。

域名即使投入使用，如果使用域名的行为不属于商业标识性的使用或者使用域名的网站所提供的商品或服务与他人注册商标核定使用的商品或服务不属于同一种或类似商品或服务，则该使用域名的行为不侵犯他人注册商标专用权。由于注册域名后进行使用的行为尚且未必会侵犯他人的注册商标专用权，仅注册域名的行为更难以认定为侵犯他人的注册商标专用权。

根据对商标权限制的基本原理，域名抢注也会因是对商标的合理使用或其他合理原因而不构成侵权。主要有两种情形：（1）巧合雷同。域名注册人的域名与其他商标权人的商标发生巧合雷同，域名注册人正常使用该域名，并不一转让或其他手段牟利，或者该域名的持有人在不同类别的商品或服务上，也拥有相同或近似的商标，或者拥有其他合法利益。（2）非商业性的使用。域名注册人以非营利为目的，注册使用与他人注册商标相同的商标。如美国一家玩具商对一小男孩提起诉讼，原因是小男孩以其绰号"Pokey"注册"Pokey.org"域名，而Pokey是玩具商在其系列玩具商的商标。美国法院审理认为，被告以其绰号Pokey为域名进行注册，在网站上介绍他自己、他的小狗和他最喜欢的电子游戏，不会令消费者产生误解；并且被告显然无心也无意侵犯玩具商的商标权；所以不构成对原告注册商标权，被告不承担任何责任。[1]（3）域名注册在先。除驰名商标外，如果域名较之商标注册在先，则应该根据保护在先利益的原则，保护域名持有者的利益。

在福兰德诉弥天嘉业侵犯"PDA"注册商标专用权、不正当竞争纠纷案[2]中，原告石家庄市福兰德事业发展公司为"PDA"产品商标的注册人，该商标核定使用商品为第9类（电子计算机及其外部设备、中英文电脑记事本等），注册有效期为1997年3月至2007年3月。北京弥天嘉业技贸有限公司于1998年10月12日在中国互联网络信息中心（CNNIC）申请了"pda.com.cn"的域名，并获域名注册证。福兰德公司以弥天嘉业公司侵犯商标专用权为由于1999年4月向法院提起诉讼，并在一审诉讼过程中又增加了被告构成不正当竞争的诉讼请求。法院认为，虽然被告使用"pda"域名的网站的网页上有"PDA"的标志，但该网站所介绍和销售的产品均非被告自己的产品，也就是说被告是将"PDA"作为服务标志使

[1] 鲍永正：《电子商务知识产权法律制度研究》，知识产权出版社2000年版，第184~185页。
[2] 北京市第一中级人民法院民事判决书〔1999〕一中知初字第48号。

用的，而原告的商标属于产品商标，在原告不能证明自己的商标属于驰名商标的情况下，被告的行为不构成侵犯商标权。

至于被告将"PDA"标志注册域名的行为是否构成不正当竞争，应根据被告的行为是否利用了原告为"PDA"商标所创造的声誉，是否违反了《中华人民共和国反不正当竞争法》所规定的公平及诚实信用原则来判断。原告没有就"PDA"商标的使用情况举证，也没有对该商标的影响范围和知名范围提供证据。虽然原告主张"PDA"商标是自己"小秘书"（Personal Data Assistant，PDA）商标的英译缩写，自己为"小秘书"商标投入了大量的广告宣传，但因"PDA"商标与"小秘书"商标差别较大，对于熟悉"小秘书"商标的公众来说，二者间在认识上不会产生必然的联系。因此，"PDA"商标不属于有一定影响力和知名度的商标。同时，在电脑行业中，"PDA"为轻巧的掌上型计算机的代称，该标志不特指原告单位及产品。在这种情况下，公众见到被告的域名，一般不会误认为使用该域名的网站与原告存在特定关系。因此被告注册该域名的行为，没有使公众产生混淆，不存在以此利用原告商标声誉牟取利益，故原告主张被告的行为构成不正当竞争亦不能成立。据此，法院驳回原告的诉讼请求。

第十二章　集成电路布图设计权

集成电路产业是现代信息产业发展和信息强国建设的基础。所谓强国则要"强芯"。芯片技术作为信息时代的核心技术，良好的知识产权保护是促进集成电路产业发展的重要手段。在知识产权领域，集成电路布图设计权是一种新类型权利。它赋予设计人对自己创作完成的半导体集成电路布图设计享有复制权和商业利用权。代表性立法例对集成电路布图设计权的取得方式规定不完全相同，大多数国家采取登记取得的原则。在我国，要取得集成电路布图设计权需向国家知识产权局申请，经审查批准后取得。1989年于美国华盛顿缔结的世界知识产权组织《关于集成电路布图设计的知识产权条约》以及1994年通过的世界贸易组织《与贸易有关的知识产权协定》均规定了对集成电路布图设计的保护，在国际范围形成对集成电路布图设计的法律保护架构。我国于2001年3月颁布《集成电路布图设计保护条例》，实现与国际条约立法保护的国际接轨。随着集成电路技术的发展，布图设计保护模式面临着调整和发展的需要，相应地，布图设计保护的法律规则和有关内容也存在进一步完善的空间。

第一节　集成电路布图设计权概述

一、集成电路布图设计的概念和特征

集成电路（Integrated Circuits）英文简称IC，也有人习惯将之称为芯片，即以半导体材料为基片，将至少有一个是有源元件的两个以上元件和

部分或者全部互连线路集成在基片之中或者基片之上，以执行某种电子功能的中间产品或者最终产品。这种电路高度集成地组合和联结若干电子元件，缩小电路的尺寸，加速电路的工作速度，降低电路成本和功耗，体积小，速度快，能耗低，被广泛应用于各种电子产品之中。

集成电路是微电子技术的核心，是现代电子信息技术的基础。微电子技术是微小型电子元器件和电路的研制、生产以及形成具有特定功能的电子系统的技术领域。微电子技术与传统电子技术的差别在于，微电子技术不仅使电子设备和系统微型化，更重要的是它引起了电子设备和系统的设计、工艺、封装等的巨大变革：所有的传统元器件，如晶体管、电阻、电容、连线等，都将以整体的形式相互连接，设计的出发点不再是单个元器件，而是整个系统或设备。[1]微电子领域中最活跃的就是集成电路技术。基比尔于1958年发明集成电路。2000年基比尔因为这一发明获得诺贝尔物理学奖。这二者之间相隔42年，因此可以说这是一份迟到的诺贝尔奖。[2]但毋庸置疑，集成电路的发明导致了电子技术的一次新的革命，标志着进入了微电子技术的新阶段，它为其他发明铺平了道路。自集成电路发明以来，微电子技术几乎成为所有现代技术的基础，带动了从台式计算机主机到通信设备的全系列技术的发展。

集成电路作为一种综合性技术成果，它包括布图设计和工艺技术。其中，集成电路布图设计，简称布图设计（Layout Design），是指集成电路中多个元件，其中至少有一个是有源元件和其部分或全部集成电路互连的三维配置，或者是为集成电路的制造而准备的这样的三维配置。通俗地说，布图设计就是确定用以制造集成电路的电子元件在一个传导材料中的几何图形排列和连接的布局设计。从各国立法规定上看，法律上对集成电路布图设计的称谓并不相同，不过并无实质区别。美国称之为掩膜作品（Mask Work），日本称为线路布局（Circuit Layout），欧

---

[1]　范钦珊主编：《高新技术浅说》，高等教育出版社2002年版，第78页。

[2]　同上书，第79页。

盟国家因为欧共体指令而称为拓扑图（Topography），中国、瑞典、韩国、俄罗斯等国则称之为布图设计（Layout Design），我国台湾地区则称为电路布局，《华盛顿条约》、TRIPs协定及我国香港地区则将布图设计与拓扑图视为同义词，统称为布图设计（拓扑图），英文为layout-design（Topography）。❶

集成电路的应用极为广泛，计算机、通信设备、家用电器等几乎所有的电子产品都离不开集成电路。芯片的发明将我们带入现代计算机时代。芯片又在为因特网、为新一代的高速数字通信，为卫星传输以及移动通信设备的发展提供新的动力。集成电路的发明对世界经济的巨大影响，不是诺贝尔奖所能反映的。集成电路发明以后，电子系统与设备的成本降低的幅度，远远超出人们的预料。1958年一只普通的单晶晶体管售价约10美元。现在用10美元可以买集成2000多万只晶体管的芯片。❷由于工艺水平的提高，目前集成电路产品的集成度越来越高，其体积和外形越来越小。

集成电路产品的制造相当复杂，需要一系列配套工艺、技术、设备和人力作为支撑。在微小的面积上制出晶体管、电阻、电容而且按照要求连成电路已属不易，而在一定面积的硅片上制造出性能一致的芯片更加困难。集成电路的产生，大多是从硅片制备开始的，硅片的制备需要专门的设备和严格的生产条件。集成电路的制作过程很复杂，为了保证工艺质量需要使用大量昂贵的设备。而且，对生产厂房的温度、湿度、空气的清洁度都有很高的要求，集成电路的生产一般都要在超净车间进行，这种厂房的基本建设投资也大大高于一般生产厂房。❸布图设计是制造集成电路产品中非常重要的一个环节，它的开发费用一般要占集成电路产品总投资的一半以上，对于设计者来说，将几十万甚至上亿个元件布置在一小片半导

---

❶ 郑胜利："集成电路布图设计保护法比较研究"，载《中外法学》2002年第2期。

❷ 范钦珊主编：《高新技术浅说》，高等教育出版社2002年版，第80页。

❸ 宋健主编：《现代科学技术基础知识（干部读本）》，科学出版社、中共中央党校出版社1994年版，第150页。

体硅晶片上，要花费不少心血。不法厂商抄袭他人的布图设计，就能仿造出相同的集成电路产品，而其成本却比原开发者少得多。运用知识产权法律手段保护集成电路和布图设计人的智力成果，不仅可行，而且必要。

二、集成电路布图设计权的概念和特征

在知识产权领域，集成电路布图设计权是一种新类型权利。它赋予设计人对自己创作完成的半导体集成电路布图设计享有复制权和商业利用权。在知识产权"权利束"中，集成电路布图设计权具有以下独有的特征。

1. 集成电路布图设计权的主体是布图设计权利人，即依法对布图设计享有专有权的自然人、法人或者其他组织。例如，按照我国法律规定，中国自然人、法人或者其他组织创作的布图设计，以及外国人创作的布图设计首先在中国境内投入商业利用的，创作者依法享有布图设计专有权。外国人创作的布图设计，其创作者所属国同中国签订有关布图设计保护协议或者与中国共同参加有关布图设计保护国际条约的，也可享有布图设计专有权。由法人或者其他组织主持，依据法人或者其他组织的意志而创作，并由法人或者其他组织承担责任的布图设计，该法人或者其他组织是创作者。由自然人创作的布图设计，该自然人是创作者。两个以上自然人、法人或者其他组织合作创作的布图设计，其专有权的归属由合作者约定；未作约定或者约定不明的，其专有权由合作者共同享有。受委托创作的布图设计，其专有权的归属由委托人和受托人双方约定；未作约定或者约定不明的，其专有权由受托人享有。

2. 集成电路布图设计权的客体是布图设计。作为一种智力成果形态，集成电路布图设计不同于专利权的客体和著作权的客体：（1）集成电路布图设计不同于著作权法保护的作品。集成电路布图设计虽然是一种三维配置的图形设计，由电子元件及其连线所组成的图形表达；但是它不以其艺术性作为法律保护的条件，而是执行着某种电子功能，因此不是著作权法意义上的图形作品或者模型作品。（2）集成电路布图设计与专利

法保护的技术方案也有很大的差异。集成电路中具有电子功能的每一元件的实际位置决定布图设计的功能，其主要目的在于提高集成度、节约材料、降低能耗；并且对集成电路产品而言，取得专利的条件过于严格，只有极少数的集成电路产品能获得专利，而绝大部分集成电路产品缺乏作为专利保护的技术方案所必需的创造性和新颖性。因此，它与专利法上的发明、实用新型和工业品外观设计也不同。

3. 集成电路布图设计权的内容包括复制权和商业化利用权。这两项内容在原有的知识产权种类中，分别属于著作权和专利权中的权能。依照TRIPs协定，复制是指重复制作布图设计或者含有该布图设计的集成电路的行为，商业利用是指为商业目的进口、销售或者以其他方式提供受保护的布图设计、含有该布图设计的集成电路或者含有该集成电路的物品的行为。此外，布图设计权人可以自己对布图设计进行复制或者商业利用，或者将布图设计权进行转让；或者许可他人对布图设计进行复制或者商业利用。

三、集成电路布图设计权的保护依据

集成电路布图设计权的产生，源自于对集成电路布图设计的专门法保护。美国开专门立法之先河，此后，日本、瑞典、英国、德国等国家也相继制定了自己的布图设计法，集成电路布图设计权由此也在世界范围内作为一种新型知识产权得以确立。

（一）代表性立法例

1. 《美国半导体芯片保护法》（SCPA）。该法颁行于1984年，共14条。它虽然作为《美国法典》第17编（版权法）的最后一章，即第9章，但它实际上是一个独立的体系，既不属于版权法体系，也不属于专利法体系。该法主要内容包括布图设计权的保护对象、权利内容、权利限制、保护期限以及侵权救济等。（1）确认法律保护对象为固着在半导体芯片上的掩膜作品。该掩膜作品须具有独创性且不延及任何思想、程序、过程、系

统、操作方法、概念、原则或发现。（2）对外国人的保护采取互惠原则。（3）规范权利人享有的专属权，包括复制权和商业化利用权。（4）规定反向工程、非自愿许可、权利耗尽、善意侵权等权利限制规则。（5）采非强制注册主义，规定掩膜作品的保护期限为10年，从注册之日或首次商业利用日计算（依较早日期为起算点），但同时又规定，掩膜作品在世界上任何一地第一次进行商业性利用之后，若在两年内未完成注册手续将不得再申请保护。（6）规定侵权救济方式和法律责任。

2．《日本关于半导体集成电路布局的法律》（简称《电路布局法》）。该法颁行于1985年5月，并于次年1月1日正式实施。该法的制定一方面是考虑到集成电路知识产权的保护，另一方面则是受到美国SCPA的影响，尤其是SCPA902条的互惠条款和914条的国际过渡条款的规定可以说是促成日本制定《电路布局法》的重要原因。❶总体上看，日本立法与美国法就实质内容而言并无太大差别。只不过日本法根据本国情况和立法技术，对于美国法的若干具体规则进行了调整，主要表现在以下方面：（1）采严格登记主义原则，未经登记的电路布局一律不受保护，其保护期限为登记之日起10年。（2）规定电路布局登记的主管机关是主管专利事务的通产省，而不同于由版权管理机关登记的美国。（3）规定了除复制权、商业利用权之外的专用权、普通使用权和抵押权。（4）没有规定外国人的互惠原则，这样，按照民法原理，对外国人的保护将是采取国民待遇原则。（5）规定间接侵权行为，亦即为商业目的生产、转让、出租或意图出租、出租而展示或输入专为模仿已登记的电路布局所使用的物品视为侵害电路布局利用权或排他使用权的行为。（6）规范了侵害布图设计权的法律责任。

3．欧共体《半导体产品布图设计法律保护的理事会指令》。该指令于1986年12月16日通过，它规定了成员国制定各自布图设计法的基本原

---

❶　刘应宽：《由国际立法趋势探讨中国大陆积体电路智慧财产权之保护》，（台北）中山大学大陆研究所2004年1月研究报告。

则和基本内容。时至今日，虽然欧共体已经升格为欧盟，但该指令的影响依然没有发生改变，它仍在发挥作用。较之于美国SCPA，欧盟指令具有以下特点：（1）只是规定了欧共体各国制定布图设计法的基本原则和标准，并没有强行规定各国以何种法律形式保护拓扑图。（2）没有强行规定登记要件，只是规定成员国可以选择在登记时、商业利用时或者首次固定或编码时产生权利。在该指令的推动下，欧盟各国几乎都选择了专门立法保护模式，瑞典、英国、德国、荷兰、法国、丹麦、西班牙、奥地利等国纷纷立法保护半导体芯片拓扑图。

4. 中国台湾地区"积体电路布局保护法"。其于1995年8月11日通过，次年2月11日实行，其制定晚于美国、日本和欧盟，其制定的动因也是基于自身产业发展需要和顺应国际潮流。在内容上与美国法也非常接近，只是采取了严格登记主义，并且规定了详尽的强制许可规范。

（二）国际保护

当各国开始制定本国的布图设计保护法时，国际社会也着手有关布图设计国际条约的拟定工作，用以协调各国间的相关立法活动。当前国际上最主要的保护集成电路布图设计的国际公约，就是《华盛顿公约》和TRIPs协定。

1. 《关于集成电路布图设计的知识产权条约》（IPIC，也称为《华盛顿条约》）。1989年5月8日~26日，世界知识产权组织在美国华盛顿召开专门会议，并最终通过《关于集成电路布图设计的知识产权条约》。该条约共计20条，其中第2~8条为实质性规定，对布图设计的客体条件、保护的法律形式、缔约方之间的国民待遇、专有权保护范围、获权程序以及保护期限等作了具体规定。第9~20条是条约的组织、修改、加入、生效等程序性条款。IPIC主要参照SCPA的规定，但也存有一些区别。这些区别体现为以下方面：（1）并未对缔约方以何种法律方式保护布图设计提出规定，认为每一缔约方有权决定是以有关布图设计的特别法，还是以其版权法、专利法、实用新型法、工业产权法、不正当竞争法或者其他法律或这些法律的组合来实施其义务。（2）规定外国人保护的国民待遇原则。

（3）对于非自愿许可规定的条件相对宽松一些，认为只要对于维护国家重大利益必要或者为保障自由竞争、防止权利滥用，均可以实施非自愿许可。（4）规定保护期至少8年。（5）权利保护的范围仅限于布图设计和含有该设计的集成电路，而并不延及包含该集成电路的物品。由此可见，《华盛顿条约》并不完全符合美国等发达国际的利益，而发展中国家因为技术发展制约对于形成新的条约规范兴趣也不是很高，因此到目前为止该条约还没有生效。

2．《与贸易有关的知识产权协定》。1994年的TRIPs协定专门规定了集成电路布图设计的保护，并要求各成员国确认按照有关规定对布图设计给予保护，至此，对集成电路布图提供保护，已经成为世界贸易组织所有成员的义务。较之于IPIC，该协定具有以下特征：（1）为非自愿许可设定了更为严格的要件。（2）将布图设计的保护范围扩大到含有非法复制的布图设计的集成电路产品上。（3）在保护期限上，以是否注册为标准做出划分：若以注册为保护要件时，其权利保护期限从注册之日或是在世界上任何地方首次投入商业利用之日起，最少10年；若不是以注册为要件，保护期限自在世界上任何地方首次投入商业利用之日起最少10年。与以往立法不同的是，该协定专门规定保护期限不得超过15年。（4）在程序性条款中，协定特别提到要遵守华盛顿公约第12条和第16条第3款，也就是对于集成电路的保护，不影响《伯尔尼公约》与《巴黎公约》要求履行的义务，允许成员国不保护在其加入条约前已经出现的布图设计。

（三）我国集成电路布图设计保护概况

为了应对加入WTO，我国先后制定了《鼓励软件产业和集成电路产业发展的若干政策》《集成电路布图设计保护条例》《集成电路布图设计保护条例实施细则》等相关政策和法规。2001年3月28日通过的《集成电路布图设计保护条例》，是保护集成电路布图设计的基本法律规范。随后，国家知识产权局发布的《集成电路布图设计保护条例实施细则》于2001年10月1日施行。国家知识产权局发布的《集成电路布图设计行政执法方法》于2001年11月28日起施行。与此同时，为了加强对集成电路布图设计的司法保护，最高人民法院也在2001年10月30日发布《关于开展涉及集成电路布图设计案件审判工作的通知》。随着以上法规、规章和司法解释的出台，我国有关集成电路布图设计的保护体系日趋完整。

第二节　集成电路技术与布图设计保护的模式选择

一、集成电路技术与传统知识产权制度

对于集成电路技术的保护模式，可以从两个不同的角度进行思考：第一个角度是对技术本身的保护。由于法律上对技术方案的保护，主要集中于专利权和商业秘密两种制度，所以，当集成电路技术出现以后，法律工作者首先想到的就是运用这两种传统知识产权制度保护集成电路技术，用以促进技术的不断创新。第二个角度是针对集成电路技术的固有特征而言的保护。由于集成电路是包括布图设计和工艺设计在内的技术，设计方案在集成电路技术发展中具有决定性的意义。而设计方案在传统知识产权领域比较接近实用工艺品和外观设计，因此运用版权或者外观设计法保护集成电路布图设计进而保护集成电路技术，也成为一种立法的思路。综合言之，从表象上看，集成电路技术似乎可通过专利法、商业秘密法、版权法以及外观设计法给予保护。在实践中，也的确出现了上述四种不同的保护模式构想，这也从一个侧面彰显了技术本身是影响其保护模式选择的基本因素。

（一）集成电路技术与专利法保护

集成电路技术一旦具有发明专利所具有的创造性、新颖性和实用性，经过申请和审查程序后，就可以成为发明专利而受到专利法的保护，这一点固无疑问。例如第一个发明电荷耦合器（CCD）的发明人便可以就其发明创造申请专利，因为该发明为非现有技术，并且与原有的其他器件相比

具有实质性特点和显著进步，也能够在工业上应用，所以自然可以获得专利权的保护。但是，运用专利法保护集成电路存在着障碍，这些障碍仍然是与集成电路技术的特性联系在一起的。

1．集成电路技术的技术表现与创造性的矛盾。集成电路技术的发展标准体现为集成度或集成规模的大小，而这种集成电路技术进步的主要表现并不具备专利法上的创造性。世界上仅有少数几家企业正在生产或研制256M位和1G以上的DRAM芯片，这是目前集成度最高、技术上最先进的芯片。但是如果这种产品作为一个整体去申请专利，未必都能通过创造性审查。因为简单的规模扩张，是不具备创造性的。集成电路产业中用来衡量技术发展水平的标准——集成度，与专利法中的创造性标准的关系并不协调。❶

2．集成电路技术的有限性与可专利性的矛盾。在对技术的可专利性审查中，往往会考虑到以下的要素：解决技术难题，克服技术偏见，达到技术效果，促进商业成功等。集成电路技术通常无法满足上述要求：首先，集成电路技术就目前而言均是大家所熟悉的技术，所以既不需要解决相应技术难题，也不存在需要克服的技术偏见；其次，集成电路技术并不能达到不可预测的技术效果，因为现在的集成电路技术几乎都是将现有的集成电路单元进行组合形成。这些组合在技术上的最优组合往往是可以预测的，因为它们的表现形式可能本身就是唯一或者有限的。最后，集成电路技术的商业运用往往是与集成电路产品甚至是下游产品联系在一起的，该技术本身的价值是集成度提升对于产品运行的影响，如果没有相应的产品，集成电路技术也不会直接导致商业成功。基于以上判断，集成电路技术在专利审查中往往不好把握，甚至很容易被排除出可专利技术的范围。

3．集成电路技术的可复制性与专利权内容的矛盾。集成电路技术以布图设计和工艺设计为主要构成，而设计技术往往是可以模仿或者复制

---

❶　郭禾："半导体集成电路知识产权的法律保护"，载《中国人民大学学报》2004年第1期。

的。当布图设计以图形方式存在于掩膜板上时，只需对其全套掩膜板加以翻拍，即可复制出全套的布图设计。当布图设计以磁盘或磁带为载体时，可以拷贝磁盘或磁带来复制布图设计。当布图设计被"固化"到集成电路产品中时，复制过程稍显复杂，必须对集成电路产品剥蚀、融解，显露出布图设计，然后用特制照相机进行拍照，进行计算机处理，才能获得全体布图设计。[1]但是不管怎样，集成电路技术因其布图设计的存在而更容易复制。但是按照专利权的内容，其所控制的主要是商业实施权，而不包括复制权。所以权利人即便对集成电路技术取得了专利权保护，也很难全面有效地维护自身的合法利益。

（二）集成电路技术与商业秘密法保护

商业秘密是不为公众所知悉、能为权利人带来经济利益、具有实用性并经权利人采取保密措施的技术信息和经营信息。从理论上讲，集成电路技术若不为公众知悉，具备价值性和保密性等特征之后，完全可以适用商业秘密保护。但是问题在于，集成电路技术很难采取保密措施，因而也不适用采取商业秘密保护模式。理由在于：首先，集成电路技术的基本构造是公众所熟悉的，所以并没有很大的保密价值；其次，集成电路技术借助反向工程予以破解的概率很高，所以并不适合采取保护措施；最后，集成电路技术中的布图设计实际上是可以复制的，所以也没有保密价值。基于以上因素，尽管对于某些特定的集成电路技术还是可以选择商业秘密保护，但是大多数的集成电路技术并不适合运用商业秘密制度进行保护。

（三）集成电路技术与版权法保护

诚如前述，依照集成电路技术的特征，可以通过跳离技术本身而另辟蹊径保护该技术。因为集成电路技术之构成中含有关键的布图设计，而布图设计比较接近于实用工艺品。对于实用工艺品的保护模式，在历史上就久有论争，但是通过"艺术统一"的解释理论，实用工艺品即便具有功能

---

[1] 何炼红：《工业版权研究》，中国法制出版社2007年版，第102页。

性特征，也因具有艺术性而受到版权法的保护。这一思路被美国众议院众议员爱德华等人率先应用，并且在1979年提出了采用版权法保护集成电路布图设计进而保护集成电路技术的议案。质言之，这一思路就是将集成电路技术中的布图设计凸显出来，通过保护布图设计作品以保护集成电路的研制和开发。因为"制造集成电路的过程就是把布图设计所表现的图形结构通过特定的工艺方法，如刻蚀、掺杂等，'固化'在硅片之中。由于集成电路必须根据其功能要求设计，因而不同功能的集成电路其布图设计也是不同的。从这个意义上说，通过特定布图设计的保护也就实现了对特定集成电路的保护。"❶但是，这一议案在当时被议会否决了。美国不采用版权法对集成电路布图设计进行保护主要原因有三：第一，不能清楚判断反向工程行为是否合理，因而也不清楚版权保护的范围是否合适；第二，美国立法机关不能容忍美国所创作的布图设计的版权保护在国外处于一种不能清楚判断的处境；第三，当时集成电路产品在国际上占主导地位的是日本而不是美国，美国当然不愿意借助版权的自动保护主义与依照已有的国际版权公约来保护日本人的利益。❷具言之，运用版权法保护集成电路布图设计依然无法绕开的是该技术本身与法律制度之间的不兼容性。这些不协调之处影响到为其提供来自传统版权法的保护。

第一，集成电路布图设计属于功能性产品，而这并非传统著作权保护的客体。传统著作权保护的是以文字、艺术为外观的思想情感的表达，这些作品并没有实用的工业上的价值，或者毋宁说其基本功能恰恰是反功能性的。但是布图设计往往具有明显的实用和技术属性。例如，在设计集成电路布图时，圆形P-N结的击穿电压较之矩形P-N结的击穿电压要高。在这里，圆形和矩形的意义并不是艺术性的，不在于哪一种形状更能带来艺术享受，而是具有很强的技术影响。所以，对于这样的布图设计提供版权

---

❶　郭禾："半导体集成电路知识产权的法律保护"，载《中国人民大学学报》2004年第1期。

❷　吴汉东：《知识产权基本问题研究》，中国人民大学出版社2005年版，第673页。

保护，将从根本上动摇"作品"的含义。正因为如此，纯粹从学术上来理解，版权法保护集成电路布图设计是不科学的。但是，仅仅意识到这一点是不够的，因为法律也还是利益集团进行公共政策选择的制度工具，所以在美国可以为计算机软件提供版权保护的话语下，为集成电路布图设计提供版权保护也并非完全不可能。因此，对于代表该技术的产业力量以及背后的政策动力进行考量，成为认知立法模式选择的另一个重要维度。

第二，著作权法保护不能带来集成电路布图技术的创新，因此并不能从根本上得到集成电路产业的支持。从立法宗旨上看，版权法也并不以促进技术创新为圭臬。版权法要推动的是文学、艺术领域的繁荣，它是以推动作品的创作及其利用为目的。所以，在保护的要件上，只要具有独创性的作品就可以获得著作权保护。而在保护期限上，也赋予作者较长的保护期限。一旦将这些内容运用至拓扑图保护中，反而可能会产生阻碍技术进步的作用。因为如果只要独立创作的布图设计都可以获得很长时间的版权保护，那么那些平庸的、为广大技术人员所熟知的技术将获得很长时间的复制控制权，从而扼制技术人员在现有技术上进行创新。特别是版权法上的合理使用并不包括反向工程，如果技术人员进行科学、研究而复制布图设计，自然可适用合理使用；但是如果技术人员复制布图设计以研究、开发技术性能更高的布图设计，将会构成对前一布图设计权利人复制权的侵犯。可见，为集成电路布图设计提供版权保护并不是完全符合技术创新的要求，也就不会得到集成电路产业界的全力支持。

（四）集成电路技术与外观设计法保护

集成电路技术所涵盖的布图设计和工艺设计都是一种设计，因此运用外观设计法保护也是一种可以考虑的路径。1993年颁布的《南非外观设计法》将集成电路布图设计掩膜作品以及系列设计作为功能性外观设计来进行保护，且区别于传统的外观设计。该法要求集成电路布图设计须具备该外观设计所适用的物品在履行某种功能时所必须的特点，并且该设计必须具有新颖性且在所属的技术领域内不得是公认的常规设计。这种做法开创了单纯用外观设计法保护集成电路的先河。❶虽然这样的立法别出心裁而且赋有启发意义，但是在理论上和实践上均存在问题，主要包括：第一，集成电路的布图设计与普通的工业外观设计并不相同。前者是镶嵌在硅片上执行特定功能的技术设计，而后者则主要是体现在产品外部并具有美感的艺术设计。第二，集成电路的布图设计很难具备外观设计保护的要求。它不仅因为其功能性而被直接排出在外观设计之外，而且即便是准入上没有问题，那么在具体的操作上也会有不能契合之处。例如新颖性和美观性上也无法满足传统外观设计法的要件。所以即使要用外观设计法保护集成电路布图设计，也必须另起炉灶厘定相应的构成要件，这导致外观设计保护的名存实亡。

通过以上的分析可以发现，集成电路技术的出现要求为其提供法律保护。而按照传统的思维定势，总是希望在原有的知识产权框架中找寻到依据，并通过制度的构建促进技术的革新，进而推动以该技术为核心的产业发展。但是在各种尝试出现以后，立法者发现无论是何种传统知识产权保护模式，都无法达致与集成电路技术的最完美契合。在传统保护模式无法覆盖集成电路技术的前提下，提出新的专门保护方式，也就成为了不得不进行的而且也可能是更理想的选择。

二、集成电路技术与布图设计权的建构

随着集成电路技术的发展，集成电路产业大规模商业开发行为，权利人为集成电路技术寻找专门知识产权保护途径的意愿就越来越强烈。在这样的背景下，美国国会打破了长期以来占主导地位的传统知识产权建构模式，首次确立了一种专门的集成电路布图设计权，用来保护集成电路技术和集成电路产业。在美国的压力和主导下，专门的集成电路布图设计权保护模式成为国际通行的保护集成电路技术的标准范式，并在《关于集成

---

❶　乔德喜："试论集成电路的知识产权保护"，见郑成思主编：《知识产权研究（第3卷）》，中国方正出版社1997年版，第50页。

电路布图设计的知识产权条约》和《与贸易有关的知识产权协定》中得到确认。纵观该种保护模式得以确立和传播的历史进路，主要有下列因素的推动。

其一，集成电路技术的特质及其与知识产权保护的关联。集成电路技术作为智力成果，是研发者和投资者经由智力创造而成，符合知识产品的一般特征，为其提供知识产权保护是不二选择，这成为实践探索的起点。但是在为该技术提供何种知识产权保护的问题上，传统知识产权体系结构又存在着困境和不足。正如前面分析的那样，由于集成电路技术具备功能性、可复制性和技术性三个基本的特征，导致对其进行法律保护的最佳选择就是能够集结专利权保护技术成果以及版权法保护复制的两大优点，形成新的专有权利保护模式，在避免传统法律保护不足的同时，形成自身的理论与法律根据。因此可以说，正是由于集成电路技术特征的要求，才为打破传统知识产权保护架构从而寻找专有权保护模式提供了技术前提。

其二，集成电路产业的发展和公共政策选择的结果。与所有的知识产权保护模式的形成相同，集成电路布图设计保护模式的出现也是产业利益集团推动并最终由国家经由立法程序进行政策选择的结果。基于此，就不难理解为什么集成电路布图设计专门保护率先出现在集成电路产业更为发达的美国和日本。在美国半导体行业中，反向工程曾是一贯的做法。但是在20世纪70年代末，当日本企业在诸如计算机存储芯片这样的标准化产品的市场份额不断扩大时，美国企业反对日本公司采取类似做法。日、美之间的竞争越来越激烈，以至于到20世纪80年代中期，大部分的美国企业完全放弃了这些市场。当美国企业显然再也无法通过生产技术来牵制日本企业时，他们就试图加强自己在研发领域的优势。为此美国企业界和产业界开始游说国会，增加半导体设计的知识产权保护。1984年，国会创建了一种新的知识产权，专门用来解决半导体行业的问题。❶同美国的产业活动

---

❶ ［美］迈克尔·佩雷尔曼Micheal Perelman："论强劲知识产权的软肋"，孙宁译，载《经济资料译丛》2005年第2期。

相映成趣的是，日本企业界为了维护自身已经形成的竞争优势，也随即颁布了本国的半导体集成电路保护方案，从而为其他产业先进国家模仿美国的做法提供了范例。

其三，集成电路技术国际布局和制度国际化的要求。集成电路技术作为现代高新技术的代表性技术，在世界各国的技术分布极端不均衡。由于这些技术主要掌握在以美国、日本和欧盟国家为代表的发达国家手中，因此技术的迁移成为发展中国家获取技术资料、技术产品的基本途径。技术的转让和许可依赖于对技术进行保护的知识产权制度。如果发展中国家没有能够建构起对该技术进行保护的知识产权制度，那么发达国家也不会通过技术迁移的途径转让技术和支援发展中国家的技术发展。同时，发展中国家也需要通过技术迁移获得发展，吸引投资并进而缩短与发达国家的差距。这一集成电路技术国际布局与知识产权制度国际化趋势相互呼应。当WIPO和WTO在全球化的视野下提出完善集成电路布图设计国际保护构想时，来自发达国家尤其是美国、日本和欧盟的专有权保护模式就自然成为各国立法完善的选择。

三、新技术发展对布图设计权模式的影响

集成电路技术的发展为专门的布图设计权的出现提供了技术前提。随着现代科学技术的进一步发展，布图设计权的范围也会随着技术的变革而不断调整。在这些新技术的运用中，一方面是布图设计范围的进一步扩大，可能逾越了集成电路固有的范围，从而促成新型布图设计权的出现；另一方面，某些技术例如光技术的进一步运用，有可能促使布图设计技术影响力的下降，进而可能使得专门的布图设计权适用空间渐小。因此，未来的布图设计权的发展趋向，与微电子技术、光技术以及其他科学技术的发展紧密相关。

1. 光学计算机与布图设计权。光学计算机简称光计算机，是用光学器件和电子器件组成的光电集成电路代替传统的电子型集成电路制成的计算机。光学计算机的工作原理不是利用电子，而是利用光子束处理信息和存

储程序。由于光速大于电子传输速度，所以其运算速度可以大为提高。光计算机采用并行传输原理，故其传输的信息量也会大大提高；此外，由于光空间传输的平行性好，所以光计算机中不需要布线，这既简化了工艺，又避免了在电子计算机中相邻布线之间存在的电磁干扰。❶由于光计算机并不需要布图设计，所以若该技术得以广泛推广，运用集成电路布图设计保护达到保护集成电路之目的是否依然可行，就成为值得思考的问题。

2．神经元计算机与布图设计权。神经元计算机是模仿人脑神经网络原理的一种新型计算机。神经元计算机的设计方案是设想利用多个微处理器并行连接方式，加速计算机的信息处理能力，使之接近于人脑的功能。❷神经元计算机的CPU没有使用半导体芯片布图设计作为其中驱，而是通过模仿人脑的方式连接各个晶体管及元件，这就会对于集成电路布图设计的固有保护思路产生挑战。

3．生物芯片技术与布图设计权。20世纪70年代以来，人们发现，脱氧核糖核酸（DNA）处在不同状态下，可产生有信息和无信息的变化。科学家联想到逻辑电路中的二进制0和1、晶体管的通导和截止、电压的高或低、脉冲信号的有或无，等等，由此激发了研制生物芯片的灵感。生物计算机的主要原材料就是生物工程技术产生的蛋白质分子，并以此作为生物芯片。生物芯片上的元件比硅芯片上的电子原件小得多，这些元件甚至可以小到几十亿分之一米。而且，生物芯片本身具有天然独特的立体化结构，其密度要比平面型的硅集成电路高几万倍。如果让几万个DNA分子在某种酶的作用下进行化学反应，就能使生物计算机同时运行几十亿次。生物计算机芯片本身还具有并行处理的功能，其运算速度要比当今最新一代的计算机快10万倍，能量消耗仅相当于普通计算机的十亿分之一，存储信息的空间仅占百亿分之一。生物芯片一旦出现故障，可以进行自我修复，所以具有自愈能力。生物计算机具有生物活性，能够和人体的组织有机地

---

❶❷ 范钦珊主编：《高新技术浅说》，高等教育出版社2002年版，第101页。

结合起来，尤其是能够与大脑和神经系统相连。❶生物芯片技术的广泛使用，同样会引发新的布图设计保护问题。因为生物芯片不再是传统的半导体芯片，其所适用的设计艺术和布图技巧也并不同于半导体芯片。但是是否会出现新的生物芯片布图设计或者出现新的涵盖所有布图设计的布图设计权，都需要留待在技术的革新中以及产业的发展下作进一步的观察。但是毫无疑问的是，技术的发展将冲击已有的集成电路布图设计保护模式，使其面临着新的发展压力和机遇。

4．印刷线路板技术（PCB）与布图设计权。随着印刷线路板技术的发展，蚀刻在绝缘基板上的、技术含量较低的PCB布图设计保护也就提上日程。有研究表明，根据PCB布图设计的研发投入少、创新性也比较低、更新较快的特点，可参考对集成电路布图设计的保护制度，规定对PCB布图设计加以保护的条件，如独创性与一定的先进性，以及权利范围，如复制权与商业利用权，建立PCB布图设计登记与公示制度，并给予较短的保护期（如10年）。❷

总体而言，以上新技术的发展至少会在两个方面对集成电路布图设计保护模式产生深远的影响：其一，新技术有助于进一步反思长期以来所普遍遵从的保护半导体集成电路的"美国模式"。1984年颁布的《美国半导体芯片保护法》是将法律保护范围限定在半导体集成电路范围，并进而成为国际上的通例，成为所谓的"美国模式"。"美国模式"的合理性局限在目前的技术发展水平上。因为就现有技术而言，布图设计本身就是针对半导体集成电路的，每一种半导体集成电路都必然与一套特定的布图设计相对应。而半导体集成电路之外的混合集成电路（Hybrid IC），如薄膜或者厚膜集成电路均不直接涉及布图设计的问题。❸但是这一模式恐怕会随着新技术的发展和各国产业的布局差异而受到质疑。诚如前述，在神经

---

❶　范钦珊主编：《高新技术浅说》，高等教育出版社2002年版，第102页。

❷　肖志刚："印刷线路板布图设计的保护模式"，载《科技与法律》2007年第1期。

❸　郭禾："中国集成电路布图设计权保护评述"，载http://www.chinalawedu.com/news/2005/5/li44658611132550022432.html，2008年7月22日访问。

元计算机和生物计算机中，布图设计不再是半导体布图设计。而在美国看来是处于产业低端而不予保护的PCB布图设计，在产业转移后对于我国以及某些发展中国家却有重要意义。所以是否应该继续遵循这一模式存在疑义。实际上，《华盛顿条约》对集成电路采取了广义的定义，并不局限于半导体集成电路。特别是随着科技的高速发展，制造集成电路的材料不再限于半导体，陶瓷芯片、生物芯片、微流体芯片等方兴未艾的情形下，集成电路的保护范围恐怕需要扩大，❶或者在一定技术支持下，出现更大外延的布图设计权也并非玄想。

其二，新技术会持续拷问通过布图设计权保护集成电路的构想。事实上，在运用布图设计权保护集成电路技术的立法出现以还，其在实践中运用的效果并不理想。除了新的专有权保护模式还不为实务界人士熟悉等原因之外，客观上在于技术发展对于该种保护思路产生了负影响。随着计算机辅助设计技术的普及，设计工作不再单纯采用人工设计，大量的设计工作通过工具软件直接生成。换言之，单纯复制布图设计未必能立即给复制者带来丰厚的利益。此外，集成电路产品的设计不再仅仅取决于布图设计图形，相关工艺设计在产品制造中也发挥着越来越重要的作用。这些技术因素的变化致使原有的法律保护模式有隔靴搔痒之感。这必然导致集成电路布图设计保护法被打入冷宫。❷如果光技术在计算机硬件技术中得到更广运用的话，这样的局面会得以进一步加剧。由此可见，虽然就现有技术而言，布图设计仍然是集成电路技术的关键，但是在未来却并不必然如此。因此，未来国际社会将以何种方式保护集成电路技术乃至整个微电子技术，仍存在许多的技术变数。

---

❶ 吴汉东主编：《中国知识产权制度评价与立法建议》，知识产权出版社2008年版，第190页。

❷ 郭禾："中国集成电路布图设计权保护评述"，载http://www.chinalawedu.com/news/2005/5/li44658611132550022432.html，2008年7月22日访问。

四、集成电路技术与布图设计保护模式的演进趋向

以上分析表明，在科学技术的推动下，出现了传统集成电路布图设计权所无法涵盖的领域，这些新的领域需要确认类似于集成电路布图设计权的保护模式。这表明，科学技术的发展进一步解构了传统的版权和专利权两极化的知识产权类型化结构。与此同时，随着集成电路技术的发展，布图设计专有权模式仍然面临进一步完善和改进的需求。首先，法律保护位阶的问题。现有的布图设计保护法在整个知识产权法中的地位尚需进一步明确，而在我国，《集成电路布图设计保护条例》的法律地位较低，影响了该法的适用。其次，法律实践中的应用问题。现有法律保护模式是对传统知识产权保护模式的发展，但是在实践中，产业界和法律界人士对于此种模式的理解并不到位，以致在实际运用上还有很长一段路要走。大家还是习惯性地引用版权法或者专利法保护自己的集成电路技术，真正积极申请布图设计权并依法护权的案例很少。最后，集成电路布图设计权的内在构造的问题。在与传统的版权及专利权进行区分的情况下，新的专有权制度设计必须有效解决自身规则的周延性以及可操作性。特别是随着技术的发展，专有权制度规则更要进一步充实、调整、改进和发展，否则就有可能走向僵化，并进而可能阻碍技术的发展，影响权利人适用该保护模式的积极性。

进而言之，集成电路布图设计保护模式的选择，应该有助于营造企业自主创新的环境，为企业和产业发展提供有效的制度保障。首先，它应该以市场为导向。集成电路布图设计保护水平、保护手段和权利限制等方面内容的建构，都应该充分发挥市场机制的无形力量，而不是动辄干预。其次，它应该以技术为依归。集成电路布图设计保护模式的选择在根本上取决于保护客体——集成电路技术的本质。所以法律制度设计促成创新的起点是有效因应新技术的发展态势，根据集成电路技术的最新进展不断调整法律的形式与内容。最后，它应该以理论自洽为目标。集成电路布图设计保护模式应该在理论上符合知识产权的基本理论。它既然突破了固有的版

权和专利权范畴，那么就应该为其重新寻找到自有的理论归属。在这个意义上看，制度的创新需要理论的创新。

有学者意图通过工业版权的范畴框架统领技术绘图设计权、工业品外观设计权、计算机软件设计权、集成电路布图设计权、数据库汇编权等具体权益，从而为功能性作品的保护提供共属的理论架构。❶从集成电路布图设计的角度看，这应该是值得称道的理论构想。它不仅解决了布图设计专有权保护的理论家园的问题，而且开创集成电路布图设计专门保护模式的理论新境界。在工业版权的范畴体系下，布图设计权作为重要的权利形态，自然应该适用有关工业版权的基本原则和总论性的基本规则，而这些原则有助于建构更普适的法律规则，用以回应日益发展的集成电路技术和其他高新技术。具体来说，这些原则主要包括：（1）表达性成分和功能性成分混合保护原则。工业版权保护的条件应该强调新颖性，其权利内容应主要包括复制权和使用权。基于该权利，权利人可以控制他人对功能性作品的使用。（2）创作者与投资者均受益的原则。工业版权的主体是创作者也可以是投资者，而且在市场经济中，创作者和投资者力量的整合在创新领域中将发挥不可替代的作用和力量。（3）使用取得与注册登记相结合的原则。只要创新成果在市场上投入了商业利用，并经由一段时间，或者经注册登记，都应当可以给予法律保护。（4）保护期限与市场代谢频率相协调的原则。以此确定适宜的工业版权保护期限。（5）管理模式灵活高效的原则。通过制度设计，为相关工业版权产业提供灵活高效的许可机制和集体管理制度。❷

---

❶ 何炼红：《工业版权研究》，中国法制出版社2007年版。
❷ 同上书，第250~261页。

第三节　集成电路布图设计专有权的取得和撤销

一、集成电路布图设计权的取得条件

按照法律的规定，受保护的布图设计应当具有独创性，即该布图设计是创作者自己的智力劳动成果，并且在其创作时该布图设计在布图设计创作者和集成电路制造者中不是公认的常规设计。

应该注意的是，布图设计专有权中的"独创性"与著作权法中对作品所要求的"独创性"具有不同含义。它实际上是著作权法的创作性和专利法的创造性的结合。首先，受法律保护的布图设计，要求必须是设计人自己创作的，有自己的独特之处。此点借鉴著作权法的独创性要求。其次，布图设计还要具备一定的先进性，它不是常用的、显而易见的。但是这样的先进性又不必达到专利法要求的创造性高度，只要比以往的布图设计有一定的进步性和不同，就可以得到法律保护。这是因为，集成电路产品的更新换代表现为集成度的不断提高，在同样体积的芯片上布局更多的元件以增强功能、降低能耗。新的集成电路产品，不过是比原来的产品集成度高，不可能是前所未有的，也不大可能达到突出的实质性特点和显著的进步。

二、集成电路布图设计权的取得程序

布图设计权的取得方式主要有以下几种：自然取得、登记取得以及使用与登记取得。大多数国家采用的是登记取得制。我国也是采用的登记取得方式。在我国，办理布图设计登记手续的机关是国家知识产权局。根据《集成电路布图设计保护条例》规定，布图设计专有权应当按照下列程序登记取得。

（一）申请

向国家知识产权局申请布图设计登记的，申请人应当提交布图设计登

记申请表和该布图设计的复制件或者图样；布图设计在申请日以前已投入商业利用的，还应当提交含有该布图设计的集成电路样品。国家知识产权局收到布图设计申请文件之日为申请日。如果申请文件是邮寄的，以寄出的邮戳日为申请日。布图设计自其在世界任何地方首次商业利用之日起2年内，未向国家知识产权局提出登记申请的，不再予以登记。

（二）初审

国家知识产权局收到布图设计登记申请后，对申请进行初步审查。该初步审查究竟是实质性审查还是形式性审查，并不明确。对此有两种理解：一是对布图设计登记只进行形式审查，不进行实质审查；二是对布图设计登记进行的初步审查，不仅包括形式审查，也包括实质审查。由于实践中对布图设计登记申请的驳回情形限制在形式方面，因此，国家知识产权局对布图设计登记申请所进行的初步审查，应属于形式性审查。

（三）登记并公告

布图设计登记申请经初步审查，未发现驳回理由的，由国家知识产权局予以登记，发给登记证明文件，并予以公告。布图设计登记申请经初步审查，不符合法定要求的，国家知识产权局予以驳回。布图设计登记申请人对国家知识产权局驳回其登记申请的决定不服的，可以自收到通知之日起3个月内，向国家知识产权局专利复审委员会申请复审。专利复审委员会进行复审后，认为布图设计登记申请的复审请求不符合规定的，应当通知复审请求人，要求其在指定期限内陈述意见。期满未答复的，该复审请求视为撤回；经陈述意见或者进行修改后，专利复审委员会认为该申请仍不符规定的，应当作出维持原驳回决定的复审决定。专利复审委员会进行复审后，认为原驳回决定不符合规定的，或者认为经过修改后的申请文件消除了原驳回决定指出的缺陷的，应当撤销原驳回决定，通知原审查部门对该申请进行登记和公告。专利复审委员会的复审决定，应当写明复审决定的理由，并通知布图设计登记申请人。布图设计申请登记人对国家知识产权局专利复审委员会复审决定仍不服的，可以自收到通知之日起3个月内向人民法院起诉。

三、集成电路布图设计权的期限和撤销

（一）集成电路布图设计权的期限

关于布图设计权的保护期限，各国法律一般都规定为10年。根据《关于集成电路布图设计的知识产权条约》的要求，布图设计权的保护期之至少为8年。《知识产权协定》所规定的保护期则为10年。我国《集成电路布图设计保护条例》规定，布图设计专有权的保护期为10年，自布图设计登记申请之日或者在世界任何地方首次投入商业利用之日起计算，以较前日期为准。但是，无论是否登记或者投入商业利用，布图设计自创作完成之日起15年后，不再受保护。

（二）集成电路布图设计权的撤销

布图设计获准登记后，国务院知识产权行政部门发现该登记不符合规定的，由专利复审委员会予以撤销，通知布图设计权利人，并予以公告。这些情形主要包括：（1）不属于集成电路或者集成电路布图设计；（2）不具备权利主体资格；（3）不具有独创性；（4）该布图设计自创作完成之日起已满15年；（5）该布图设计自其在世界任何地方首次商业利用之日起2年内，未向国务院知识产权行政部门提出登记申请。

撤销布图设计专有权的，应当首先通知布图设计权利人，要求其在指定的期限内陈述意见。期满未答复的，不影响专利复审委员会作出撤销布图设计专有权的决定。专利复审委员会撤销布图设计专有权的决定应当写明所依据的理由，并通知该布图设计权利人。布图设计权利人对国务院知识产权行政部门撤销布图设计登记的决定不服的，可以自收到通知之日起3个月内向人民法院起诉。被撤销的布图设计专有权视为自始即不存在。

第四节　集成电路布图设计权的内容和限制

一、集成电路布图设计权的内容

在知识产权领域，集成电路布图设计权是一种新权利。它赋予设计人对其集成电路布图设计享有复制权和商业利用权。

侵犯集成电路布图设计权的行为分为两种：一是未经布图设计权人许可，复制受保护的布图设计的全部或者其中任何具有独创性的部分的行为；二是未经布图设计权人许可，为商业目的进口、销售或者以其他方式提供的受保护的布图设计、含有该布图设计的集成电路或者含有该集成电路的物品的行为。

二、集成电路布图设计权的限制

法律对布图设计权的限制主要有合理使用、反向工程、独立创作、权利穷竭、善意买主和强制许可。

（一）合理使用

各国在有关布图设计的保护法律中一般都借鉴了著作权法中的合理使用原则，规定为个人学习目的或为教学研究所进行的复制或利用他人的布图设计的行为，不视为侵权。我国《集成电路布图设计保护条例》亦规定，为个人目的或者单纯为评价、分析、研究、教学等目的而复制受保护的布图设计，可以不经布图设计权利人许可，不向其支付报酬。

（二）反向工程

反向工程，是指对他人的布图设计进行分析、评价，然后根据这种分析、评价的结果创作出具有独创性的布图设计。许多先进的布图设计就是在分析他人已有的布图设计的基础上创作出来的。如果将这样的行为视为侵权，必将阻碍布图设计技术的进步，影响集成电路产业的发展。

（三）独立创作

独立创作布图设计，是指第三人通过自主创作行为所创作出的与他人受保护之布图设计相同的布图设计。这种独创行为也称"巧合"。在集成电路布图设计领域，法律仍然允许巧合之布图设计者，自由使用自己的布图设计，而不必经布图设计权利人许可，也不必向其支付报酬。

（四）权利穷竭

此处所指的权利穷竭，是指布图设计权人或经其授权的人，将受保护的布图设计或含有该布图设计的半导体集成电路产品投入市场后，对与该布图设计或者该半导体集成电路产品有关的任何商业利用行为，不再享有权利。换言之，布图设计权人对该具体产品的商业利用权已经耗尽，任何人均可以不经权利人或者其授权的人同意，进口、分销或以其他任何方式进行转让，均不侵犯他人的权利。

（五）善意买主

善意买主是指在获得含有受保护的布图设计的集成电路或者含有该集成电路的物品时，不知道也没有合理理由应知道其中含有非法复制的布图设计，而将其投入商业利用的自然人、法人或其他组织。由于布图设计是一项技术性很强的智力成果，没有专门的设备是无法辨认的。另一方面，各国的集成电路布图设计法又没有要求权利人必须在布图设计上做相应的权利标记，所以，即使具有专门知识的人也难以辨认自己所购买的集成电路产品中是否含有受保护的布图设计，更不用说普通的消费者。如果对一个不知道集成电路产品中含有非法复制的受保护的布图设计而出售的行为或者其他商业利用，一律视为侵权，追究其侵权责任，很可能造成市场秩序混乱，严重挫伤集成电路产品经销商的积极性，影响集成电路贸易的正常进行。因此，当善意购买方因"不知"而实施了与布图设计权人的权利相冲突的行为时，各国法律都给予了豁免。但是，如果善意买主得到其中含有非法复制的布图设计的明确通告后，可以将现有的存货或者此前的定货投入商业利用，但应当向布图设计权人支付合理报酬。

（六）强制许可

强制许可，又称非自愿许可，是指在不经权利人同意的情况下，由有关主管部门直接发放的使用许可。这种制度是对布图设计权的一项重要限制。依照《集成电路布图设计保护条例》的规定，在国家出现紧急状态或者非常情况时，或者为了公共利益的目的，或者经有关部门依法认定布图设计权利人有不正当竞争行为而需要给予补救时，国务院知识产权行政部门可以给予使用其布图设计的非自愿许可。国务院知识产权行政部门作出给予使用布图设计非自愿许可的决定，应当及时通知布图设计权利人。非自愿许可的理由消除并不再发生时，国务院知识产权行政部门应当根据布图设计权利人的请求，经审查后作出终止使用布图设计非自愿许可的决定。

第十三章 网络知识产权侵权的
法律救济

　　法谚有云：无救济即无权利。网络环境虽为虚拟的空间，却必须受到现实世界的法律调整。在具体的救济模式上，发生网络知识产权侵权行为后，权利人也可以谋求民事、行政和刑事等诸多救济方式维护自身利益。网络知识产权被侵犯后，民事、行政和刑事救济机制和相应的程序保障措施，适用知识产权法的规定和要求，自无疑问。随着网络技术的发展，许多国家的法律和具体的行政管理部门在网络知识产权救济方式、侵权行为类型、救济手段等方面都进行了相应的探索，作出一些新的规定。本章拟对网络知识产权侵权法律救济所涉及的基本问题展开论述。

第一节　民事救济

一、网络知识产权侵权行为

　　依照我国民法学理论和侵权责任法体系，侵权行为是指行为人不法侵害他人人身、财产和其他合法权益的不法行为。知识产权侵权行为也称做侵犯知识产权的行为，它是侵权行为的一种，具有其一般特征，是指行为人未经授权也没有法律依据而擅自行使知识产权的违法行为。

　　（一）法律规定的网络知识产权侵权行为类型

　　根据知识产权的具体类型差异，侵犯知识产权的行为包括侵权著作权、专利权、商标权等权利的违法行为。同样的道理，侵犯网络知识产权的行为是指侵犯网络著作权、网络专利权、网络商标权、集成电路布图设计权以及计算机软件创造者、数据制作者权利和域名持有者合法权益的违法行为。其中，违法性程度和侵权情节较轻，一般只涉及侵犯权利人个人利益的行为，可称为普通的著作权侵权行为；那些违法性程度和侵权情节较重，侵权目的是获取非法利益，侵权数额较大，侵权后果严重，一般不仅损害权利人利益，而且侵害他人利益、扰乱市场管理秩序、损害社会公共利益的行为，称之为严重的侵权行为。

在很多场合下，网络知识产权侵权行为的表现形式与普通知识产权侵权行为相同，只不过其发生的场域是信息网络环境。例如，网络专利权和商标权被侵害的情形。不过，专门针对网络环境下建立的权利形态中，也会发生相应的侵权行为。

《信息网络传播权保护条例》第18条规定了以下侵犯信息网络传播权的行为和网络违法行为：（1）通过信息网络擅自向公众提供他人的作品、表演、录音录像制品的；（2）故意避开或者破坏技术措施的；（3）故意删除或者改变通过信息网络向公众提供的作品、表演、录音录像制品的权利管理电子信息，或者通过信息网络向公众提供明知或者应知未经权利人许可而被删除或者改变权利管理电子信息的作品、表演、录音录像制品的；（4）为扶助贫困通过信息网络向农村地区提供作品、表演、录音录像制品超过规定范围，或者未按照公告的标准支付报酬，或者在权利人不同意提供其作品、表演、录音录像制品后未立即删除的；（5）通过信息网络提供他人的作品、表演、录音录像制品，未指明作品、表演、录音录像制品的名称或者作者、表演者、录音录像制作者的姓名（名称），或者未支付报酬，或者未依照规定采取技术措施防止服务对象以外的其他人获得他人的作品、表演、录音录像制品，或者未防止服务对象的复制行为对权利人利益造成实质性损害的。

《计算机软件保护条例》第23条规定普通的软件著作权侵权行为包括：（1）未经软件著作权人许可，发表或者登记其软件的；（2）将他人软件作为自己的软件发表或者登记的；（3）未经合作者许可，将与他人合作开发的软件作为自己单独完成的软件发表或者登记的；（4）在他人软件上署名或者更改他人软件上的署名的；（5）未经软件著作权人许可，修改、翻译其软件的；（6）其他侵犯软件著作权的行为。第24条规定的严重的软件著作权侵权行为有：（1）复制或者部分复制著作权人的软件的；（2）向公众发行、出租、通过信息网络传播著作权人的软件的；（3）故意避开或者破坏著作权人为保护其软件著作权而采取的技术措施的；（4）故意删除或者改变软件权利管理电子信息的；（5）转让或者许可他人行使著作权人的软件著作权的。

《集成电路布图设计保护条例》第30条规定的侵权行为指：（1）复制受保护的布图设计的全部或者其中任何具有独创性的部分的；（2）为商业目的进口、销售或者以其他方式提供受保护的布图设计、含有该布图设计的集成电路或者含有该集成电路的物品的。

2002年《最高人民法院关于审理商标民事纠纷案件适用法律若干问题的解释》第1条第（3）项规定，将与他人注册商标相同或者相近似的文字注册为域名，并且通过该域名进行相关商品交易的电子商务，容易使相关公众产生误认的，属于侵犯商标权的行为。

（二）直接侵权与间接侵权

从理论上看，网络知识产权侵权行为可划分为直接侵权行为和间接侵权行为两种类型。直接侵权行为是指他人未经权利人的许可，直接实施其所享有的专有权利，进而直接利用了相关知识产品的行为。由于网络知识产权人享有的专有权利均控制一定的行为，如果未经其许可，又缺乏"合理使用""法定许可"等抗辩理由，实施受专有权利控制的行为，就构成直接侵权。间接侵权行为是指即使行为人并未直接实施受专有权利控制的行为，如果其行为与他人的直接侵权行为之间存在特定关系，则可基于公共政策原因而被法律认定为侵权行为。

网络环境下最为重要的间接侵权行为，发生在网络服务提供者侵权的场合。某些类型的网络服务提供者，例如，提供定位服务和存储空间的网络服务提供者，并没有直接实施侵犯著作权的行为，但是在知晓或有充足理由知晓侵权行为发生，或者经过权利人通知仍不积极采取删除措施的，也应该被认定为构成间接侵权。

二、网络知识产权侵权责任

在我国民法理论和制度体系中，民事责任是一项重要的创新。侵权民事责任是侵犯民事权利所应当承担的不利法律后果。因为侵权行为之债和侵权民事责任有别，同时又没有以侵权之债为核心构建相应的法律系统，所以在我国民法学语境中，应该围绕侵权责任理解侵权行为产生的法律后果。《侵权责任法》的出台坚持和巩固了这样的传统。

网络知识产权侵权责任的要件有以下四个方面：（1）加害人客观上实施了侵犯网络知识产权的行为，这是承担民事责任的前提。（2）损害事实。此指权利人的财产或人身遭受不利影响，包括财产损害和精神损害两种。（3）因果关系。因果关系是各种现象之间的引起与被引起的关系。如果侵犯网络知识产权的行为客观上引起了权利人的财产损害或精神损害，就应该承担相应的民事责任。（4）过错。过错是指行为人应该受责难的主观状态。在侵权行为之债的语境下，侵权行为本身也会受到是否具备过错的检视。在我国，只有在承担损害赔偿责任时，才应该考虑主观过错问题。过错分为故意和过失两种：故意是指行为人明知自己的行为会发生侵害他人权益的后果并且希望或者放任这种结果发生的主观状态；过失是指行为人应当预见行为可能发生侵害他人权益的后果，但却因为疏忽大意没有预见或者已经预见而轻信能够避免的主观状态。

在传统民法中，承担侵权责任的方式就是侵权损害赔偿。我国《民法通则》和侵权责任法将民事责任独立出来，除了损害赔偿以外，还规定了停止侵害、排除妨碍、返还财产、恢复原状、消除影响、恢复名誉、赔礼道歉等责任方式。

赔偿损失是网络知识产权侵权发生后最重要的责任形式。计算侵权损害赔偿额度有三种方式：（1）按照权利人的实际损失计算。（2）按照侵权人的违法所得计算。违法所得一般指向侵权人因为侵权行为所获得的实际利润，它是侵权销售的总数与侵权复制品单价的乘积。（3）法定赔偿额。我国著作权法规定了不超过50万元的法定赔偿金数额，专利法和商标法规定不超过100万元和300万元的法定赔偿金额。根据司法解释，人民法院在确定赔偿数额时，应当考虑作品类型、合理使用费、侵权行为性质、后果等情节综合确定。如果当事人就法定赔偿的数额达成协议，根据意思自治的原则，人民法院应当准许。需要注意的是，上述三种赔偿方式有明确的先后顺序。只有在无法计算实际损失时，才能按照侵权人的违法所得计算赔偿额；当侵权违法所得也无法确定时，才能适用法定赔偿金。

在确定损害赔偿额时，权利人为制止侵权所支付的合理开支也应涵盖在内。根据司法解释，制止侵权所支付的合理开支包括权利人或者委托代理人对侵权行为进行调查、取证的合理费用。人民法院根据当事人的诉讼请求和具体案情，可以将符合国家有关部门规定的律师费用计算在赔偿范围内。

第二节　行政救济

一、概念和特征

网络知识产权侵权发生后的行政救济是指知识产权有关行政主管机关依照法律规定对侵权行为人责令停止侵权行为，或者给予的行政处罚的救济机制。它具有以下特征：

1. 它是行政机关依照职权主动追究违法者的法律责任。实践中，行政机关可以在执法检查和执法行动中积极主动发现违法线索，也可在权利人报案后认定符合立案条件进而采取相应行政执法措施。

2. 它只针对侵权行为中危害公共利益的行为和其他严重违法行为。或者说，只有在发生法律和行政法规所规定的严重违法行为时，才能够对行为人采取行政处罚措施。严重侵权行为是相对普通侵权行为而言的。它一般以营利为目的，侵权行为严重，损害后果重大，不仅侵害当事人利益，而且危害社会公共秩序和市场秩序。

3．权利人并不能从行政处罚中获得民事赔偿。行政处罚所没收的物品和所获得的罚款，应该上交国库。

4．行政救济的主要方式是追究侵权者的行政责任，包括责令停止侵权行为和给予行政处罚。责令停止侵权行为不是我国《行政处罚法》上的行政处罚措施，但却是知识产权法所规定的行政责任形式之一。侵犯网络知识产权的行政处罚措施包括警告、罚款和没收三种。其中的没收行为又主要包括没收违法所得、没收侵权制品、没收安装存储侵权制品的设备以及没收主要用于制作侵权制品的材料、工具、设备等。具体采取何种处罚措施，应结合违法行为的程度、性质、情节、侵害后果等因素决定。

5．只能由享有行政执法和处罚权限的国家机关作出行政责任决定。在我国，可能进行网络知识产权行政执法的机构包括版权局、知识产权局、商标局、工商行政管理局、"扫黄打非"办公室、文化执法大队等。

6．行政机关作出的行政责任决定具有可诉性。当事人对行政处罚不服的，可以申请行政复议。当事人对行政处罚或者行政复议决定不服的，可以依法提起行政诉讼。

二、法律规定

网络知识产权侵权的行政救济必须依据法律的规定进行。在具体的实体规定上，应该遵循我国著作权法，商标法、专利法、反不正当竞争法、反垄断法中有关行政执法和行政责任追究的相关内容。从程序上看，行政处罚法、行政复议法以及著作权行政处罚实施办法、专利行政执法办法等规定也必须得到遵从。

2013年1月16日国务院第231次常务会议通过对《著作权法实施条例》《信息网络传播权保护条例》和《计算机软件保护条例》的修改决定。将"可以处10万元以下的罚款"修改为"非法经营额5万元以上的，可处非法经营额1倍以上5倍以下的罚款；没有非法经营额或者非法经营额5万元以下的，根据情节轻重，可处25万元以下的罚款"。将《计算机软件保护条例》第24条第2款修改为"有前款第（一）项或者第（二）项行为的，可以并处每件100元或者货值金额1倍以上5倍以下的罚款；有前款第（三）项、第（四）项或者第（五）项行为的，可以并处20万元以下的罚款"。❶

2005年4月30日，为加大网络版权的行政保护力度，国家版权局、信息产业部联合发布《互联网著作权行政保护办法》。根据该办法，各级著作权行政管理部门依照法律、行政法规和本办法对互联网信息服务活动中的信息网络传播权实施行政保护。国务院信息产业主管部门和各省、自治区、直辖市电信管理机构依法配合相关工作。互联网信息服务提供者明知互联网内容提供者通过互联网实施侵犯他人著作权的行为，或者虽不明知，但接到著作权人通知后未采取措施移除相关内容，同时损害社会公共利益的，著作权行政管理部门可以根据法律规定责令停止侵权行为，并给予行政处罚。如果网络连接服务提供者未记录互联网内容提供者的接入时间、用户账号、互联网地址或者域名、主叫电话号码等信息，由国务院信息产业主管部门或者省、自治区、直辖市电信管理机构予以警告，可以并处3万元以下的罚款。

三、体制机制创新

进入数字网络时代，知识产权的保护牵涉方方面面，各种侵权活动更为便捷、隐蔽，具备潜在侵权可能性的群体逐渐增多，各种新型侵权手段和方式层出不穷，行政管理部门仅靠一家之力，仅凭行政执法很难有效

---

❶　根据《计算机软件保护条例》第24条规定，这5项软件著作权侵权行为分别是：（1）复制或者部分复制著作权人的软件的；（2）向公众发行、出租、通过信息网络传播著作权人的软件的；（3）故意避开或者破坏著作权人为保护其软件著作权而采取的技术措施的；（4）故意删除或者改变软件权利管理电子信息的；（5）转让或者许可他人行使著作权人的软件著作权的。

打击各种侵权假冒的行为。为此，在开展知识产权行政救济、追究侵权者的法律责任时，行政执法部门应该加强综合治理意识，调动各方面的积极性，形成合力打击侵权盗版行为的态势。

针对互联网领域侵权假冒行为跨区域、链条长、虚拟化、智能化等特点，知识产权行政管理部门应该不断创新监管方式和手段，加强部门间、区域间信息共享和执法协作，提升工作合力，完善打击互联网领域侵权假冒的长效机制，维护正常的电子商务秩序。（1）协同执法。公安与版权、专利、商标等知识产权管理部门可以联合开展行政执法。通过对重点网站和网络销售平台的监管，严厉查处并曝光一批案件，关闭一批违法网站，处理一批违法人员。（2）重点领域执法。根据不同时期、不同地域的需要，结合新技术领域出现的侵权问题，开展有针对性的重点领域执法。例如，把网络音乐、网络游戏、电子产品、儿童用品、汽车配件、服装等作为整治重点，严厉打击网上销售假劣商品、网络侵权盗版，强化电子商务网站监管和生产加工源头治理，大力净化网络购物市场环境。（3）重点群体执法。网络时代的知识产权行政保护应该考虑到执法对象。考虑到网络使用者的营利属性，在强化企业、网吧、网络服务提供者等常态下的行政干预之外，在非营利性的政府机关、高校等也应该采取各种示范措施，开展行政警示教育和反对侵权盗版假冒的宣传。

第三节　刑事救济

一、概　　述

网络知识产权侵权的刑事救济是通过公安机关立案、人民检察院提起公诉或当事人自诉、人民法院依法审判，进而追究犯罪嫌疑人刑事责任的救济方式。刑事责任是最为严厉的法律责任形式，具有最高的威慑力和强制性，它是依照刑法的要求，对各类知识产权犯罪行为追究相应的法律后果。近年来，随着侵犯知识产权的事件日趋严重，知识产权刑事保护有加强的趋势。这一方面是由于美国等部分发达国家在后TRIPs时代推波助澜，坚信刑事救济最具有威慑力，对于打击全球范围内的知识产权违法行为至关重要。另一方面，我国已经开始实施国家知识产权战略，在此背景下，有必要理顺民事救济、行政救济和刑事救济的关系，促进经济文化事业和产业的繁荣与发展。

我国在1994年通过的《关于惩治侵犯著作权犯罪的决定》中首次建立著作权犯罪的刑事责任制度。1997年我国《刑法》修订时在第三章第七节中增设了侵犯著作权罪和销售侵犯著作权的复制品罪。1998年12月，最高人民法院通过《关于审理非法出版物刑事案件具体应用法律若干问题的解释》。根据《刑法》的规定，2000年修订的《专利法》、2001年修订的《著作权法》《商标法》均规定严重侵权行为的刑事救济制度。为了增加追究犯罪行为的可操作性、加大对这类犯罪行为的打击力度，最高人民法院、最高人民检察院、公安部通过了一系列重要的司法解释。2004年11月，最高人民法院、最高人民检察院联合通过《关于办理侵犯知识产权刑事案件具体应用法律若干问题的解释》（以下简称《知识产权刑事司法解释》）。2007年4月，最高人民法院、最高人民检察院又通过《关于办理侵犯知识产权刑事案件具体应用法律若干问题的解释（二）》（以下简称《知识产权刑事司法解释（二）》。2008年6月，最高人民检察院、公安部发布《关于公安机关管辖的刑事案件立案追诉标准的规定》，对侵犯知识产权各类犯罪行为的刑事立案追诉标准进行规范。2011年，最高人民法院、最高人民检察院、公安部印发《关于办理侵犯知识产权刑事案件适用法律若干问题的意见》的通知，对侵犯知识产权犯罪案件的管辖、行政执法部门收集调取证据效力、抽样取证、委托鉴定、自诉案件、犯罪构成要件等问题进行了界定和解释。

追究知识产权刑事责任分公诉和自诉两种。一般情况下，侵犯知识产权刑事案件且严重危害社会秩序和国家利益的，应该由人民检察院依法提起公诉。同时，根据我国刑事诉讼法和相应司法解释的规定，被害人有证据证明的轻微刑事案件，或者权利人有证据证明著作权受到侵害应追究行为人刑事责任，但是公安机关不予追究刑事责任的案件，也可以依法提起自诉。《知识产权刑事司法解释（二）》第5条规定："被害人有证据证明的侵犯知识产权刑事案件，直接向人民法院起诉的，人民法院应当依法受理；严重危害社会秩序和国家利益的侵犯知识产权刑事案件，由人民检察院依法提起公诉。"

在我国，知识产权犯罪的刑事责任主要包括罚金和有期徒刑两种，二者可以单独适用，也可合并适用。符合缓刑条件的，依法适用缓刑。但是根据司法解释，有下列情形之一的，一般不适用缓刑：（1）因侵犯知识产权被刑事处罚或者行政处罚后，再次侵犯知识产权构成犯罪的；（2）不具有悔罪表现的；（3）拒不交出违法所得的；（4）其他不宜适用缓刑的情形。

二、侵犯知识产权罪的具体罪名和构成要件

《刑法》第287条规定："利用计算机实施金融诈骗、盗窃、贪污、挪用公款、窃取国家秘密或者其他犯罪的，依照本法有关规定定罪处罚。"可见，在网络环境下侵犯知识产权构成犯罪的，也应该按照侵犯知识产权犯罪定罪处罚。根据我国《刑法》的规定，侵犯知识产权罪有7种罪名：假冒注册商标罪，销售假冒注册商标的商品罪，非法制造、销售非法制造的注册商标标识罪，假冒专利罪，侵犯著作权罪，销售侵权复制品罪和侵犯商业秘密罪。

（一）假冒注册商标罪

《刑法》第213条规定："未经注册商标所有人许可，在同一种商品上使用与其注册商标相同的商标，情节严重的，处三年以下有期徒刑或者拘役，并处或者单处罚金；情节特别严重的，处三年以上七年以下有期徒刑，并处罚金。"由此可见，假冒注册商标罪的构成要件为：（1）本罪侵犯的客体是国家对商标的管理制度和他人注册商标的专用权；（2）本罪在客观方面表现为违反商标管理法规，未经注册商标人许可，在同一种

商品上使用与其注册商标相同的商标的行为；（3）本罪的主体是一般主体，即自然人和单位均能构成假冒注册商标罪；（4）本罪主观方面只能是故意，一般具有营利的目的。如果行为人在使用注册商标中违反合同规定，是违反使用许可合同行为，应由工商行政管理部门处理，不能以犯罪论处。违法所得数额较小且不具有其他严重情节的，属一般商标侵权行为，不构成犯罪。

结合业已公布的司法解释，满足下列情形之一的，可以达到假冒注册商标罪的立案标准：（1）非法经营数额在5万元以上或者违法所得数额在3万元以上的；（2）假冒两种以上注册商标，非法经营数额在3万元以上或者违法所得数额在2万元以上的；（3）假冒他人驰名商标或者人用药品商标的；（4）虽未达到上述数额标准，但因假冒他人注册商标，受过行政处罚两次以上，又假冒他人注册商标的；（5）造成恶劣影响的。

（二）销售假冒注册商标的商品罪

《刑法》第214条规定："销售明知是假冒注册商标的商品，销售金额数额较大的，处三年以下有期徒刑或者拘役，并处或者单处罚金；销售金额数额巨大的，处三年以上七年以下有期徒刑，并处罚金。"由此可见，销售假冒注册商标的商品罪的构成要件为：（1）本罪侵犯的客体是复杂客体，即国家商标管理秩序和商标注册人的商标专用权。（2）本罪在客观方面表现为违反商标管理法规，销售假冒他人已经注册的商标的商品的行为。销售明知是假冒注册商标的商品，销售金额在5万元以上的。（3）本罪的犯罪主体为一般主体，无论是企事业单位还是个人，均可以构成本罪的主体。（4）本罪在主观方面是直接故意，其故意的内容为明知商品系假冒他人注册的商标而故意予以销售。

实践中有必要划清销售假冒注册商标的商品罪与一般商标侵权行为的界限。下列行为属一般商标侵权行为而非犯罪行为：（1）销售假冒注册商标的商品，销售金额未达到定罪标准的行为；（2）过失销售假冒注册商标的商品的；（3）销售未注册商标的假冒商品。

（三）非法制造、销售非法制造的注册商标标识罪

《刑法》第215条规定："伪造、擅自制造他人注册商标标识或者销售伪造、擅自制造的注册商标标识，情节严重的，处三年以下有期徒刑、拘役或者管制，并处或者单处罚金；情节特别严重的，处三年以上七年以下有期徒刑，并处罚金。"可见，非法制造、销售非法制造的注册商标标识罪的构成要件是：（1）本罪侵犯的客体，是国家对商标的管理制度和他人注册商标的专用权。（2）本罪在客观方面表现为行为人实施了非法制造、销售非法制造的注册商标标识的行为。如果情节只是一般而非严重，则属违反商标法的行为，行为人只承担民事责任或行政责任。如果行为人非法制造、销售非法制造的商标标识是他人没有注册的商标标识，则行为人也不构成犯罪。（3）本罪的主体为一般主体，即自然人和单位都可成为本罪的主体。（4）本罪在主观方面表现为故意。过失制造、销售他人注册商标标识的，不构成犯罪。

根据司法解释，伪造、擅自制造他人注册商标标识或者销售伪造、擅自制造注册商标标识，涉嫌下列情形之一的，应予追诉。（1）伪造、擅自制造他人注册商标标识或者销售伪造、擅自制造注册商标标识数量在2万件以上，或者非法经营数额在5万元以上，或者违法所得数额在3万元以上的；（2）伪造、擅自制造或者销售伪造、擅自制造两种以上注册商标标识数量在1万件以上，或者非法经营数额在3万元以上，或者违法所得数额在2万元以上的；（3）非法制造、销售非法制造的驰名商标标识的；（4）虽未达到上述数额标准，但因非法制造、销售非法制造的注册商标标识，受过行政处罚两次以上，又非法制造、销售非法制造的注册商标标识的；（5）利用贿赂等非法手段推销非法制造的注册商标标识的。

（四）假冒专利罪

《刑法》第216条规定："假冒他人专利，情节严重的，处三年以下有期徒刑或者拘役，并处或者单处罚金。"可见，假冒专利罪的构成要件是：（1）本罪侵犯的客体是他人的专利权和国家的专利管理制度。

（2）本罪在客观方面表现为违反国家专利法规，在法律规定的专利有效期内未经专利权人许可，假冒他人专利，情节严重的行为。根据《专利法》2008年修改的内容，冒充专利也是一种假冒行为，可以构成假冒专利罪。当然，只有假冒他人专利情节严重的行为，才构成假冒专利罪。超过专利保护期限使用专利技术和方法的行为，既不构成对他人专利的侵权，更不会构成对他人专利的犯罪。（3）本罪的犯罪主体为一般主体，自然人和单位都可构成本罪。（4）本罪在主观方面只能表现为故意，即明知自己实施的是他人专利技术或方法，又未获得专利权人的许可，为牟取不法利益而故意实施之。

根据司法解释，假冒他人专利，涉嫌下列情形之一的，应予追诉：（1）非法经营数额在20万元以上的；（2）违法所得数额在10万元以上的；（3）给专利权人造成直接经济损失50万元以上的；（4）假冒两项以上他人专利，非法经营数额在10万元以上或者违法所得数额在5万元以上的；（5）虽未达到上述数额标准，但因假冒他人专利，受过行政处罚两次以上，又假冒他人专利的；（6）有其他严重情节或恶劣影响的。

（五）侵犯著作权罪

《刑法》第217条规定："以营利为目的，有下列侵犯著作权情形之一，违法所得数额较大或者有其他严重情节的，处三年以下有期徒刑或者拘役，并处或者单处罚金；违法所得数额巨大或者有其他特别严重情节的，处三年以上七年以下有期徒刑，并处罚金：（一）未经著作权人许可，复制发行其文字作品、音乐、电影、电视、录像作品、计算机软件及其他作品的；（二）出版他人享有专有出版权的图书的；（三）未经录音录像制作者许可，复制发行其制作的录音录像的；（四）制作、出售假冒他人署名的美术作品的。"可见，侵犯著作权罪的构成要件为：（1）本罪侵犯的客体是复杂客体，即著作权人对其作品享有的著作权，著作权相关权益人（邻接权人）对传播作品享有的权利，以及国家对文化市场的管理秩序。（2）本罪在客观方面表现为《刑法》列举的4种情形。为应对网络技术带来的变化，《知识产权刑事司法解释》第11条第3款规定，通过信息网络向公众传播他人文字作品、音乐、电影、电视、录像作品、计算机软件及其他作品的行为，应当视为《刑法》第217条规定的"复制发行"。进而将网络上传播作品的严重违法行为，纳入刑事救济的范围。（3）本罪的主体是一般主体，公民、法人和非法人单位均可构成本罪主体。（4）本罪的主观方面表现为侵权人具有犯罪的故意，且以营利为目的。

根据相关司法解释，以营利为目的，实施上述侵犯著作权行为之一，违法所得数额在3万元以上的，属于"违法所得数额较大"；具有下列情形之一的，属于"有其他严重情节"，应当以侵犯著作权罪判处3年以下有期徒刑或者拘役，并处或者单处罚金：（1）非法经营数额在5万元以上的。（2）未经著作权人许可，复制发行其文字作品、音乐、电影、电视、录像作品、计算机软件及其他作品，复制品数量合计在500张（份）以上的；未经录音录像制作者许可，复制发行其制作的录音录像制品，复制品数量合计500张（份）以上的。（3）其他严重情节的情形。以营利为目的，实施上述侵犯著作权行为之一，违法所得数额在15万元以上的，属于"违法所得数额巨大"；具有下列情形之一的，属于"有其他特别严重情节"，应当以侵犯著作权罪判处3年以上7年以下有期徒刑，并处罚金：（1）非法经营数额在25万元以上的；（2）未经著作权人许可，复制发行其文字作品、音乐、电影、电视、录像作品、计算机软件及其他作品，复制品数量合计在2 500张（份）以上的；（3）其他特别严重情节的情形。

（六）销售侵权复制品罪

《刑法》第218条规定："以营利为目的，销售明知是本法第二百一十七条规定的侵权复制品，违法所得数额巨大的，处三年以下有期徒刑或者拘役，并处或者单处罚金。"可见，销售侵权复制品罪的构成要件为：（1）本罪侵犯的客体，是著作权人或邻接权人享有的著作权或邻接权及国家文化市场的管理秩序；（2）本罪的客观方面表现为销售侵权复制品的行为；（3）本罪的主体是个人或单位；（4）本罪的主观方面，只能是故意，且以营利为目的，过失不构成本罪。如果不是出于明知，而是出于过失，即使违法所得数额巨大，也不构成犯罪。

根据相关解释，违法所得数额在10万元以上的，或者违法所得数额虽未达到上述数额标准，但尚未销售的侵权复制品货值金额达到30万元以上的，属于"违法所得数额巨大"。我国《刑法》第218条规定，构成销售侵权复制品罪的，处3年以下有期徒刑或者拘役，并处或者单处罚金。

（七）侵犯商业秘密罪

《刑法》第219条规定："有下列侵犯商业秘密行为之一，给商业秘密的权利人造成重大损失的，处三年以下有期徒刑或者拘役，并处或者单处罚金；造成特别严重后果的，处三年以上七年以下有期徒刑，并处罚金：（一）以盗窃、利诱、胁迫或者其他不正当手段获取权利人的商业秘密的；（二）披露、使用或者允许他人使用以前项手段获取的权利人的商业秘密的；（三）违反约定或者违反权利人有关保守商业秘密的要求，披露、使用或者允许他人使用其所掌握的商业秘密的。明知或者应知前款所列行为，获取、使用或者披露他人的商业秘密的，以侵犯商业秘密论。"

可见，侵犯商业秘密罪的构成要件为：（1）本罪侵犯的客体是国家对商业秘密权利人的无形资产专有权和社会主义市场的管理秩序。（2）本罪在客观方面表现为侵犯商业秘密，给权利人造成重大损失的行为。主要包括该行为导致商业秘密的权利人造成50万元以上的损失，或者致使权利人破产或者造成其他严重后果的，就应该以犯罪论处。（3）本罪的主体为一般主体，自然人和单位均可构成本罪的主体。（4）本罪在主观方面由故意构成，包括直接故意和间接故意，过失不构成犯罪。

三、我国刑法对计算机犯罪的规定

现实中，网络知识产权犯罪行为往往与各种计算机犯罪纠缠在一起，呈现数罪并存的状态。为获得和传播知识产权，犯罪分子通过网络系统窃取商业秘密、计算机软件，破解权利人采取的各种技术措施。这些行为不仅危害权利人的民事利益，而且危害计算机信息系统网络安全、扰乱公共秩序，属于计算机犯罪。根据我国《刑法》规定，计算机犯罪主要包括以下罪名。

1．非法侵入计算机信息系统罪。《刑法》第285条第1款规定："违反国家规定，侵入国家事务、国防建设、尖端科学技术领域的计算机信息系统的，处三年以下有期徒刑或者拘役。"可见，非法侵入计算机信息系统罪的构成要件为：（1）本罪所侵犯的客体是国家重要领域计算机信息系统的安全。计算机信息系统是由计算机及相关的和配套的设备、设施（含网络）构成的，按照一定的应用目标和规则对信息进行采集、加工、储存、传输、检索等处理的人机系统。（2）本罪在客观方面表现为违反国家规定，非法侵入国家事务、国防建设、尖端科学技术领域的计算机信息系统。它不以发生特定的犯罪结果为构成要件，只要行为人实施了非法侵入行为，就构成本罪。（3）本罪的主体是一般主体，自然人和单位均可构成本罪的主体。（4）本罪的主观方面是故意。

2．非法获取计算机信息系统数据、非法控制计算机信息系统罪。《刑法》第285条第2款规定："违反国家规定，侵入前款规定以外的计算机信息系统或者采用其他技术手段，获取该计算机信息系统中存储、处理或者传输的数据，或者对该计算机信息系统实施非法控制，情节严重的，处三年以下有期徒刑或者拘役，并处或者单处罚金；情节特别严重的，处三年以上七年以下有期徒刑，并处罚金。"可见，非法获取计算机信息系统数据、非法控制计算机信息系统罪的构成要件为：（1）本罪所侵犯的客体是普通计算机信息系统的安全；（2）本罪在客观方面表现为对国家重要领域以外的计算机信息系统上存储、处理或者传输的数据非法获取或者非法控制；（3）本罪的主体是一般主体，自然人和单位均可构成本罪的主体；（4）本罪的主观方面是故意。

3．提供侵入、非法控制计算机信息系统程序、工具罪。《刑法》第285条第3款规定："提供专门用于侵入、非法控制计算机信息系统的程序、工具，或者明知他人实施侵入、非法控制计算机信息系统的违法犯罪行为而为其提供程序、工具，情节严重的，依照前款的规定处罚。"

4．破坏计算机信息系统功能罪。《刑法》第286条第1款规定："违反国家规定，对计算机信息系统功能进行删除、修改、增加、干扰，造成计算机信息系统不能正常运行，后果严重的，处五年以下有期徒刑或者拘役；后果特别严重的，处五年以上有期徒刑。"可见，破坏计算机信息系统功能罪的构成要件为：（1）本罪所侵犯的客体是社会管理秩序，犯罪对象是计算机信息系统功能。计算机信息系统功能，是指计算机信息系统按照一定的应用目标和规则对信息进行采集、加工、存储、传输、检索等处理的能力，包括自身工作运行功能和借助软件发生的应用功能。（2）本罪的客观方面是实施了破坏计算机信息系统功能的行为。其表现方式包括删除、修改、增加、干扰等多种途径。（3）本罪的主体是一般主体，自然人和单位均可构成本罪的主体。（4）本罪的主观方面是故意。

5．破坏计算机信息资料、应用程序罪。《刑法》第286条第2款规定："违反国家规定，对计算机信息系统中存储、处理或者传输的数据和应用程序进行删除、修改、增加的操作，后果严重的，依照前款的规定处罚。"

6．制作、传播破坏性程序罪。《刑法》第286条第3款规定："故意制作、传播计算机病毒等破坏性程序，影响计算机系统正常运行，后果严重的，依照第一款的规定处罚。"

第四节　程序保障措施

一、纠纷解决方式

网络知识产权纠纷发生后，必须借助法律允许的途径解决。网络知识产权纠纷可以调解，也可以根据当事人达成的书面仲裁协议或者网络知识产权合同中的仲裁条款，向仲裁机构申请仲裁。当事人没有书面仲裁协议，也没有在合同中订立仲裁条款的，可以直接向人民法院起诉。

调解，是指当事人在调解组织的主持下达成的和解。主持调解的组织可以是知识产权行政管理部门和其他组织。采取调解这种途径处理纠纷完全取决于当事人的自愿。调解组织在调解的过程中，只能采取说服教育的方式，不得以强迫的方式来促使当事人达成协议。当事人之间是否愿意达成协议、达成什么样的协议，取决于当事人的自由意志。同时，调解并不是解决纠纷的法定必经程序，调解协议不具备法律效力。达成协议后一方反悔的，当事人可以采取其他途径解决纠纷。诉讼中也可以由法院主持下进行调解。网络知识产权案件的调解结案率一向比较高。例如北京市第一中级人民法院1993~2007年审结的一、二审侵犯计算机软件著作权纠纷案件中，以调解撤诉案的占46%，占有较高比例。❶

仲裁，是指仲裁机构依照一定的仲裁程序和法律，对当事人之间的网络知识产权纠纷进行裁决的一种活动。仲裁机构受理著作权纠纷仲裁申请，应遵循法律的规定。当事人向仲裁机构申请仲裁，其依据是合同中的仲裁条款或事后达成的书面仲裁协议，缺少这一条件，仲裁机构不得受理当事人的申请，可告知当事人向人民法院起诉。仲裁机构对知识产权纠纷作出的仲裁，具备法律效力。一方当事人不履行仲裁裁决，另一方当事人可向人民法院申请强制执行。同时，当事人一方认为仲裁机构的仲裁在程序上不符合法律的规定，或仲裁员有贪赃枉法裁判的行为，或仲裁裁决适用法律有错误的，可以向人民法院申请撤销仲裁，或向人民法院申请裁定不予执行。除此之外，仲裁裁决是终局裁决，当事人不得就裁决结果向人民法院再行起诉。

诉讼是指通过向具有管辖权的法院起诉的形式解决纠纷的法律行动，包括民事诉讼、行政诉讼和刑事诉讼三类。其中，民事诉讼是平等主体之间发生民事纠纷后，一方当事人向人民法院起诉要求对方当事人承担民事

---

❶ 北京市第一中级人民法院知识产权庭编著：《知识产权审判分类案件综述》，知识产权出版社2008年版，第45页。

责任的诉讼活动；行政诉讼是知识产权行政管理部门与相对人之间因具体行政行为引起的诉讼活动；刑事诉讼是公安机关立案侦查的网络知识产权刑事犯罪经由检察机关提起公诉，或者受害人在满足一定条件时提起自诉，进而追究犯罪嫌疑人刑事责任的诉讼活动。

二、诉讼管辖

网络知识产权诉讼管辖是司法机关在受理著作权民事案件、行政案件和刑事案件时在不同司法机关内部的分工和地域权限划分，主要包括级别管辖和地域管辖两种情形。在诉讼管辖的确立原则上，与普通知识产权诉讼管辖并无根本不同。

针对网络知识产权侵权纠纷中侵权行为地确立时存在的特殊情况，相应的司法解释明确规定：网络知识产权侵权纠纷案件由侵权行为地或者被告住所地人民法院管辖。侵权行为地包括实施被诉侵权行为的网络服务器、计算机终端等设备所在地。对难以确定侵权行为地和被告住所地的，原告发现侵权内容的计算机终端等设备所在地可以视为侵权行为。

在瑞德公司与东方信息服务有限公司侵害网站主页著作权上诉案❶中，瑞德公司发现东方公司网站的主页在内容结构、色彩、图案、版式、文字描述等方面均与其主页相同或类似，遂以东方公司侵犯其著作权和商业秘密为由向北京市海淀区人民法院提起诉讼。后东方公司提出管辖权异议，认为北京市海淀区既非侵权行为地又非被告住所在地，对该案无管辖权。海淀区法院裁定管辖权异议理由不能成立，予以驳回。东方公司不服，向北京市第一中级人民法院提起上诉。北京市第一中级人民法院经审查认为，因特网上的网页及其他信息是能够被复制的，而在因特网上进行访问或复制必须同时具备两个条件：（1）使用终端计算机；（2）通过因特网进入存有相关内容的服务器。因此，因特网上的复制既涉及被访问

---

❶ 北京市第一中级人民法院民事判决书〔1999〕一中知终字第64号；北京市海淀区人民法院民事裁定书〔1999〕海知初字第21号。

者的服务器，又涉及访问者的终端计算机，服务器所在地及终端计算机所在地均可视为复制行为的发生地。因此，二审法院裁定驳回上诉，维持原裁定。

三、执法措施

网络知识产权的执法措施包括诉前停止侵权行为、诉前证据保全和诉前财产保全等三种。这是落实TRIPs协定要求的举措，❶也在一定程度上细化和完善了我国民事诉讼法的有关规定。《最高人民法院关于诉前停止侵犯注册商标专用权行为和证据保全适用法律问题的解释》和《最高人民法院关于对诉前停止侵犯专利权行为适用法律问题的若干规定》对此进行了明确规定。主要包括以下措施：（1）诉前停止侵权行为。当权利人有证据证明他人正在实施或者即将实施侵犯其权利的行为，如不及时制止将会使其合法权益受到难以弥补的损害的，可以在起诉前向人民法院申请采取责令停止有关行为的措施。（2）诉前证据保全。为制止侵权行为，在证据可能灭失或者以后难以取得的情况下，权利人可以在起诉前向人民法院申请保全证据。人民法院在接受申请后，必须在48小时内作出裁定。裁定采取保全措施的，应当立即执行。人民法院可以责令申请人提供担保，申请人不提供担保的，驳回申请。申请人在人民法院采取措施后15日内不起诉的，人民法院应当解除保全措施。（3）诉前财产保全。当权利人有证据证明他人正在实施或者即将实施侵犯其权利的行为，如不及时制止将会使其合法权益受到难以弥补的损害的，可以在起诉前向人民法院申请采取财产保全的措施。根据民事诉讼法的规定，申请人应当提供担保，不提供担保的，驳回申请。人民法院在接受申请后，必须在48小时内作出裁定。裁定采取保全措施的，应当立即执行。申请人在人民法院采取措施后15日

---

❶ 该协定第50条规定，为了制止侵犯知识产权的行为，以及为了保存与侵权有关的证据，各成员的司法当局可以下令采取及时有效的临时措施，以保障知识产权所有人的合法权益。

内不起诉的，人民法院应当解除保全措施。申请有错误的，申请人应当赔偿被申请人因财产保全所遭受的损失。

第十四章 网络服务提供者侵犯知识产权
的责任及限制

　　网络上的各种侵犯知识产权行为，多借由网络服务提供者所提供的平台而为之。实践中，知识产权人如果可以在打击侵权方面得到网络服务提供者的协作，必将有助于加速移除相应的侵权资料，在节约成本的同时实现权利的有效维护。与此同时，网络服务提供者往往也会存有"共同侵权"的担心，从而设置对其责任予以限制的条款，以有利于网络运营产业的发展。只有厘清了网络服务提供者的责任和义务，网络服务提供者才可按照要求依法移除侵权资料，享有责任豁免，避免逾越合法的边界。这样也会给网络服务提供者设置了警戒线，因而更好保护知识产权人的利益。从这个意义上看，网络服务提供者的法律责任及其限制，是网络知识产权保护中特殊而有效的一环。

第一节　网络服务提供者的基本理论

一、网络服务提供者的概念

　　网络服务提供者是对提供网络内容和相关服务的各种实体的总称。在网络环境下，任何信息的传输都离不开网络服务提供者这一角色的参与：从权利人的角度来说，他需要通过各种服务提供者和网络内容服务提供者才能发布自己的信息和从事相应的交易；从公众的角度来看，公众获取信息也必须在网络服务提供者提供接入服务的前提下从内容服务提供者那里获取网络信息，或者在服务提供者的配合下进行数字信息的传输，或者经由网络服务提供者而购买相应的商品。网络服务提供者的概念界定中，存在广义说、中义说和狭义说之分。

广义说认为，网络服务提供者包括网络内容提供者（ICP）和提供各种网络服务的经营实体（IAP）以及网络终端用户。按照该种学说，一切通过互联网提供信息服务和内容服务的自然人、法人或团体均可以成为网络服务提供者。例如，《德国多媒体法》规定："网络服务提供者是以自身或第三方的资源向公众提供多媒体信息服务或提供接入服务的自然人、法人或团体。"我国2005年通过的《互联网著作权行政保护办法》将网络服务提供者涵盖网络内容提供者、网络连线提供者以及互联网发布相关内容的上网用户。

中义说认为，网络服务提供者是指通过信息网络向公众提供信息或者获取网络信息等目的提供服务的机构。2000年颁布并于2003年、2006年修改的《最高人民法院关于审理涉及计算机网络著作权纠纷案件适用法律若干问题的解释》，将网络服务提供者作为总概念，用以涵盖包括提供内容服务的所有网络服务提供者。2012年通过的《最高人民法院关于审理侵害信息网络传播权民事纠纷案件适用法律若干问题的规定》废止了上述司法解释，但仍然采取中义的网络服务提供者概念，并将网络用户与网络服务提供者区别开来，也就是说，网络服务提供者不包括网络用户。此外，我国2006年通过的《信息网络传播权保护条例》虽然没有明确界定网络服务提供者的含义，但是从立法意旨上看，采用的也是中义说。

狭义说认为，网络服务提供者仅仅指的是接入服务提供者，包括提供管道服务、缓存服务、搜索服务、链接服务和存储空间服务的网络服务提供者。根据狭义说，网络服务提供者是与网络内容提供者相互对应的两个平行概念。例如，《美国版权法》第512条明确规定："网络服务提供者是指按照用户的要求在两用户或多用户之间提供传输、邮件路由、提供网上实时数字通讯或者是提供资料检索，并且不对其接收和发送的信息做任何修改的服务实体。"

鉴于国内立法和司法解释的实际情况，中义说更为妥当。具体言之，网络服务提供者是指通过信息网络向公众提供信息或者获取网络信息等目的提供服务的机构。包括为公众提供接入互联网服务、传输服务对象的信息，或者为单位或者个人出租网页，或者提供搜索或者链接服务，或者通过网络提供自己制作、搜集的信息等。这些机构既包括各种营利性网站、电信公司，也包括通过信息网络提供作品、表演、录音录像制品的非营利性图书馆、教育机构、国家机关等，还包括通过信息网络提供交互式广播电视节目的电台、电视台等。❶根据该界定，网络用户与网络服务提供者是既相互区别又存在一定联系的两个不同范畴：在多数情况下，网络个人用户是网络信息的消费者，是网络服务提供者拟定提供服务的对象；在某些情况下，网络用户也可以借助相应的技术手段，向网络空间或者是其他共享用户提供置放在特定空间上的信息，进而成为网络服务提供者。

二、网络服务提供者的分类

就目前的技术发展状况而言，网络服务提供者主要包括传输通道服务提供者、系统缓存服务提供者、信息存储空间服务提供者、搜索服务提供者、链接服务提供者、对等网络服务提供者、网络内容提供者、网络交易平台服务提供者等。下面分别对它们各自的基本含义进行简要阐述。

1. 传输通道服务提供者。这是指通过其所控制或营运之系统或网络，提供信息传输、发送、联机或在此过程中的暂时储存或中介服务。该服务是由网络服务提供者以外之人所发动或请求自动生成，且未就该信息为任何修改的服务提供者。例如中国电信、中国联通在互联网中提供接入服务，就是传输通道服务提供者。

2. 系统缓存服务提供者。这是指应使用者的要求传输信息后，通过其控制或营运或委托他人管理的系统或网络，依当时技术将该信息为暂时

---

❶ 张建华主编：《信息网络传播权保护条例释义》，中国法制出版社2006年版，第52页。

储存或中介服务，供其后的使用者存取该信息，以加速网络传输的服务提供者。经过系统缓存，后续用户对相同信息的访问要求不需另行从原网站重新取得，既降低了对服务提供商的带宽要求，又减少了用户的等待时间。

3．信息存储空间服务提供者。这是指通过其所控制或营运的系统或网络，应使用者的要求提供信息储存的服务提供者。它主要有以下形式：（1）向他人出租或免费提供磁盘空间，供不具有独立开办网站能力的组织或者个人通过网站向公众提供信息，营造虚拟的单位网站或者个人主页。这些虚拟网站或个人主页由使用者自己"经营"、自己提供信息，网络服务提供者一般不予干预，类似现实世界出租房屋的情况。（2）网络服务提供者利用这些磁盘空间开辟公共交流平台，如设立网络聊天室、公共论坛等，供上网公众上传信息、交流意见。（3）网络服务提供者利用这些磁盘空间向服务对象有偿或者免费提供存储服务，存储服务对象的作品、表演、录音录像制品等，如建立家庭相册，供服务对象将自己的照片数字化后上载到网络服务提供者提供的磁盘空间中。❶（4）视频及其他类型作品的分享网站。网络服务提供者提供存储空间供公众上传视频、论文、音乐等内容。

4．搜索服务提供者。这是指给使用者有关网络信息的索引、参考、搜寻等项目的服务提供者。它主要包括两种情形：（1）普通的搜索服务。通过该种服务，使用者可以获取网络上有关信息的排列和索引。（2）专业的搜索服务。通过该种服务，使用者可以专门获取图片、音乐、学术资料等内容和特定类型、格式信息的排列和索引，或者在某一特定的网络、空间获取相应的排列和索引。例如专门搜索图片、音频和视频的搜索引擎。

5．链接服务提供者。网络链接是万维网的核心技术，就链接表现及

---

❶ 张建华主编：《信息网络传播权保护条例释义》，中国法制出版社2006年版，第83~84页。

技术层次而言，一般划分为一般性链接和深层次链接，前者指在跨越性链接中设链者的页面瞬间转变为被链接者的页面及具体文字、图像；深层次链接在跨越性链接中把他人网页上的内容部分或者全部转变为设链者页面的内容，被链接的网站名称、网页标志往往被隐去。

上述第（4）种和第（5）种类型的网络服务提供者在法律性质和法律地位上具有若干相同的特征，在我国《信息网络传播权条例》中将它们置放在一起进行规范，并统称为提供搜索或链接服务的网络服务提供者，在理论上，也可称为提供定位服务的网络服务提供者。

6. 对等网络服务提供者。对等网络即P2P（Peer to Peer）网络，是近几年新兴的一种网络技术。它是指由若干互联协作的计算机构成的，其系统依存于网络终端（非中央式服务器）设备的主动协作，每个成员直接从其他成员而不是从服务器的参与中受益，系统中成员同时扮演服务器与客户端的角色，系统应用的用户能够意识到彼此的存在，构成一个虚拟或实际的群体的网络系统。对等网络与传统的服务器/客户端（C/S）模式不同。在对等网络架构中，每一个节点的地位是对等的，在数据传输中每个节点既承担服务器的角色，又承担客户端的角色。

7. 网络内容提供者。网络内容提供者是指拥有自己的主页，通过互联网定期或不定期地向网络用户提供信息服务并以此为业的网络经营者。它们一般有自己的信息资源，能为用户提供全方位的信息和较大区域内的联网能力；它们一般对其网页上的内容进行有组织的采集、筛选、加工，并将信息置于公众可以访问的状态。

8. 网络交易平台提供者。通过网络进行电子商务交易包括三种形式：（1）企业之间通过数据电文的形式从事货物贸易或服务贸易（Business to Business，B2B）；（2）企业通过自己建立的或服务商提供的网络平台向消费者销售货物或提供服务（Business to Consumer，B2C）。目前一些大型IT企业，如IBM、索尼、联想等都建立了自己的B2C交易平台。（3）专业网络服务公司设立的用于进行商品交易之虚拟交易空间，往往通过会员、用户等形式为众多卖家和众多买家构筑了一个电子或网络交易市场（E-exchanges、E-marketplace或Net markets）。通过该平台，个人通过第三方搭建的网络平台进行货物和服务的交换（Consumer to Consumer，C2C）。国外最为著名的是eBay，国内较为成功的有淘宝、易趣和雅宝等。

上述第一种和第二种网络电子商务形式，在实际生活中发挥着重要作用。但是在具体的法律保护需求和规则设计上，与现实空间并无太多特别之处。换言之，现实生活中的企业通过电子形式向企业或消费者提供商品，都必须遵守与现实空间销售商品或提供服务完全相同的义务，如果提供的是盗版产品，假冒专利的产品或者仿冒商标的商品，毫无疑问应该承担相应的侵权责任。

在网络时代具有特别意义的是第三种网络交易机构，那就是网络交易平台服务提供者。中国电子商务协会2005年5月发布的《网络交易平台服务规范》第2条分别规定了网络交易平台提供商和网络交易平台的概念。其中，网络交易平台提供商指从事网络交易平台运营和为网络交易主体提供交易服务的法人；网络交易平台是指为各类网络交易（包括B2B、B2C和C2C交易）提供网络空间以及技术和交易服务的计算机网络系统。它是一种市场化的平台，所占用的是在电子网络条件下的虚拟空间。

三、网络服务提供者的法律地位

关于网络服务提供者的法律地位，学者们的观点也不尽相同。一种观点认为，网络服务提供者起着信息传输者的作用，因此其地位应该是出版者或新闻媒体。另一种观点认为，网络服务提供者是一个全新的法律主体，它不同于传统的出版者，不能以出版者的义务要求网络服务提供者。❶笔者基本认同后一种观点，认为应该从以下几方面把握网络服务提供者的法律地位。

---

❶　张新宝主编：《互联网上的侵权问题研究》，中国人民大学出版社2003年版，第34~35页。

首先，网络服务提供者是一种全新的法律主体。《信息网络传播权保护条例》规定网络服务提供者的义务、责任和"避风港"，既可以看作是对权利人信息网络传播权的保护，也表明网络服务提供者的地位特殊性。或者说，网络服务提供者是互联网上极其重要的利益相关者。

其次，网络服务提供者具有多元性，不同服务提供者在法律上的地位不完全相同，有的甚至有巨大差异。网络服务提供者的类型多样，网络经营产业也具有多元化的特征。不同的网络服务提供者在责任承担和责任豁免规则上有不同的法律规定。例如，网络内容提供者和网络连接服务提供者的地位不一样，定位服务提供者和存储空间服务提供者的地位不一样。因此，有必要结合具体的网络服务提供者类别综合判定各自的法律地位。

再次，网络服务提供者是继报纸、广播、电视之后兴起的"第四媒体"。对于网络服务提供者的媒介作用，虽然可以类比报纸、广播、电视等新闻媒体，但是它在著作权法上的地位却有其特殊性。作为一种新型的传播者，网络服务提供者还没有在法律上获得邻接权人的身份。虽然著作权法上有出版者权、广播电视组织者权，但并不存在网络服务提供者权。也就是说，网络服务提供者虽然是著作权法上的传播者，但并不享有传播者权。此外，即便是作为新的传播媒介，网络服务提供者在传播作品、表演、录音录像制品和广播电视节目时，具有自由、高速、效率、综合、容纳、宏大、中性等特征，因此网络服务提供者所应承担的义务和所能享有的责任豁免规则，也与传统媒介有着很大的差别。

最后，网络交易平台提供者是在电子商务中出现的新型中介服务类型。关于网络交易平台服务提供商的法律定位，司法实践中却存在不同的观点，主要包括卖方与合营者说、柜台出租者说、居间者说、新型媒体说和中介服务商说。❶笔者认为，网络交易平台提供者不同于网络内容提供商，它的运营模式是提供网络交易平台，卖家在网上发布商品信息，买家

---

❶ 陈明涛、汪涌："论网络交易平台服务提供商的版权责任"，载《知识产权》2010年第4期。

通过浏览网站平台信息，直接与卖家联系交易事项，应属于一种新型的中介服务提供商。在具体的侵权类型上，网络交易平台提供者如果没有尽到合理注意义务，更容易侵犯商标权。当然，在某些情况下，也会侵犯著作权和专利权。因此，其所应具有的法律地位与网络内容提供者和其他网络服务提供者存在不同。

四、网络服务提供者的义务

网络服务提供者在提供网络信息服务时，必须履行相应的法律义务。不同国家的法律，对于网络服务提供者的义务要求不尽相同；不同类型的网络服务提供者，在法律上应该履行的义务也有所区别。具体来说，网络服务提供者的义务主要包括以下方面。

1. 信息披露义务。由于网络服务提供者从技术上讲，可能掌握着其注册用户身份的记录，所以可在符合法律规定条件下，网络服务提供者有义务提供侵权人的各种必要信息。《信息网络传播权保护条例》第13条规定：著作权行政管理部门为了查处侵犯信息网络传播权的行为，可以要求网络服务提供者提供涉嫌侵权的服务对象的姓名（名称）、联系方式、网络地址等资料。该法律只规定了行政执法机关责令信息披露的制度，而没有规定权利人在诉讼中申请由法院责令网络服务商披露信息的规则。实践中，法院也会支持权利人的申请，毕竟这是开展诉讼所不可或缺的环节，也符合民事诉讼法有关证人提供真实信息的义务和要求。

实践中，有些网络服务提供者以商业秘密为由拒绝或者拖延提供其服务对象的有关资料，应该如何处理？《信息网络传播权保护条例》第25条规定，网络服务提供者无正当理由拒绝提供或者拖延提供涉嫌侵权的服务对象的姓名（名称）、联系方式、网络地址等资料的，由著作权行政管理部门予以警告；情节严重的，没收主要用于提供网络服务的计算机等设备。

网络服务提供者的信息披露义务一般有三种情况：（1）权利人在发现侵权后，径行向网络服务商提出请求，要求披露有关用户的信息；

（2）权利人在发现侵权后向国家行政管理部门投诉，或者知识产权管理部门依照职权在查处违法案件时，由行政执法部门责令披露有关信息；

（3）权利人在发现侵权后向法院起诉，通过司法程序诉请网络服务商提供有关信息。

对于第一种情况，大多数国家并不允许。因为这种不受控制的状态会导致网络用户个人隐私、商业秘密的泄露，无法保证通信自由。特别是有的服务对象与网络服务商签署了书面保密合同，提供服务对象的资料还会直接违反合同规定。但我国2006年颁布的《最高人民法院关于审理涉及计算机网络著作权纠纷案件适用法律若干问题的解释》第5条规定："网络内容提供者对于著作权人要求其提供侵权行为人在其网络的注册资料以追究行为人的侵权责任，无正当理由拒绝提供的应承担民事责任。"这一规定将网络内容提供者置于不经司法程序就径行披露信息的境地，容易产生权利人滥用权利、网络服务商违背约定以及网络用户隐私、民事权益受到侵害等系列不良后果。2012年通过的《最高人民法院关于审理侵害信息网络传播权民事纠纷案件适用法律若干问题的规定》废止上述司法解释，也没有再对此作出规定。

对于第二种情况，主要发生在存有知识产权行政执法的国家。例如我国《信息网络传播权保护条例》规定，著作权行政管理部门为了查处侵权行为，需要了解涉嫌侵权的服务对象的资料，网络服务商有责任予以协助。

第三种情况比较常见，也为大多数国家所采用。《美国数字千年版权法》（DMCA）第512节（h）规定：为了限制网络服务商的法律责任，著作权人可以从联邦法院获得一项要求网络服务商提供被诉从事侵权活动的人的身份资料的传票。在此种情况下披露其用户的个人信息不承担侵权责任。英国的法律也规定，原告有权要求网络服务商提供侵权信息，但必须向法院申请强制令。

2. 告知义务。网络服务提供者应通过适当的手段宣传著作权政策，设定相应的警示标语，告知使用者应该遵循相应的著作权规范，如在网络首页以契约形式载明"著作权保护政策"的链接，或者张贴资讯时跳出警示信息等。同时，告知网络服务提供者自身的信息，包括网络服务提供者的名称、联系人、网址等内容，或者告知用户有些技术手段能够阻止或选择某种服务。网络交易平台提供商应将交易信息和交易情况在不违反隐私保护及国家相关法律法规要求的前提下通过系统设置告知交易当事人。

3．排除侵害的义务。网络服务提供者乃是可以最低限度排除知识产权侵害之人，因此，在有能力控制侵权或者在明知侵权的情形下，网络服务提供者应该负有排除继续侵害的义务。按照法律的规定，网络服务提供者在接到权利人通知请求删除违法信息的，只要满足法律规定的条件和程序要求，网络服务提供者就应该删除相应的信息。比利时法律还要求服务提供者在发现违法行为或者用户提供的违法信息后，及时通知相关司法或行政机关。

4．审查义务。审查义务是指具有"编辑控制权"的信息发布者对控制的信息进行实质性审查与选择，判定作品等信息的内容是否构成侵权，并最终决定是否将其公布的义务。审查义务广泛存在于模拟环境下的出版社、杂志社、报社、广播电台、电视台等媒体。从性质上看，著作权审查义务是私法审查义务，不包括信息发布者根据国家公共管理需要对反动、淫秽、色情、暴力等信息的公法审查义务。就此而言，它可区分为一般审查义务和特定审查义务：前者是对所有可控制的信息都应该进行审查，后者则仅仅针对某些类型或者特定范围的信息进行审查。在数字环境下，并非所有的网络服务提供者都应该承担一般审查义务。一般而言，网络内容提供者被认为类似于模拟环境下的出版社等媒体。这些服务提供者不仅聘请专业的编辑审稿人员，具有"编辑控制权"，而且其基本的运作模式也可以被理解为是网络出版、网络广播等。至于其他服务提供者，则往往没有一般审查义务。

有司法判例认为，网络交易平台服务提供者应该承担最低限度的审查义务。在"友谊出版公司诉淘宝网"❶一案中，友谊出版公司享有在中国大陆范围内以图书形式出版《盗墓笔记4》的专有权利。2008年11月，原告发现被告杨某以明显不合理的低价，通过开设在被告淘宝网公司网站（域名为http://www.taobao.com）上的网店销售《盗墓笔记4》。经过确认，杨某所销售的涉案图书系盗版图书，因此，友谊出版公司向法院提起诉讼，认为杨某的行为侵犯了原告享有的专有出版权，而淘宝网作为提供交易服务平台的主体，对在其网上销售的涉案图书及销售主体资格未尽到合理的审查义务，且对以明显低于市场价格销售图书的信息未尽到及时删除的义务，为非法销售盗版图书提供了渠道和便利，已经参与到被告杨某的侵权环节之中，与被告杨某构成共同侵权，应承担连带责任。在其他国家的判例中，这一审查义务的范围甚至更为广泛。例如Hendricksonv. Ebay, Inc案❷中，法官就认为，交易平台提供商应该对一些显而易见的关键词进行搜索并予以删除，如"盗版""非法贩卖""假冒""水货""枪版"等。

5. 监控义务。监控义务不同于审查义务，它旨在运用技术手段（包括技术标准、过滤技术和指纹技术）等主动控制和避免某些作品在互联网上传播。一般来说，网络服务提供者没有监控网络活动的义务，相反在提供服务时却负有保持中立地位的义务。❸《欧盟电子商务指令》第15条也明确规定：成员国不得规定网络服务商负有监视其传输或存储的信息的义务，以及积极发现相关侵权事实的义务。美国DMCA第512条（m）款规定：网络服务商没有监视网络、寻找侵权活动的义务。但上述规定并不

---

❶ 北京市东城区人民法院民事判决书〔2009〕东民初字第02461号。

❷ Hendrickson v. Ebay, Inc, 165 F. Supp. 2d 1085（C.D. Cal. 2001）.

❸ 蒋志培主编：《著作权新型疑难案件审判实务》，法律出版社2007年版，第30页。

意味着在某些情况下，❶为某种类型的网络服务提供者设定监控义务。例如，可以要求网络服务提供者监控反复侵权活动，或者采纳通用技术标准和过滤技术等监控特定类型的作品。

6. 合理注意义务。网络服务提供者对其经营或者管理的网站负有作为善良管理人的合理注意义务。这既是权利人主张侵权诉讼时认定网络服务提供者是否存在主观过错的判定标准，也是网络服务提供者在主张责任豁免时的必要条件。当然，网络服务提供者提供服务的性质不同，上传对象不同，所从事的行为不同，都会导致不同的注意义务。例如根据司法解释规定，在某些情形下，提供信息存储空间和定位服务的网络服务提供者应该承担更高的注意义务。例如，网络服务提供者从服务活动中直接获得经济利益，或者对于热播影视作品等设置榜单、目录、索引、描述性段落、内容简介等方式进行推荐，将热播影视作品等置于首页或者其他主要页面，或者对热播影视作品按照主题、内容主动进行选择、编辑、整理、推荐或者设立专门的排行榜等，就应该承担更高的注意义务。因此，判定网络服务提供者侵权责任的主观要件和责任豁免"避风港"规则的主观要件，都必须对网络服务提供者是否尽到合理的注意义务进行综合判定。

第二节　网络服务提供者的侵权责任

网络存在和发展的根本原因在于它能为人们之间的信息交流提供较以往任何方式更加方便有效的服务。但是，在网络服务中也很容易出现侵犯知识产权的现象。一般来说，确认网络服务提供者的责任，需要从以下方面进行评估：（1）提供者是否公开传输内容或仅提供内容的接入服务；（2）提供者提供的内容是自己的还是第三方的；（3）提供者是否对违法

---

❶　《欧盟电子商务指令》"序言"第17章指出，成员国可以根据本国立法在特定情形下为服务商设置监控义务。美国DMCA在规定避风港制度时，要求网络服务提供者采取符合行业要求的技术标准。

内容知情；（4）提供者在技术上是否可以合理阻断访问这些侵权内容。❶
具体来说，网络服务提供者侵犯知识产权的责任主要包括直接侵权责任、
间接侵权责任和替代侵权责任三种。

一、网络服务提供者的直接侵权责任

网络服务提供者的直接侵权责任是指网络服务提供者由于直接侵权
行为而应承担的民事责任。根据侵权法的理论，只要未经知识产权人的同
意，也没有法律规定的免责事由下，擅自实施受专有权控制的行为即可构
成"直接侵权"。由于在我国侵犯知识产权的民事责任形式包括停止侵
害、排除妨碍、赔礼道歉和损害赔偿等多种形式，所以行为人主观上是否
有过错，只影响损害赔偿责任的判定，并不影响其他责任形式的认定。

首先，主体要件。网络内容提供者是可以承担普通侵权责任的主体。
在此种情形下，侵权者可能表现为网络出版者、数据库制作者、数字图书
馆、远程教育机构、P2P服务中的用户等。至于其他服务提供者，因为并
不直接复制、点播、广播和表演作品等信息，公众也并不能在该服务提供
者处直接获得作品、表演和录音录像制品，因此不会构成直接侵犯著作权
的法律责任。

在电子商务活动中，网店是直接向消费者或者其他厂家提供商品的网
络经营者，也可以构成直接侵犯著作权、专利权和商标权的主体。在电子
商务迅猛发展的同时，网络购物领域侵犯知识产权的现象时有发生，影响
了正常的市场秩序，妨害企业竞争力和创新积极性，也损害了我国的国际
形象。因此，加大知识产权保护力度、维护公平有序的市场环境、促进网
络购物健康快速发展，是当前面临的一项重要任务。

其次，主观要件。网络服务提供者承担直接侵权的损害赔偿责任应以
过错为主观要件。一般情形下，该损害赔偿责任既可因故意亦可由过失而

---

❶ ［德］马库斯·斯特凡布勒默："因特网服务提供商在德国和欧洲法中违反版权的
责任"，载《版权公报》2001年第2期。

发生。在判断其网络内容提供者是否应知侵权行为发生时，由于其与期刊社、出版社具有相同的审查义务，所以可以参照有关规定处理。具言之，如果网络内容提供者明知侵权作品而在互联网上提供，或者应该知道上传的是侵权作品却未尽到审查义务的，都可以认定为具有主观过错，可以承担损害赔偿责任。在判断网络经营者在电子商务活动中是否侵犯著作权、专利权或者商标权时，也需要坚持相同的判断原则。

最后，客观方面。侵权者实施了受知识产权人控制的行为。实践中，网络服务提供者实施的直接侵犯著作权行为主要有以下情况：（1）服务提供者未经著作权人同意擅自将网下报纸、杂志、文字图片上载网络；（2）网络服务提供者未经著作权人同意擅自转载网络著作权人的作品；（3）网络服务提供者未经著作权人同意擅自公开或传播协议不公开的著作权人作品等；❶（4）网络服务提供者以提供网页快照、缩略图等方式实质替代其他网络服务提供者向公众提供相关作品的；❷（5）网络服务提供者通过信息网络擅自向公众提供他人作品、表演、录音录像制品的其他行为。网络服务提供者实施的直接侵犯商标权行为则主要是指在网上销售侵权产品，或者选取、使用他人注册商标的图形、图像并入自己的网页，或者将他人的注册商标用作自己网页上的链接标志，以及网络搜索提供商将自己的客户搜索前置等方式。如果行为人销售假冒商品，或者对他人注册商标进行突出性使用，使普通消费者产生误解，则构成网上商标侵权行为。

二、网络服务提供者的间接侵权责任

网络服务提供者的间接侵权责任是指网络服务提供者就其间接侵权

---

❶　乔生：《信息网络传播权研究》，法律出版社2004年版，第92页。

❷　根据司法解释，该提供行为不影响相关作品的正常使用，且未不合理损害权利人对该作品的合法权益，网络服务提供者主张其未侵害信息网络传播权的，人民法院应予支持。

行为而应该承担的民事责任。此时，网络服务提供者并没有直接实施侵权行为，而是因引诱教唆行为和帮助行为等间接侵权行为而承担责任。《侵权责任法》第36条规定："网络用户、网络服务提供者利用网络侵害他人民事权益的，应当承担侵权责任。网络用户利用网络服务实施侵权行为的，被侵权人有权通知网络服务提供者采取删除、屏蔽、断开链接等必要措施。网络服务提供者接到通知后未及时采取必要措施的，对损害的扩大部分与该网络用户承担连带责任。网络服务提供者知道网络用户利用其网络服务侵害他人民事权益，未采取必要措施的，与该网络用户承担连带责任。"《最高人民法院关于审理侵害信息网络传播权民事纠纷案件适用法律若干问题的规定》第7条第1款规定："网络服务提供者在提供网络服务时教唆或者帮助网络用户实施侵害信息网络传播权行为的，人民法院应当判令其承担侵权责任。"《网络交易平台服务规范》第24条规定："网络交易平台提供商应尊重网上的知识产权，不得侵犯网上的知识产权并采取必要手段保护网上的版权、商标权、域名等权益。在明知网络用户通过网络实施侵犯他人知识产权的行为，并经知识产权权利人提出确有证据的警告，应采取移除侵权内容等措施以消除侵权后果。"这些均是对网络服务提供者侵犯知识产权间接责任的明确规定。

具体来说，网络服务提供者承担间接侵权损害赔偿责任的构成要件有：（1）明知或应知他人利用网络服务侵害著作权；（2）实施了间接侵权行为，主要包括帮助行为、教唆行为、引诱行为等；（3）存在多个侵权人，而网络服务提供者是作为间接侵权人的身份出现。

从客观方面讲，网络服务提供者实施了间接侵权行为。主要包括帮助侵权行为、引诱侵权行为和其他间接侵权行为。帮助侵权行为是指对于他人实施的侵害传播权行为提供物质、空间、通道等服务上帮助的侵权行为。网络服务提供者实施的帮助侵权行为主要包括以下情形：（1）提供信息传播通道；（2）提供系统缓存服务；（3）提供搜索服务；（4）提供链接服务；（5）提供信息存储空间。根据司法解释的相关规定，网络服务提供者明知或者应知网络用户利用网络服务侵害信息网络传播权，未采取删除、屏蔽、断开链接等必要措施，或者提供技术支持等帮助行为的，人民法院应当认定其构成帮助侵权行为。引诱教唆行为是指利用言语、广告或者采取鼓励措施开导、说服或者刺激、利诱、怂恿等方法使他人实施侵犯知识产权的行为。网络服务提供者实施的引诱教唆行为主要发生于P2P服务和存储空间服务中。根据司法解释，网络服务提供者以言语、推介技术支持、奖励积分等方式诱导、鼓励网络用户实施侵害信息网络传播权行为的，人民法院应当认定其构成教唆侵权行为。其他间接侵权行为是指网络服务提供者与他人以分工合作等方式侵犯知识产权行为的情况。

从主观方面讲，网络服务提供者知道侵权行为的发生而未采取必要措施。此处的"知道"包括"明知"和"应知"两种。在间接侵权的通常场合，网络服务提供者往往没有审查义务，所以网络服务提供者未对网络用户侵害知识产权的行为主动进行审查的，人民法院不应据此认定其具有过错。只有在网络服务提供者接到权利人以书信、传真、电子邮件等方式提交的通知，未及时采取删除、屏蔽、断开链接等必要措施的，才应当认定其明知相关侵权行为。对此，《侵权责任法》第36条第2款规定："网络用户利用网络服务实施侵权行为的，被侵权人有权通知网络服务提供者采取删除、屏蔽、断开链接等必要措施。网络服务提供者接到通知后未及时采取必要措施的，对损害的扩大部分与该网络用户承担连带责任。"

至于"应知"的判定，则尤为复杂。较好的做法是根据网络服务提供者应该承担的注意义务进行综合判定。也就是说，各行为人对损害后果是否应该具有共同的认识和预见，要根据一个合理的、谨慎的人是否应该预见和认识损害后果来加以判断。[1]但是，不同类型的网络服务提供者在不同情况下所应该尽到的注意义务是不同的，为统一裁判标准，有必要就相应的考量因素进行司法解释。《最高人民法院关于审理侵害信息网络传

---

[1]　王利明：《侵权行为法研究（上卷）》，中国人民大学出版社2004年版，第699页。

播权民事纠纷案件适用法律若干问题的规定》第9条规定，人民法院应当根据网络用户侵害信息网络传播权的具体事实是否明显，综合考虑以下因素，认定网络服务提供者是否构成应知：（1）基于网络服务提供者提供服务的性质、方式及其引发侵权的可能性大小，应当具备的管理信息的能力；（2）传播的作品、表演、录音录像制品的类型、知名度及侵权信息的明显程度；（3）网络服务提供者是否主动对作品、表演、录音录像制品进行选择、编辑、修改、推荐等；（4）网络服务提供者是否积极采取了预防侵权的合理措施；（5）网络服务提供者是否设置便捷程序接收侵权通知并及时对侵权通知作出合理的反应；（6）网络服务提供者是否针对同一网络用户的重复侵权行为采取了相应的合理措施；（7）其他相关因素。

网络服务提供者提供服务时是否营利，对于判断其注意义务会产生影响。司法解释规定，网络服务提供者从网络用户提供的作品、表演、录音录像制品中直接获得经济利益的，人民法院应当认定其对该网络用户侵害信息网络传播权的行为负有较高的注意义务。网络服务提供者针对特定作品、表演、录音录像制品投放广告获取收益，或者获取与其传播的作品、表演、录音录像制品存在其他特定联系的经济利益，应当认定为直接获得经济利益。网络服务提供者因提供网络服务而收取一般性广告费、服务费等，不属于该情形。

网络服务提供者提供热播影视作品、设置榜单或推荐时，虽然不需要承担审查义务，但却同样需要承担更高的注意义务。司法解释规定，网络服务提供者在提供网络服务时，对热播影视作品等以设置榜单、目录、索引、描述性段落、内容简介等方式进行推荐，且公众可以在其网页上直接以下载、浏览或者其他方式获得的，人民法院可以认定其应知网络用户侵害信息网络传播权。有下列情形之一的，人民法院可以根据案件具体情况，认定提供信息存储空间服务的网络服务提供者应知网络用户侵害信息网络传播权：（1）将热播影视作品等置于首页或者其他主要页面等能够为网络服务提供者明显感知的位置的；（2）对热播影视作品等的主题、内容主动进行选择、编辑、整理、推荐，或者为其设立专门的排行榜的；
（3）其他可以明显感知相关作品、表演、录音录像制品为未经许可提供，仍未采取合理措施的情形。

三、网络服务提供者侵犯知识产权的归责原则

无论是直接侵权还是间接侵权，网络服务提供者都不应适用无过错责任原则，而是应该采取过错责任与过错推定责任原则相结合的归责原则，理由在于以下方面。

其一，网络服务提供者所具备的监控能力有限，只有在存在过错时才宜追究其法律责任。网络环境下信息的巨量性、传播的迅捷性和网络服务提供者的中介服务性等因素决定了其仅具备提供中介服务的角色。面对网上浩如烟海的信息，网络服务提供者没有能力去控制这些信息，逐一审查那么多的信息是否侵犯了著作权。这样做在技术上是很难实行的。即使技术上可行，让服务商去监控这些信息，也会导致侵犯公民的隐私权、言论自由等其他人身权利或宪法性权利情况发生。而且可以预见的是，网络服务提供者为了避免责任，将不会及时提供更多种类、更加新颖、更为快捷的服务方式，而这毫无疑问将会对互联网的发展起到阻碍作用。此外，由于网络媒介的跨国性，一个国家侵犯版权的材料在另一个国家可能完全是合法的。所以，网络服务提供经营者在提供链接、搜索、储存、管道等服务的过程中，根本不可能以一己之力来判断合法与非法的界限。

其二，网络服务提供者一旦适用无过错责任原则，将会导致负担的转移。一种情形是发展网络信息产业的国家投入成本增加，另一种可能的结果是网络服务经营者转移负担，将发展的成本转嫁给普通消费者。在司法实践中，网络服务提供者所承担的责任，更多的是一种违反法定注意义务的责任。法律只应该赋予类似"诚信善良之人"的注意义务，规定限制其责任的法定事由，以使网络服务提供者在满足条件的情况下可以进行抗辩；法律不应该要求它对其所传输的所有侵权信息都承担类似于出版者的

责任，网络服务提供者的一般注意义务应该由法律明文规定。❶即便是网络内容提供者应该承担审查义务，但是这种审查义务也因为海量信息的客观属性，而应该采取过错推定的原则，只要在网络内容提供者无法举证证明自身已经尽到审查义务，就应推定其具有过错。

其三，从比较法角度观察，越来越多的国家开始对网络服务提供者采取过错责任原则。这从美国的政策变迁可管窥其一斑。早在1995年的《知识产权与国家信息基础设施：知识产权工作组的报告中》（通称的"白皮书"）中，就对网络服务商的责任问题作出了相关的规定。"白皮书"认为，ISP的系统或网络中的基于其履行中介服务所必需的自动、暂时性复制与传输，属于版权法上的复制，ISP应对此负严格责任。同时，1996年2月通过的《通信正当行为法》也规定ISP有权出于善意对其认为是侵权、违法信息进行遮拦、屏蔽，而不管这些信息是否受宪法保护，均不承担责任；如在ISP的系统或网络中出现侵权或违法信息，不论其是否有过错均应负责。后该法由于受到普遍反对而被美国的最高法院以违宪为由裁定废止。上述美国的两个法律，局限于当时历史条件下对网络服务提供者的性质没有深入的认识，让网络服务提供者承担严格责任，加重了网络服务提供者的负担。因此在实践中遇到了很大的障碍，最终都被相关的判例所推翻。随着网络技术的进一步发展，人们对网络服务提供者的性质和特征有了一步的认识，于是1998年10月29日通过了《美国数字千年版权法》（Digital Millennium Copyright Act，DMCA），一改"白皮书"和《通信正当行为法》的相关立场，对网络服务提供者的版权侵权责任问题做出了更加详细的规定。DMCA第二章规定了网络服务提供者承担版权侵权责任的避风港（safe harbor）条款，其目的并不是设定责任，而是为网络服务提供者根据现行的法律原则承担法律责任"提供抗辩理由"。其立法用意是希望能藉此让网络服务提供商产生更高的积极性与著作权人配合，

---

❶ 张新宝主编：《互联网上的侵权问题研究》，中国人民大学出版社2003年版，第35页。

共同扫除网络中的侵权物。根据DMCA，所有网络服务提供者在享受侵权责任限制待遇时必须具备两个一般共同条件：其一，必须在适当的情况下中止用户的户头，如果该用户再次侵权的话；其二，服务商必须接纳"标准技术措施"。这里说的标准技术措施是为著作权所有者用来表明或保护作品的措施，这种措施是按照著作权所有者与网络服务商的广泛共识，在公开、公平和自愿协商的基础上发展起来的，在合理的无歧视条件下对任何人都适用，且不给服务商施加实质性的费用和负担。同时，在DMCA第512条还分别对网络服务提供者承担传输通道、系统缓存、按系统要求在其系统或网络中储存信息及提供信息搜索工具四种功能的版权侵权责任作出了限制性的规定。

四、网络服务提供者的替代责任

网络服务提供者的替代责任是指网络服务提供者在具有监督直接侵权行为的权利和能力的同时，又从直接侵权行为中获得直接经济利益，由此而应承担的民事责任。现实中，网络服务商承担替代责任的情形主要有：（1）服务提供者与网络用户之间有特定关系。例如只要网站同意某网友作为版主，无论双方是否签订合同，是否有报酬，都不改变网站和版主之间的雇佣法律关系。版主根据法律规定或网站自己制定的论坛"删帖标准"删除用户帖子属于一种职务行为，代表了网络平台服务提供者的意思，自然应由网络平台服务商承担法律责任。[1]（2）企业内部网、图书馆局域网与网络用户之间具有监督、管理的关系，因而对用户在网络上实施的侵权行为，网络管理者或所有者有可能承担替代责任；[2]（3）网络服务提供者在某一侵权行为的经营服务活动中获得了直接经济利益，而实际上从技术上又能够控制这一侵权行为的发生。例如，《美国数字千年版权

---

[1] 胡鸿高、赵丽梅：《网络法概论》，法律出版社2003年版，第525页。

[2] 张今：《版权法中私人复制问题研究：从印刷机到互联网》，中国政法大学出版社2009年版，第211页。

法》规定，当网络服务提供商从上传的侵权作品、表演和录音录像制品中获取了经济利益，而其又能够且有权利监督他人的侵权行为，就要对此承担责任。显然，DMCA的"替代责任"要求大部分服务提供商为使用者的侵权活动承担责任，这给他们带来高风险。❶因此，在进行制度选择时，可以适度强化技术控制能力的标准，只让某些具有较强监控能力的网络服务提供者承担替代侵权责任。在我国的民事立法中，雇主对于雇员的行为承担替代责任自无疑问。❷只是在著作权法中，还没有其他替代责任的规定。但在某些特定情形下，如果不对网络服务提供者课以替代责任，会放纵某些网络服务提供者。建议通过立法规定，网络平台提供者、履行深层链接功能的服务提供者和履行信息搜索功能的网络服务提供者在下列情况下应该承担侵权责任：（1）与直接侵权者存在特殊的关系，例如雇佣关系或者委托关系；（2）对于侵权者的行为有监督义务；（3）从侵权者的直接侵权行为中获得利益。

第三节　网络服务提供者的"避风港"规则

网络环境下知识的传播必须依靠网络服务提供者，网络技术的每一次推进都会直接影响网络服务提供者的权利和义务。网络服务提供者已成为网络知识产权制度设计中的"牛鼻子"。对网络服务提供者侵犯知识产权的法律责任进行限制，不仅关涉网络产业的发展，而且直接与社会公众获得信息的权利相联系，影响到公众从网络技术发展中获得利益的大小。人们大多将网络服务提供者的责任限制称为"避风港"规则，也就是要通过法律规则的设置，使网络服务经营者能够在一个不受法律制裁的环

---

❶　王迁、[荷]露西·吉尔博（Lucie Guibault）著：《中欧网络版权保护比较研究》，法律出版社2008年版，第71~72页。

❷　民法通则第43条明确规定："企业法人对他的法定代表人和其他工作人员的经营活动，承担民事责任。"

境中正常开展业务。❶该制度有助于建构起网络时代知识产权制度的平衡
机制。

一、"避风港"规则的概念

什么是网络服务提供者的"避风港"规则？学者对此有不同认识，
主要有三种观点：第一种观点认为，"避风港"规则就是网络服务提供者
不承担损害赔偿责任的具体要求。也就是指网络服务提供者只要按照技术
标准，根据用户的指令提供服务，就不必为其提供的服务造成的侵权行为
承担赔偿责任。❷或者说，就法律性质而言，"避风港"规则不应理解为
网络服务商侵权的判断依据，而是网络服务提供商的免责依据（或抗辩理
由）。❸第二种观点认为，"避风港"规则就是"通知—删除"条款。这
项条款是指版权持有人一旦发现有人在互联网上侵犯他的版权，就可以
迅速联络提供服务的网站负责人，命令其停止这项服务。❹第三种观点认
为，"避风港"规则是在运用"通知—删除"程序以后所获得的效果，也
就是由此而免除了网络服务商的损害赔偿责任，但还必须满足其他前提条
件。❺

"避风港"规则最初以"通知—删除"程序为其体现，但在随后的发
展中，逐渐成为网络服务提供者"免责条款"之统称，它的具体内容在不
同的国家和地区有不同的体现。为不同性质的网络服务提供者设定责任豁
免规则，是"避风港"规则在立法上的具体体现。我国《信息网络传播权

---

❶ 沈仁干主编：《数字技术与著作权观念、规范与实例》，法律出版社2004年版，
第17页。

❷ 张今：《版权法中私人复制问题研究：从印刷机到互联网》，中国政法大学出版
社2009年版，第222页。

❸ 史学清、汪涌："避风港还是风暴角"，载《知识产权》2009年第2期。

❹ [美]约翰·冈茨、杰克·罗切斯特著：《数字时代，盗版无罪》，周晓琪译，法
律出版社2008年版1月版，第151页。

❺ 王迁：《网络版权法》，中国人民大学出版社2008年版，第107页。

保护条例》在制定过程中，对于是否要确认"避风港"规则，存在两种不同意见：一种意见认为，没有必要规定"避风港"制度。因为提供传输通道、临时存储、网络链接等服务是信息网络正常运行所必须的；只要网络服务提供者无主观故意，且技术上不可避免，由此产生的著作权纠纷就应该对网络服务提供者给予免责。DMCA虽然是从免责的角度进行规定，但是似乎仍加重了网络服务提供者的责任，因为，如果网络服务提供者出现了"避风港"之外的行为，就有可能受到追究。另一种意见认为，应当规定"避风港"制度。因为信息网络作为传输信息的媒介或者平台，网络服务提供者提供的网络服务难免会与第三人产生著作权纠纷，如果法律不规定哪些网络服务可以免责，就可能使网络服务提供者陷入无休止的侵权纠纷中，无暇顾及自身业务的发展，这对网络产业的发展是十分不利的。❶《信息网络传播权保护条例》最终采纳了第二种意见，第20~23条规定了4种网络服务提供者免除损害赔偿责任的条款。

我国《信息网络传播权保护条例》第14~17条规定的"通知—删除"程序，以及第20~23条的免责条款都可以理解为是"避风港"规则的体现。这与《侵权责任法》第36条形成鲜明对比。在《侵权责任法》中，"通知—删除"程序和"知道"规则，都是以"归责条款"的形式，确立了网络服务提供者承担民事责任的基本要件。

鉴于此，"避风港"规则是网络服务提供者免除损害赔偿责任的各种要求的统称，是典型的"免责条款"。随着数字网络技术的发展，网络服务提供者的"避风港"规则应该与"归责条款"区分开来。质言之，"避风港"规则是指网络服务提供者在保持技术中立的客观环境下，没有理由知道侵权行为发生，根据权利人通知有能力移除且及时删除了侵权信息的，免除损害赔偿责任的制度规则。它包括两种情形：第一种情形是，网络服务提供者保持及时中立，没有理由知道侵权事实存在，也没有能力

---

❶ 张建华主编：《信息网络传播权保护条例释义》，中国法制出版社2006年版，第76~77页。

移除侵权信息的，可以直接免除损害赔偿责任；第二种情形是，网络服务提供者保持技术中立，没有理由知道侵权事实存在，在技术上能够移除侵权信息，在接到权利人通知后及时删除侵权信息的，可以免除损害赔偿责任。

"避风港"规则的理论意义在于：（1）"避风港"规则体现了利益平衡的价值理念。网络服务提供者责任设计中，不仅要体现出对包括政府权力在内的部分权力的限制，而且还要体现权力和利益的分散和平衡。❶"避风港"规则要求网络服务提供者的行为符合法定条件，在满足一定条件后就不再与网络上的违法者一道承担连带责任，从而有助于制定连续性与恒久性的网络法律规范，实现网络信息交换的自由化与网络价值的最大化。（2）"避风港"规则体现了实体正义和程序正义双重价值追求。实体正义即是如何将权利、权力、义务和责任分配给一个社会或群体的成员；程序正义主要是通过对正义进行分配的各种程序设计，实现对违反实体正义行为的矫正。由于网络服务提供者承担过错责任或过错推定责任，而对实体上之过错的判断和矫正，需要借助程序上的一系列具体行为得到证明，于是"避风港"规则通过实体上责任的免除和程序上义务的限定，从而让网络服务提供者的责任得到明晰。

《信息网络传播权保护条例》与DMCA一样，详细规定"避风港"规则的"通知—删除"程序，但并没有对于网络服务提供者责任豁免的一般条件进行界定。但是一些立法例已经尝试去归纳"避风港"的一般条件。例如，我国台湾地区2008年"著作权法"修正案建议稿中，规定了网络服务提供者免除侵权责任的情况：（1）网络服务提供者主张监控不能而免责。网络服务提供者能够证明其就监督或者控制已经尽相当之注意或纵使加以相当之注意仍不免发生损害之继续；（2）网络服务提供者主动移除侵权信息而免责。在知悉侵权情事后主动移除或使他人无法进入该被指称为侵权的内容。随着网络技术的不断发展，"云计算""3D打印"等新技

---

❶　李德成："网络服务商责任的法哲学思考"，载《科技与法律》2002年第3期。

术日新月异，立法很难就新出现的各种具体类型的网络服务提供者设定责任豁免条款。规定"避风港"规则的一般条件，使之具有高度的概括性和统摄力，这有助于增进立法的前瞻性并限制司法的自由裁量权，确保裁判的公正与统一。《最高人民法院关于审理侵害信息网络传播权民事纠纷案件适用法律若干问题的规定》第6条规定："原告有初步证据证明网络服务提供者提供了相关作品、表演、录音录像制品，但网络服务提供者能够证明其仅提供网络服务，且无过错的，人民法院不应认定为构成侵权。"这是我国首次对"避风港"规则的主观和客观要求作出的规定。网络服务提供者进入"避风港"应该满足客观要件和主观要件两个方面，同时"通知—删除"程序在达到"避风港"效果中，发挥了重要的作用。

二、"避风港"规则的客观要件

"避风港"规则的客观要件，是指从现有的技术手段上看，网络服务提供者只提供网络服务，进而保持中立状态。就此而言，网络内容提供者不能进入"避风港"，具有审查义务的交易平台服务提供者也不能进入"避风港"。就现有法律和目前的技术水平而言，仅仅提供网络服务的情形有：（1）自动接入服务提供者或者自动传输服务提供者未选择并且未改变所传输的作品、表演、录音录像制品，并且是向指定的服务对象提供并防止指定的服务对象以外的其他人获得。（2）系统缓存服务提供者为提高网络传输效率，自动存储从其他网络服务商获得的作品等信息，既未改变这些信息，也不影响原网络服务提供者掌握服务对象获取该信息，而且在原网络服务提供者修改、删除或者屏蔽信息时，会根据技术安排自动予以修改、删除或者屏蔽。（3）在现有技术条件下，采取统一的"过滤技术标准"，提供信息存储空间服务和定位服务的网络服务提供者。

三、"避风港"规则的主观要件

网络服务提供者要想进入"避风港"，还必须在主观上无过错，也就是"没有理由知道"侵权事实的存在。根据美国的立法，这一主观要求应包括三个层次：（1）并不实际知晓在系统或网络上使用材料的行为是侵权的；（2）在缺乏该实际知晓状态时，没有意识到能够从中明显推出侵权行为的事实或情况；（3）在知晓或意识到侵权行为之后，迅速移除材料或屏蔽对它的访问。❶从具体的要求看，"避风港"规则的主观要件，与侵权责任的归责条款中的"主观要件"是相互连通的关系。网络服务提供者也可以从相同的角度证明自己并不知道侵权行为的发生。只是从程序上看，作为归责条款的"过错"的证明取决于原告，而能否进入"避风港"是由被告举证。由于原告已经按照要求证明过网络服务提供者是否"明知"或者"应知"，因此，网络服务提供者在抗辩中所能预留的主观空间证明范围较小。它主要是从自己的技术实践和提供服务的实际步骤等方面证明自己"没有理由知道"侵权行为的发生。常见的做法就是证明在自己的服务中所出现的侵权作品并没有达到类似于"红旗"一样鲜明的程度，从而表明自身的"善意"。

在我国的司法解释中正式明确，将热播影视作品等置于首页或者其他主要页面等能够为网络服务提供者明显感知的位置的，或者对热播影视作品等的主题、内容主动进行选择、编辑、整理、推荐，或者为其设立专门的排行榜的，网络服务提供者应该承担更高的注意义务，一般情形下可以直接认定构成"应知"，进而要承担侵权损害赔偿责任。这是从"归责条款"的角度进行的分析。但是即便如此，如果网络服务提供者的确有理由证明该"热播影视作品"不是"红旗"，自己完全是出于"善意"进行整理或者制作排行榜，仍可以免除损害赔偿责任。实际上，"随着网络的普及与发展，通过网络电视等方式来观看大片成为观众的新选择，而票房也不再是制片方的唯一收入，更多的制片方选择了贴片广告的模式来回收投资资金……不断的有发行商在各大网站注册，并上传电影电视，也不断的

---

❶ U.S.C. 512(c)(1)(A).

有广告商做着同样的事情"。❶因此，即使在通常情况下原告已经证明网络服务提供者按照"红旗标准"应该承担损害赔偿责任，法律仍应留有余地，允许网络服务提供者根据技术发展和商业模式变革的具体情况，根据其履行注意义务的实际情况进行抗辩，一旦提供证据证明自己"没有理由知道侵权行为的存在"，也应认定满足"避风港"规则的主观要件。

四、"通知—删除"程序

人们对"通知—删除"程序与"避风港"规则的关系有着不同的认识。一般认为，网络服务提供者履行了"通知—删除"程序并不必然导致进入"避风港"，它必须在同时具备无过错主观要件时才可免除损害赔偿责任。笔者认为，"通知—删除"程序既是权利人自助解决纠纷的方式之一，也是网络服务提供者进入"避风港"的途径之一。不少权利人为免除诉讼的烦扰，可以通过"通知"的方式要求网络服务提供者删除侵权信息，在网络服务提供者"删除"侵权信息后，不再考虑网络服务提供者是否构成侵权，自此既往不咎。这种纠纷处理方式，既可减少纠纷，又可降低纠纷解决的社会成本。同时，"通知—删除"程序对于判定网络服务提供者的法律责任也具有重要作用。具体表现为以下三种不同的情况：（1）网络服务提供者接到通知后如果及时删除了侵权信息，在满足"技术中立"和主观上没有理由知道该侵权信息的条件时，可以不再承担损害赔偿责任。（2）网络服务提供者接到通知后如果没有及时删除侵权信息，权利人同时证明在其通知之前网络服务提供者就有过错的，或者并非仅仅提供网络服务，则即便存在"通知—删除"程序，也应该对全部的间接侵权行为承担损害赔偿责任。（3）网络服务提供者接到通知后没有及时删除侵权信息的，由于已经知道侵权行为发生，不能进入"避风港"，所以应对损失的扩大部分承担损害赔偿责任。

---

❶ 游闽键："从《疯狂的石头》案看网络服务提供商侵权责任认定"，载《东方法学》2009年第1期。

　　1998年的DMCA首次规定"通知—删除"程序。依照该程序，"根据用户指令存放在系统中的信息"以及"提供信息定位工具"的网络服务提供者享有免责的程序机制。具言之，网络服务提供者根据用户的指令将存放在网络服务提供者控制或者经营的系统或者网络中的材料加以存储而侵犯版权的，或者因为通过使用信息定位工具包括目录、索引、指南、指示或者超文本链接，将用户指引或者链接至一个包含侵权材料或者侵权行为的网站而侵犯版权的，在满足规定的条件包括接到通知后对被指称侵权的材料或者作为侵权行为主题的材料，迅速移除或者屏蔽对它们的访问，则不承担经济赔偿责任。这一规定在实践中获得好评，日本和澳大利亚等国家借鉴了这一程序。但是，欧盟国家没有这样的程序。其理由是：公民有言论自由的权利，网络服务提供者不能仅凭权利人的一纸通知就删除网络上传播的作品、表演、录音录像制品；若这些作品、表演、录音录像制品有侵权嫌疑，引起纠纷，可以通过司法程序解决。加拿大C60法案则仅仅规定"通知"程序，即权利人认为网络上传播的作品等客体侵权时，可以通知网络服务提供者，网络服务提供者接到通知书后并不实施删除或者断开链接，而是将通知书转交给提供该作品等客体的服务对象，由服务对象去处理。❶

　　在我国《信息网络传播权保护条例》制定过程中，多数意见认为，网络服务提供者作为权利人和作品、表演、录音录像制品使用者的桥梁，应当减少其传播作品、表演、录音录像制品的成本和风险。如果网络服务提供者不直接提供权利人的作品、表演、录音录像制品，只是为服务对象提供信息存储空间服务或者搜索、链接服务，则可以通过"通知—删除"程序免除相应的责任。建立"通知—删除"程序符合我国国情，因为侵犯信息网络传播权的纠纷往往涉及金额很小，在现实中缺乏通过行政或者司

---

　　❶　张建华主编：《信息网络传播权保护条例释义》，中国法制出版社2006年版，第54页。

法程序解决的必要性。❶因此，只要防止权利人滥用权利，就可以减少纠纷，降低社会成本，及时维护权利人的合法权益。❷具体来说，"通知—删除"程序应该遵循以下步骤和要求。

（一）通知

《信息网络传播权保护条例》第14条规定：对提供信息存储空间或者提供搜索、链接服务的网络服务提供者，权利人认为其服务所涉及的作品、表演、录音录像制品，侵犯自己的信息网络传播权或者被删除、改变了自己的权利管理电子信息的，可以向该网络服务提供者提交书面通知，要求网络服务提供者删除该作品、表演、录音录像制品，或者断开与该作品、表演、录音录像制品的链接。通知书应当包含下列内容：（1）权利人的姓名（名称）、联系方式和地址；（2）要求删除或者断开链接的侵权作品、表演、录音录像制品的名称和网络地址；（3）构成侵权的初步证明材料。权利人应当对通知书的真实性负责。

需要说明的是，在我国适用"通知—删除"程序并进而免责的网络服务提供者的范围是有限的。也就是说，并非所有的网络服务提供者均可以通过程序规则免责。网络内容提供者具有信息控制能力，往往是通过其审查义务判定是否存在主观过错。而对于那些履行管道自动接入、自动存储的服务提供者，确立它们的主观过错是根据行为和技术的客观状态进行判断。所以，可以运用"通知—删除"程序的，只有履行信息存储空间功能或者履行搜索、链接功能的网络服务提供者。

（二）对通知的处理

《信息网络传播权保护条例》第15条规定：网络服务提供者接到权

---

❶ 国务院法制办公室负责人就《信息网络传播权保护条例》答《中国政府法制信息网》记者问。

❷ 张建华主编：《信息网络传播权保护条例释义》，中国法制出版社2006年版，第55页。

利人的通知书后，应当立即删除涉嫌侵权的作品、表演、录音录像制品，或者断开与涉嫌侵权的作品、表演、录音录像制品的链接，并同时将通知书转送提供作品、表演、录音录像制品的服务对象；服务对象网络地址不明、无法转送的，应当将通知书的内容同时在信息网络上公告。

　　征求意见过程中，对网络服务提供者接到权利人的通知书后，应当在多长时间内删除或者断开链接的问题有三种不同意见：第一种意见认为，应该参考DMCA的规定，网络服务提供者接到权利人的通知书后应当迅速移除或者屏蔽涉嫌侵权的作品、表演、录音录像制品。第二种意见认为，应当借鉴日本《关于特定电信服务提供人的损失赔偿责任的限制及发信人信息披露的法律》的规定，网络服务提供者接到权利人的通知书后并不立即移除或者断开链接，而是将通知书转送给提供涉嫌侵权作品、表演、录音录像制品的服务对象，如果服务对象在7日内没有向网络服务提供者提出答复，网络服务提供者就应该删除或者断开链接。也有人认为，7日时间过长，可考虑5日或者3日。第三种意见认为，不能因为权利人以为已上传的作品、表演、录音录像制品侵犯了其权利，网络服务提供者就可以将其删除，这里还涉及公共利益问题，并且，涉嫌侵权的作品、表演、录音录像制品有时并不一定侵权，可以借鉴加拿大政府起草的C-60法案的规定，即网络服务提供者接到权利人要求删除侵权作品、表演、录音录像制品的通知后，只将该通知转送给提供该涉嫌侵权作品、表演、录音录像制品的服务对象即可，不需要实际删除或者断开链接。❶我国行政法规中采取了第一种意见。

　　但是，2012年通过的司法解释对此进行修正，只是要求网络服务提供者"及时"采取删除、屏蔽、断开链接等必要措施。同时规定，人民法院认定网络服务提供者采取的删除、屏蔽、断开链接等必要措施是否及时，应当根据权利人提交通知的形式，通知的准确程度，采取措施的难易程

---

❶　张建华主编：《信息网络传播权保护条例释义》，中国法制出版社2006年版，第58页。

度，网络服务的性质，所涉作品、表演、录音录像制品的类型、知名度、数量等因素综合判断。

（三）反通知

《信息网络传播权保护条例》第16条规定：服务对象接到网络服务提供者转送的通知书后，认为其提供的作品、表演、录音录像制品未侵犯他人权利的，可以向网络服务提供者提交书面说明，要求恢复被删除的作品、表演、录音录像制品，或者恢复与被断开的作品、表演、录音录像制品的链接。书面说明应当包含下列内容：（1）服务对象的姓名（名称）、联系方式和地址；（2）要求恢复的作品、表演、录音录像制品的名称和网络地址；（3）不构成侵权的初步证明材料。服务对象应当对书面说明的真实性负责。

在该条例征求意见过程中，对要不要设计"反通知"程序有三种不同意见：第一种意见认为，美国多年的实践证明，提出"反通知"的情况非常少，因此，没有必要规定"反通知"；如果提供作品、表演、录音录像制品的服务对象对删除或者断开链接不服，可以寻求司法救济，由法院作出判决。这样可以减少网络服务提供者的工作量，减少运行成本。第二种意见认为，网络服务提供者接到权利人的通知书后，可以暂不实施删除或者断开链接，而是将权利人的通知书转送服务对象，要求服务对象在规定的期限内做出答复；如果服务对象在规定的期限内不答复，网络服务提供者要再实施删除或者断开链接，这样就不需要规定"反通知"程序，以节省社会成本。第三种意见认为，作为一项制度，一定不能使权利义务失衡，要能够相互制约，不能因为实践中提出"反通知"的情况少就不考虑服务对象的利益；网络服务提供者作为中间服务商，既负有保护权利人著作权的责任，也负有保护提供作品、表演、录音录像制品的服务对象正当权益的责任。既然允许权利人提出删除或者断开链接的通知，网络服务提供者接到通知后应该立即删除或者断开链接，那么就应该规定"反通知程序"。❶最终，我国的行政法规采纳了第三种意见。

（四）恢复

《信息网络传播权保护条例》第17条规定：网络服务提供者接到服务对象的书面说明后，应当立即恢复被删除的作品、表演、录音录像制品，或者可以恢复与被断开的作品、表演、录音录像制品的链接，同时将服务对象的书面说明转送权利人。权利人不得再通知网络服务提供者删除该作品、表演、录音录像制品，或者断开与该作品、表演、录音录像制品的链接。

在该条例征求意见过程中，对是否需要规定恢复程序以及恢复期限应当有多长时间等问题有两种不同意见：一种意见认为，网络上侵权行为多，权利人提出删除或者断开链接的通知一定是确有其事，不存在恢复问题；若确需恢复，可参照美国DMCA的规定，在收到通知后，在不少于10个工作日、不超过14个工作日内恢复被删除的材料，或者终止对其屏蔽。另一种意见认为，公平是法律的精髓，即使有极少数需要恢复的情形，法律也应当保护服务对象的合法权益；条例不仅应当规定恢复程序，还应当与"立即删除"的精神一致，要求网络服务提供者接到服务对象的书面通知后立即恢复，而不应等待一段时间后再恢复，以防止权利人滥用通知。❷我国的行政法规最终采纳了第二种意见。

（五）错误通知的责任

《信息网络传播权保护条例》第24条规定，因权利人的通知导致网络服务提供者错误删除作品、表演、录音录像制品，或者错误断开与作品、表演、录音录像制品的链接，给服务对象造成损失的，权利人应当承担赔偿责任。

---

❶　张建华主编：《信息网络传播权保护条例释义》，中国法制出版社2006年版，第60~61页。

❷　同上书，第62页。

在该条例征求意见中，对权利人因错误通知而应当赔偿的范围有不同意见：一种意见认为，权利人的错误通知不仅对提供作品、表演、录音录像制品的服务对象造成损害，对网络服务提供者也同样造成了损害，使得网络服务提供者增加了业务成本，降低了竞争力，因此，权利人不仅应当赔偿服务对象，对网络服务提供者也应予以赔偿。另一种意见认为，权利人只需要向服务对象赔偿，不应当对网络服务提供者的损失进行赔偿。因为，网络服务提供者作为传播权利人作品、表演、录音录像制品的中间环节，有责任维护权利人的利益，有义务对涉嫌侵权的作品、表演、录音录像制品实施删除或者断开链接；此外，规定权利人对错误通知承担赔偿责任，客观上会防止权利人滥用通知，减少错误通知的发生。❶我国的行政法规最后采纳了第二种意见。

需要说明的是，"通知—删除"程序只出现在《信息网络传播权保护条例》中，对于侵犯信息网络传播权的行为予以适用自无疑问。但是，它是否能够扩大适用到网络服务提供者侵犯商标权、专利权以及其他著作权领域，却并非不言而喻。《侵权责任法》第36条只提到通知，未提及合格通知、被通知的审查、反通知等规则，所以在实际中能否扩大适用到所有的权利，仍存在疑问。因此应该针对《侵权责任法》第36条出台相应的司法解释，确立司法适用的具体规则。

第四节　不同类型网络服务提供者的侵权责任及其避风港

广义上的网络服务提供者包括网络内容提供者和其他网络服务提供者。网络内容提供者侵犯著作权的法律责任，严格履行审查义务，未尽到合理审查义务而导致网站上出现侵权内容的，应该承担直接侵权责任。没有直接上传内容的其他网络服务提供者，一般应该根据其应尽注意义务的

---

❶ 张建华主编：《信息网络传播权保护条例释义》，中国法制出版社2006年版，第90页。

情况、客观上技术中立的程度以及主观上是否知道侵犯知识产权等情节综合判定，并允许其在满足一定条件下进入"避风港"。

一、传输通道服务提供者的侵权责任及其避风港

传输通道服务提供者在其自身技术环境下，没有直接参与侵权行为，因此一般并不承担直接侵权责任。虽然传输通道服务提供者对于最终侵权行为的发生，也发挥了相当重要的作用。但是，从间接侵权责任的角度看，传输通道网络服务提供者在整个服务过程中，很难被原告证明其具有主观过错，所以不用承担损害赔偿责任。从"避风港"规则的角度看，《信息网络传播权保护条例》第20条规定：网络服务提供者根据服务对象的指令提供网络自动接入服务，或者对服务对象提供的作品、表演、录音录像制品提供自动传输服务，并具备下列条件的，不承担赔偿责任：（1）未选择并且未改变所传输的作品、表演、录音录像制品；（2）向指定的服务对象提供该作品、表演、录音录像制品，并防止指定的服务对象以外的其他人获得。

这一规定借鉴了美国和欧盟的做法。《美国数字千年版权法》规定，网络服务提供者在履行这一功能的过程中如符合下列条件，则对他人利用其系统或网络实施的侵权行为，不承担赔偿损失责任，只承担停止侵权的责任：（1）信息的传输是由他人发动的；（2）传输、路由、连接、复制必须是通过自动化的技术过程实现的，且信息没有经过ISP的选择；（3）服务提供商不能决定信息的接受者；（4）网络服务提供者在系统或网络中任何中间或暂时所形成的复制件，除能被预定的接收者获得外，通常不能被其他任何人获得，而且这些复制件保存的时间不能超过合理所需的时间；（5）信息在传输过程中不能有任何内容上的改变。

《欧盟电子商务指令》第12条规定：（1）若信息社会服务的内容是在通讯网络中传输由服务接受者提供的信息，或者为通讯网络提供接入，成员国应当确保服务提供者不对传输的信息承担责任，条件是服务提供者：①不是首先开始传输的一方；②没有对传输的接受者进行筛选；以及

③没有筛选或更改传输包含的信息。（2）本条第（1）款所指的信息传输以及提供接入也包括自动地、中间性地、过渡性地存储传输的信息，其前提是此种行为仅仅是为了在通信网络中传输信息，而且信息的存储时间不得超过进行传输所需的合理必要的期间。（3）本条不应当影响法院或行政机构根据成员国的法律制度，要求服务提供者终止或者预防侵权行为的可能性。

比照"避风港"规则的一般要求，上述立法中对于传输通道服务提供者责任豁免的规定是比较妥当的，它确立了该类网络服务提供者进入避风港的客观要求，也就是必须具有技术上的绝对中立性。事实上，正是由于这种技术上的绝对中立性，也基本上可以推定该类服务提供者不知道也没有理由知道侵权事实的存在，进而在主观上也没有过错。

在乐视网信息技术（北京）股份有限公司诉中国电信股份有限公司深圳分公司、第三人上海百视通电视传媒有限公司涉IPTV三网融合著作权侵权纠纷案中，❶原告享有电视剧《男人帮》在中国大陆地区的独占信息网络传播权，被告中国电信股份有限公司深圳分公司和第三人上海百视通电视传媒有限公司合作经营的IPTV业务，未经许可上传了电视剧《男人帮》，供IPTV用户观赏。深圳市福田区法院一审在查明IPTV三网融合复杂的技术原理的前提下，认定回看服务受信息网络传播权调整，被告与第三人构成共同侵权，由于原告放弃追究第三人的法律责任，法院依法判决被告停止侵权，并赔偿原告经济损失1万元。一审宣判后，被告和第三人不服提出上诉。2014年4月，深圳中院二审判决驳回上诉，维持原判。

上述案件中，作为第三人的集成播控平台运营商构成直接侵犯信息网络传播权。被告的IPTV业务用户在机顶盒接入互联网后可点播涉案电视剧，虽然其可供点播的时间只有6日，但在该6日内公众仍可以在其个人选定的时间和地点获得作品，属于交互式网络传播方式，落入信息网络传播权的控制范围。

---

❶ 广东省深圳市中级人民法院民事判决书〔2014〕深中法知民终字第328号。

作为提供通道服务的中国电信股份有限公司深圳分公司是否属于"帮助型共同侵权"？是否可以按照"避风港原则"获得豁免？则引起广泛的讨论，存在诸多不同的观点。本案审判中，法院认为被告与第三人构成合作型共同侵权。理由如下：其一，被告与第三人之间存在共同实施网络传播行为的分工。共同实施网络传播行为，是指两人以上基于共同的合作目的，通过分工合作的方式所实施的网络传播行为。在共同实施传播行为的情况下，该数人均直接参与了网络传播行为，只是各自的分工不同而已。本案中，根据被告与第三人签订的合作协议，双方是以联合运营品牌的形式开展IPTV业务，终端用户要通过IPTV系统点播涉案影视作品，其必须先成为被告的客户，将电视与被告提供的机顶盒连接，机顶盒的ITV接口与Modem连接，Modem与网络接口连接，才能成功登录IPTV系统，登录成功后，会出现上海百视通及中国电信标示的选择页面。据此可以认定，涉案影视作品的点播是由被告与第三人共同直接实施的，二者存在明确的分工，通过合作经营以获取经济利益。其二，被告提供的并非帮助实施网络传播行为。帮助实施网络传播行为，是指存在一个直接实施网络传播行为，帮助传播行为人向直接实施人提供了帮助行为，该帮助行为仅停留在技术层面。通常情况下，IPTV业务会涉及两方合作主体，比如，以广东省内的IPTV业务为例，其是由上海文广集团旗下的上海百视通公司，与中国电信在广东省内各个城市的分公司通过签订合作协议的方式来共同推出。依据合作协议，上海百视通公司负责IPTV内容集成运营平台的搭建和管理，并通过该平台直接向电视终端用户提供EPG和收视内容，并对该部分的视听节目内容之安全负责；而中国电信各城市分公司负责IPTV业务支持系统及基础网络的搭建和管理，包括宽带接入、计费结算等。本案中，根据被告与第三人签订的《关于IPTV业务的合作协议》及《IPTV业务合作补充协议》，被告需负责IPTV业务支撑系统及基础网络的规划、建设、运营和管理，包括宽带接入、开户安装、计费结算、日常维护、IPTV业务与其他电信业务的捆绑营销等。根据该约定，上海百视通公司负责IPTV节目（包括影视剧等）内容的搜集和组织，并存储于其服务器上；而中国电信各城市分公司负责IPTV业务的技术支持服务，同时，其还作为IPTV业务的提供主体与用户签订IPTV使用合同，且直接向用户收取IPTV使用费。可见，被告提供的并非一般意义上的自动接入、自动传输服务。涉案作品的点播观看，是被告、第三人分工合作、共同提供的结果。

二、系统缓存服务提供者的侵权责任及其避风港

系统缓存服务提供者在系统缓存过程中，既在自身的服务器上进行了临时复制，又为网络传播过程的实现提供了帮助。由于我国著作权法没有规定著作权人可控制临时复制行为，因此，系统缓存服务提供者不用承担侵犯复制权的直接侵权责任。即便是那些规定复制权控制临时复制行为的国家，也由于系统缓存中的临时复制是实现该功能所必不可少的，因此也会为之提供直接侵权责任的豁免。至于系统缓存服务提供者为网络传播行为提供帮助，考虑到系统缓存过程中没有主观过错，一般不会承担间接侵权责任。对此，从"避风港"规则来看，《信息网络传播权保护条例》第21条规定：网络服务提供者为提高网络传输效率，自动存储从其他网络服务提供者获得的作品、表演、录音录像制品，根据技术安排自动向服务对象提供，并具备下列条件的，不承担赔偿责任：（1）未改变自动存储的作品、表演、录音录像制品；（2）不影响提供作品、表演、录音录像制品的原网络服务提供者掌握服务对象获取该作品、表演、录音录像制品的情况；（3）在原网络服务提供者修改、删除或者屏蔽该作品、表演、录音录像制品时，根据技术安排自动予以修改、删除或者屏蔽。

这一规定借鉴了美国和欧盟的做法。《美国数字千年版权法》对提供系统缓存服务的网络服务提供者责任豁免规定下列条件：（1）这种存储必须是中介和暂时性的通过自动化的技术过程实现的，其目的在于为后续访问者提供方便；（2）网络提供商不得改变缓存信息的内容；（3）网络提供商必须遵守业界普遍确立的信息"刷新"规则；（4）网络提供商不得干预将用户的信息反馈给信息提供者的技术手段；（5）网络服务提供

者必须根据信息提供者附加的访问条件（密码保护）限制不符合条件的用户访问；（6）一旦被告知其缓存的信息已在源址被除去、阻挡，必须立即除去或阻止访问缓存在其系统中的信息。

《欧盟电子商务指令》第13条对履行缓存功能服务提供商规定的责任限制条款为：（1）若提供的信息社会服务包括在通信网络中传输由服务接受者提供的信息，只要对信息的存储是为了这些信息能根据其他服务接受者的请求而被更有效地传输给他们，成员国应当确保服务提供者不因为自动地、中间性地、暂时地存储信息而承担责任，条件是：①提供者没有更改信息；②提供者遵守了获得信息的条件；③提供者遵守了更新信息的规则，该规则以一种被产业界广泛认可并运用的方式确定；④提供者不干预技术的合法使用，该技术已为产业界广泛认可并运用以获得关于信息使用的数据；⑤提供者在知道信息传输的原始来源已经在网络中被删除，或者已经被阻止获得，或者法院或行政机构已经下令进行上述删除或阻止获得的行为的事实后，迅速地删除了其储存的信息或阻止他人获得这种信息。（2）本条不应当影响法院或行政机构根据成员国的法律制度，要求服务提供者终止或者预防侵权行为的可能性。

比照"避风港"规则的一般要求，上述立法中对于自动缓存服务提供者责任豁免的规定是比较妥当的：它要求该类网络服务提供者必须是技术上中立且主观上没有过错，仅仅提供网络服务，因此可以获得责任的豁免。

三、信息存储空间服务提供者的侵权责任及其"避风港"

信息存储空间服务提供者在提供存储空间过程中，并不会直接复制或传播作品，因此没有实施直接侵权行为。但是，如果信息存储空间在提供服务中明知或应知侵权行为的发生，仍为之提供服务，或者引诱网络用户上传侵权信息的，应该承担间接侵权责任。但是，此时，信息存储空间服务提供者可以进入"避风港"。《信息网络传播权保护条例》第22条规定："网络服务提供者为服务对象提供信息存储空间，供服务对象通过信息网络向公众提供作品、表演、录音录像制品，并具备下列条件的，不承担赔偿责任：（1）明确标示该信息存储空间是为服务对象所提供，并公开网络服务提供者的名称、联系人、网络地址；（2）未改变服务对象所提供的作品、表演、录音录像制品；（3）不知道也没有合理的理由应当知道服务对象提供的作品、表演、录音录像制品侵权；（4）未从服务对象提供作品、表演、录音录像制品中直接获得经济利益；（5）在接到权利人的通知书后，根据规定删除权利人认为侵权的作品、表演、录音录像制品。"

这一规定借鉴美国和欧盟的做法。《美国数字千年版权法》规定，服务提供商根据用户要求在其系统或网络中存储侵权信息时，如要享受责任限制待遇，必须符合下列条件：（1）服务提供商实际不知道或没有意识到侵权行为的发生；（2）服务提供商没有直接从侵权行为中获得经济利益。在收到侵权告知后，服务提供商必须立即撤下该侵权信息或阻挡对该信息的访问。一旦服务提供商收到侵权告知，就应立即撤下侵权信息或阻挡对该信息的访问，如此即可被免除经济赔偿责任。服务提供商对任何因其在上述情况下撤下信息的投诉不负任何责任。

《欧盟电子商务指令》第14条对履行存储功能网络服务提供者的责任限制实体规定：（1）若提供的信息社会服务包括在通信网络中存储由服务接受者提供的信息，成员国应当确保服务提供者不因根据接受服务者的要求存储信息而承担责任，条件是：①提供者对违法活动或违法信息不知情，并且就损害赔偿而言，提供者对显然存在违法活动或违法信息的事实或者情势不知情；或者②提供者一旦知情，就主动地删除了信息或者阻止他人获得此种信息。（2）本条第（1）款不适用于服务接受者在提供者的监督或控制之下进行活动的情形。（3）本条不应当影响法院或行政机构根据成员国的法律制度，要求服务提供者终止或者预防侵权行为的可能性。本条也不影响成员国制定程序规则以规制删除信息或者阻止他人获得此种信息的行为的可能性。

比照"避风港"规则的一般要求，我国立法上的规定存在以下问题：

（1）明确标示该信息存储空间是为服务对象所提供，并公开网络服务提供者的名称、联系人、网络地址，这可以规定为网络服务提供者的"法定义务"，但却并不是进入"避风港"的必要条件。网络服务提供者进行了"明确标示"和"信息公开"，可以从表面印证其技术是"中立的"；反之，网络服务提供者未进行"明确标示"和"信息公开"，却并不等于其技术一定是"非中立的"，也不意味着就一定不能进入"避风港"。

（2）未从服务对象提供作品、表演、录音录像制品中直接获得经济利益，这是从美国法律中移植而来，并不适合中国侵权法的体系。由于美国存在"替代责任"的规范，所以该免责条款是针对这种类型侵权责任而言的；我国著作权法中，还没有著作权替代责任的规定，是否直接获得经济利益往往是判定注意义务的考虑因素。因此，即便网络服务提供者从提供行为中直接获得经济利益，也并不意味着必然不能进入"避风港"，而是要求其尽到更高的注意义务，否则就认定其主观上有过错。相应的司法解释已经就此进行了明确的规定。《最高人民法院关于审理侵害信息网络传播权民事纠纷案件适用法律若干问题的规定》第11条第1款规定："网络服务提供者从网络用户提供的作品、表演、录音录像制品中直接获得经济利益的，人民法院应当认定其对该网络用户侵害信息网络传播权的行为负有较高的注意义务。"因此，不应将直接获得经济利益作为进入"避风港"的条件。

　　因此，网络服务提供者为服务对象提供信息存储空间，供服务对象通过信息网络向公众提供作品、表演、录音录像制品，并具备下列条件的，不承担赔偿责任：（1）未改变服务对象所提供的作品、表演、录音录像制品；（2）不知道也没有合理的理由应当知道服务对象提供的作品、表演、录音录像制品侵权；（3）在接到权利人的通知书后，根据规定删除权利人认为侵权的作品、表演、录音录像制品。

在上海全土豆与新传在线侵犯著作财产权纠纷案❶中，新传在线（北京）信息技术有限公司系本案争议作品《疯狂的石头》在中国大陆地区信息网络传播权的专有被许可人。"土豆网"（www.tudou.com）首页右侧显示有"土豆精彩频道""土豆排行榜""播客一周排行榜"等。在首页右上角的搜索栏中输入"疯狂的石头"后点击"土豆搜索"进入"搜索结果"页面的第1页，该页面右上方显示"101个节目中的1~18个"，页面中所列节目右侧均载有节目名称、时长、播客、发布时间、频道、标签、播放次数、评论次数和收藏次数等。在线播放时，播放框左上角显示"tudou.com"或"土豆网"字样。土豆网提供的技术资料和信息资料，可以证明土豆网仅仅为用户提供信息存储空间，并没有直接上传该作品。一审法院认为，任何人未经许可或授权通过信息网络向公众传播涉案电影作品的，均构成对原告信息网络传播权的侵犯，提供信息存储空间的网络服务提供者明知或者应当知道网络用户通过其网站发布之内容侵权而不及时采取删除等措施的，应承担相应法律责任。作为一家专业网站，土豆网公司理应对其所经营之网站中的哪些内容可能涉嫌侵权有一个最基本的认知，对电影作品特别是较热门的影片，土豆网公司应该意识到必然存在版权问题，即在其应当知晓电影《疯狂的石头》系网络用户擅自发布仍不作删除处理的情况下，可以认定其存在主观过错。此外，从"土豆网"的后台页面来分析，土豆网公司在对网站进行日常维护和管理过程中，会对网络用户上传的节目进行审批和推荐，这说明其有权利和能力去掌握和控制侵权活动的发生。从不同用户先后多次在"土豆网"上发布《疯狂的石头》之事实来看，土豆网公司应尽的审查和删除义务显属能为而怠为之。至于土豆网公司提出的未收到过通知书之抗辩，只有在网络服务提供者不知道也没有合理理由应当知道服务对象提供的作品侵权时，才牵涉到权利人提交书面通知以达到警告网络服务提供商并请求其移除相关侵权内容的

---

❶ 上海市第一中级人民法院〔2007〕沪一中民五（知）初字第129号；上海市高级人民法院〔2008〕沪高民三（知）终字第62号。

目的，反之则不适用"通知与移除"规则。虽然将电影《疯狂的石头》上传至土豆网供公众在线播放的直接实施者是该网站的注册用户，土豆网公司为用户提供的是信息存储空间，但土豆网公司明知会有盗版和非法转载作品被上传至土豆网的可能，却疏于管理和监控，导致一度热播之影片《疯狂的石头》被网络用户多次传播而未能得到及时删除，故土豆网公司主观上具有纵容和帮助他人实施侵犯新传公司所享有的信息网络传播权的过错，不完全具备《信息网络传播权保护条例》第22条所规定的可不承担赔偿责任之条件。据此判决被告土豆网公司立即删除"土豆网"（网址www.tudou.com）上侵害原告新传公司享有信息网络传播权的电影《疯狂的石头》，向原告新传公司赔偿经济损失及合理费用共计人民币5万元。

二审法院认为，上诉人土豆网公司作为提供网络存储空间的视频分享网站，虽然没有直接实施上传涉案侵权作品的行为，但其在应知网络用户实施了涉案侵权行为的情况下而予以放任，属于通过网络帮助他人实施侵犯著作权行为，主观上具有过错，应当承担相应的侵权民事法律责任。本案的关键在于判断上诉人作为提供网络存储空间的视频分享网站，对其用户通过土豆网上传涉案作品的侵权行为是否具有主观过错。也就是说，上诉人只有在主观具有明知或应知状态下才对用户的侵权行为承担共同侵权的法律责任。根据本案查证的事实，上诉人虽然没有直接实施上传侵权视频的行为，但其在应知网络用户涉案侵权行为存在的情况下予以放任，属于通过网络帮助他人实施侵犯著作权行为，主观上具有过错，应当承担相应的侵权民事法律责任。理由为：（1）上诉人是经营视频分享网站的网络服务提供者，其承担的注意义务应当与其具体服务可能带来的侵权风险相对应。上诉人在土豆网专门设立不同频道，供用户根据作品不同类别进行上传，方便了用户较容易地在上述分类频道中或通过"站内搜索"功能找到该部作品，并通过点击播放实现在线收看，从而大大方便了侵权作品在网络的传播。需要指出的是，上诉人特意将"原创"作品与其他"娱乐""影视""音乐"等作品分设不同频道的行为本身，也说明上诉人除了对广大网络用户将自拍的家庭生活或娱乐片断等原创作品上传之外，还可能将其他未经许可的热门电影和电视剧等上传至网站从而招致可能的侵权风险的情况是知晓的。（2）根据常理可知，目前没有任何一家中外著名电影制片公司许可过任何网站或个人免费提供其摄制的热门电影供网络用户下载。上诉人作为一家专门从事包含影视、音乐等在内的多媒体娱乐视频共享平台的专业网站，在日常网站维护中，应当知晓当时在大陆热播的电影作品之一的《疯狂的石头》的上传是未经许可的。根据土豆网制定的用户上传作品的流程介绍，土豆网实行的是上传视频的事前审查机制，即通过设置"审片组"由其工作人员负责对视频内容合法性进行判断，再决定是否准许在网站上传播，用户提供的视频的信息只有经过"审片组"审核后才会在12小时后得以向公众发布。尽管上诉人辩称，其只是对反动、色情、暴力等视频内容进行审查，但如前所述，由于涉案作品《疯狂的石头》在当时是大陆热播的影片，上诉人在审片过程中不可能不注意到该影片的上传属于未经许可的侵权行为。此外，通过审核后公布在土豆网上的视频作品的视频框左上角均由上诉人加注"土豆网和其域名"字样的事实本身，也再次证明了上诉人对用户上传视频的审核行为的认可。由此可见，上诉人在具备合理理由知晓侵权行为存在的情况下，不仅不采取合理措施防止侵权行为的发生，还采取了视而不见、予以放任的态度，其主观上具有过错，应当承担相应的侵权民事法律责任。综上所述，原审判决认定事实属实，适用法律正确，审判程序合法，应予维持；上诉人的上诉请求和理由缺乏事实和法律依据，应予驳回。

应该特别注意的是，某些特殊情形下，信息存储空间服务提供者也会因其实施对作品的审查，直接决定作品的传播过程，进而在自己的服务器上由自己或者自己的雇员上传了该作品，则应该承担直接侵权责任。此时，信息存储空间服务提供者已经转化为网络内容提供者。

在母某诉北京舞风十雨广告公司（以下简称"舞风十雨"）❶中，原告母某是长篇小说《惑之年》的著作权人，舞风十雨未经许可并支付报

---

❶ 北京市海淀区人民法院〔2005〕海民初字第8071号民事判决书。

酬，擅自在其网站的"现代文学"栏目登载《惑之年》以供网络用户免费浏览和下载。舞风十雨辩称，《惑之年》系由网络用户在BBS栏目中自行上传，且在收到法院送达的起诉书后，立即删除了《惑之年》。法院查明的事实表明，公众通过互联网登录舞风十雨期刊网，可以浏览或下载《惑之年》，舞风十雨不仅系BBS服务提供者，而且还是以提供BBS服务之名行行网络信息内容服务之实，舞风十雨的行为已侵犯了母某对其作品的信息网络传播权，理由如下：（1）舞风十雨期刊网首页上方的"现代文学"等栏目均可不经注册或登录点击打开，其内文章均可供网络用户浏览或下载。这些栏目给网络用户的直观印象，一般应是该网站提供浏览上述栏目内文章的内容服务，而非电子布告牌、电子白板、电子论坛等提供信息发布条件的服务。（2）根据该网站"投稿说明""投稿方法"和在注册过程中需用户接受的关于网络知识产权规定内容，以及法院勘验过程，用户不可以径行在上述栏目发布文章，而是需要向该网站"投稿"，由该网站栏目编辑对稿件内容进行审核并决定是否发布。"投稿方法"与报纸、期刊或其他文章内容提供者投稿方法并无不同，且根据该网站网络知识产权规定内容，该网站对用户发表的文章有使用权，也有权利和义务进行文章的编辑，这均与BBS服务惯例相悖，其已实际提供了网络信息内容服务，成为《惑之年》的网络传播者。（3）用户在上述栏目发表文章之时，需经栏目编辑审核之后方可显示，未经审核的文章保存在后台，此做法不符合BBS服务惯例，一般提供信息发布条件服务者均对网络用户发布的信息进行事后审查，如发现违法或有悖社会公德等内容则予以删除，少有需经版主审核之后方可显示发布信息之做法。舞风十雨如此为之系为保证其栏目设置的规范性及登载文章的质量，以保持并增加对浏览上述栏目文章网络用户的吸引力，从而增加网站浏览量以获取经济利益。（4）admin系《惑之年》的创建者、审阅者和发表者，其享有在该网站审核、发表文章的特权，发布文章数量甚巨，且其同时担任该网站其他栏目的编辑，加之网站管理员以administrator的前半部admin作为用户名者不在少数，故法院认为admin系舞风十雨工作人员，admin发布文章行为应系职务行为。（5）在《惑之年》相关页面中，确有可供网络用户对该文章及相关章节发表评论的电子白板，此系舞风十雨真正提供信息发布条件服务的BBS，但此BBS与该网站登载《惑之年》的行为不可混为一谈。法院据此认为，舞风十雨借提供BBS服务之名行提供网络内容服务之实，违反了互联网电子公告服务管理规定的同时，亦侵犯了母某对其作品《惑之年》所享有的信息网络传播权，应立即停止在其网站上使用《惑之年》的行为，并向母某赔偿经济损失14 500元。

随着云计算技术的发展，网络云盘服务提供商作为一种新类型的存储空间服务提供者，在进入"避风港"时需要承担相应的注意义务。2015年10月14日，国家版权局下发《关于规范网盘服务版权秩序的通知》。此后，百度网盘、360网盘、腾讯微云等主要网盘服务商积极进行版权自查整改，建立完善版权相关制度。对于网盘服务提供商而言，进入"避风港"时应该满足以下条件：（1）在网盘首页显著位置置放提示信息，要求用户遵守著作权法，尊重著作权人合法权益，不违法上传、存储并分享他人作品；（2）在网盘首页显著位置标明权利人通知、投诉方式，并积极处理权利人的通知、投诉；（3）建立版权审核机制，对网盘用户分享的他人作品通过技术手段和关键词屏蔽等方式进行侵权防控；（4）在知道网络用户违法上传、存储并分享侵权盗版作品后，采取预警和处置措施，及时制止网盘用户的侵权行为；（5）建立网盘用户管理的机制，能够采取措施冻结侵权用户账号，建立反复侵权用户黑名单等侵权用户处置机制。

四、定位服务提供者的侵权责任及其"避风港"

定位提供服务在网络环境下居于非常重要的地位。针对搜索引擎服务提供者或者设置链接的行为，是否承担直接侵犯著作权责任，引起过热烈的争论。对于一般链接和搜索行为，由于其可以被理解为是"被链网站"或"被搜索网站"的默示许可，所以可以直接根据间接侵权的原理进行认定：只要设链者知道侵权行为的发生，就可以认定为侵权。但是对于在搜索中提供歌曲列表、歌手列表或者热门影视服务，以及进行深层次链接的行为，则出现了判断直接侵权或者认定间接侵权的争议。集中表现为以下两种观点。

1. "服务器标准"。由于"链接网站"的服务器上并不存在被链接的作品，所以不构成信息网络传播行为，而是应该采取间接侵权原则进行判定。❶链接网站知道或应该知道被链接网站的内容构成侵权的，才承担相应的法律责任。正因为如此，一旦权利人通知"链接网站"所链接内容构成侵权，而链接网站又及时删除侵权信息的，就可以进入"避风港"，不需要承担损害赔偿责任。

2. "消费者标准"。如果消费者实在没有办法分辨出"链接网站"和"被链网站"，或者消费者主观感知到的就是由搜索引擎直接提供了该作品，从保护消费者利益和"被链网站"角度，则应该认定为该种深层次链接视为信息网络传播行为，进而可以认定"设链网站"构成直接侵权。

从2012年出台的司法解释的精神看，"服务器标准"被司法机关所接受。同时为了保护权利人利益，司法解释明确要求这些提供特殊服务的搜索引擎服务提供者承担更多的注意义务。这在一定程度上解决了司法实践中适用法律标准不统一的问题。

至于定位服务提供者的"避风港"规则，出现在《信息网络传播权保护条例》第23条。该条规定：网络服务提供者为服务对象提供搜索或者链接服务，在接到权利人的通知后，按规定断开与侵权的作品、表演、录音录像制品的链接的，不承担赔偿责任；但是，明知或者应知所链接的作品、表演、录影录像制品侵权的，应当承担共同侵权责任。这一规定借鉴了美国的做法，《欧盟电子商务指令》对此未作规定。《美国数字千年版权法》规定，服务提供商在通过提供诸如超级链接、网上索引、搜索引擎等信息搜索工具，将用户引向或链接到载有侵权信息的网址的行为时，如

---

❶　王迁、〔荷〕露西·吉尔博（Lucie Guibault）著：《中欧网络版权保护比较研究》，法律出版社2008年版，第81~85页、第138~139页。

果要享受责任限制待遇，服务提供商必须符合以下条件：（1）服务提供商实际不知道或没有意识到侵权行为的发生；（2）服务提供商没有直接从侵权行为中得到经济利益。在收到侵权告知后，服务提供商必须立即清除该信息或阻止对该信息的访问。一旦服务提供商在收到侵权告知后清除或阻止对侵权信息的访问后，就不会因此承担任何责任。

比照"避风港"规则的一般要求，我国立法上的规定存在以下问题：（1）立法的后半段规定"明知或者应知所链接的作品、表演、录影录像制品侵权的，应当承担共同侵权责任"，这是侵权责任"归责条款"的表述，不符合"避风港"归责作为"免责条款"的要求。（2）没有对链接技术的中立性提出要求。

因此，网络服务提供者为服务对象提供搜索或者链接服务，并具备下列条件的，不承担赔偿责任：（1）未改变搜索或者链接的作品、表演、录音录像制品；（2）不知道也没有合理的理由应当知道搜索或者链接的作品、表演、录音录像制品侵权；（3）在接到权利人的通知书后，根据规定删除权利人认为侵权的作品、表演、录音录像制品。

关于聚合平台侵犯知识产权的责任值得深入研究。[1]所谓聚合平台，其核心是第三方应用平台通过链接汇聚整合多种资源，以实现快速、准确地服务用户的目标，它汇聚整合其他网站的内容，满足了用户更便捷获取信息的需求，获得了经济利益，但是也挤占了其他网站的市场份额。长此以往，互联网将失去创造更多更新内容的动力和机制。最常见的聚合平台是对视频网站的聚合，有些网络电视客户用户端或者播放器向用户提供播放下载的功能，大部分内容都是通过嵌套链接等方式，将第三方拥有版权的内容通过播放器提供给用户。"今日头条"（英文名称"Today Headline"）是互联网创业者张某于2012年3月创建、2012年8月发布的一款基于数据挖掘的推荐引擎产品，本质上也是一种聚合平台。

---

[1] 刘仁："互联网知识产权保护何其难"，载http://www.cipnews.com.cn/showArticle.asp?Articleid=31719，2014年5月28日访问。

关于聚合平台是否侵犯知识产权的问题，要结合具体情况进行分析：（1）聚合平台链接的网站上存储的信息本身就是侵权的，聚合平台设置的链接也是未经许可的链接。此种情况下，聚合平台的链接行为有可能构成帮助侵权。（2）聚合平台链接网站上存储的信息是获得授权的，被链网站与聚合平台之间也签署了合作协议，但该合作范围超出了被链网站从权利人处所获得的授权范围，聚合平台的链接行为致使网络用户直接从平台上获得信息，侵犯了权利人的合法权益。（3）被链网站获得了合法授权，聚合平台未经许可链接该网站，该聚合平台可能构成间接侵权，也可能构成不正当竞争。（4）在司法实践中，有些聚合类视频网站和移动聚合媒体采取深层次链接的形式打开之后直接播放内容，并不显示链接的实际地址，也没有跳转页面，没有非常明显的来源显示，其链接的特质并不是非常明显。如果在不能证明它是链接的情况下，按照"用户标准"可以认定其属于直接侵权，但是按照"服务器标准"，却只能按照间接侵权的思路进行裁判。从已有的司法解释中，"服务器标准"受到普遍推崇；但是从规范聚合平台经营、维护被链接网站合法权益的角度，"用户标准"更值得重视。

在《广州日报》诉"今日头条"侵犯著作权案[1]中，原告广州市交互式信息网络有限公司拥有《广州日报》内容的信息网络传播权。被告北京字节跳动科技有限公司旗下App"今日头条"未经原告允许，转载了《广州日报》网页版大量新闻资讯，原告向北京市海淀区人民法院提起诉讼。2014年6月4日，海淀区人民法院公开审理了此案。原告认为"今日头条"通过抓取获取了《广州日报》大量原创新闻，通过"二次加工"新闻作为自己的产品，并且没有向《广州日报》支付任何报酬，侵犯了原告的复制权和信息网络传播权，依法应承担停止侵权、赔礼道歉、赔偿损失等民事责任。原告起诉"今日头条"之后，双方就一直在进行合作谈判，最终达

---

[1]　相关报道，参见李钢、胡亚平："搬别人新闻，肥自己腰包"，载《广州日报》2014年6月7日A4版。

成了内容页合作经营的协议。2014年6月18日，"今日头条"与《广州日报》签署协议，《广州日报》正式撤诉。

五、网络交易平台服务提供者的侵权责任及其避风港

网络交易平台服务提供者在电子商务中发挥着重要作用，网络购物市场交易规模达到上万亿元。但是在这一庞大的数据背后，网店售卖侵犯知识产权商品的现象依然大量存在，网络交易平台提供者在其中扮演着"姑息者"的角色。与前文提及的其他类型网络服务提供者不同的是，网络交易平台服务提供者侵犯知识产权的类型，并不局限于著作权，而且可以涵盖专利权、商业秘密、商标权和其他知识产权。2010年，我国正式施行《网络商品交易及有关服务行为管理暂行办法》，这是规范网络商品交易的重要举措。

在目前的审判实践中，法院普遍认为网络交易平台是网络服务经营者而非内容服务提供者。电子商务交易平台只是提供交易平台，并不直接销售商品，一般不承担直接侵权责任。只有在明知或应知网络卖家构成直接侵权仍为其提供交易平台时，才应承担帮助侵权的间接侵权责任。虽然目前并没有关于网络交易平台服务提供者责任一般条款的规定，但是根据按照《侵权责任法》第36条，如果知识产权权利人未通知之前，网络交易平台就已经知道侵权事实而未采取必要措施，则应当承担侵权责任。如果之前不知道，但权利人通知之后电子商务交易平台仍未采取必要措施，那么也应当对扩大部分的损失承担侵权责任。如果网络平台交易服务提供商采用明显的言行引诱或者促进侵权活动的发生，亦可追究其引诱侵权的间接侵权责任。

《网络商品交易及有关服务行为管理暂行办法》规定了网络交易平台服务提供者作为经营者的义务。具体包括：（1）提供网络交易平台服务的经营者应当对申请通过网络交易平台提供商品或者服务的法人、其他经济组织或者自然人的经营主体身份进行审查。（2）提供网络交易平台服务的经营者应当与申请进入网络交易平台进行交易的经营者签订合同，明

确双方在网络交易平台进入和退出、商品和服务质量安全保障、消费者权益保护等方面的权利、义务和责任。例如，要求卖书的商家在图书上架时必须提供该图书的国际标准书号，或审查书籍类卖家是否具有"出版物经营许可证"等。（3）提供网络交易平台服务的经营者应当建立网络交易平台管理规章制度，包括交易规则、交易安全保障、消费者权益保护、不良信息处理等规章制度。各项规章制度应当在其网站显示，并从技术上保证用户能够便利、完整地阅览和保存。提供网络交易平台服务的经营者应当采取必要的技术手段和管理措施以保证网络交易平台的正常运行，提供必要、可靠的交易环境和交易服务，维护网络交易秩序。（4）提供网络交易平台服务的经营者应当对通过网络交易平台提供商品或者服务的经营者，及其发布商品和服务信息，建立检查监控制度。发现有违反工商行政管理法律、法规、规章的行为的，应当向所在地工商行政管理部门报告，并及时采取措施制止，必要时可以停止对其提供网络交易平台服务。工商行政管理部门发现网络交易平台内有违反工商行政管理法律、法规、规章的行为，依法要求提供网络交易平台服务的经营者采取措施制止的，提供网络交易平台服务的经营者应当予以配合。（5）鼓励提供网络交易平台服务的经营者为交易当事人提供公平、公正的信用评估服务，对经营者的信用情况客观、公正地进行采集与记录，建立信用评价体系、信用披露制度以警示交易风险。（6）提供网络交易平台服务的经营者应当积极协助工商行政管理部门查处网上违法经营行为，提供在其网络交易平台内进行违法经营的经营者的登记信息、交易数据备份等资料，不得隐瞒真实情况，不得拒绝或者阻挠行政执法检查。（7）提供网络交易平台服务的经营者应当审查、记录、保存在其平台上发布的网络商品交易及有关服务信息内容及其发布时间。现如今，诸如淘宝网、拍拍网等网络交易平台，在经营模式上逐渐强化了对网络交易的控制能力，不再是单纯的技术平台提供者，而且具备一定的管理和监督功能，应该承担更多的审查义务和更高的注意义务。

此外，如果网络交易平台直接从交易中获得经济利益，按照利益平衡和合理预防原则，也应当对其直接获得经济利益的特定交易信息进行事前审查。如果网络交易平台提供者与网络商品经营者合作经营，就应该承担销售者的审查义务。专利法、商标法和著作权法的相关规定都表明，如果销售者承担了与其获利相对应的形式审查义务，且不知道侵权事实，而且在诉讼中提供了合法来源，就应当免除赔偿责任。

网络交易平台也可以运用"通知—删除"程序解决纠纷，并将其作为进入"避风港"的重要途径。如果权利人的通知能够证明其是适格的权利人或利害关系人，而且指明电子商务交易平台出现的是侵权商品信息，电子商务交易平台就可以要求被指控的网络商品经营者提交反通知。如果网络卖家在合理期限内不提交反通知，则可以推定其侵权可能性较大，电子商务交易平台可以直接采取必要措施。如果网络卖家及时提交了反通知，则在转告权利人后，由权利人通过司法程序或者行政程序解决争议，网络交易平台不再承担相应的责任。网络交易平台服务提供者没有对权利人的通知进行依法处理，又无正当理由的，则可以推定其应知侵权行为的发生，应该承担帮助侵权的责任。

在处理网络交易平台侵犯知识产权行为方面，有着较为严厉的处罚制度。在我国，根据《网络商品交易及有关服务行为管理暂行办法》和有关部委的通知，侵犯知识产权情节严重的网络购物平台，限期整改不到位且情节严重的要依法从严处理，直至停止其网站接入服务和域名解析服务。

透过武汉中院审结的淘宝店主商标侵权案，❶可以管窥我国网络交易平台服务提供者侵犯商标权责任的司法保护规则。2010年12月16日，芳奈公司向武汉中院提出诉讼称，刘某在淘宝网上开的网店大量销售假冒"芳奈儿"品牌的伪劣产品。自2009年以来，芳奈公司以多种方式反复通知，要求淘宝公司删除淘宝网上所有侵犯"芳奈儿"商标专用权的侵权信息，但淘宝公司仍推脱、袒护侵权商家，拒不删除相关侵权网页。芳奈公

---

❶ 涂莉、尹为："武汉中院一审审结淘宝网及网店被诉商标侵权案"，载 http://hubeigy. chinacourt. org/public/detail.php?id=21325，2015年10月3日访问。

司认为，两被告的行为侵犯了"芳奈儿"注册商标专用权，构成共同侵权行为。被告淘宝公司辩称，其履行了网络交易平台提供者的注意义务，主观上没有过错，不应承担侵权责任。法院审理查明的事实表明，被告刘某开设的个体网店上销售假冒"芳奈儿"品牌内衣，原告在向被告淘宝公司发送律师函后，淘宝公司对涉案侵权产品具体ID链接进行了删除处理，同时将被告刘某在淘宝网上的注册信息包括姓名、身份证号、联系电话、邮箱等提供给原告。法院认为，被告刘某销售被控侵权商品的行为侵犯了作为商标权利害关系人的原告的合法权益，应该承担停止侵权和赔偿损失的民事责任。被告淘宝公司对刘某的侵权行为虽然提供了交易平台，但是主观上并无过错，且对刘某履行了适当的事前商家身份审查，接到侵权投诉后及时删除了侵权商品网页，属合理补救措施，不应承担共同侵权责任。2011年5月12日，湖北省武汉市中级人民法院判决认定被告刘某开设网店销售假冒商品构成商标侵权，赔偿原告经济损失3万元和合理费用1.7万元，被告淘宝公司对刘某的行为不承担共同侵权责任。

第十五章　网络知识产权保护与不正当竞争

反不正当竞争法是对知识产权的兜底保护。网络环境下，各种不正当竞争行为超出了传统法律界定的具体类型，呈现出日趋复杂的特征。随着中国互联网产业的飞速发展，恶意干扰、网络搭便车、商业抄袭、流量劫持等新型的不正当竞争行为不断涌现，对互联网市场秩序产生了恶劣的影响。禁止网络不正当竞争，既是维护市场秩序的需要，也是对网络知识产权的兜底保护。同时，一些正在形成中的网络知识产权，也需要通过反不正当竞争法加以保护。例如，目前我国法律并没有规定域名权，制止仿冒域名的行为，只能借助于市场混同行为的认定。从网络技术带来的不正当竞争行为类型变化看，网络不正当竞争行为包括传统不正当竞争行为向网络环境的延伸，以及新型网络不正当竞争行为的出现。本章将就此问题展开探讨。

第一节　概　　述

一、不正当竞争行为与反不正当竞争法

竞争，就是两个或者多个人为追求某种利益相互进行的角逐与争斗。不正当竞争行为是以违背诚实信用和公平竞争商业惯例的手段从事市场交易行为，包括欺骗性市场交易、利诱性市场交易和强迫性市场交易三种类型。欺骗性市场交易行为是指经营者在市场交易中通过捏造并不存在的虚

假事实，隐瞒商品或者服务的真实信息所进行的不正当竞争行为，具体包括假冒或仿冒行为、虚假或引人误解的质量标识行为、欺骗性的价格表示、虚假或者引人误解的广告行为等。利诱性市场交易行为是指经营者在市场交易活动中，非法利用物质、金钱或其他利益引诱对方与之进行交易的不正当竞争行为，比如商业贿赂行为、不正当有奖销售行为、不正当亏本销售行为、利用引诱手段侵犯他人商业秘密的行为等。强迫性市场交易行为是指经营者利用其优势地位或条件，采取胁迫、威胁等手段强制他人从事交易行为或者阻碍他人从事交易行为，主要表现为搭售或附加其他不合理交易条件的交易行为、具有独占地位的公用企业限定他人市场交易行为等。

不正当竞争行为严重破坏公平竞争秩序，影响市场经济的健康发展。因此，凡是实行市场经济的国家，无论政治与社会制度如何，都把反不正当竞争法作为规范市场经济关系的基本法律之一。在自由资本主义时期，大陆法系国家运用民法中的侵权法对不正当竞争行为进行调整。如1850年法国法院根据《法国民法典》第1382条规定❶来处理不正当竞争案件。在具体案件的判决中，法国法院使用了"不正当竞争"的概念，并确定了一项原则，即虽未侵犯工业产权，但在某些商业活动中导致欺诈或使人误解，或对此负有责任的行为，构成不正当竞争。《意大利民法典》明确禁止混淆他人名称、仿造他人产品以及诋毁他人商誉的不正当竞争行为，规定责令立即停止不正当竞争行为及损害赔偿的救济措施。❷

我国反不正当竞争法的法律渊源主要包括：（1）法律。1993年9月3日全国人大常委会通过《中华人民共和国反不正当竞争法》，自1993年12月1日起施行。该法共有5章33条规定。（2）法规和行政规章。目前国务院并没有出台关于反不正当竞争法的实施细则。相反，国务院各个部委出

---

❶　该条规定，任何行为使他人受损害者，损害时因自己的过失而致损害发生之人对该他人负赔偿的责任。

❷　种明钊主编：《竞争法》，法律出版社2008年版，第10页。

台了大量的行政规章。例如《关于禁止有奖销售活动中不正当竞争行为的若干规定》（1993）、《关于禁止仿冒知名商品特有的名称、包装、装潢的不正当竞争行为的若干规定》（1995）、《关于禁止侵犯商业秘密行为的规定》（1995）、《关于禁止商业贿赂行为的暂行规定》（1996）以及《零售商促销行为管理办法》（2006）等。（3）司法解释。主要包括最高人民法院发布的《关于审理不正当竞争民事案件应用法律若干问题的解释》（2007）以及《关于审理涉及计算机网络域名民事纠纷案件适用法律若干问题的解释》（2001）等。

二、禁止不正当竞争与保护知识产权的关系

反不正当竞争法与知识产权法本分属两个不同的法律领域，前者属于经济法，后者属于民法，在调整对象、调整原则、调整方式等诸多内容上，二者存在不同。具体表现在以下方面：（1）立法宗旨不同。反不正当竞争法旨在维护市场秩序，保障市场机制有效运行。知识产权法则是以维护权利人对于智力创造成果和经营性标记所享有的民事权利为出发点。（2）立法原则和调整模式不同。反不正当竞争法的基本原则是诚实信用原则，是针对具体的行为进行调整的立法模式，所要保护的是一种消极权利。它所保护的消极权利无法事先通过权利的转让、许可等积极支配行为表现出来，只能在权利受到他人侵犯时借助诉讼主张。知识产权法则明确规定权利内容和限制方式，采取权利法定的原则，是运用具体的权利控制相应的行为并禁止未经许可使用的立法模式，所要保护的是一种积极权利。（3）立法内容和保护范围不同。反不正当竞争法保护的范围要比传统知识产权法保护的范围广泛。反不正当竞争法已然突破知识产权法的权利框架，赋予更多的知识产品以更为广泛的权利。例如，它不仅保护注册商标，而且禁止擅自使用知名商品的特有名称、包装、装潢以及与其相类似的标记。当然，反不正当竞争法中所调整的一些行为，例如商业贿赂行为、不正当搭售行为、虚假宣传行为等，很难被归入知识产品保护的范畴，因而是在更宽泛的范围实现对市场竞争秩序的维护。

　　然而，禁止不正当竞争固然本质上是为了维护市场竞争秩序和保护消费者利益，但是其所干预的对象中不少内容属于假冒、仿冒知识产品或者损害知识产品持有者利益的行为，因此，反不正当竞争法被认为是对知识产权的兜底保护。学者形象地描述道，著作权法、专利法和商标法好比浮在海面上的一座冰山，反不正当竞争法则是托着冰山的海水。❶从这个意义上看，反不正当竞争法甚至可以看做是知识产权法的一个组成部分，是与"专利法""商标法"平行的"第三工业产权法"。❷《保护工业产权巴黎公约》1967年斯德哥尔摩文本将专利、实用新型、外观设计、商标、服务标记、厂商名称、货源标记或原产地名称与制止不正当竞争行为列入工业产权的对象。1967年签订的《成立世界知识产权组织公约》将禁止不正当竞争行为纳入知识产权的调整范围。我国审判实践中，也是将不正当竞争和垄断纠纷案件归入知识产权纠纷中。2008年最高人民法院下发的《民事案由规定》第五部分的知识产权纠纷同时涵盖知识产权合同纠纷、权属纠纷、侵权纠纷和不正当竞争、垄断纠纷和反不正当竞争案件等，可见，反不正当竞争案件被归入知识产权庭审理。

　　实践中，禁止不正当竞争与知识产权保护之间可能出现两种情况：（1）制止不正当竞争行为指向的客体就是知识产品。例如，假冒注册商标的行为，既是侵犯商标权的行为，也是不正当竞争。之所以会发生双重调整的情形，是因为知识产品具有私人产品和个体利益属性，又具有公共物品和社会利益因素。只不过反不正当竞争法是对知识的社会性利益提供保护，在保护知识创造和激励创新的同时，实现了对公平竞争秩序的维护。例如经过申请注册获得的商标权，经过申请批准获得的专利权，随着这些权利载体即文字、图像标识或技术信息的公开，这些资讯即同时构成社会公共知识的一部分，如果对这些知识施加侵害，则不仅直接使权利人受

---

　　❶　孔祥俊：《反不正当竞争法原理》，知识产权出版社2005年版，第2页。
　　❷　李顺德："试论反不正当竞争法的客体和法律属性"，见郑成思主编：《知识产权研究（第8卷）》，中国方正出版社1999年版。

损，社会利益也会同时受到损害。❶可见，禁止不正当竞争和知识产权只不过是从不同的层面实现了对相同知识产品的保护。（2）制止不正当竞争行为指向的对象是一种知识产品，但是这种知识产品还没有被法律界定为知识产权。学者认为，私权的设定可以分为两类：一类是通过原则而设定的私权；另一类是通过规则而设定的私权。有学者明确将反不正当竞争法所保护的权利视为"原则设定的权利"，用以弥补具体知识产权规则的漏洞。❷当知识产品滋生的外部性价值过少，产生的收益不足以弥补权利界定与维护成本时，合理的做法是将其置于公共领域；当它们的外部性增加，将其内部化的收益足以超过内部化过程成本时，权利进行再配置就有必要。在这个权利的生成演进过程中，反不正当竞争法发挥了重要的作用。例如，侵犯商业秘密行为，擅自使用他人的企业名称或姓名，损害他人商业信誉、商品声誉的行为等，由于其产生的外部性价值还不足以设定一项法定权利，或者一旦授予法定的财产权反而会增加权利界定的成本和维护权利的成本，无法及时进行动态调整和配置。这时，比较理想的做法是被法律安排为由反不正当竞争法调整。这是因为，上述知识产品是基于劳动而产生的合法利益，在此基础上的价值和利益又足够充裕，对这些知识产品的擅自使用或者不当使用已经侵害了市场主体的合法利益，超出社会公共秩序所容忍的限度，禁止在这些知识产品上发生不正当竞争行为，既保护了合法利益、推进了产权激励，又维护了竞争秩序、促进了社会财富的增长。因此，在法定主义原则下，那些未达到知识产权保护要求或者不被知识产权法保护的技术秘密、商品外观、未注册的商业标识以及个性化的商品包装等，一旦具有法律上的正当性诉求，就可以借助反不正当竞争法去完成对这些边缘知识进行保护的使命，这就是所谓的"兜底保护"。

---

❶ 江帆："竞争法对知识产权的保护与限制"，载《现代法学》2007年第2期，第84~90页。

❷ 宋红松：《论反不正当竞争法在知识产权法体系中的地位》，见郑成思主编：《知识产权研究（第12卷）》，中国方正出版社2002年版。

三、网络不正当竞争行为

网络不正当竞争，泛指经营者在网络环境中进行或者借助现代信息技术而实施的各种虚假、欺诈、损人利己行为，这种行为损害其他经营者的合法权益，扰乱网络市场秩序。网络不正当竞争行为的主体是具有竞争关系的竞争者。一般来看，网络不正当竞争者主要是各类网络服务提供商和现代信息技术平台提供商等经营者。在满足经营性活动的一般要件下，网络终端用户也可以构成不正当竞争的主体。互联网环境下的市场竞争已经不限于同业竞争关系，应从更广泛的角度来考虑经营者之间是否存在竞争关系。事实上，影响网络竞争关系和参与网络竞争关系一样，均可判定为具有竞争关系。

随着网络技术的不断发展，网络不正当竞争行为的方式越来越多样化，远远超出了现行反不正当竞争法所预设的法定情形。概括起来，主要有两种情况：第一种情况是传统的不正当竞争行为向互联网的延伸。例如网络上的虚假广告、网络假冒、网络上侵犯商业秘密等。网络中的商业混同和商业诽谤的不正当竞争，比传统领域还要频繁。第二种情况是网络环境下发生的带有特殊性质的不正当竞争行为。例如流氓软件、域名抢注、不当链接、软件攻击、强制广告、擅自更改他人主页等情形。对于此类行为，则必须考虑竞争者之间发生的冲突到底源自技术问题的正常冲突，还是不正当竞争行为。对此，应当紧扣不正当竞争行为的本质特征——行为违反诚实信用原则等商业惯例的特性——加以分析判断，同时以"技术层面上该冲突是否可以避免"为标准，判断是正常冲突还是人为纠纷。❶在现代信息技术不断推陈出新的今天，扩大不正当竞争的判定范围，就有可能阻碍技术创新；而限缩不正当竞争的判定范围，又不利于维护正常的市场环境，无法有效激励创新。

---

❶ 邵建东、方小敏主编：《案说反不正当竞争法》，知识产权出版社2008年版，第62页。

针对新型网络不正当竞争行为，虽然最高人民法院作出了相关司法解释，但目前一半以上的互联网不正当竞争案件还是只能适用《反不正当竞争法》的原则性条款，即该法的第2条："经营者在市场交易中，应当遵循自愿、平等、公平、诚实信用的原则，遵守公认的商业道德。"然而，在解释"诚实信用原则""商业道德"时，往往并不是特别清晰。此外，赔偿数额也是网络不正当竞争相关案件中非常突出的问题。争议双方往往无法通过提交有力的证据证明原告的损失或者被告的获利，最后只能由法官进行酌定。

四、网络不正当竞争行为的法律责任

通常情况下，网络不正当竞争行为经营者所应该承担的法律责任，与一般经营者并无不同。根据我国反不正当竞争法的规定，立法机关、县级以上工商行政管理机关或者有关行政机关、司法机关和社会团体、新闻媒体等，可以依法对不正当竞争行为进行监督检查。经营者实施不正当竞争行为依法应该承担民事责任、行政责任和刑事责任。经营者所应承担的民事责任，与侵犯知识产权的民事责任规定上有所不同：现有法律没有规定法定赔偿，更没有出现惩罚性赔偿。在行政责任方面，反不正当竞争法针对不同的不正当竞争行为，规定了责令停止违法行为、没收违法所得、罚款、吊销营业执照等行政处罚措施。然而，反不正当竞争法并未对商业诋毁不正当竞争行为规定行政责任，这被普遍认为是立法上的一个缺憾。

就刑事责任而言，根据我国刑法规定，实施不正当竞争行为者可能涉及的罪名包括：（1）侵犯商业秘密罪。根据《刑法》第219条的规定，以盗窃、利诱、胁迫或者其他不正当手段获取权利人的商业秘密；披露、使用或者允许他人使用以前项手段获取的权利人的商业秘密；违反约定或者违反权利人有关保守商业秘密的要求，披露、使用或者允许他人使用其所掌握的商业秘密，或者明知、应知前款所列行为，获取、使用或者披露他人的商业秘密的，上述行为只要给商业秘密的权利人造成重大损失，构成侵犯商业秘密罪。所谓给权利人造成重大损失的行为，是指该行为导致商业秘密的权利人造成50万元以上的损失，或者致使权利人破产或者造成其他严重后果。（2）损害他人商誉罪。根据《刑法》第221条的规定，捏造并散布虚伪事实，损害他人的商业信誉、商品声誉，给他人造成重大损失或者有其他严重情节的，构成损害他人信誉、商品声誉罪。此项犯罪属于扰乱社会主义市场秩序罪之列。重大损失是指由于犯罪行为使得受害人失去市场，失去消费者的信任，商品滞销，经营者陷入困境，甚至导致经营者濒临破产等情况。其他严重情况，是指多次实施损害他人商誉的行为，损害多人商誉的行为等情况。❶（3）生产、销售伪劣产品罪。经营者擅自使用知名商品的特有名称、包装、装潢，造成购买者误认，情节严重的，可能构成生产、销售伪劣产品罪。具体包括的罪名有：生产、销售伪劣产品罪，生产销售假药罪，生产、销售劣药罪，生产、销售不符合卫生标准的食品罪，生产销售有毒、有害食品罪，生产、销售不符合标准的医用器材罪，生产、销售不符合安全标准的产品罪，生产、销售伪劣、兽药、化肥、种子罪，生产销售不符合卫生标准的化妆品罪等。

　　网络服务提供者实施不正当竞争行为，能否适用"通知—删除"程序，或者是否有相应的"避风港"免责措施，现有法律并无明确规范。就立法旨意而言，反不正当竞争法是对知识产权的兜底保护，在规范模式上，它所要保护的也是一种消极权利和法定利益。按照我国《侵权责任法》第2条的规定，侵害法律上的权利和利益，均属于侵权行为。同时，针对特定类型的网络服务提供者实施的不正当竞争行为，也应该可以适用《侵权责任法》第36条的规定。所以，针对特定类型的网络服务提供者，有必要制定相应的"避风港"规则。

第二节　不正当竞争行为的网络延伸

　　因循常理，传统的不正当竞争行为都可以借助各种数字手段，实现向

---

　　❶　孙虹主编：《竞争法》，中国政法大学出版社2001年版，第166页。

网络环境的延伸。但是，借助于网络环境实现的商业贿赂、不正当有奖销售、虚假宣传、商业诋毁、假冒商标、知名商品的包装、装潢等，在本质上与传统不正当竞争行为并无二致。不过由于互联网是一个传播高效的媒体平台，因此市场混同、虚假宣传、商业诋毁和商业秘密保护等问题在互联网领域会非常突出，需要采取有针对性的应对措施。

一、网络市场混同

市场混同行为是指经营者采用假冒、仿冒等欺骗性手段从事市场交易，使自己的商品或服务与特定竞争对手的商品或服务相混同，造成或足以造成购买者误认、误购的不正当竞争行为。《反不正当竞争法》第5条规定，经营者不得采用下列不正当手段从事市场交易，损害竞争对手：（1）假冒他人的注册商标；（2）擅自使用知名商品特有的名称、包装、装潢，或者使用与知名商品近似的名称、包装、装潢，造成和他人的知名商品相混淆，使购买者误认为是该知名商品；（3）擅自使用他人的企业名称或者姓名，引人误认为是他人的商品；（4）在商品上伪造或者冒用认证标志、名优标志等质量标志，伪造产地，对商品质量作引人误解的虚假表示。上述条款规定了市场竞争中典型的市场混同行为和虚假表示行为，是对市场经营中可能发生的假冒、仿冒和搭便车行为的法律规制。

网络技术的出现，为生产者和销售者进行市场经营提供了全新的环境空间。现在，网络消费已经成为时尚，并有主流化的趋向。网络市场交易者同样会采取欺骗性的手段从事相关经营活动，假冒、仿冒竞争对手的商品或者服务以造成混同，导致购买者误认、误购。网络市场混同行为主要包括两种：（1）在网络技术支持下实施了前述《反不正当竞争法》第5条规定的4种不正当竞争行为。例如，在网络平台假冒他人的商标、商号和姓名，在电子商务活动中擅自使用知名商品特有的名称、包装和装潢等。（2）在网络环境下假冒网络特有的标志，导致购买者误认、误购的。最为常见的是注册域名时仿冒他人的域名、商标或者商号。仿冒他人商标或者商号，可能构成商标侵权，但是也会导致不正当竞争；仿冒域名的行为，因为我国并不存在域名权，所以只能按照不正当竞争处理。除此之外，不断涌现的各种具有商业价值的网络标志，同样会被假冒或仿冒，包括网站名称、网页、网络商业模式以及互联网上的各种标记、权利管理电子信息等。例如，网站名称是人们对网站最常用的称呼，从某种意义上讲，它是域名的"中文版"，同企业形象有着密切的联系。网站名称不等于企业的商号、名称和域名，它依附的是网站而不是企业。网站名称与企业形象关联，成为他人实施不正当竞争行为的工具。网站所有人可将网站名称申请注册为商标，这时出现假冒和仿冒他人网站名称的行为，构成侵权自无疑问。但是若没有进行网站名称的商标注册，则只能按照反不正当竞争法的规定处理。

针对互联网上特有的标志被混同的情形，现有《反不正当竞争法》第5条并没有直接适用余地。但是网络市场混同违背诚实信用原则和公认的商业道德，也会构成不正当竞争。我国现行法律没有就此进行具体性或兜底性规定，导致法官在适用相应法律规定时产生混乱。司法实践中，主要采取了两种做法：（1）通过比附援引的方法，将上述未规定的网络商业标志比附已经规定的商业标识范畴，进行司法的扩大解释。例如，通过扩大解释的方法，将网站名称解释为企业名称或姓名等。（2）直接适用"一般条款"。认为上述网络市场混同行为违背诚实信用原则或公认商业道德，对其他经营者、消费者以及市场参与者利益造成损害或有损害之虞，因此直接适用《反不正当竞争法》第2条进行处理。这种做法虽然可以解决纠纷，也比较符合我国现行法律框架既定的特征，但是却有着"向一般条款逃避"的嫌疑。因为在法律有着具体的市场混同条款情形下，并不适合直接援引一般条款裁判案件。所以，建议在修改法律时，对于比较成熟的网络商业标志，直接在第5条增加1款予以具体规定。例如，域名抢注中的不正当竞争行为，相应的司法解释和司法适用都比较成熟，可以在立法中进行具体规定；同时，在市场混同行为具体列举之外确立兜底条款，规定其他市场混同行为，以便于应对网络技术不断发展中可能出现的各种难以预料之市场标志，增强立法的前瞻性。

二、网络虚假宣传

虚假宣传行为是指经营者利用广告和其他方法，对产品的质量、性能、成分、用途、产地等所作的引人误解的不实宣传的不正当竞争行为。《反不正当竞争法》第9条规定："经营者不得利用广告或者其他方法，对商品的质量、制作成分、性能、用途、生产者、有效期限、产地等作引人误解的虚假宣传、广告的经营者不得在明知或者应知的情况下代理、设计、制作、发布虚假广告。"引人误解是指商业宣传使受宣传的对象对商品或服务的真实情况产生错误认识和理解的现象。执法机关应当根据日常生活经验、相关公众一般注意力、发生误解的事实和被宣传对象的实际情况等因素，对引人误解的虚假宣传行为进行认定。

网络是重要的市场宣传重地。网络宣传的主体，不仅包括生产者和经营者，还涵盖形形色色的网络服务提供者。网络空间中存在各种形式的宣传平台，在具体的内容审核上欠缺统一的要求和监管体制。一些自媒体的宣传平台更是处于经营者自己掌控之中，宣传用语的使用全凭自我约束。现代信息技术仍然在持续的快节奏发展之中，各种新的网络平台成为经营者开展广告宣传的"实验田"。这些新的网络平台上没有形成有效的法律控制手段，虚假宣传更是难以避免。在技术监管不到位和现代信息技术日新月异的背景下，网络平台上的各种虚假信息呈现出蔓延态势。例如，移动互联网的出现，导致移动平台成为商家广告宣传争夺之地，在移动内容平台、"微信"平台上都会充斥着各种广告，这些宣传内容众多，难以辨别真假，又将成为虚假宣传的重灾区。

由此可见，网络虚假宣传具有两个基本特点：（1）行为主体广泛。传统的广告业务的经营者已为网络服务商所代替。不仅包括各种"他媒体"，而且包括形式各异的"自媒体"。（2）行为表现形式多样。网络广告可采用多种形式，除弹出窗口广告、网页广告外，随着搜索引擎技术的兴起，出现了竞价排名、主题推广等搜索广告形式。

针对网络虚假宣传行为，现有《反不正当竞争法》第9条可以进行调整。无论经营者的主体形式如何多样化，也不管其虚假宣传的形式如何推陈出新，只要是对商品的质量、制作成分、性能、用途、生产者、有效期限、产地等作引人误解的虚假宣传，就可以构成虚假宣传的不正当竞争行为，就应该承担相应的法律责任。

三、网络商业诋毁

商业诋毁行为，也被称为商业诽谤行为，是指损害他人商誉、侵犯他人商誉权的行为。具体而言，它是指经营者自己或利用他人，通过捏造、散布虚伪事实等不正当手段，对竞争对手的商业信誉、商品声誉进行恶意的诋毁、贬低，以削弱其市场竞争能力，并为自己牟取不正当利益的行为。

网络平台在现代社会具有不可替代的作用，诸如网站、BBS、博客、微博等都已经成为公众获取信息内容的基本手段，自然也是各类经营者实施商业诋毁的主要场所。网络商业诋毁具有两个重要特征：（1）网络商业诋毁的实施者更为复杂。网络传播具有双向互动的特性，商业诋毁行为主体已不局限于有竞争关系的经营者，网络用户、网络服务商或主动或被动参与，使得侵权法律关系十分复杂。（2）商业诋毁表现形式更加多样化。商业诋毁行为有两种：一是采取虚假说法的行为，我国反不正当竞争法已作规定；二是采取不当说法的行为，即不公正、不准确、不全面地陈述客观事实，对此行为类型，法律没有明确予以禁止。在网络环境下，各种不当说法层出不穷，但是这些不公正的描述往往会混淆视听，损害其他经营者的商誉，因此也有必要纳入法律的调整范围。

四、网络商业秘密保护

商业秘密，是指不为公众所知悉、能为权利人带来经济利益、具有实用性并经权利人采取保密措施的技术信息和经营信息。商业秘密本质上是一种资讯，包括技术信息和经营信息。技术信息是应用于生产、经营和销售领域的设计、程序、产品配方、制作工艺、制作方法等信息。经营信息是应用生产、经营或销售方面的管理诀窍、客户名单、货源情报、产销策略、招投标中的标底及标书内容等信息，它是经营经验的累积。商业秘密具有以下特征：（1）秘密性。商业秘密的秘密性，是指作为商业秘密的信息是不为公众所知悉的，或者说它作为一个整体或者就其各部分的精确排列和组合而言，该信息尚不为通常处理所涉信息范围的人所普遍知道或不易被人获得。（2）采取保密措施。合理的保密措施是指对秘密采取了保护措施，而且包括为预防盗窃或前雇员泄密所付出的努力。（3）价值性和实用性。商业秘密的价值性是指作为商业秘密的信息能够为权利人带来经济利益；商业秘密实用性表明它是一种相对独立完整的、具体针对现实问题的可操作性方案，本身就包含着商业价值，可以为持有者带来无限商机，包括现实的和潜在的竞争优势。

商业秘密蕴含着经济价值，日益成为不正当竞争行为所侵害的对象。并非所有对他人商业秘密的使用都构成侵犯商业秘密，只有在两种情形下获悉或使用商业秘密才被视为非法：通过不正当手段或违反保密义务。❶我国反不正当竞争法规定侵犯商业秘密行为的主要表现形式包括：（1）以盗窃、利诱、胁迫或者其他不正当手段获取权利人的商业秘密；（2）披露、使用或者允许他人使用以前项手段获取权利人的商业秘密；（3）违反约定或者违反权利人有关保守商业秘密的要求，披露、使用或者允许他人使用其所掌握的商业秘密；（4）第三人明知或者应知侵犯商业秘密是违法行为，仍从那里获取、使用或者披露权利人的商业秘密。

现代信息技术的发展，使商业秘密的保护面临前所未有的新挑战。电子邮件（E-mail）的普及、国际互联网的运用和电子商务的开展，让商业秘密时刻处在岌岌可危的状态之中。由于网络信息资源已渐渐成为许多企业的业务生命线，一个企业信息系统中所囊括的商业秘密信息遭到泄露或

---

❶ ［美］罗伯特·P.墨杰斯、彼特·S.迈乃尔、马克·A.莱姆利、托马斯·M.乔德等著：《新技术时代的知识产权法》，齐筠译，中国政法大学出版社2004年版，第51页。

破坏，其后果可能是不可想象的。据美国参议院的一个小组委员会于1995年的估计，当年全球企业界遭受计算机黑客的袭击所造成的损失高达8亿美元，其中美国本土就有4亿美元之多。因此，商业秘密保护必须对现代信息技术带来的变化作出回应。

利用现代信息技术侵犯商业秘密的手段多样、花样翻新，主要有两种情形：（1）利用计算机网络窃取商业秘密。包括乘对手有关人员的疏忽，非法操作计算机系统，复制系统中的商业秘密；通过计算机互联网络，破解企业内部网络的安全系统，即采用所谓黑客手段，非法侵入计算机信息系统，窃取系统中的有关资料数据；采用计算机窃听的方法，从竞争对手有关人员的日常言谈和交往中，非法获取商业秘密；在电子商务活动中窃取商业秘密等。例如，美国佛罗里达州一个叫夏皮罗的人，原在一家电视台工作，转到另一家公司工作后，新公司的上司与其合谋，利用他以前掌握的密码通过电话拨号来窃取原公司的商业秘密。（2）利用互联网披露非法获取的商业秘密，或者违反约定披露商业秘密。借助互联网，侵犯商业秘密的行为人能够便利地披露他人的商业秘密，造成权利人巨大的经济损失。具体的形式则不一而足，行为人可能是出于报复或者其他目的，在微博、微信上公开他人的商业秘密；或者出于牟利目的，采用发送电子邮件、复制商业秘密数据方法，将商业秘密非法转让给他人使用。

为了应对现代信息技术革命带来的挑战，商业秘密保护出现新的发展动向。首先，鉴于商业秘密保护在信息时代的重要性，有必要调整商业秘密的保护模式，在适当的时候采取专门立法保护商业秘密。在我国现行法律中，有关商业秘密保护的规定分布在反不正当竞争法、刑法及其他相关法律中，内容零散，不够全面系统。因此应顺应国际潮流制定专门的商业秘密保护法，并在其中规定网络环境下的商业秘密保护问题，以适应新技术的发展。其次，商业秘密保护的力度越来越强，保护手段愈趋多样。例如，美国考虑到网络对商业秘密侵犯的后果会构成对国家信息安全的影响，不惜动用实力雄厚的联邦调查局承办此类案件。最后，各国开始在电子商务、网络安全等立法活动中贯彻对商业秘密的保护。例如，在电子商务过程中侵犯商业秘密的举证规则方面，广泛采用"接触原则"，即只要原告举证证明被告接触了自己的商业秘密，而被告的商业秘密又与原告的商业秘密相同或实质相同，根据案件的具体情况或者已知事实和日常生活经验法则，能够判断被告具有违法获取商业秘密的较大可能性，就可以推定被告以违法手段获取了商业秘密。

第三节　新型网络不正当竞争行为

从广义上看，新型网络不正当竞争行为包括与网络环境有关但是在模拟技术下并不存在的不正当竞争行为。因此，诸如网络域名、网站名称等引发的不正当竞争，都是新型网络不正当竞争行为。但是这些行为在本质上而言，可以归入市场混同行为之中，只不过是传统不正当竞争行为向互联网环境的延伸。就此而言，新型网络不正当竞争应该是指不能归入《反不正当竞争法》所列举的11种行为类型，具有特殊性质的不正当竞争行为。就目前已有的实践来看，它主要包括三种类型：（1）网络链接引发的不正当竞争；（2）搜索引擎竞价排名纠纷，这类案件占网络不正当竞争数量的一半以上；（3）"流氓软件"引发的不正当竞争行为。

一、网络链接引发的不正当竞争

网络链接是万维网的核心技术，可区分为一般链接（也被称为表层链接）和深层链接。其中，深层链接是设链者通过绕过被链者的主页，直接连接到被链者网站具体内容的分页面上。由于被链者的一些分页面缺乏显著的标识信息来源的提示，往往会引起网页访问者的误认和混淆。对于一般链接，由于设链行为可以被理解为是"被链网站"的默示许可，所以只会存在对著作权人的共同侵权问题，并不会影响"被链网站"的利益。但是对于深层次链接的性质，却因为涉及"被链网站"，所以情况更为复杂。

如果被链接网站本身是侵犯信息网络传播权的网站，链接网站是否构成直接侵权，对此存在"服务器标准"和"消费者标准"两种学术见解。前者认为，只有在网站的服务器上存储有被侵权的信息并向公众提供，才构成直接侵权；后者认为，如果消费者认为是由网站提供了该作品，就可以认定为直接侵权。目前的司法实践中，采用两种标准的案例均存在，但是更多的是采取"服务器标准"。因此，学者建议将网络深层次链接作为间接侵权来判定。❶只有在设链者知道或应该知道被链网站侵权时，才应该承担法律责任。

如果被链接网站本身是合法拥有相关信息的网站，链接网站的行为性质如何判定？设链者在深层次链接中虽然没有对被链接的内容作出任何修改，但是通过链接者的网站直接获取所访问的内容，消费者会误以为这是由设链者自己提供，或者至少认为二者之间存在某种合作关系，进而产生错误认知。同时，设链者的深层次链接行为往往会违背被链接网站的主观意愿，减少被链接网站的访问数量，最终使其利益受损，因此是一种不正当竞争行为。鉴于我国反不正当竞争法对这一新型不正当竞争行为并无规定，也很难归入法律规定的具体不正当竞争行为之中，所以，在立法明确规定该行为性质之前，可以考虑适用《反不正当竞争法》的第2条，按照不正当竞争的一般条款进行处理。

二、搜索引擎引发的不正当竞争

搜索引擎指自动从因特网搜集信息，经过一定整理以后，提供给用户进行查询的系统。在某种意义上看，链接也是搜索的一种。不过就技术而言，搜索引擎涉及的业务范围更广泛，因而出现了一些特殊的不正当竞争行为。比较常见的是竞价排名中的"不当设埋"行为。搜索引擎竞价排名的基本特点是按点击付费，其具体做法是，广告主在购买该项服务后，

---

❶　王迁、[荷]露西·吉尔博（Lucie Guibault）著：《中欧网络版权保护比较研究》，法律出版社2008年版，第81~85页、第138~139页。

通过注册一定数量的关键词，按照"付费最高者排名靠前"的原则，购买了同一关键词的网站按不同的顺序进行排名，出现在网民相应的搜索结果中。如果"竞价排名"产生的结果明显是虚假或者不当的表示，则应该构成虚假宣传的不正当竞争行为。网络搜索引擎的"不当设埋"行为中，行为人以牟求不正当利益或贬损竞争对手的商业信誉为目的，将他人的商标、企业名称等埋设为自己网页的关键词，当用户利用搜索引擎工具进行搜索时，便会被导引至与搜索内容不相关的网页，给正当权利人带来不容忽视的负面影响，构成对权利人商誉的侵犯以及商业标识的淡化，是一种典型的不正当竞争行为。由于法律并没有针对这种新型的不正当竞争行为进行规定，所以应适用《反不正当竞争法》第2条的一般条款进行处理。此外，网络搜索服务中其他经营者强行推出广告，故意改变实际搜索结果，给搜索引擎服务提供者造成损失，违背诚信原则和公认的商业道德，也应认定构成不正当竞争。

在"百度"诉"青岛奥商"等不正当竞争案❶中，原告百度公司诉称：原告是国内技术领先的中文搜索引擎制造商，原告拥有的www.baidu.com网站是全球最大的中文搜索引擎网站，每天有超过上亿的网民访问百度网站和查询信息。原告经过调查了解到，被告奥商网络公司、联通青岛公司、联通山东公司在青岛地区利用网通的互联网接入网络服务，在原告的搜索结果页面强行增加广告进行推广宣传，使原告不能正常向互联网用户提供服务，导致了大量的网民误以为三被告实施的广告是原告故意设置的，破坏了原告的商业运作模式，损害了原告搜索服务的美誉度和企业的商誉，造成了网民和流量的大量流失。同时，该行为严重削弱了原告作为搜索引擎营销服务商的竞争力，带走原告大量的现有和潜在客户，已经给原告造成了大量的客户流失，直接损害了原告的经济效益，三被告的行为违背了诚实信用和公平交易的市场行为准则，已构成严重的不正当竞争行

---

❶ 山东省高级人民法院〔2010〕鲁民三终字第5-2号民事判决书，《中华人民共和国最高人民法院公报》2010年第8期。

为。一审法院认为，被告行为损害了原告百度公司的利益，违背了诚信原则和公认的商业道德，其已构成不正当竞争，依法应当承担相应的民事责任。二审法院维持了一审的判决结果。

上述案件中，被告联通青岛公司、奥商网络公司的上述行为之所以构成不正当竞争，主要理由在于：首先，被告联通青岛公司与被告奥商网络公司均属于从事互联网相关业务的市场主体，与原告之间具有竞争关系。其次，被告实施的行为利用了百度搜索引擎在我国互联网用户中被广泛使用的实际情况，利用技术手段导致网络用户在登录百度网站进行关键词搜索时，在正常搜索结果显示前强行弹出被告发布的广告页面，显然属于利用原告百度公司的搜索服务来为自己牟利，既没有征得百度公司的同意，也违背了使用其互联网接入服务用户的意志。最后，该种行为导致网络用户误以为弹出广告页面系百度公司所为，会使网络用户对百度公司所提供服务的评价降低，对百度公司的商业信誉产生不利影响。

在百度和伊美尔被判不正当竞争案[1]中，原告北京史三八医疗美容医院认为，在百度上搜索"史三八"，通过被告百度网站置顶的链接进入的却是竞争对手被告伊美尔美容院的网站，百度在线公司、百度网讯公司、百度时代公司作为搜索引擎的共同经营者，未履行审查义务，应当与伊美尔美容院承担连带赔偿责任。被告方百度则表示，伊美尔医院参与了百度的"竞价排名"，所以在第一个链接显示的网址是伊美尔网站。竞价排名是百度基于搜索引擎技术推出的合法服务，对已有网站进行优先排序。它并不直接发布第三方网站的内容，并非广告。本案一审中，法院认定伊美尔美容院擅自把字号"史三八"作为关键词参加"百度竞价排名服务"，导致消费者在百度搜索引擎中搜索"史三八"时却找到了伊美尔美容院网站的链接，进而误导消费者进入伊美尔美容院的网站，该行为违反了诚信原则，构成不正当竞争。"竞价排名服务"作为一种互联网增值服务，能

---

[1] 北京市朝阳区人民法院〔2009〕朝民初字第23036号，北京市第二中级人民法院〔2010〕二中民终字第6115号。

直接为经营者带来商业利益，同时也已经在搜索结果中加入了人工干预因素，因此这种服务不能完全等同于搜索引擎网站进行的自然搜索。尽管百度时代公司与伊美尔美容院签订合同时审查了伊美尔美容院的营业执照、医疗机构执业许可证及域名备案信息的基本情况，尽到了一定的注意义务。然而，百度时代公司并未全面正确履行其搜索引擎网站上公示的"通用条款"。该条款约定只有百度时代公司审查通过关键词后方提供服务，且对黄赌毒以及侵犯他人版权等权利的关键词也履行审查义务。但本案中，百度时代公司主张只审查黄赌毒以及是否侵犯驰名商标权，而对侵犯一般商标权及字号的情况，其无能力审查，这与其承诺相悖。由于百度时代公司未尽到自己承诺的义务，致使与伊美尔美容院无关的"史三八"一词能作为伊美尔美容院的关键词予以使用，百度时代公司主观上存有过错，客观上帮助了伊美尔美容院实施不正当竞争行为，应承担共同侵权责任。因此，法院判决伊美尔医院和百度共同赔偿史三八医院经济损失和制止侵权的合理费用共计13万余元。一审判决作出后，被告向北京市第二中级人民法院提起上诉。双方在法院的主持下达成和解，被告撤回上诉。

三、流氓软件的不正当竞争行为

流氓软件，也称为恶意软件，是指在未提前告知计算机用户或未经计算机用户同意的情况下，隐秘或强行将某一软件安装于用户的计算机系统上，并且不向用户提供卸载程序或难以将其彻底卸载甚至无法卸载的软件。流氓软件不是合法软件，因为它违背当事人意志，具有恶意性；流氓软件也不是病毒软件，因为它并不必然具有破坏性，并不为法律所明令禁止传播。所以，它是界于二者之间的一种特殊软件形式。

流氓软件主要包括以下类型：（1）广告软件。它是指未经用户允许下载并安装在用户电脑上，或者与其他软件捆绑，通过弹出式广告等形式牟取商业利益的软件。（2）间谍软件。它是指能够在用户不知情的情况下，在其电脑上安装"后门程序"，收集用户信息的软件。（3）浏览器劫持。它是指通过浏览器插件、浏览器辅助对象（BHO）等形式对浏览器进行篡改，强行引导用户到指定的商业网站。（4）行为记录软件。它是指未经用户许可，记录用户电脑使用习惯，网络浏览习惯等个人行为，窃取并分析用户隐私数据的软件。（5）恶意共享软件。它是指某些共享软件采用"试用陷阱"、引诱骗取等方式促成用户注册，在软件体内捆绑各类恶意插件的行为。（6）恶意提示软件。这类软件在运行中多次作出与竞争对手软件冲突的提示与警告，这种多次出现的安全警告和冲突提示存在不恰当的推断和夸大，会对其他经营者所采用的软件潜在用户产生诱导，减少软件的可能用户量。

流氓软件具有以下的危害性：（1）违背用户的自由意志。它是在用户不知情的情形下未经允许进入电脑上安装的程序，用户知情后又不易下载，明显是恶意干扰个人自由的行为。（2）侵害个人隐私权和信息安全权。恶意软件干扰了个人生活的安宁，非法收集个人信息，还会侵犯隐私权。一些个人信息被非法获取后发送给黑客或者商业公司，也给个人信息安全带来重大隐患。（3）违背商业道德，侵害其他竞争对手的正当权益。恶意篡改用户上网记录，改变用户浏览习惯和登录网站的行为，也是对公平竞争秩序的破坏，有时甚至会发生对竞争对手的恶意诋毁和攻击，这些都属于不正当竞争行为。因此，如果流氓软件的经营者故意实施破坏、捆绑、屏蔽、干扰和修改等行为，违背诚实信用原则，侵害其他经营者和消费者合法利益，破坏竞争秩序，则应该认定为构成不正当竞争。

腾讯诉奇虎不正当竞争纠纷案[1]是近期我国审理的最具有代表性的网络不正当竞争案件，具有相当强的实践指导意义和理论研讨价值。2011年6月10日，腾讯公司、腾讯计算机公司一审起诉称：原告是提供互联网综合服务的互联网公司，腾讯QQ即时通讯软件和腾讯QQ即时通信系统是原告的核心产品和服务。2010年10月29日，原告发现两被告奇虎公司、奇智公司通过其运营的www.360.cn网站向用户提供"360扣扣保镖"（以下简称扣扣保镖）软件下载，并通过各种途径进行推广宣传。该软件直

---

[1] 最高人民法院民事判决书〔2013〕民三终字第5号。

接针对腾讯QQ软件，自称具有"给QQ体检""帮QQ加速""清QQ垃圾""去QQ广告""杀QQ木马""保QQ安全"和"隐私保护"等功能模块，实质上是打着保护用户利益的旗号，污蔑、破坏和篡改腾讯QQ软件的功能；同时通过虚假宣传，鼓励和诱导用户删除腾讯QQ软件中的增值业务插件、屏蔽原告的客户广告，并将其产品和服务嵌入原告的QQ软件界面，借机宣传和推广自己的产品。被告的上述行为破坏了原告合法的经营模式，导致原告产品和服务的完整性和安全性遭到严重破坏，原告的商业信誉和商品声誉亦遭到严重损害。被告的上述行为违反了公认的商业道德，构成不正当竞争，减少了原告的增值业务交易机会和广告收入，给原告造成了无法估量的损失，亦导致用户不能再享受优质、安全、有效的即时通信服务，最终损害用户的利益。因此请求法院判令两被告立即停止涉案不正当竞争行为；向原告赔礼道歉，消除影响；连带赔偿原告经济损失1.25亿元；承担原告维权支出的合理费用及全部诉讼费用。

奇虎公司、奇智公司答辩称：（1）扣扣保镖不破坏QQ软件系统的完整性。著作权法以及《计算机软件保护条例》已经对保护作品完整权有明确规定，原告以《反不正当竞争法》第2条为依据提起本案诉讼，应予驳回。（2）原告关于扣扣保镖破坏腾讯商业模式的指控不能成立。商业模式并不构成法律保护的客体，扣扣保镖采用符合公认商业道德的方式，促使腾讯对其掠夺性商业模式作出改变，有利于消费者和市场竞争，符合反不正当竞争法的规定。（3）被告不构成对原告商业声誉的诋毁。理由在于：第一，扣扣保镖的打分只是对于QQ软件运行状况的反映与评价，不涉及对QQ软件整体的评价；第二，扣扣保镖的打分功能只是基于技术中立的原则，对运行状况客观评分，并未有贬低QQ软件的意图；第三，关于"扫描文件"的问题。扣扣保镖并未断言原告扫描了用户隐私，未使用"窥探""谋取利益""恶意"等词汇，更没有制造氛围，使用户进入不安全的心理状态，不存在对腾讯的任何贬损。（4）被告的行为不构成"搭便车"的不正当竞争行为。理由在于：第一，关于"替代安全中心"问题。所有的"升级""替换"都是在用户的同意下，在用户的客户端进行。替换后的安全中心也仅有扣扣保镖本身，并未有广告或者其他应用的入口。因此，前述的替换并未有攀附、利用他人商誉的不正当竞争动机，不构成反不正当竞争法意义上的"搭便车"。第二，关于"提示安装360安全中心"问题。奇虎公司为扣扣保镖著作权人，其在所开发的软件运行过程中推荐"安全卫士软件"是软件著作权人的正当权益。扣扣保镖推荐软件的行为就是其安全功能的一部分，不构成搭便车的不正当竞争行为。

（5）原告的高额赔偿请求缺乏法律和事实依据。被告在扣扣保镖发行三天之后就将扣扣保镖召回，并停止了对该软件的支持与更新，任何主要的软件下载渠道也无法下载涉案软件，原告也很快将QQ软件系统强制升级，使得扣扣保镖难以正常运行，因此扣扣保镖的实际影响有限。由于原告"二选一"的反制行为遭致广泛谴责，其商誉在一定程度下降的直接原因显然应归于原告自己。原告要求被告赔偿其经济损失1.25亿元，其所依据的评估报告均缺乏事实依据，不能成立。相反，被告提供的腾讯公司年报证明，腾讯控股有限公司在2010年认为没有任何商誉减值的必要。扣扣保镖没有给原告造成实质性的损失。综上所述，原告起诉缺乏事实与法律依据，恳请法院驳回其全部诉讼请求。

一审法院在审理中，围绕以下焦点问题展开了分析：（1）关于被告扣扣保镖是否能够破坏原告QQ软件及其服务的安全性、完整性，使原告丧失增值业务的交易机会及广告收入，从而构成不正当竞争的问题。被告针对原告QQ软件专门开发的扣扣保镖破坏了原告合法运行的QQ软件及其服务的安全性、完整性，使原告丧失合法增值业务的交易机会及广告、游戏等收入，偏离了安全软件的技术目的和经营目的，主观上具有恶意，构成不正当竞争。（2）关于被告在经营扣扣保镖软件及其服务时，是否存在捏造、散布虚伪事实，从而构成商业诋毁的问题。只有当QQ特定的功能插件、自带的安全防护功能、广告、资讯弹窗被一律禁用、阻止和清除后，QQ才能得满分。QQ所得100分是用户使用了扣扣保镖进行"一键修复"的结果。给QQ打100分，其实质不是为了肯定QQ的产品和服务，而是为了鼓励和诱导用户使用扣扣保镖的"一键修复"功能去破坏QQ的产品和服务。被告针对原告的经营，故意捏造、散布虚伪事实，损害原告的商业信誉和商品声誉，构成商业诋毁。（3）关于被告的扣扣保镖是否通过篡改QQ的功能界面从而取代原告QQ软件的部分功能以推销自己的产品，构成不正当竞争的问题。被告以保护用户利益为名，推出扣扣保镖软件，诋毁原告QQ软件的性能，鼓励和诱导用户删除QQ软件中的增值业务插件、屏蔽原告的客户广告，其主要目的是将自己的产品和服务嵌入原告的QQ软件界面，依附QQ庞大的用户资源推销自己的产品，拓展360软件及服务的用户。被告在给原告造成严重经济损失的同时推销自己的产品、增加自己的交易机会，违反了诚实信用和公平竞争原则，构成不正当竞争。（4）关于被告是否应当停止侵权、应当赔偿原告经济损失的具体数额以及是否应当赔礼道歉、消除影响的问题。鉴于被告的侵权行为给原告的声誉和商誉造成了严重的损害，原告请求判令被告在有关媒体上赔礼道歉、消除影响，有充分的事实和法律依据，一审法院予以支持。一审法院从优势证据的规则出发，虽然无法确定原告所遭遇的经济损失的具体数额，但可以确定该数额已经远远超过50万元法定赔偿限额的情形下，酌情确定两被告应连带赔偿两原告经济损失及合理维权费用共计500万元。

二审法院在审理中，围绕以下五个争议焦点问题展开论述：

（1）关于上诉人专门针对QQ软件开发、经营的扣扣保镖是否破坏了QQ软件及其服务的安全性、完整性，该行为是否符合互联网行业商业惯例，是否违背了诚实信用原则和公认的商业道德而构成不正当竞争的问题。第一，关于上诉人专门针对QQ软件开发、经营的扣扣保镖是否破坏了QQ软件及其服务的安全性、完整性的问题。上诉人针对QQ软件专门开发了扣扣保镖，该扣扣保镖运行后对QQ软件进行深度干预，相关用户按照扣扣保镖提示进行相应操作后，使QQ软件相关功能键的全部或者部分功能无法使用，会改变QQ软件原有的运行方式，破坏了该软件运行的完整性。上诉人为达到其商业目的，诱导并提供工具积极帮助用户改变被上诉人QQ软件的运行方式，并同时引导用户安装其360安全卫士，替换QQ软件安全中心，破坏了QQ软件相关服务的安全性并对QQ软件整体具有很强的威胁性。第二，关于上诉人前述行为是否符合互联网行业商业惯例、是否违背诚实信用原则和公认的商业道德、是否使被上诉人丧失增值业务的交易机会和广告收入并构成不正当竞争的问题。上诉人专门针对QQ软件开发、经营扣扣保镖，以帮助、诱导等方式破坏QQ软件及其服务的安全性、完整性，减少了被上诉人的经济收益和增值服务交易机会，干扰了被上诉人的正当经营活动，损害了被上诉人的合法权益，违反了诚实信用原则和公认的商业道德，一审判决认定其构成不正当竞争行为并无不当。原审判决关于"由于用户在享受即时通讯服务的时候没有支付相关费用，因此花费一定的时间浏览广告和其他推销增值服务的插件和弹窗，是其必须付出的时间成本。用户若想享有免费的即时通讯服务，就必须容忍广告和其他推销增值服务的插件和弹窗的存在"的判断失之准确和有所不妥，但其关于"通过使用破坏网络服务提供者合法商业模式、损害网络服务提供者合法权益的软件来达到既不浏览广告和相关插件，又可以免费享受即时通讯服务的行为，已超出了合法用户利益的范畴"的认定并无不当。上诉人以QQ软件具有侵害性为由主张其行为正当的上诉主张不能成立，本院不予支持。第三，关于一审法院援用工信部发布的《规范互联网信息服务市场秩序若干规定》（以下简称《若干规定》）和互联网协会发布的《互联网终端软件服务行业自律公约》（以下简称《自律公约》）是否适当的问题。上诉人以市场竞争为目的，未经被上诉人许可，针对被上诉人QQ软件，专门开发扣扣保镖，对QQ软件进行深度干预，干扰QQ软件的正常使用并引导用户安装其自己的相关产品，一审法院认定该行为违反了互联网相关行业的行业惯例和公认的商业道德并无不当。需要特别指出的是，一审法院在裁判本案时援引的是民法通则、反不正当竞争法及本院相关司法解释，对于《自律公约》的援用并不是将其作为法律规范性文件意义上的依据，实质上只是作为认定行业惯常行为标准和公认商业道德的事实依据。对于《若干规定》的援用，也仅是用于证明互联网经营行为标准和公认的商业道德。因此，一审法院对于《若干规定》及《自律公约》的援用并无不当，上诉人此上诉理由不能成立。

（2）关于上诉人在经营扣扣保镖软件及其服务时，是否存在贬损QQ软件及其服务的行为，从而构成商业诋毁的问题。第一，关于《反不正当竞争法》第14条规定的"虚伪事实"是否包括片面陈述真实的事实而容易引人误解的情形。即使某一事实是真实的，但由于对其进行了片面的引人误解的宣传，仍会对竞争者的商业信誉或者商品声誉造成损害，因此亦属于《反不正当竞争法》第14条予以规范的应有之义，一审法院对此进行认定并无不当。第二，关于上诉人是否存在捏造、散布虚伪事实之行为的问题。经营者对于他人的产品、服务或者其他经营活动并非不能评论或者批评，但评论或者批评必须有正当目的，必须客观、真实、公允和中立，不能误导公众和损人商誉。经营者为竞争目的对他人进行商业评论或者批评，尤其要善尽谨慎注意义务。上诉人无事实依据地宣称QQ软件会对用户电脑硬盘隐私文件强制性查看，并且以自己的标准对QQ软件进行评判并宣传QQ存在严重的健康问题，造成了用户对QQ软件及其服务的恐慌及负面评价，使相关消费者对QQ软件的安全性产生怀疑，影响了消费者的判断，并容易导致相关用户弃用QQ软件及其服务或者选用扣扣保镖保护其QQ软件。这种评论已超出正当商业评价、评论的范畴，突破了法律界限。据此，一审法院认定其行为构成商业诋毁并无不当。

（3）关于上诉人是否在经营扣扣保镖时将其产品和服务嵌入QQ软件界面，是否取代了被上诉人QQ软件的部分功能以推广自己的产品，从而构成不正当竞争的问题。一审法院认定上诉人在给被上诉人造成经济损失的同时推销自己的产品，增加自己的交易机会，违反了诚实信用和公平竞争原则，构成不正当竞争并无不当。

（4）关于技术创新、自由竞争和不正当竞争的界限的问题。本案中，上诉人以技术创新为名，专门开发扣扣保镖对被上诉人QQ软件进行深度干预，本院难以认定其行为符合互联网自由和创新之精神，故对此上诉理由不予支持。

（5）关于一审法院确定的赔偿数额是否合理的问题。本案中，一审法院在确定赔偿数额时，全面考虑了以下因素：上诉人实施的侵权行为给被上诉人造成的损失包括业务收入、广告收入、社区增值业务收入和游戏收入，QQ.com网站的流量减少，QQ新产品推广渠道受阻，被上诉人品牌和企业声誉因商业诋毁而受损；互联网环境下侵权行为迅速扩大及蔓延；被上诉人商标和公司声誉的市场价值；上诉人具有明显的侵权主观恶意；被上诉人为维权支出的合理费用等。因此，一审法院在综合考虑上述因素并根据本案证据确定被上诉人遭受的经济损失数额已经远远超过法定赔偿限额的情形下，将本案赔偿数额确定为500万元并无不当。

　　最终，二审法院依照《反不正当竞争法》第2条、第14条、第20条和《民事诉讼法》第170条第1款第（1）项之规定，驳回上诉，维持原判。

参考书目

1　James Boyle, Shamans, Software, and Spleens :Law and the Construction of the Information Society, Cambridge Mass: Harvard University Press, 1996

2　Richard A. Spinello, Cyberethics Morality and Law in Cyberspace.Jones and Batlett Publishers. 2000

3　Jessica Litman, Digital Copyright, Prometheus Books, 2001

4　Michael A Einhorn, Media, Technology and Copyright: Integrating Law and Economy, Edward Elgar Publishing, Inc. 2004

5　Tanya Aplin, Copyright Law in the Digital Society: The Challenges of Multimedia, Hart Publishing 2005

6　Robert Burrell、Allison Coleman, *Copyright Exception: The Digital Impact*, Cambridge University Press 2005

7　Simon Stokes, Digital Copyright: Law and Practice, Hart Publishing 2005

8　Nicola Lucchi, Digital Media & Intellectual Property: Management of Rights and Consumer Protection in a Comparative Analysis, Springer 2006

9　Lucie Guibault, *Study On Implementation and Effect in Member States' Laws 2001/29/EC On the harmonization of Copyright and Related Rights in The Information Society*, Final Report, Institute for Information law ,University of Amsterdam ,the Netherlands ,February 2007

10　Guido Westkamp, *The Implementation of Directive 2001/29/EC in the Member States*, February 2007

11　Matthew Rimmer, *Digital Copyright and the Consumer Revolution: Hands off my ipod*, Edward Elgar Publishing, Inc. 2007

12　Giuseppe Mazziotti, EU Digital Copyright Law and the End-User, Springer 2008

13　Alain Strowel (ed.), Peer-to-Peer File Sharing and Secondary Liability in Copyright Law, Edward Elgar 2009

14	Lucie Guibault & Chistina Angelopoulos (ed.), Open Content Licensing: From Theory to Practice, Amsterdam University Press,2010
15	Jessica Reyman, The Rhetoric of Intellectual Property: Copyright Law and the Regulation of Digital Culture. Routledge 2010
16	[日]堺屋太一著.知识价值革命.北京：东方出版社，1986
17	[加]大卫·约翰斯顿、森尼·汉达、查尔斯·摩根著.在线游戏规则——网络时代的11个法律问题.北京：新华出版社，2000
18	[美]弗里曼·戴森著.太阳、基因组与互联网.覃方明译.北京：读书·生活·新知三联书店，2000
19	[美]托马斯.库恩著.科学革命的结构.北京：北京大学出版社，2003
20	[美]罗斯·道森著.网络中生存.北京：清华大学出版社，2003
21	[美]约内森·罗森诺著.网络法：关于因特网的法律.北京：中国政法大学出版社，2003
22	[以]艾利·里德曼、罗恩·夏皮罗著.法律、信息与信息技术（影印本）.北京：中信出版社，2003
23	[英]理查德·萨斯堪著.法律的未来：面临信息技术的挑战.刘俊海等译.北京：法律出版社，2004
24	[美]劳伦斯·莱斯格著.思想的未来.李旭译.北京：中信出版社，2004
25	[美]劳伦斯·莱斯格著.代码：塑造网络空间的法律.李旭等译.北京：中信出版社，2004
26	[德]马特斯尔斯·W.斯达切尔主编.网络广告：互联网上的不正当竞争和商标.孙秋宁译.北京：中国政法大学出版社，2004
27	[美]丹尼斯·古莱特著.靠不住的承诺：技术迁移中的价值冲突.北京：社会科学文献出版社，2004
28	Christopher May著.质疑资讯社会.叶欣怡译.北京：韦伯文化国际出版有限公司，2004
29	[美]理查德·乔治著.信息技术与企业伦理.北京：北京大学出版社，2005
30	[澳]马克.戴维森著.数据库的法律保护.朱理译.北京：北京大学出版，2007
31	[美]劳伦斯·莱斯格著.免费文化：创意产业的未来.王师译.北京：中信出版社，2009
32	[美]胡迪·利普森、梅尔芭·库曼著.3D打印：从想象到现实.北京：中信出版社，2013

33 唐广良等著.计算机法.北京：中国社会科学出版社，1993

34 宋健主编.现代科学技术基础知识（干部读本）.北京：科学出版社、中央党校
    出版社，1994

35 薛虹.网络时代的知识产权法.北京：法律出版社，2000

36 鲍永正.电子商务知识产权法律制度研究.北京：知识产权出版社，2000

37 张平.网络知识产权法及相关问题透析.广州：广州出版社，2000

38 张玉瑞.互联网上知识产权——诉讼与法律.北京：人民法院出版社，2000

39 陶鑫良、程永顺、张平主编.域名与知识产权保护.北京：知识产权出版社，
    2001

40 郭卫华、金朝武、王静等著.网络中的法律问题及其对策.北京：法律出版社，
    2001

41 寿步.软件网络和知识产权.长春：吉林人民出版社，2001

42 孙健.网络经济学导论.北京：电子工业出版社，2001

43 吴汉东、胡开忠等著.走向知识经济时代的知识产权法.北京：法律出版社2002

44 曾国屏等著.赛博空间的哲学探索.北京：清华大学出版社，2002

45 李扬.网络知识产权法.长沙：湖南大学出版社，2002

46 范钦珊主编.高新技术浅说.北京：高等教育出版社，2002

47 屈茂辉、凌立志.网络侵权行为法.长沙：湖南大学出版社，2002

48 曾国屏等著.赛博空间的哲学探索.北京：清华大学出版社，2002

49 张新宝主编.互联网上的侵权问题研究.北京：中国人民大学出版社，2003

50 赵兴宏、毛牧然.网络法律与伦理问题研究.沈阳：东北大学出版社，2003

51 王贵国主编.国际IT法律问题研究.北京：中国方正出版社，2003

52 赖文智.数位著作权法.北京：益思科技法律事务所，2003

53 胡鸿高、赵丽梅.网络法概论.北京：法律出版社，2003

54 李祖明.互联网上的版权保护与限制.北京：经济日报出版社，2003

55 肖峰编著.现代科技与社会.北京：经济管理出版社，2003

56 周振华.信息化与产业融合.上海：上海三联书店，2003

57 吴汉东主编.高科技发展与民法制度创新.北京：中国人民大学出版社，2003

58 梁清华.网络环境下的知识产权保护.北京：中国法制出版社，2004

59 李东涛.勘测互联网的边界线.北京：知识产权出版社，2004

60 林德宏.科技哲学十五讲》.北京：北京大学出版社，2004

61 乔生.信息网络传播权研究.北京：法律出版社，2004

62　沈仁干主编.数字技术与著作权观念、规范与实例.北京：法律出版社，2004

63　陈樱琴等著.资讯法律.北京：华立图书股份有限公司，2004

64　饶传平.网络法律制度.北京：人民法院出版社，2005

65　杨立新主编.电子商务侵权法.北京：知识产权出版社，2005

66　吕彦主编.计算机软件知识产权保护研究.北京：法律出版社，2005

67　易继明著.技术理性、社会发展与自由：科技法学导论.北京：北京大学出版社，2005

68　张建华主编.信息网络传播权保护条例释义.北京：中国法制出版社，2006

69　叶玟妤.数位内容照过来.台北：元照出版有限公司，2006

70　徐家力.知识产权在网络及电子商务中的保护.北京：人民法院出版，2006

71　丛立先.网络版权问题研究.武汉：武汉大学出版社，2007

72　刘志刚.电子版权的合理使用.北京：社会科学文献出版社，2007

73　贾静.知识产权在网络及电子商务中的法律保护研究.济南：山东大学出版社，2007

74　梁志文.数字著作权论——以《信息网络传播权保护条例》为中心.北京：知识产权出版社，2007

75　曾胜珍.论网络著作权之侵害.台北：元照出版有限公司，2008

76　邹忭、孙彦主编.案说信息网络传播权保护条例.北京：知识产权出版社，2008

77　郭丹主编.网络知识产权法律保护.哈尔滨：哈尔滨工业大学出版社，2008

78　李艳主编.网络法.北京：中国政法大学出版社，2008

79　吴伟光.数字技术环境下的版权法危机与对策.北京：知识产权出版社，2008

80　王迁、〔荷〕Lucie Guibault著.中欧网络版权保护比较研究.北京：法律出版社，2008

81　王迁.网络版权法.北京：中国人民大学出版社，2008

82　刘玥.网络法律热点问题研究.北京：知识产权出版社，2008

83　王眉.网络传播中的名誉侵权问题研究.北京：中国广播电视出版社，2008

84　于雪峰.网络侵权法律应用指南.北京：法律出版社，2010

85　全红霞.网络环境著作权限制的新发展.长春：吉林大学出版社，2010

86　陈明涛.网络服务提供商版权责任研究.北京：知识产权出版社，2011

87　王振清主编.网络著作权经典判例（1999—2010）.北京：知识产权出版社，2011

88　吴伟光.网络环境下的知识产权法.北京：高等教育出版社，2011

89	王迁.网络环境中的著作权保护研究.北京：法律出版社，2011
90	陈历幸.社会视野下的科技法律塑造——以政策与法律的关系为重心.上海：复旦大学出版社，2011
91	牛静.视频分享网站著作权风险防范机制研究.武汉：华中科技大学出版社，2012
92	杨柏勇主编.网络知识产权案件审判实务.北京：法律出版社，2012
93	朱江主编.北京市第二中级人民法院经典案例分类精解：网络知识产权卷.北京：法律出版社，2013
94	郑重.数字版权法视野下的个人使用问题研究.北京：中国法制出版社，2013
95	张平主编.网络法律评论（第1—18卷）.北京：北京大学出版社
96	祝建军.数字时代著作权裁判逻辑.北京：法律出版社，2014
97	宋哲.网络服务商注意义务研究.北京：北京大学出版社，2014
98	董慧娟.版权法视野下的技术措施制度研究.北京：知识产权出版社，2014
99	张今、郭斯伦.电子商务中的商标使用及侵权责任研究.北京：知识产权出版社，2014
100	新华社新媒体中心编.中国新兴媒体融合发展报告.北京：新华出版社，2014
101	张海鹰.网络传播概论新编.上海：复旦大学出版社，2014
102	国家互联网信息办公室等编著.中国互联网20年：网络产业篇.北京：电子工业出版社，2014
103	孔祥俊.网络著作权保护法律理念与裁判方法.北京：中国法制出版社，2015

后　记

　　呈现在读者面前的这本《网络知识产权法：制度体系与原理规范》是我多年研习现代信息技术革命背景下知识产权制度变革与发展的成果结晶。本书酝酿时间久、写作周期长，所以当她终于呱呱坠地之时，感慨的千言万语竟然化为无声的沉默，如同诗人的俏皮话"我不知风从哪个方向吹"，一时想不起来这部作品从何时开始发端，自然也不知晓她未来的命运归向何处。是非得失，只好留给那些愿意"吹风"的读者朋友们自由评说。

　　衷心感谢我曾经工作过的中南财经政法大学知识产权研究中心和正在为之努力奋斗的南京理工大学知识产权学院。本书的写作意念萌生于2004年，那时的我还是一位晓南湖畔懵懂无知的求学者。正是在母校留校任教的8年时光里，我有幸参与《信息网络传播权保护条例》《国家知识产权战略纲要》《中华人民共和国著作权法修正案》等政策制定、立法修法和课题研究工作，并作为骨干成员系统研习过网络环境下知识产权法的各类问题，为完成本书稿奠定了坚实的基础。本书最终得以成稿，更离不开南京理工大学知识产权学院领导和同事们的关心和帮助。南京虎踞龙盘，古往今来就是人们向往的美好都市。宽容的氛围、开拓的勇气和融通的文化交织成为南理工知识产权人的综合气质，也让徜徉其中的我沐浴着从未有过的光芒，吸收着集体智慧滋生的学术营养。

衷心感谢知识产权出版社刘睿、李琳、邓莹、刘江等诸位编辑，由于他们的奔走与支持，南京理工大学知识产权与区域发展协同创新中心的系列出版规划才得以顺利实现，本书才能在交稿后的短时间内同读者见面。

2016年7月17日

于南京紫金山麓